南水北调中线工程文物保护项目
河南省考古发掘报告
第16号

淅川新四队墓地

河南省文物局　编　著

科学出版社
北京

内 容 简 介

本书是南水北调中线工程河南段文物保护项目——淅川新四队墓地的考古发掘报告。在全面、系统介绍新四队发现的48座墓葬资料的基础上，对墓葬形制、陪葬品、墓葬的年代及相关问题等进行了全面深入的探讨，总结了墓葬的时代特点、地域特征、等级归属及其合葬形式、墓葬分布、家族墓地等。该墓地的发掘，尤其东周至西汉时期墓葬的发掘，对研究这一时期的葬制、葬俗及其物质文化等内容提供了重要的参考。

本书可供从事考古、历史的研究者、爱好者参考、阅读。

图书在版编目（CIP）数据

淅川新四队墓地/河南省文物局编著. —北京：科学出版社，2015
（南水北调中线工程文物保护项目河南省考古发掘报告；16）
ISBN 978-7-03-044225-3

Ⅰ.①淅⋯ Ⅱ.①河⋯ Ⅲ.①墓葬（考古）–发掘报告–淅川县 Ⅳ.①K878.85

中国版本图书馆CIP数据核字（2015）第091880号

责任编辑：张亚娜/责任校对：邹慧卿
责任印制：肖 兴/封面设计：陈 敬

科学出版社 出版
北京东黄城根北街16号
邮政编码：100717
http://www.sciencep.com

中国科学院印刷厂 印刷
科学出版社发行　各地新华书店经销

*

2015年3月第 一 版　开本：889×1194　1/16
2015年3月第一次印刷　印张：17 1/2　插页：26
字数：473 000

定价：228.00元
（如有印装质量问题，我社负责调换）

Reports on the Cultural Relics Conservation
in the South-to-North Water Diversion Project
Henan Vol.16

Tombs of Xin Sidui in Xi Chuan

Administration of Cultural Heritage of Henan Province

Science Press
Beijing

南水北调中线工程文物保护项目报告

河南省第 16 号

《淅川新四队墓地》

主　编

刘　毅　刘尊志

副 主 编

贾洪波　袁胜文　张国文

项目承担单位

河南省文物考古研究院

南开大学考古学与博物馆学系

南水北调中线工程文物保护项目

河南省考古发掘报告编辑委员会

主　　　任	陈爱兰				
副　主　任	孙英民	郑小玲	马萧林	邓培全	尚宇鸣
	齐耀华	刘正才	张志清		
编　　　委	王　琴	康国义	张慧明	张斌远	秦文波
	杨振威	王瑞琴	马培良	孔祥珍	王家永
	韦耀国	常志兵	李　勇	湛若云	任　伟
	许晓鹏	车俊朝	张长海	褚源新	邢心田
	张　琳				
总　　　编	陈爱兰				
执 行 总 编	孙英民	马萧林			
副　总　编	张志清				

前　言

作为举世瞩目的特大型水利建设项目，南水北调中线工程的文物保护工作在河南是史无前例的。无论是工程涉及区域之广大，还是文物点分布的密集程度和价值之高，在河南的考古史上都是前所未有的。因此，当黄河小浪底水利枢纽工程和长江三峡库区的文物保护工作结束后不久，随着南水北调中线工程设计规划和施工的渐次展开，世人的目光便开始聚焦古老的中原大地。如何在配合特大型工程建设的同时，使中原大地珍贵的文化遗产得到有效保护，成为河南文物部门的重要任务。

南水北调中线工程包括水源地和总干渠两个主要项目。水源地丹江口水库地跨河南、湖北两省，总淹没面积达370平方千米，其中河南省境内占170平方千米，约占总面积的46%。总干渠起自河南省淅川县的陶岔，流经河南、河北、北京、天津等省市，全长1276千米，其中河南境内达731千米，约占总长度的58%。从南阳盆地沿太行山东麓北行，流经南阳、平顶山、许昌、郑州、焦作、新乡、鹤壁、安阳8个省辖市32个县（市、区），南水北调中线工程纵贯了古代中原的核心区域。在淹没区和总干渠沿线及其附近分布的文物点，既有旧石器时代的化石地点和古人类遗迹，也有新石器时代的大型聚落，更有数量众多、内涵丰富的反映不同文化风格及其交融过程的历史时期的城址、墓葬群、古代建筑和石刻艺术等。可以说，纵贯河南南北的总干渠，在中原大地形成了一条极为难得的融汇各个文化发展时期和各种文化因素的古代文化廊道。

南水北调中线工程河南段的文物保护工作，有以下几个显著特点：

一是全国文物考古队伍积极参与。1994~2005年，河南省组织协调省内外有关文物考古、科研和工程设计单位，对南水北调中线工程丹江口河南淹没区和总干渠沿线进行文物调查、复核和确认工作。经国家有关部门复核确认，南水北调中线工程共涉及河南境内文物点330处。2005年，南水北调中线工程河南段文物保护抢救工作正式启动。河南省文物考古研究所和中国社会科学院考古研究所、武汉大学历史系、陕西省考古研究院等来自全国各地的50余家文物考古单位，先后参加南水北调中线工程河南段的文物保护抢救工作。河南省文物局积极组织协调，在工作中强化大局意识、质量意识、安全意识和服务意识，组织专家现场指导，安排部署市县文物部门进行巡视，为考古发掘单位提供优良的工作环境，确保工程建设和文物保护工程顺利进行。

二是保护抢救了一大批珍贵文物。南水北调文物保护不仅工程浩大，而且总干渠绝大部分是开挖明渠，更容易造成文物的破坏和损害。我们组织考古队伍提前介入，对将要开工渠段的已知文物点进行抢救发掘，有效地保护了文物。其中不乏历史价值、科学价值、艺术价值颇高的珍贵文物。如徐家岭墓地清理的一座战国早期楚国贵族墓葬，出土的一件小口鼎上铸有多达49字的清晰铭文，铭文上有岁星纪年和墓主人身份等，对于研究墓葬年代及墓主人身份提供了重要资料；鹤壁关庄墓地发现的清代西安府守备之墓，出土了一批金质头饰，造型优美，制作精细，特别是一件印有喜鹊登梅图案的金冠，工艺精良，有极高的艺术价值；博爱聂村墓地出土的4件唐代三彩钵，做工精湛，造型精美，是唐三彩器物中不可多得的精品。

三是考古发现具有重要的科学研究价值。如鹤壁刘庄遗址在全国首次发现分布密集、排列规律的大面积先商文化墓地，填补了先商文化发掘和研究工作的一项空白，是该研究领域的重大学术突破；安阳固岸墓地在我国第一次发现了以二十四孝为题材的东魏时期围屏石榻，首次发现了明确纪年的东魏墓葬，出土了大批北齐时期陶俑、瓷器和多方北齐、东魏墓志等重要文物，是研究豫北地区北朝时期的丧葬习俗和陶塑艺术，白瓷、黑瓷的起源和制作工艺，以及北齐和东魏时期的书法艺术的宝贵资料；卫辉大司马墓地唐代乞扶令和夫妇合葬墓的发掘，为研究我国隋唐时期的官吏体制、书法艺术和社会的繁盛提供了新证据；温县徐堡发现了龙山、西周、春秋、战国、汉、宋、明和清时期连续叠压的古城址，是目前黄河流域所发现的龙山文化城址中保存较好、规模较大的一座城址，填补了豫西北龙山城址发现的空白；荥阳薛村遗址为二里头文化晚期到早商文化时期的大型遗址，该遗址的发掘保护工作，对于研究薛村遗址聚落的结构、内部功能区的划分及其特点，探讨夏、商文化的演变的态势和更替有重要的学术意义和科学研究价值；荥阳关帝庙遗址发现了保存完整的商代晚期小型聚落，聚落功能齐全，分居住区、制陶区、祭祀区、墓葬区四部分，在我国商代考古发掘中尚属首次；新郑唐户遗址发现了大面积裴李岗文化时期的居住基址，房址形制结构特点和排水系统的使用，反映了裴李岗文化时期较为先进的建筑理念。

四是考古发掘与课题研究有机结合。在发掘过程中，不仅注重各类文物的抢救保护，而且采用现代科技手段，最大可能地采集各类标本。特别是对于出土的人骨、兽骨进行了性别、年龄、病理以及DNA等方面的鉴定；按照国家地理信息标准，对每处文物点都测量绘制了要素齐全的总平面图，为今后文物普查和保护奠定了基础。如武汉大学历史系对辉县大官庄墓地的一座9个墓室的大型汉墓，进行了发掘现场三维重建和近景摄影测绘技术的全面测绘，通过数字测绘技术、计算机虚拟现实技术，建立了三维的考古对象模型；山东大学在博爱西金城遗址发掘中，设立了主要涉及古地貌、动物、植物、石器、陶器以及遗址资源域十余个子课题的环境考古课题，是开展多学科综合研究的一次重大尝试。

河南省南水北调工程文物保护工作走过了艰辛而光荣的历程。我们积极探索大型项目建设中文物保护抢救工作的新路子，更新管理理念，创新管理机制，培育专业队伍，提升研究层次，取得了非凡的荣誉。安阳固岸墓地、鹤壁刘庄遗址、荥阳娘娘寨遗址、荥阳关帝庙遗址、新郑唐户遗址、新郑胡庄墓地等6个项目先后被评为"全国十大考古新发现"。鹤壁刘庄遗址、荥阳娘娘寨遗址、荥阳关帝庙遗址、新郑唐户遗址、新郑胡庄墓地、淅川沟湾遗址等6个项目荣获"全国田野考古质量奖"。国家文物局授予河南省文物局南水北调文物保护办公室"全国文化遗产保护工作先进集体"荣誉称号。

河南省南水北调中线工程文物保护工作一直受到各级领导的关心和社会各界的支持。全国政协张思卿副主席曾率团视察河南省南水北调工程文物保护工作。国务院南水北调办公室和国家文物局各位领导多次亲临一线检查指导，帮助排忧解难。河南省委、省政府多次召开会议，研究解决文物抢救保护工程中的重大问题。南水北调中线干线工程建设管理局、南水北调中线水源有限责任公司、河南省南水北调中线干线工程领导小组办公室、河南省人民政府移民工作领导小组办公室对南水北调文物保护工作也给予了大力支持和帮助。国家诸多考古学家多次深入到文物保护抢救现场，对重大学术问题和考古发掘质量给予帮助指导。社会各界特别是新闻媒体给予极大关注和广泛宣传。

为了更好地利用考古资料开展学术研究，充分展示河南省南水北调中线工程文物保护项目考古发掘的巨大成果，河南省文物局积极组织考古发掘单位及时对考古发掘资料进行整理和研究，编辑出版考古发掘报告，以期进一步推动文物保护和考古学研究工作。

河南省文物局
2010年5月

目　　录

前言 ·· （i）

第一章　绪言 ·· （1）
第一节　地理环境及历史沿革 ·· （1）
一、地理环境 ·· （1）
二、历史沿革 ·· （2）
第二节　周边古文化遗迹及其内涵 ··· （3）
第三节　墓地概况与发掘、整理经过 ·· （4）
一、墓地概况 ·· （4）
二、发掘、整理经过 ··· （6）

第二章　战国秦汉墓葬 ··· （11）
第一节　墓葬的分布与分组 ··· （11）
第二节　墓葬资料 ·· （11）
一、M1 ·· （11）
二、M2 ·· （15）
三、M3 ·· （16）
四、M4 ·· （19）
五、M5 ·· （23）
六、M6 ·· （24）
七、M7 ·· （24）
八、M8 ·· （26）
九、M9 ·· （30）
一〇、M10 ··· （34）
一一、M11 ··· （37）
一二、M12 ··· （46）
一三、M13 ··· （47）
一四、M14 ··· （48）
一五、M15 ··· （53）

一六、M16 …………………………………………………………………………（56）
一七、M17 …………………………………………………………………………（62）
一八、M18 …………………………………………………………………………（65）
一九、M19 …………………………………………………………………………（69）
二〇、M21 …………………………………………………………………………（70）
二一、M22 …………………………………………………………………………（73）
二二、M23 …………………………………………………………………………（74）
二三、M24 …………………………………………………………………………（78）
二四、M26 …………………………………………………………………………（86）
二五、M27 …………………………………………………………………………（87）
二六、M28 …………………………………………………………………………（88）
二七、M30 …………………………………………………………………………（89）
二八、M31 …………………………………………………………………………（90）
二九、M32 …………………………………………………………………………（94）
三〇、M33 …………………………………………………………………………（96）
三一、M34 …………………………………………………………………………（98）
三二、M35 …………………………………………………………………………（101）
三三、M36 …………………………………………………………………………（103）
三四、M37 …………………………………………………………………………（106）
三五、M38 …………………………………………………………………………（110）
三六、M39 …………………………………………………………………………（113）
三七、M40 …………………………………………………………………………（116）
三八、M43 …………………………………………………………………………（117）
三九、M44 …………………………………………………………………………（120）
四〇、M45 …………………………………………………………………………（131）
四一、M46 …………………………………………………………………………（135）
四二、M47 …………………………………………………………………………（136）
四三、M48 …………………………………………………………………………（138）

第三节　墓葬形制分析 ……………………………………………………………（140）
　一、土（石）坑竖穴木棺墓 ……………………………………………………（140）
　二、土（石）坑竖穴木椁木棺墓 ………………………………………………（148）
　三、土（石）坑竖穴砖椁木棺墓 ………………………………………………（155）
　四、墓葬形制所体现的时代 ……………………………………………………（158）
　五、破坏严重的墓葬分析 ………………………………………………………（159）

  第四节　出土主要陪葬品的类型分析 ··（159）
   一、陶器 ···（162）
   二、铜器 ···（190）
   三、钱币 ···（192）
   四、铁器 ···（194）
   五、漆器 ···（196）
   六、其他遗物 ···（198）
  第五节　出土陶器的组合与形制分析 ··（199）
   一、仿铜陶礼器 ··（199）
   二、模型明器 ···（209）
   三、日用陶器 ···（210）
  第六节　出土铜器及钱币的型式分析 ··（221）
   一、铜器 ···（221）
   二、钱币 ···（222）
  第七节　墓葬的分期与年代 ··（223）
  第八节　战国秦汉墓葬的相关问题探讨 ···（231）
   一、墓葬形制 ···（231）
   二、出土遗物 ···（237）
   三、合葬形式 ···（239）
   四、墓葬分布及家族墓地 ··（241）
   五、墓葬等级 ···（243）
   六、发展演变及其自身特征 ···（244）
 余论 ···（247）
第三章　元明清墓葬 ···（249）
 第一节　分布与位置 ··（249）
 第二节　墓葬资料 ···（249）
   一、M20 ···（249）
   二、M25 ···（251）
   三、M29 ···（251）
   四、M41 ···（252）
   五、M42 ···（253）
 第三节　墓葬年代 ···（257）
 第四节　相关问题探讨 ···（258）
结语 ··（259）
后记 ··（261）

插图目录

图一　新四队墓地位置示意图 …………………………………………………………（2）
图二　新四队墓地附近文化遗迹分布图 ………………………………………………（4）
图三　新四队墓地地形图 ………………………………………………………………（5）
图四-1　Ⅰ区南部山头发掘探方与墓葬位置示意图 …………………………………（7）
图四-2　T10平面图及四壁剖面图 ……………………………………………………（8）
图五　新四队墓地墓葬分布图 …………………………………………………………（9）
图六　新四队战国秦汉墓葬分布图 ……………………………………………………（12）
图七　M1平、剖面图 ……………………………………………………………………（13）
图八　M1出土器物 ………………………………………………………………………（14）
图九　M2平、剖面图 ……………………………………………………………………（15）
图一〇　M2出土器物 ……………………………………………………………………（16）
图一一　M3平、剖面图 …………………………………………………………………（17）
图一二　M3出土器物 ……………………………………………………………………（18）
图一三　M4平、剖面图 …………………………………………………………………（20）
图一四　M4填土出土器物 ………………………………………………………………（21）
图一五　M4墓砖拓片 ……………………………………………………………………（21）
图一六　M4出土陶器 ……………………………………………………………………（22）
图一七　M4出土五铢钱币拓片 …………………………………………………………（22）
图一八　M5平、剖面图 …………………………………………………………………（23）
图一九　M5出土长方形条形砖砖纹拓片 ………………………………………………（24）
图二〇　M6平、剖面图 …………………………………………………………………（25）
图二一　M7平、剖面图 …………………………………………………………………（25）
图二二　M7出土陶器 ……………………………………………………………………（27）
图二三　M8平、剖面图 …………………………………………………………………（28）
图二四　M8出土陶鼎、盒 ………………………………………………………………（29）
图二五　M8出土陶钫 ……………………………………………………………………（30）
图二六　M8出土陶罐与果核 ……………………………………………………………（31）

图二七	M8出土陶钫、罐相关纹饰拓片	（31）
图二八	M9平、剖面图	（32）
图二九	M9出土器物	（34）
图三〇	M9出土B型陶罐纹饰拓片	（34）
图三一	M10平、剖面图	（35）
图三二	M10出土器物（一）	（36）
图三三	M10出土器物（二）	（37）
图三四	M11平、剖面图	（38）
图三五	M11出土器物（一）	（40）
图三六	M11出土器物（二）	（41）
图三七	M11出土器物（三）	（43）
图三八	M11出土器物（四）	（44）
图三九	M11出土器物（五）	（45）
图四〇	M12平、剖面图	（46）
图四一	M13平、剖面图	（47）
图四二	M13出土器物	（49）
图四三	M14平、剖面图	（50）
图四四	M14出土器物	（52）
图四五	M14出土陶器铺首拓片	（53）
图四六	M15平、剖面图	（54）
图四七	M15墓砖拓片	（55）
图四八	M15出土器物	（56）
图四九	M16平、剖面图	（57）
图五〇	M16出土陶器	（59）
图五一	M16出土器物及部分陶器纹饰、刻字拓片	（60）
图五二	M17平、剖面图	（63）
图五三	M17出土器物	（64）
图五四	M17出土陶器纹饰拓片	（64）
图五五	M18平、剖面图	（66）
图五六	M18出土陶器	（67）
图五七	M18出土陶器纹饰拓片	（68）
图五八	M18出土器物	（69）
图五九	M19平、剖面图	（70）
图六〇	M21平、剖面图	（71）

图六一	M21 墓砖侧面纹饰拓片	（72）
图六二	M21 出土器物	（73）
图六三	M22 平、剖面图	（74）
图六四	M23 平、剖面图	（75）
图六五	M23 出土器物分布图	（76）
图六六	M23 出土陶器	（77）
图六七	M23 出土陶器纹饰拓片	（79）
图六八	M24 平、剖面图	（80）
图六九	M24 出土陶器（一）	（82）
图七〇	M24 出土陶器（二）	（83）
图七一	M24 出土陶器（三）	（84）
图七二	M24 出土器物	（85）
图七三	M26 平、剖面图	（86）
图七四	M27 平、剖面图	（87）
图七五	M27 出土器物	（88）
图七六	M28 平、剖面图	（89）
图七七	M30 平、剖面图	（90）
图七八	M30 出土器物	（91）
图七九	M31 平、剖面图	（92）
图八〇	M31 出土陶器	（93）
图八一	M31 出土铁器	（93）
图八二	M32 平、剖面图	（94）
图八三	M32 出土陶罐	（95）
图八四	M32 出土铜、铁器	（96）
图八五	M33 平、剖面图	（97）
图八六	M33 出土器物	（98）
图八七	M34 平、剖面图	（99）
图八八	M34 出土陶器	（100）
图八九	M35 平、剖面图	（101）
图九〇	M35 出土器物	（102）
图九一	M36 平、剖面图	（103）
图九二	M36 出土器物分布图	（104）
图九三	M36 出土器物	（105）
图九四	M37 平、剖面图	（107）

图九五	M37 出土陶器	（108）
图九六	M37 出土铁器、动物骨骼	（109）
图九七	M37 出土陶器纹饰拓片	（110）
图九八	M38 平、剖面图	（111）
图九九	M38 出土器物	（113）
图一〇〇	M38 出土陶器纹饰拓片	（114）
图一〇一	M38 出土钱币	（114）
图一〇二	M39 平、剖面图	（115）
图一〇三	M39 出土陶器	（116）
图一〇四	M40 平、剖面图	（117）
图一〇五	M40 出土器物	（118）
图一〇六	M43 平、剖面图	（119）
图一〇七	M43 出土器物	（119）
图一〇八	M44 平、剖面图	（121）
图一〇九	M44 出土器物分布图	（122）
图一一〇	M44 长方形砌墙砖砖纹拓片	（123）
图一一一	M44 长方形铺地砖砖纹拓片	（124）
图一一二	M44 空心砖上面纹饰拓片	（125）
图一一三	M44 空心砖上面纹饰中的相关物象	（126）
图一一四	M44 空心砖下面纹饰	（126）
图一一五	M44 出土陶器	（128）
图一一六	M44 出土陶器纹饰拓片	（130）
图一一七	M44 出土铜器及钱币	（130）
图一一八	M45 平、剖面图	（132）
图一一九	M45 出土器物	（133）
图一二〇	M45 出土陶器纹饰拓片	（134）
图一二一	M46 平、剖面图	（136）
图一二二	M46 出土器物	（137）
图一二三	M47 平、剖面图	（137）
图一二四	M47 出土器物	（138）
图一二五	M48 平、剖面图	（139）
图一二六	M48 出土器物	（139）
图一二七	土（石）坑竖穴木棺墓	（146）
图一二八	A 型土（石）坑竖穴木椁木棺墓	（151）

图一二九	B型土（石）坑竖穴木椁木棺墓	（153）
图一三〇	土（石）坑竖穴砖椁木棺墓	（157）
图一三一	东周秦汉墓出土A型陶鼎	（163）
图一三二	东周秦汉墓出土B型陶鼎	（164）
图一三三	东周秦汉墓出土A型陶盒	（165）
图一三四	东周秦汉墓出土B型陶盒	（166）
图一三五	东周秦汉墓出土A型陶壶	（167）
图一三六	东周秦汉墓出土B型陶壶	（168）
图一三七	东周秦汉墓出土陶钫	（169）
图一三八	东周秦汉墓出土陶豆	（169）
图一三九	东周秦汉墓出土Aa、Ab型陶罐	（171）
图一四〇	东周秦汉墓出土Ac型陶罐	（173）
图一四一	东周秦汉墓出土Ad型Ⅰ式与Ⅱ式陶罐	（174）
图一四二	东周秦汉墓出土Ad型Ⅲ式～Ⅶ式陶罐	（175）
图一四三	东周秦汉墓出土B、C型陶罐	（176）
图一四四	东周秦汉墓出土Da型陶罐	（178）
图一四五	东周秦汉墓出土Db、Dc型陶罐	（178）
图一四六	东周秦汉墓出土陶罐残片（一）	（179）
图一四七	东周秦汉墓出土陶罐残片（二）	（180）
图一四八	东周秦汉墓出土A～C型陶釜甑	（181）
图一四九	东周秦汉墓出土D型陶釜甑	（183）
图一五〇	东周秦汉墓出土陶盆	（184）
图一五一	东周秦汉墓出土陶盘	（184）
图一五二	东周秦汉墓出土陶匜、杯	（185）
图一五三	东周秦汉墓出土陶钵	（186）
图一五四	东周秦汉墓出土陶瓶	（186）
图一五五	东周秦汉墓出土陶仓	（187）
图一五六	东周秦汉墓出土陶灶	（188）
图一五七	东周秦汉墓出土陶井	（189）
图一五八	M44出土陶井、瓶合并图	（190）
图一五九	东周秦汉墓出土陶磨	（190）
图一六〇	东周秦汉墓出土铜釜	（191）
图一六一	东周秦汉墓出土铜镜	（191）
图一六二	东周秦汉墓出土铜带钩	（192）

图一六三	东周秦汉墓出土铜钱币	（193）
图一六四	东周秦汉墓出土铁釜、勺	（195）
图一六五	东周秦汉墓出土铁环首刀	（196）
图一六六	东周秦汉墓出土铁削	（197）
图一六七	东周秦汉墓出土铁扒钉	（197）
图一六八	东周秦汉墓出土料珠、果核、猪骨	（198）
图一六九	东周秦汉墓出土陶鼎足	（208）
图一七〇	土（石）坑竖穴木椁木棺墓凹槽剖面图	（234）
图一七一	M20平、剖面图	（250）
图一七二	M20出土器物	（250）
图一七三	M25平、剖面图	（251）
图一七四	M29平、剖面图	（252）
图一七五	M41平、剖面图	（253）
图一七六	M42平、剖面图	（254）
图一七七	M42第一层砖砌顶	（255）
图一七八	M42第二层砖砌顶	（255）
图一七九	M42墓砖纹饰拓片	（256）
图一八〇	M42出土器物	（257）

插表目录

表一	新四队东周秦汉墓登记表	（141）
表二	新四队东周秦汉土（石）坑竖穴木棺墓统计表	（145）
表三	新四队东周秦汉土（石）坑竖穴木椁木棺墓统计表	（148）
表四	新四队西汉土（石）坑竖穴砖椁木棺墓统计表	（155）
表五	新四队破坏严重的东周秦汉墓统计表	（159）
表六	新四队东周秦汉墓出土器物种类、数量登记表	（160）
表七	新四队东周秦汉墓墓葬形制分期表一	（223）
表八	新四队东周秦汉墓墓葬形制分期表二	（224）
表九	新四队东周秦汉墓出土仿铜陶礼器分期表	（225）
表一〇	新四队东周秦汉墓出土陶模型明器分期表	（227）
表一一	新四队东周秦汉墓出土陶罐分期表	（228）
表一二	新四队东周秦汉墓出土生活类陶器分期表	（229）

彩版目录

彩版一　新四队墓地全景与发掘现场
彩版二　新四队东周秦汉墓葬形制与结构
彩版三　新四队东周秦汉墓葬形制与结构
彩版四　新四队东周秦汉墓葬形制与结构
彩版五　新四队东周秦汉墓葬出土陶鼎
彩版六　新四队东周秦汉墓葬出土陶盒
彩版七　新四队东周秦汉墓葬出土陶壶、钫
彩版八　新四队东周秦汉墓葬出土陶罐
彩版九　新四队东周秦汉墓葬出土陶罐、釜甑
彩版一〇　新四队东周秦汉墓葬出土陶仓、灶、井、磨
彩版一一　新四队东周秦汉墓葬出土铜器与钱币
彩版一二　新四队东周秦汉墓葬出土其他质地器物及墓砖、积炭

图 版 目 录

图版一　东周秦汉墓葬形制结构与出土器物情况
图版二　东周秦汉墓葬形制结构
图版三　东周秦汉墓葬形制结构
图版四　东周秦汉墓葬形制结构
图版五　东周秦汉墓葬形制结构与出土器物情况
图版六　东周秦汉墓葬形制结构
图版七　东周秦汉墓葬形制结构
图版八　东周秦汉墓葬形制结构
图版九　东周秦汉墓出土陶器
图版一〇　东周秦汉墓出土陶器
图版一一　东周秦汉墓出土陶器
图版一二　东周秦汉墓出土陶器
图版一三　东周秦汉墓出土陶器
图版一四　东周秦汉墓出土陶器
图版一五　东周秦汉墓出土陶器
图版一六　东周秦汉墓出土陶器
图版一七　东周秦汉墓出土陶器
图版一八　东周秦汉墓出土陶器
图版一九　东周秦汉墓出土陶器
图版二〇　东周秦汉墓出土陶器
图版二一　东周秦汉墓出土陶器
图版二二　东周秦汉墓出土陶器
图版二三　东周秦汉墓出土陶器
图版二四　东周秦汉墓出土陶器
图版二五　东周秦汉墓出土陶器
图版二六　东周秦汉墓出土铜器
图版二七　东周秦汉墓出土铜器与钱币

图版二八　东周秦汉墓出土铁器
图版二九　东周秦汉墓出土其他质地器物及墓主牙齿
图版三〇　东周秦汉墓出土墓砖
图版三一　东周秦汉墓出土墓砖
图版三二　元明墓葬形制结构、墓葬用砖及出土器物

第一章 绪 言

第一节 地理环境及历史沿革[①]

一、地理环境

　　新四队墓葬群位于河南省淅川县仓房镇党子口村新四队自然村西南部。淅川县位于河南省西南部，南阳市的西部，豫、鄂、陕三省七县市结合部。东北与河南省邓州市、内乡县、西峡县毗邻，西接陕西省的商南县，南与湖北省的郧县、丹江口市相连。地理坐标为北纬32°55′~33°23′，东经110°58′~111°53′。西北至东南斜长107、横宽46千米，总面积2798平方千米。历史上淅川的水路交通极为方便，沿丹江北达秦川，南至荆襄直通汉口。现今除水路交通外，陆路交通也得到较大发展，沪陕高速距离较近，境内有国道209线，省道335线等。

　　淅川的整体地形为西北突起向东南展开的马蹄形，其内冈峦起伏，纵横交错，河流交织。西北为秦岭余脉，北部接伏牛山，为低山区，海拔在900米左右的山脉自北向南连绵不断，山体大致为东西走向。中部为丘陵区，南则是群山连绵。西和西南部有秦岭和大巴山，与湖北交界的走马岭，最高海拔为1086米，是全县的最高峰。东南部为岗地及冲积平原区，东部属南阳盆地西南边缘。水资源丰富，年地表径流量5.6亿立方米，水能蕴藏量6.3万千瓦，境内有丹江、灌河、淇河、滔河、刁河等五大河流。丹江口水库位于淅川县的南部，多条中小河流注入其中。

　　淅川县属北亚热带向暖温带过渡的季风性气候，气候温和，四季分明，雨量充沛，年均日照时间2046小时，降水量804毫米左右，气温15.8℃，无霜期228天，十分有利于多科动、植物繁衍生长，宜于农作。

　　新四队墓葬群位于淅川内境西南部，县治南约50千米的丹江口水库西岸南端西北—东南走向的磨子岭西侧山头及山坡，墓地的北、西、南三面被丹江口库区环绕，东南有较高山头，海拔169米。北约5公里为下寺码头，东北约16公里为宋岗码头。行政区属淅川县仓房镇党子口村新四队，具体位置在新四队西南。地势东高西低，局部有起伏。墓葬群中心地理坐标为北纬32°42′19″，东经111°29′56″，海拔169米以下（图一）。

[①] 本节部分内容参考了淅川县地方史志编纂委员会编，王本庆主编：《淅川县志》的相关资料，河南人民出版社，1990年。

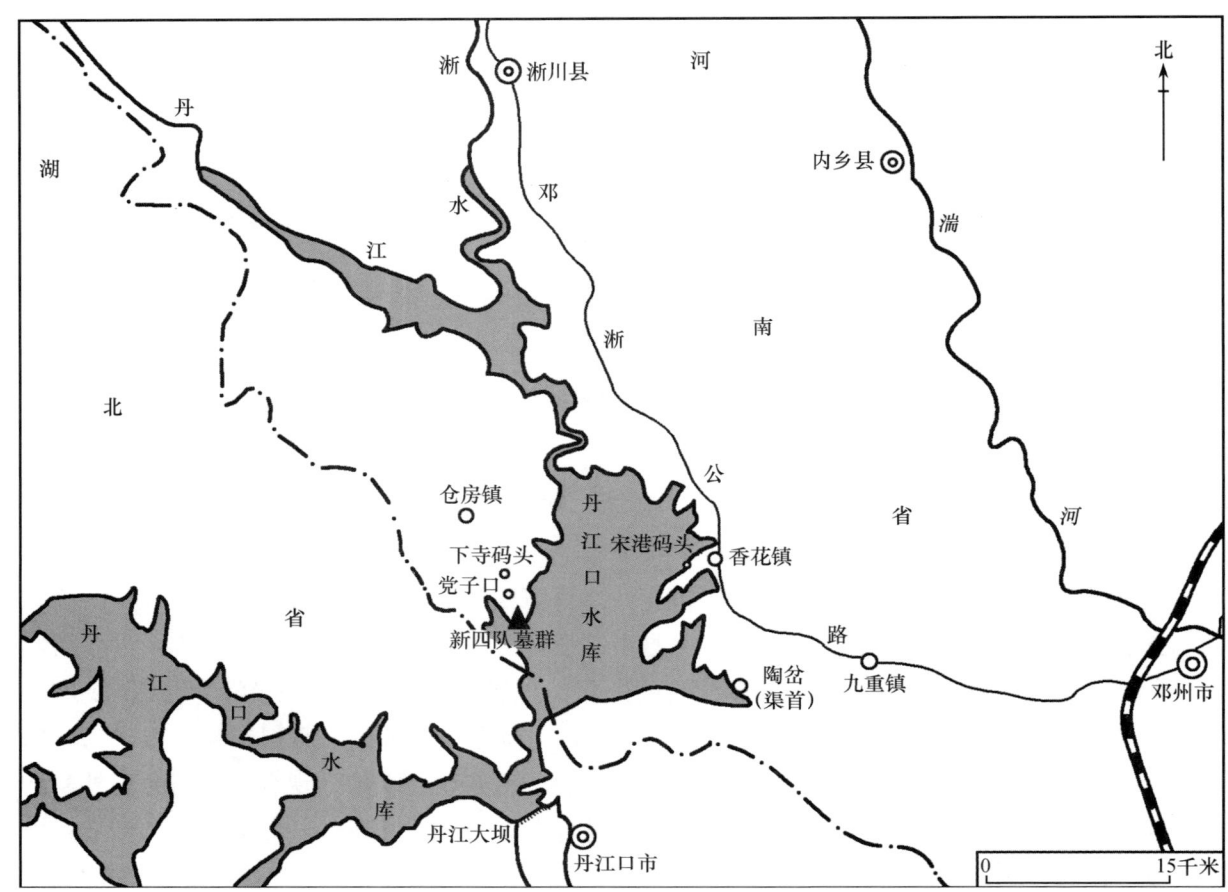

图一　新四队墓地位置示意图

二、历 史 沿 革

从目前的考古资料看，旧石器时代，淅川一带已有人类繁衍生息。新石器时代，人类的活动地点增加，区域扩大，诸多新石器时代遗址的发现和发掘即可证明。古史传说，舜帝时，淅川为帝尧之子丹朱的封地。

西周时期，淅川是楚族熊绎的封地。春秋时，淅川分属楚国及其附庸国鄀国。战国时，淅川西北部为秦国商、於之地，淅川为析，曾为楚邑。周赧王三年（公元前312年），秦楚丹阳会战后，秦国占领淅川。秦昭襄王三年（公元前304年），秦将淅川归还楚国。九年（公元前298年）终归秦国管辖。秦朝设置丹水县，县治今淅川寺湾镇，归属南阳郡。

西汉时期，今淅川一带分属不同的郡县管辖。北部和中部属析县，西南属丹水县，二者皆属弘农郡。东南部为顺阳县，属南阳郡。建始二年（公元前31年），胶东顷王子刘共被封为"顺阳侯"，封地位于新四队东北李官桥镇一带。哀帝时，改顺阳县为博山县，属南阳郡。东汉时期，再设立顺阳县，仍为侯国，与丹水县同属荆州南阳郡，并封南乡三户亭为侯地。建安十三年（208年），升南乡为郡，下辖丹水县、南乡县和顺阳侯国。

东晋时期，南乡郡改为顺阳郡，下辖顺阳、丹水、南乡三县。北魏由荆州分置析州析阳郡，下辖东、西二析阳县，东析阳县治所位于今马蹬镇一带。南部的顺阳郡治南乡，并领丹水、顺阳等县。西魏改东、西析阳县为中乡和淅川二县，并领淅州治南乡县，辖南乡、顺阳、丹川、秀山等郡十余县及侨县。北周，淅川并入中乡，属淅阳郡。其他郡县合并撤销后，设南乡郡与顺阳郡，辖丹水、清乡、南乡三县，均属荆州。隋代，改南乡郡为县，并改清乡为顺阳。大业十三年（617年）撤丹水县。唐朝初年，复置淅川县，治所位于马蹬，唐武德三年（620年）设立淅州，辖淅川、丹水、顺阳三县。贞观八年（634年）淅州废，淅川改属山南东道邓州。旋俱废并入内乡。五代，梁复置淅川县，属邓州。北宋增设顺阳县。金初，淅川县废，并入内乡。后复置，属邓州。元，淅川、顺阳皆并入内乡，属河南省南阳府邓州。明代，淅川自内乡分出置县，属南阳府邓州，治马蹬。清初属南阳府。道光时改县为厅。光绪时升为直隶厅，直属于省。宣统时属南汝光析道。

1913年，撤厅为县，属汝阳道，后直属省。1932年，属河南省第六行政督察区。

1948年，淅川解放，置淅川县人民民主政府，属豫西行署第六专员公署。1949年，改为淅川县人民政府，属河南省南阳行政区督察专员公署。1956年，改为淅川县人民委员会，1968年，改为淅川县革命委员会，1981年复为淅川县人民政府至今。

第二节　周边古文化遗迹及其内涵

淅川古文化遗迹众多，不同时期，不同内涵的古遗址、墓葬等的发现和发掘充分证明了这一点。新四队墓葬群位于丹江口库区西岸南端，北距丹江冲积平原顺阳川西部的李官桥盆地不远，为丹江支流与丹江汇合处，地理环境较为优越，周边古文化遗迹较为丰富[①]（图二）。

新四队墓葬群东北为东周城址"龙城"，东部有郭庄楚墓群和柏台子遗址，东南有台子山楚墓群，现均已淹没于水下。丹江水库西岸墓葬群众多，多为战国楚墓和汉代墓葬。"龙城"西有下寺楚墓群[②]，附近还有较多其他楚墓被发现和发掘。下寺楚墓南库区西岸有新队汉墓群、李沟汉墓群、岳沟墓群、葛庄汉墓群、磊山汉墓群等，距离新四队墓地较近的为博山汉墓群。新四队墓葬群西北有悯东遗址，遗址东南为马家大包子墓群。西北方向距离新四队墓地较近的还有王庄汉墓群、赵杰洼山头汉墓群。西部略远山头还有余家岭墓群、虎头山汉墓群等。

上述古遗址和墓葬多数已进行考古发掘，部分亦经详细调查或勘探。通过考古发掘或调查可知，东周秦汉时期，已有较多人在这一带生产和生活，反映出较为优越的地理位置，并在政治、经济等方面起着相对重要的作用。

---

① 本节涉及的一些遗址或墓葬（群）参考了《丹江口水库区淅川县淹没区文物分布图》的相关资料，特说明。
② 河南省文物研究所、河南省丹江库区考古发掘队、淅川县博物馆：《淅川下寺春秋楚墓》，文物出版社，1991年。

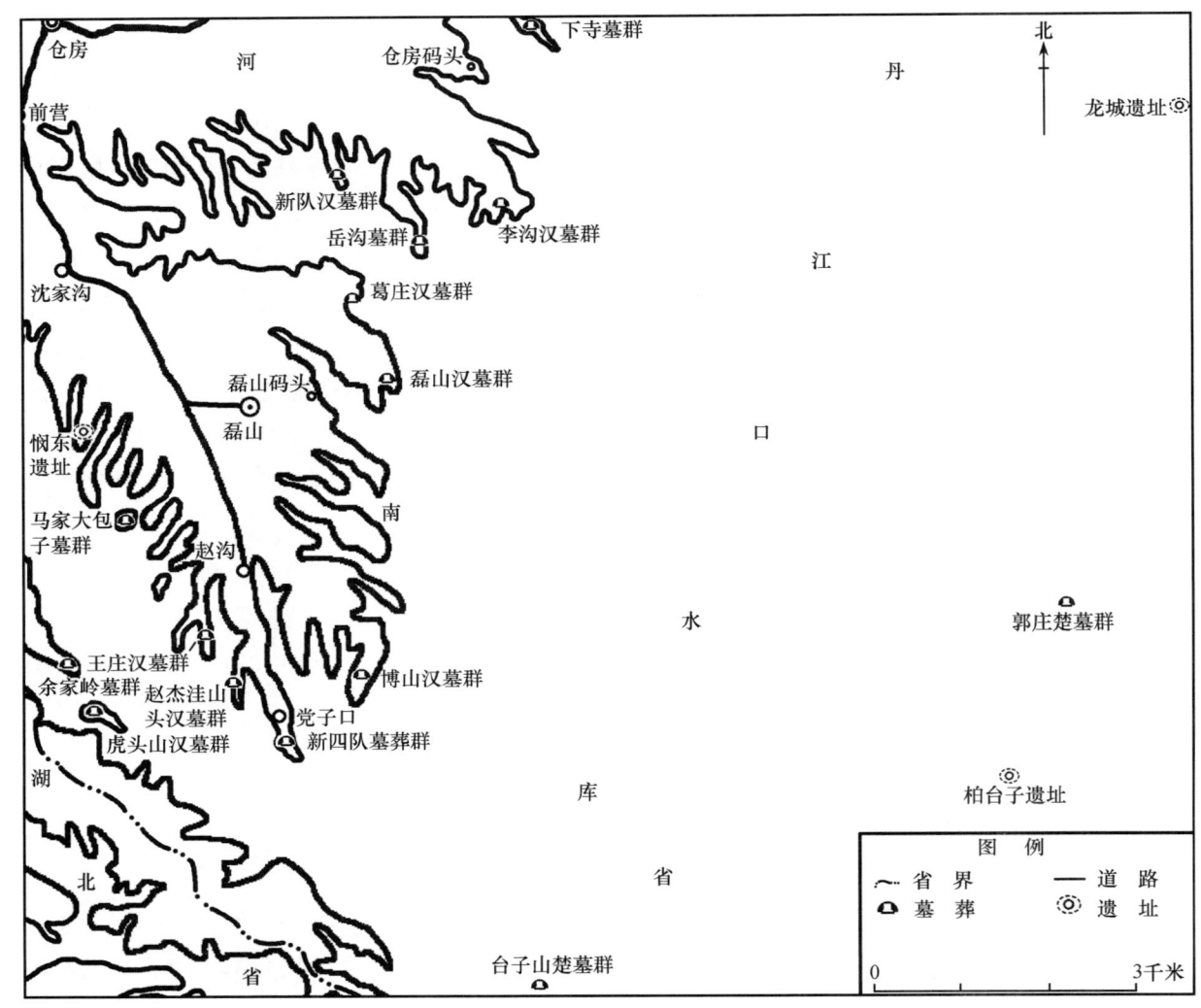

图二　新四队墓地附近文化遗迹分布图

第三节　墓地概况与发掘、整理经过

一、墓地概况

新四队墓葬群是南水北调中线工程河南境内的一处抢救性考古发掘项目。1994年，为配合南水北调工程，河南省文物考古研究院与南阳市文物考古研究所、淅川县文化局联合调查发现，2003年、2004年复查确认。根据地表散存的墓砖、陶器残片等，初步判断为汉代墓葬群。

墓葬群位于磨子岭西侧的岗丘地带，东依磨子岭，南、西、北三面环水，附近共有4个山头，海拔基本由东向西呈斜坡状下降（图三；彩版一，1）。东南山头海拔最高，为169米，未

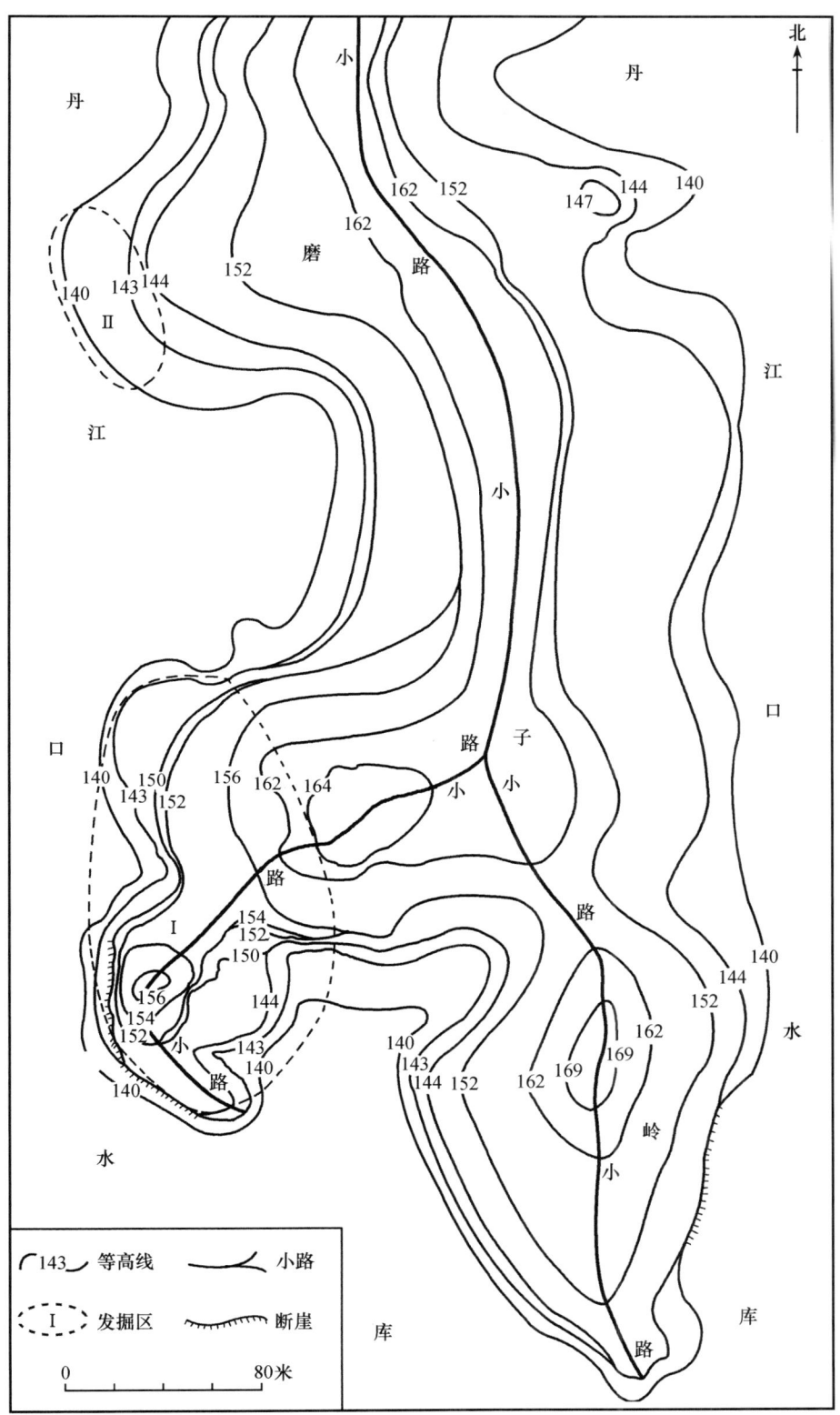

图三 新四队墓地地形图

发现有墓葬。其余山头皆有发现，数量不等，位置也有差异。西北侧山头最高海拔为162米，发现的墓葬位于西南山坡，数量少，时代也较晚，该处为本次发掘的第Ⅱ发掘区。中部山头海拔最高为164米，山头顶部曾有墓葬发现，但破坏极为严重，其余墓葬基本位于西侧及西南侧的山坡地带，数量相对略多，南侧有少量墓葬发现，但时代较晚。西南山头海拔较低，最高海拔为156米，西南侧为断崖，东南方向有山脊延伸，该处墓葬数量多，较为集中，且时代接近，基本为战国晚期至汉代，仅个别墓葬时代较晚。由于西南山头与中部山头相连，墓葬分布也相对集中，为本次发掘的第Ⅰ发掘区。

发掘区地层情况较为简单，大致可分为两层，即耕土层和生土层，深度不等。这在较多已发掘的探方中均有反映，以T10为例，四壁体现的较为明显（图四-2）。由于丹江口水库蓄水的常年冲击，一些地带落差较大，较多地区裸露出岩石，一些墓葬也露出地表，部分墓葬有明显被盗掘的痕迹。本次发掘的墓葬多数开口于耕土层下，形制基本为长方形竖穴土（石）坑墓，共计发掘墓葬48座（图五），大多为东周秦墓及秦代与西汉时期墓葬，少量为元明清墓葬，较多遭受不同程度的盗扰。

该处墓葬群所在山体有一定数量的积土，且厚薄不均，部分墓葬为石坑竖穴，部分为土坑竖穴，还有一部分上为土坑，下为石圹。因水土流失严重，封土基本不存。

二、发掘、整理经过

根据国家文物局和河南省文物局南水北调文物保护办公室的统一安排，受河南省文物考古研究院的委托，南开大学考古学与博物馆学系承担了新四队墓葬群的田野考古工作。2010年5、6月，对该处墓葬群进行了两次前期考古调查。7月，南开大学考古学与博物馆学系考古队进驻考古工地，首先对墓葬区进行了全面勘探，钻探总面积约为72000平方米。随后进入墓葬发掘阶段。9月，主体考古发掘工作基本结束。2011年7月，因发掘区内水位下降，又对一些海拔略低的墓葬进行了补充发掘。

考虑到墓葬的具体位置不明确，采取了1米×1米布孔的方法进行全面普探，并对一些地区进行了重点钻探，发现较多墓葬。根据钻探所获墓葬分布的情况，在发掘地点拟定了基点，按照探方发掘原则采取象限法布方，共布探方33个，规格为10米×10米，待全部探方资料整理完毕后再进行墓葬的发掘（图四-1）。墓葬基本按照发现先后编号，分别编号为2010X新M1-M48，简称M1-M48（彩版一，2）。

本次考古发掘领队为刘尊志，主持发掘人员有南开大学考古学与博物馆学系教师刘毅、刘尊志、贾洪波、袁胜文，参与发掘的还有本系赵冉、李宝军、蒋侍辰、吴伟华、张巍等硕士、博士研究生。

整理工作开始于2011年10月上旬，12月中旬结束。主持整理人员为刘尊志、袁胜文，参与人员有贾洪波及本系李宝军、张巍、李琳、熊小丽、赵冉、孙雅頔、齐香钧、蒋侍辰等硕士研

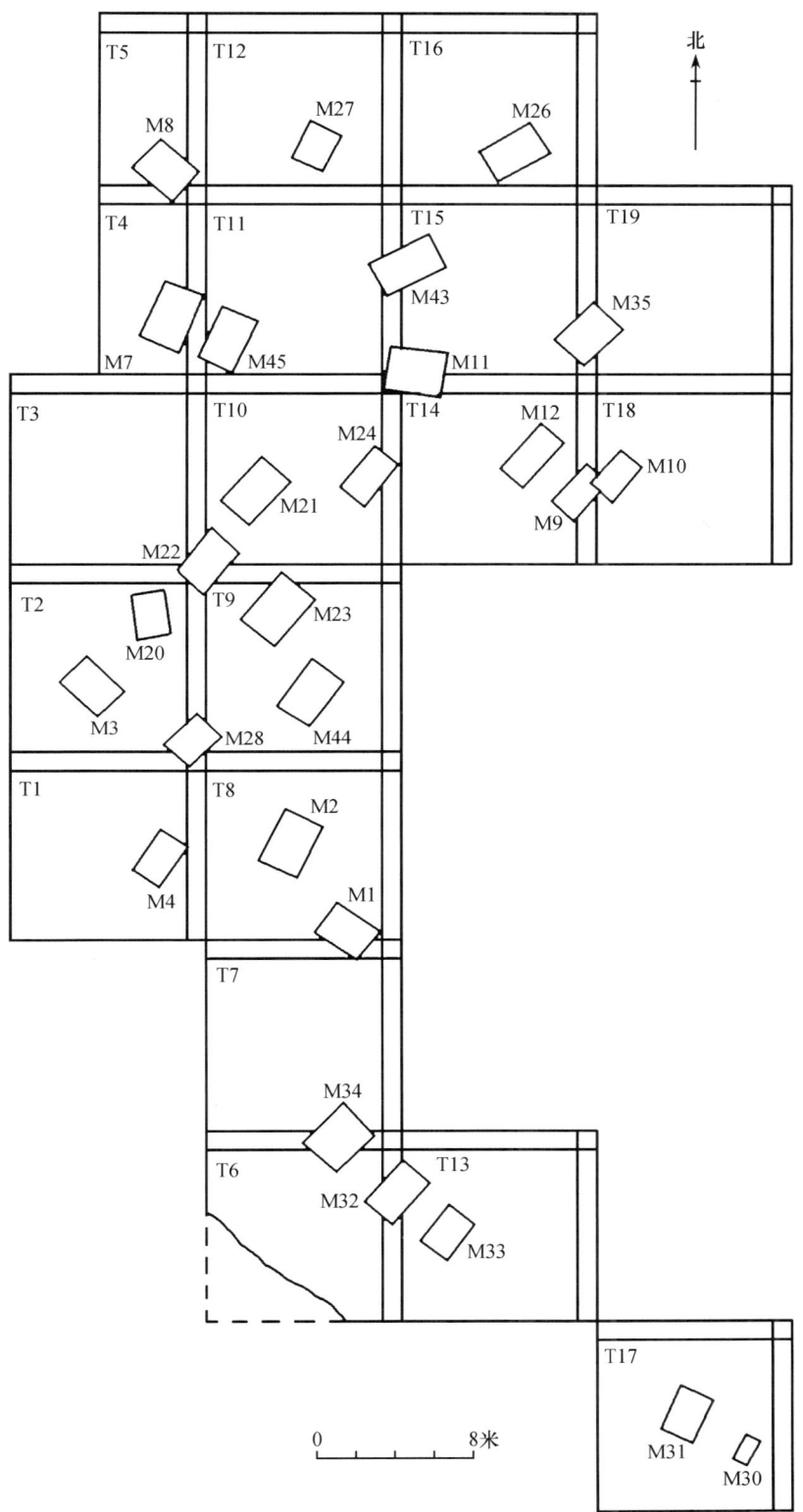

图四-1 Ⅰ区南部山头发掘探方与墓葬位置示意图

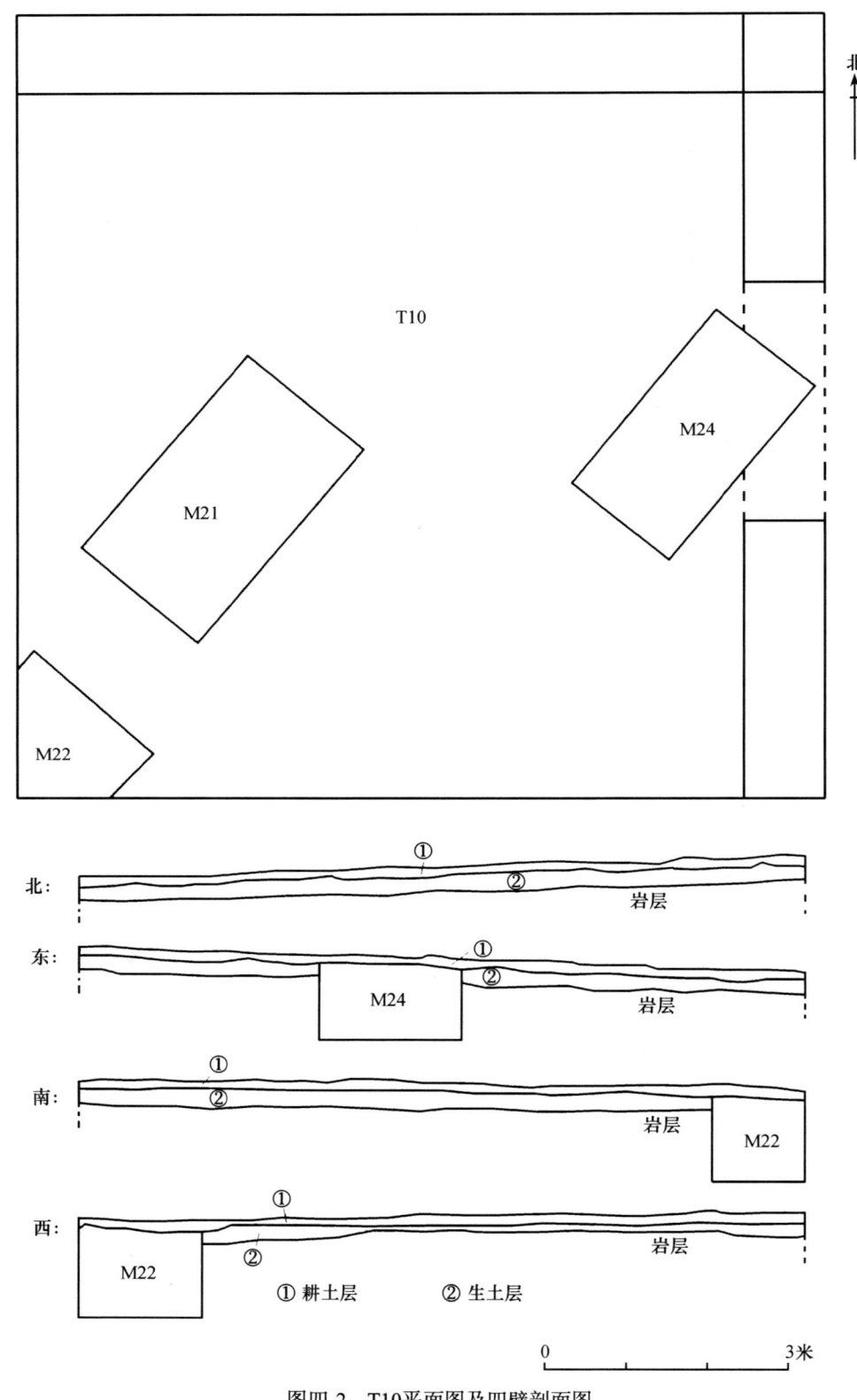

图四-2　T10平面图及四壁剖面图

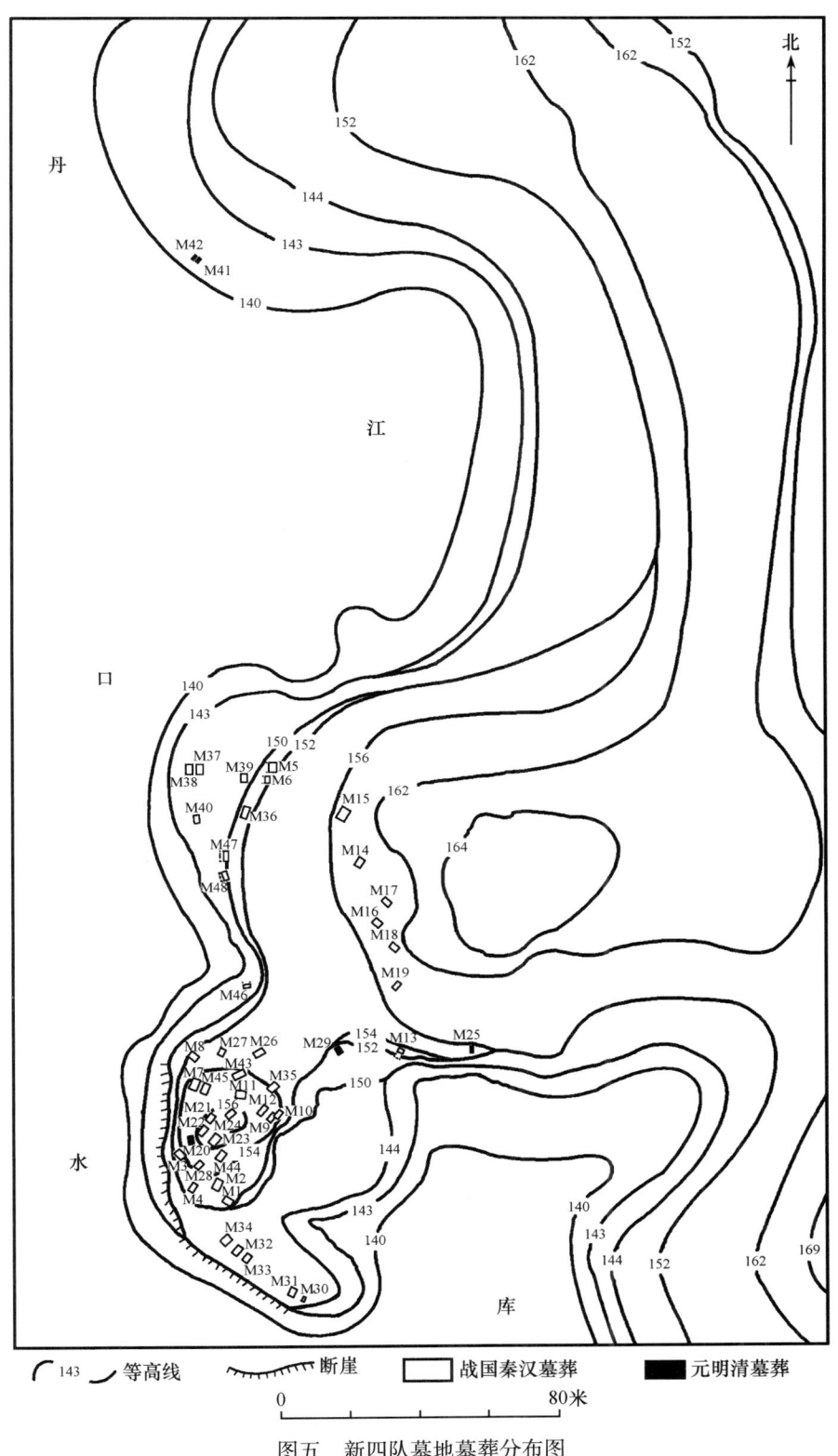

图五 新四队墓地墓葬分布图

究生。后期资料整理主持人为刘尊志，参与人员有本系教师张国文及刘昕、刘舒睿、于宏淼、宋美娟、路畅、宋永平等硕士研究生。

在本报告整理过程中，共发表2篇阶段性成果，一是《河南淅川仓房新四队战国、秦墓发掘简报》（《中原文物》2014年第1期），二是《河南淅川仓房新四队两座汉墓》（《中国国家博物馆馆刊》2014年第12期）。

本次发掘和整理工作得到河南省文物局、河南省文物考古研究院、南阳市文物考古研究所、淅川县文化广电新闻出版局、淅川县电力局等单位的领导和相关工作人员的大力支持。

第二章 战国秦汉墓葬

第一节 墓葬的分布与分组

本次共发掘墓葬48座，其中战国秦汉墓葬43座，元明清墓葬5座。整个墓地可分为Ⅰ、Ⅱ两个发掘区。Ⅱ区仅有2座元明时期的墓葬。Ⅰ区墓葬较多，分布密集，其中战国秦汉墓葬基本分布于山头顶部及西坡、南坡，北坡、东坡极少或不见。

中部山头有少量墓葬发现，但破坏严重，未发掘，东坡及北坡未有墓葬发现。山头西南侧为多级海拔渐低、相对平缓的台地，墓葬沿台地走向，近南北向排列，共4排，计有战国秦汉墓葬17座。多为土坑竖穴墓，少量为石坑竖穴，墓向不完全一致。

西南山头的山顶及山坡均有墓葬发现，西南侧现为断崖，有无墓葬已不可知。山头上墓葬根据海拔高度的不同，大致分3层环绕山顶，第2层次的墓葬最多，第3层次东部未见墓葬。西南山头还有向东南方向延伸的山脊，西南侧沿山脊走向有1排墓葬，东北侧无墓葬。西南山头共计发现发掘战国秦汉墓葬26座。多为土坑竖穴墓，少量为石坑竖穴，墓向不完全一致。

根据地形地势及墓葬分布、排列情况，大致可将战国秦汉墓葬分为两组，二者基本以两山头之间海拔较低的山脊为界，之间无墓葬发现（图六）。

第二节 墓葬资料

新四队墓葬群共计发掘战国秦汉墓葬43座，基本为土（石）坑竖穴形制，具体形制又有所差异，基本开口于耕土层下，部分墓口暴露在外。棺椁位于竖穴底部一侧，多朽。多数墓葬内葬一人，少量为夫妻同穴合葬。骨架保存情况普遍较差，部分已呈粉末状。陪葬品以陶器为主，另有铜、铁等质地器物，数量不等。由于填土夯实及丹江口水库蓄水浸泡，加之墓葬多被盗扰，陪葬品多残。

一、M1

位于Ⅰ区A组偏南部，M2、M4的东南部。

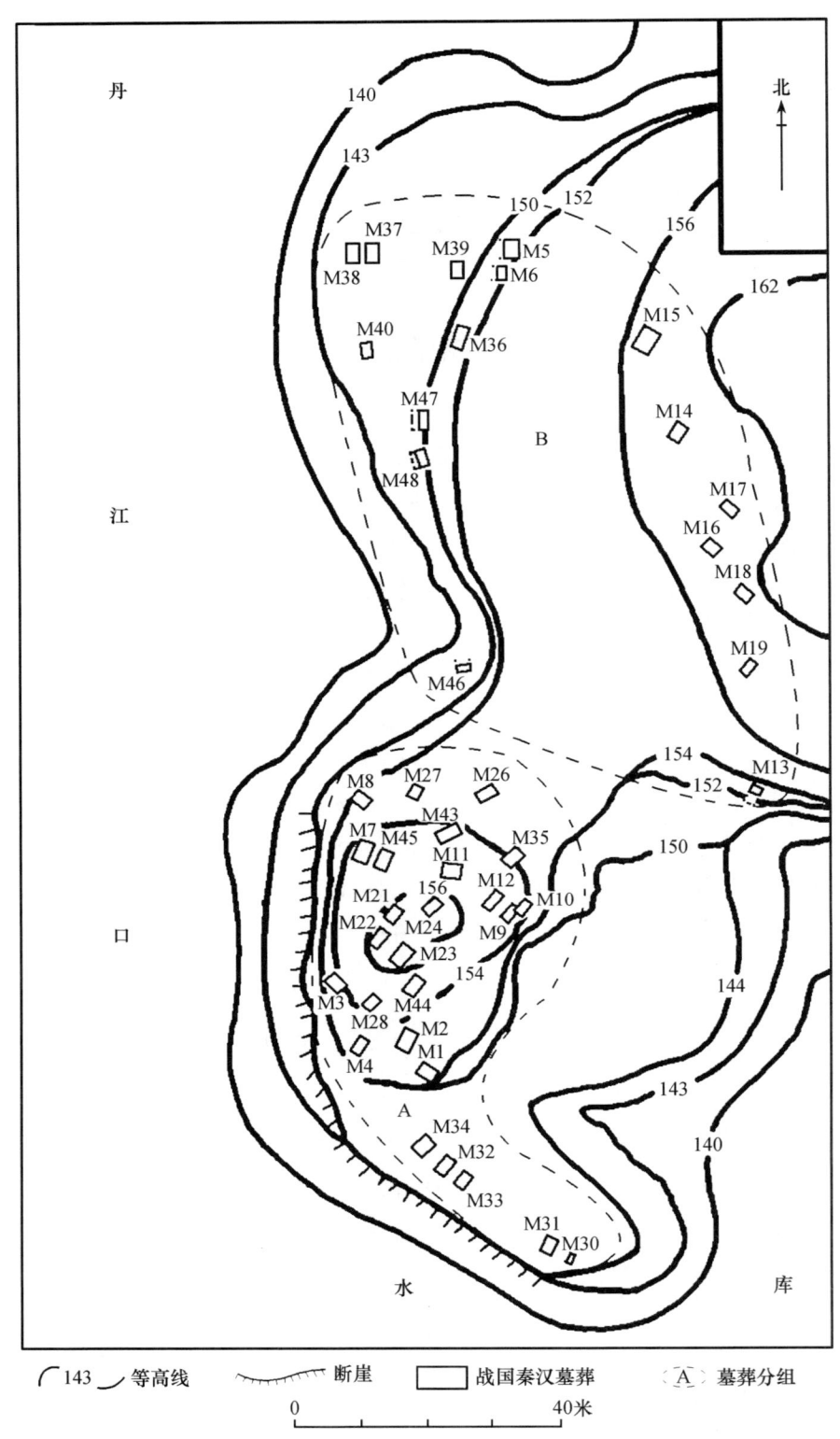

图六 新四队战国秦汉墓葬分布图

1. 墓葬形制与结构

M1为长方形土（石）坑竖穴墓，封土不存，上为土坑，下为石圹。土坑基本不存，石圹基本依山势北高南低。南北长2.94、东西宽1.85、残深0.21～0.68米，方向335°（图七）。竖穴内填灰褐色花土，较为纯净。中部为盗洞，近呈椭圆形，面积较大，直达墓底，其内土质及包含物均较杂乱。

竖穴底部四壁有葬具置放后所填的灰褐色花土，较为坚硬，明显区别于竖穴内其他填土，

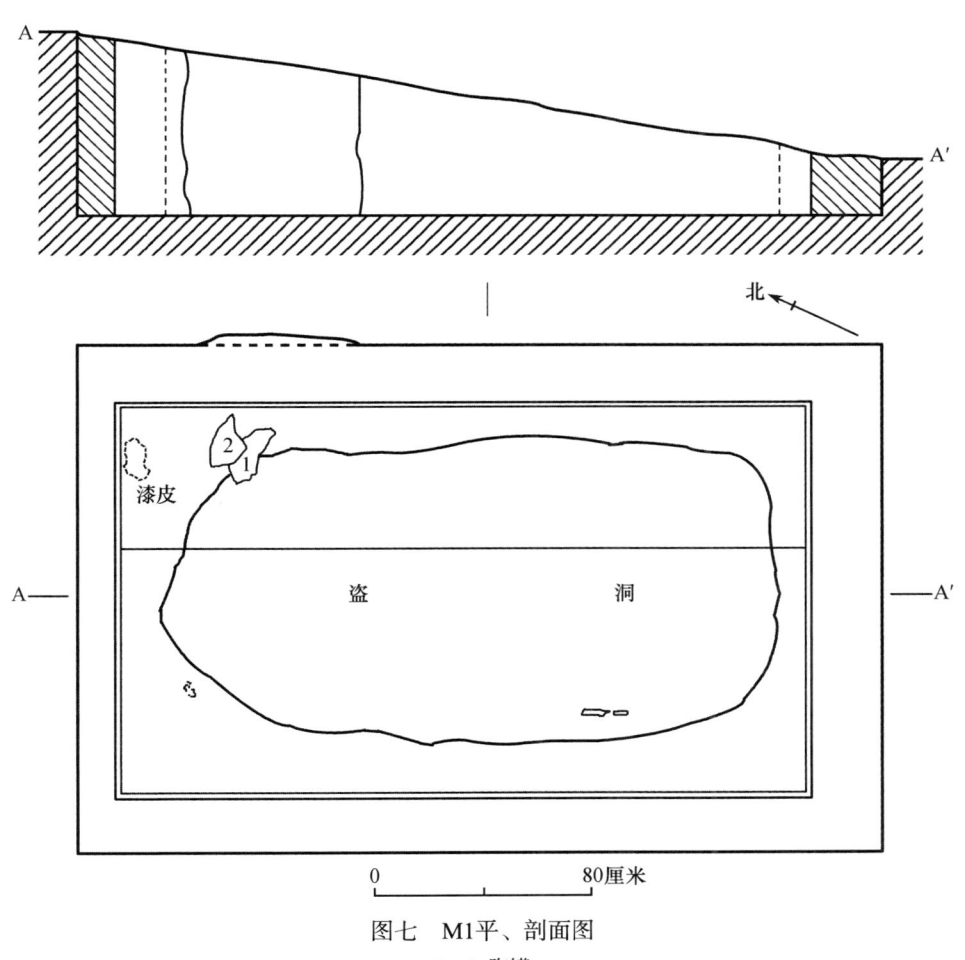

图七　M1平、剖面图
1、2.陶罐

且有一定的高度，本书称之为"回填土台"[①]。残高22.5～72.5厘米，宽度不一，北侧"回填土台"宽约14、东侧"回填土台"宽约23、南侧"回填土台"宽约26、西侧"回填土台"宽约21厘米。"回填土台"内墓圹底部置放葬具，大致来看，为一棺一椁，均木质，皆朽。墓圹底部靠近"回填土台"有灰色板灰痕迹，局部较为明显，宽约2厘米，推测为椁板朽迹。椁南北长2.57、东西宽1.56米，高度不详，未髹红漆。西部未盗扰区域底部土质略松软，有明显的长方形痕迹，其内灰色迹象明显，并伴有红色漆皮，北侧发现有头骨痕迹，盗洞南侧偏东还有发现少量残碎腿骨。推测长方形痕迹应为棺痕，南北长2.53米，略小于椁的长度，东西宽0.95米，高度不详。为漆木棺，髹饰有红漆，但髹饰方法不详。棺内葬1人，头北向，方向335°，性别不详。

椁内棺的东侧，墓主左侧可能为边厢，内置陪葬品，因盗扰严重，仅有少量器物残片出土，可辨器形有泥质灰陶罐2件，极残。

2. 出土遗物

计2件，均为陶罐，极残，余腹部残片。鼓腹，腹壁弧形。泥质灰陶，烧造火候较高。

罐　1件（M1：1），残。腹壁中上部饰六组密集的竖向绳纹，每组绳纹间为一周凹弦纹。厚0.65～0.9厘米（图八，1）。

罐　1件（M1：2），残。腹壁下部饰密集的横线纹。厚0.65～0.9厘米（图八，2）。

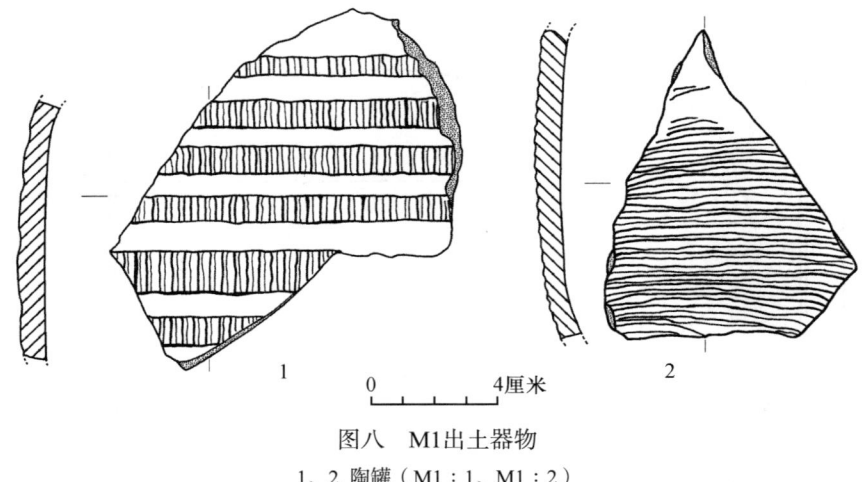

图八　M1出土器物
1、2.陶罐（M1：1、M1：2）

[①]　该遗迹在新四队墓地较常见。基本位于竖穴周壁，宽度不等，高度亦有所差异，或夯筑，或经挤压，土质坚硬，不同于竖穴内的其他填土，形制与熟土二层台极为相似。本书用"回填土台"对该遗迹进行表达，特作说明。

二、M2

位于Ⅰ区A组偏南部，M1西北部，西南侧为M4，西北侧为M28，北侧为M44。

1. 墓葬形制与结构

M2为长方形土坑竖穴墓。封土不存，竖穴亦多被破坏，残存墓圹基本依山势北高南低。南北长3.67、东西宽2.42、残深0.02～0.11米，方向17.5°（图九）。南侧大部分墓圹仅余墓底，局部残深0.02米，北侧0.47米宽的墓圹保存，内填灰褐色花土，较为纯净，局部被盗扰。

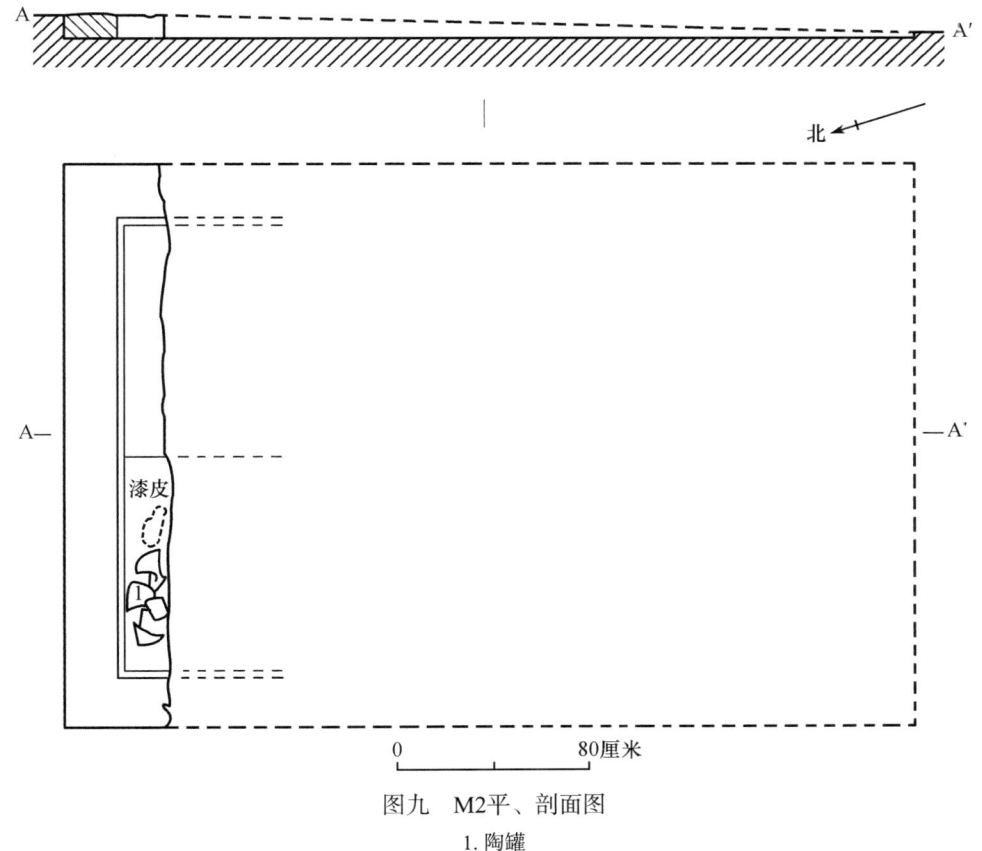

图九　M2平、剖面图
1. 陶罐

竖穴底部有"回填土台"，为灰褐色花土，较坚硬。残高0.02～0.11厘米，宽度不一，北侧"回填土台"宽约22.5、东侧"回填土台"宽约23、西侧"回填土台"宽约21厘米。东西两侧大部及南侧"回填土台"均遭破坏不存。"回填土台"内墓圹底部置放葬具，大致来看，为一棺一椁，均木质，皆朽。墓圹底部靠近"回填土台"有灰色板灰痕迹，局部较为明显，宽约3厘米，推测为椁板朽迹。椁南北残长0.18～0.24、东西宽1.97米，高度不详，未髹红漆。东部局部位置土质松软，有明显的长方形痕迹，其内灰色迹象明显，并伴有红色漆皮，推测长方形痕迹应为棺痕，南北残长0.15~0.2、东西宽1米，高度不详。为漆木棺，髹饰有红漆，但髹饰方法不详。因破坏严重，未发现骨骼。从棺的宽度及山势等因素分析，棺内葬1人，头北向，方向17.5°，性别不详。

椁内棺的西侧，墓主右侧可能为边厢，内置陪葬品，因破坏严重，仅发现有少量器物残片或痕迹，可辨器形有泥质灰陶罐1件，极残，另有漆器痕迹，器形不详，无法提取。

2. 出土遗物

罐 1件（M2:1），残，泥质灰陶，烧造火候较高。余口、颈及腹部残片。敞口，卷沿。弧颈。溜肩，与颈结合处折痕明显。鼓腹，断面弧形。上腹部残存两周密集的竖向绳纹。口径13.6、口颈残高5.2、腹壁厚0.7厘米（图一〇）。

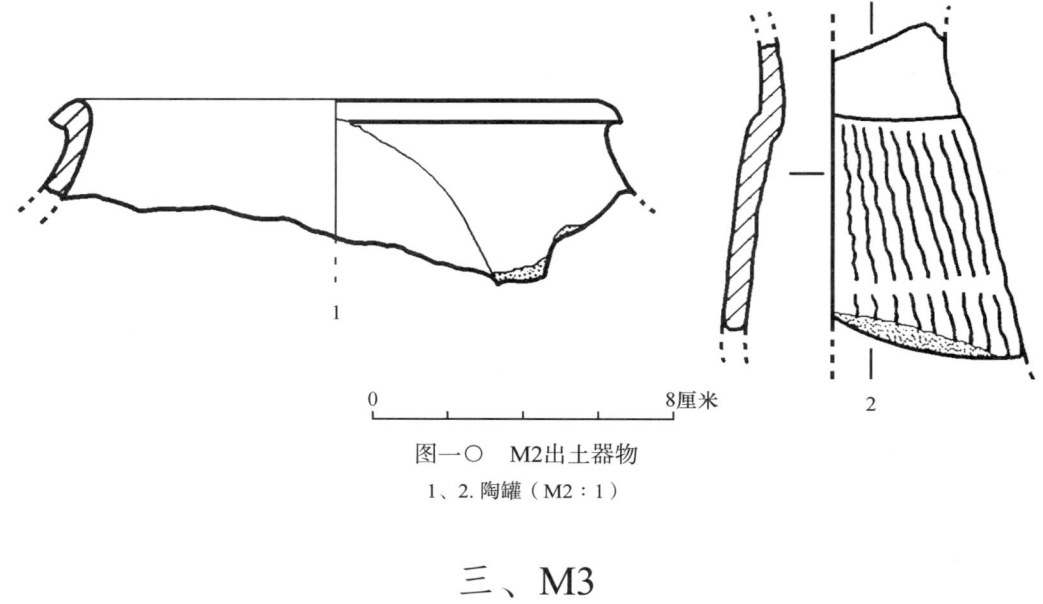

图一〇 M2出土器物
1、2. 陶罐（M2:1）

三、M3

位于Ⅰ区A组西部，南部偏东为M4，东部偏南为M28，西侧为断崖。

1. 墓葬形制与结构

M3为长方形土（石）坑竖穴墓，封土不存，上为土坑，下为石圹，土坑部分基本残无。残存墓圹基本依山势北高南低，东高西低。东西长3.05、南北宽2.32、残深0.22~0.82米，方向120°（图一一）。墓室上部竖穴内填灰褐色花土，土质较为纯净，经夯筑。中部为盗洞，近呈长方形，面积较大，直达墓底，其内土质及包含物均较杂乱。

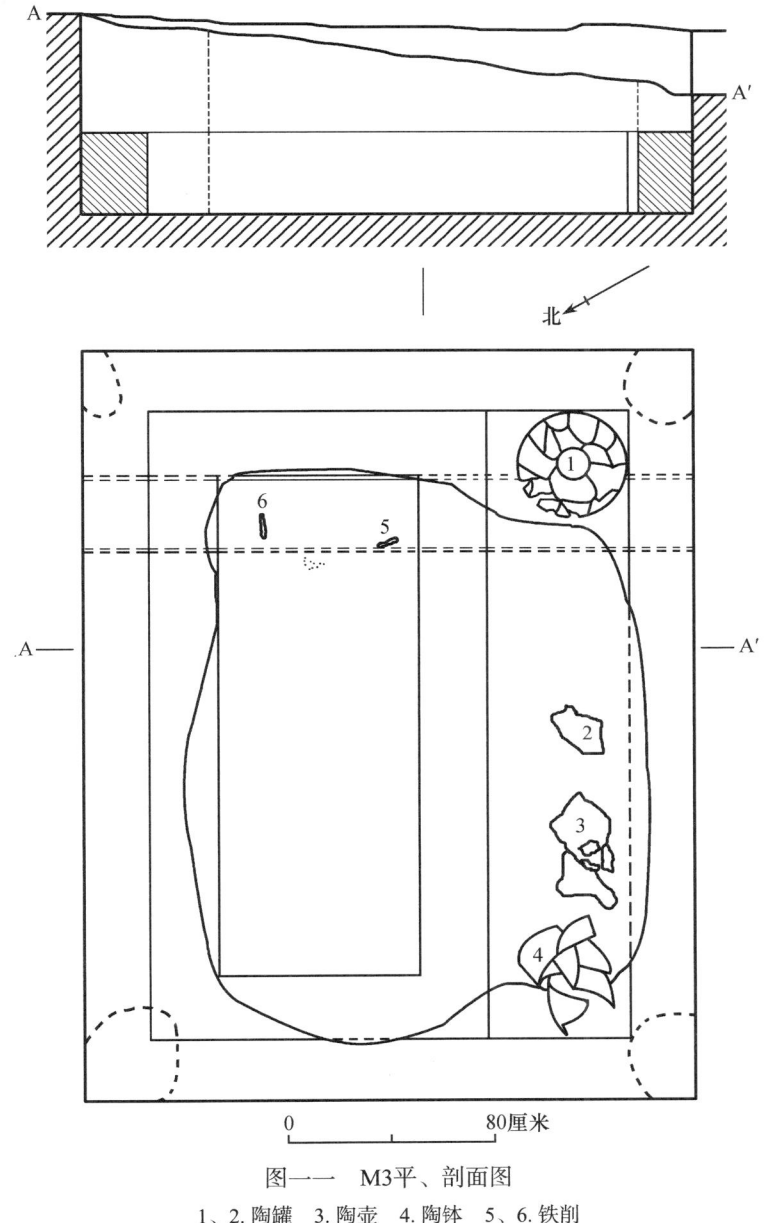

图一一 M3平、剖面图
1、2.陶罐 3.陶壶 4.陶钵 5、6.铁削

墓室位于竖穴底部，四周有"回填土台"，为灰褐土，较坚实，宽25.5、高33～34.5厘米，内置葬具和陪葬品。漆木质葬具为一棺一椁，虽已朽且破坏严重，但痕迹明显并有大量红色漆皮发现。棺椁均为长方形，椁东西长2.6、南北宽1.86米，高度不详。棺偏于椁北侧，与北、东、西三侧椁壁均有一定距离，南侧与南椁壁距离较远，东西长2.08、南北宽0.78米，实际高度不可知。棺内葬1人，头东向，方向120°。骨架极朽，多被破坏，性别不详。从清理情况看，棺外椁内为积炭，由于坍塌、填土夯实及盗扰等原因，积炭遍布墓室，局部积存厚约33厘米，木炭痕迹清晰可见（彩版一二，6）。墓室南部放置陪葬品，与木棺界限明显，当为边

厢。墓圹底部距离东壁50.5厘米处有一南北向倒梯形凹槽，较规整，上口东西宽31、下口东西宽28、深10厘米。墓圹底部四角亦各有1个弧形凹槽，形状不一，大小不等，深12厘米。

由于遭盗扰严重，出土遗物较少。棺室内出土铁削2件，锈残严重；边厢内基本为陶器，可辨器形有泥质灰陶罐2件、壶1件、钵1件等。

2. 出土遗物

计6件，陶器4件，铁器2件，均残。

（1）陶器

4件，均为泥质灰陶，烧制火候较高。部分素面，部分有纹饰，彩绘纹饰多剥落。

罐　2件，弧形腹。标本M3：1，敞口。短领。折肩，略弧。弧腹，较圆鼓，上部直，下部弧内收。平底。素面无纹。口径19.6、底径22.8、高28.6厘米（图一二，3）。标本M3：2，余腹下部残片。断面弧形，上部略厚，下部略薄。腹壁外侧上饰密集的横线纹，局部微折，其

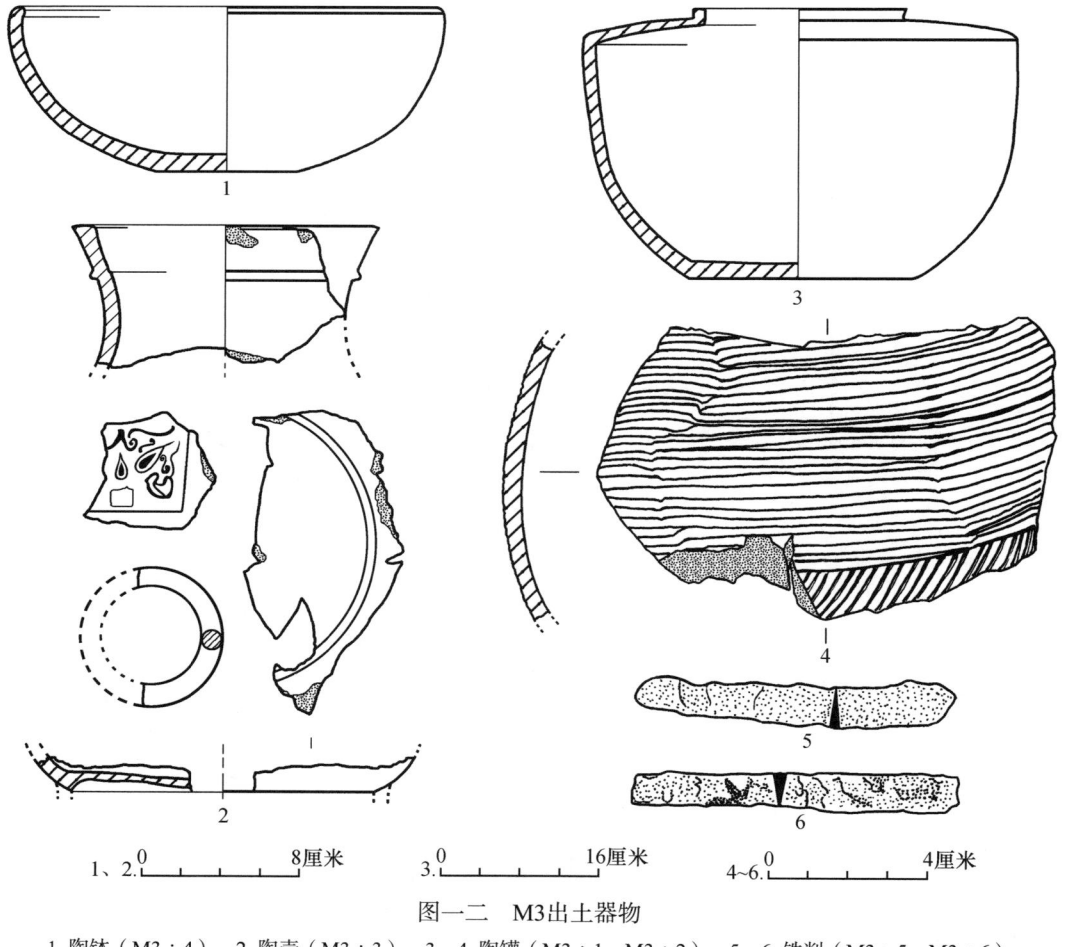

图一二　M3出土器物

1. 陶钵（M3：4）　2. 陶壶（M3：3）　3、4. 陶罐（M3：1、M3：2）　5、6. 铁削（M3：5、M3：6）

下为斜线纹，亦较密集。腹壁厚0.4~0.5厘米（图一二，4）。

壶　1件（M3:3），余口、颈、底及铺首、环等残片。盘状口，微敞。斜沿。盘状口下有一周凸弦纹。弧颈。鼓腹，腹壁断面弧形。圜底，圈足残无。铺首呈兽面状，目及鼻均呈橄榄形，目斜向上睁，较为狰狞，间饰云纹。圆形环，断面亦为圆形。壶身局部原有红色纹饰，已剥落。口径10.6、口与颈残高7.6、底径15.2、残高1.8、环直径7.2、孔径5.2厘米（图一二，2）。

钵　1件（M3:4）。敛口。圆唇。弧腹，上部鼓，下部弧内收。平底。素面无纹。口径20.8、底径7.2、高8.8厘米（图一二，1；图版二一，1）。

(2)铁器

计2件，均为削。长条形，一端略宽，一端略窄。一侧有刃，断面三角形。标本M3:5，微弧。残长8.1厘米（图一二，5）。标本M3:6，较平直。残长8.3厘米（图一二，6）。

四、M4

位于Ⅰ区A组西南部，东侧为M1、M2，北侧为M3、M28。

1. 墓葬形制与结构

M4为长方形土坑竖穴砖椁墓，封土不存，墓圹多被破坏，残存墓圹基本依山势北高南低，西高东低。南北长3.18、东西宽2.3、残深0.23~0.6米，方向56.5°（图一三）。竖穴内填灰褐色花土，由于被扰乱，包含物较杂乱，内有较多残碎砖块，并有一些时代较晚的民窑青花瓷片。其中1件青花瓷杯（M4扰土:1）可复原，残，瓷土烧制。敞口。弧腹。假圈足，平底，中心内凹。外饰弦纹和三角纹，内底为两周弦纹，内有变形的植物纹。口径3.7、底径2、高2.25厘米（图一四）。

墓坑底部以砖筑砌椁室，多被破坏。四面围墙，底部铺砖。东、南、西三面墙紧贴竖穴壁，北面墙距离墓壁8厘米。东、北、西三面墙以较宽的长方形砖平行铺砌，局部较窄部位补以窄砖，南面以带榫卯的长方形条砖平铺，均为一排。由于破坏，砌砖高度及上下的铺砌方式不详。底部以较宽的长方形砖平行铺成，砖被破坏基本不存，局部留有痕迹。长方形条砖的两长端分别有榫和卯，以榫卯扣合铺砌，宽13.5、厚8厘米，长度不详。朝向墓室的一侧面模印有纹饰，分上下两层，中部以宽带状纹间隔，宽带状纹内凹，中有凸起的密集短竖线纹。上下两组纹饰相同，顺序一致，略有错位，均是在双线边框纹内饰相关纹饰。每组的主题纹饰为多个相连的双线菱形纹，在上下两侧形成较多三角纹。菱形纹中部由上至下为3个较小的菱形，间饰较短竖线纹，左右两侧为二个对称的卷云纹，并四个较小的三角纹。两侧三角纹内的纹饰有所差别，上层三角纹中部为卷云纹或圆圈纹，两侧为弧线纹及较短斜线纹，下层三角纹中部

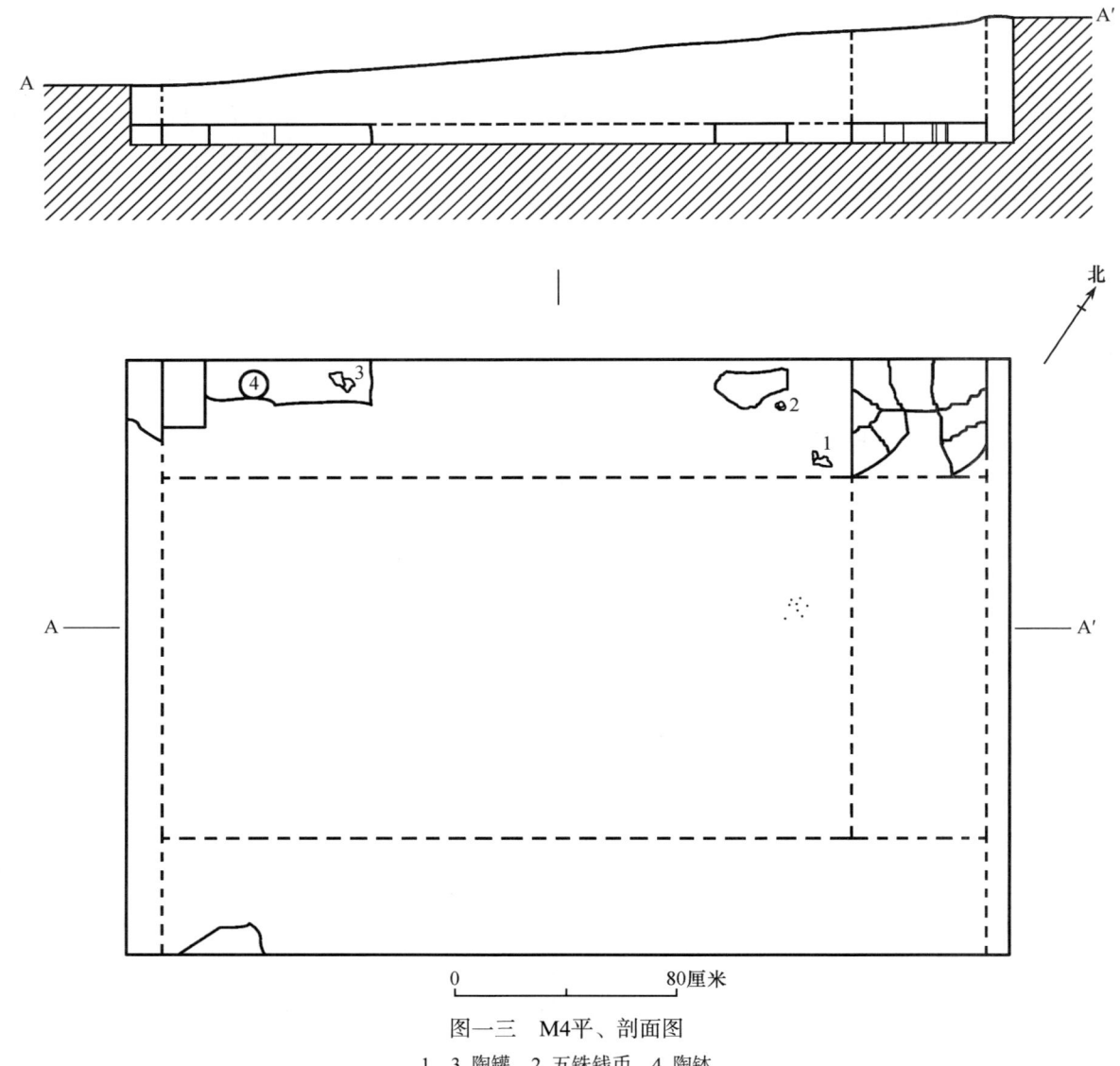

图一三 M4平、剖面图
1、3.陶罐 2.五铢钱币 4.陶钵

为较细的竖线纹，两侧为弧线纹及较短斜线纹（图一五，1）。长方形条砖的其余各面均素面无纹。较宽的长方形砖长48.5、宽45.5、厚8厘米，部分用来砌墙，部分用来铺地。朝上一面模印有纹饰，基本以多组宽带状纹分成多组相同的图案，宽带状纹微内凹，中有凸起的密集短竖线纹。主题图案以双线菱形纹及三角纹、圆圈纹、云纹等为主，分布较为对称。菱形纹中部有纹饰，左右两侧为两个对称的卷云纹，并饰对称图案，而菱形纹在每组图案的上下两侧又形成两排三角纹，内饰较细的竖线纹（图一五，2）。椁内为棺室，长2.48、宽1.39米，高度不详。置木棺，有红色漆痕发现。墓内葬1人，因破坏，骨架基本不存，从清理情况看，头北向，方向56.5°。

由于遭盗扰严重，陪葬品多被破坏，出土遗物较少，大多位于墓坑北侧，可辨器形有泥质灰陶罐2件、盆1件，另有五铢钱币1组4枚等。

2. 出土遗物

由于遭受严重盗扰，陪葬品多不存，墓坑北部有相关器物出土，计4件（组），其中陶器3件、钱币1组，均残。

（1）陶器

3件，均为泥质灰陶，烧制火候较高。部分素面，部分有模印或排印纹饰。

罐 2件，极残，均余口及腹部片。口微敞，鼓腹。标本M4∶1，口部圆唇。短领，内壁有一周内凹。溜肩，圆鼓腹。素面。口径25.2、残高5.2厘米（图一六，1）。标本M4∶3，口沿略宽，末端卷，上部中间一周内凹。颈微内凹，下部微外凸。溜肩，最上端略弧，与颈部结合处折痕明显。腹壁圆弧。弧形系略小，内有椭圆形孔，内凹不明显。腹下部壁较薄。腹上部饰多组密集的竖向绳纹，下部为密集的横向绳纹。口径13.2、口及

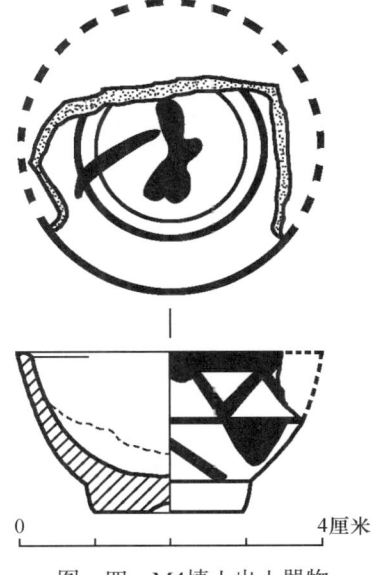

图一四 M4填土出土器物
瓷碗（M4扰土∶1）

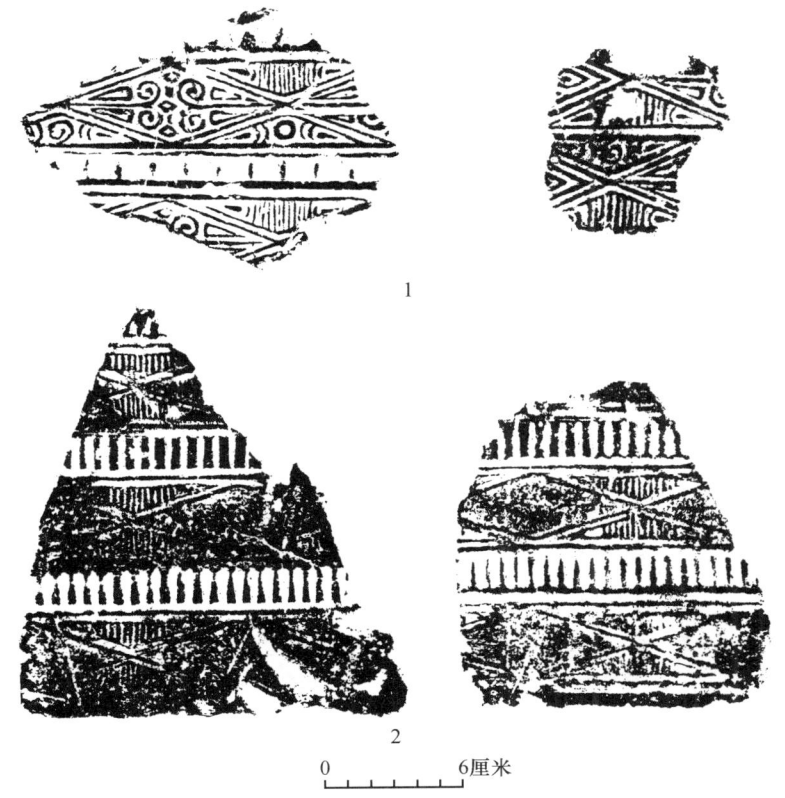

图一五 M4墓砖拓片
1. 长方形榫卯砖残块 2. 长方形铺地砖残块

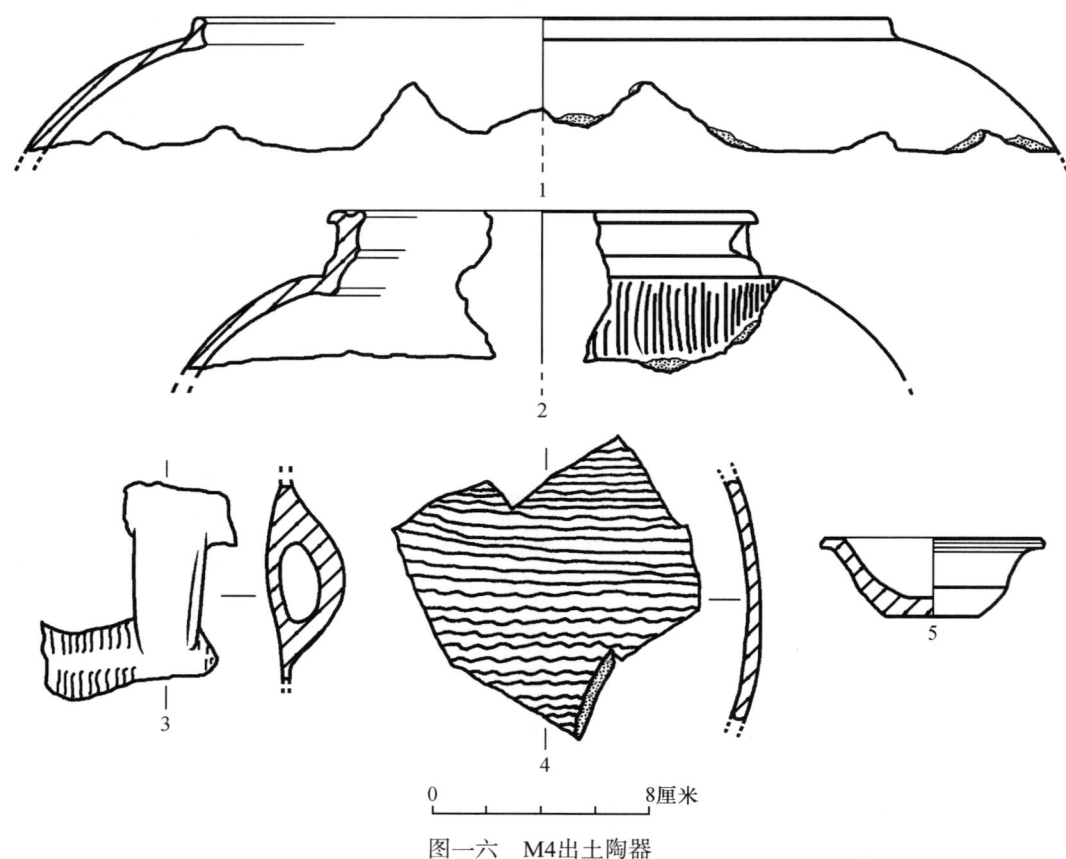

图一六　M4出土陶器

1. 陶罐（M4∶1）　2~4. 陶罐（M4∶3）　5. 陶盆（M4∶4）

腹部残高6.2、系高6.8厘米（图一六，2~4）。

盆　1件（M4∶4）。敞口。沿外卷，上端略平。弧腹，腹壁较厚，上部弧内凹。平底。素面。口径3.2、底径3.4、高3.1厘米（图一六，5；图版二○，2）。

（2）钱币

1组4枚（M4∶2），锈残，铜质，部分字模糊不清（图版二四，3）。圆形，方孔，两面均有外郭，正面无内郭，背面有内郭。有"五铢"二字，左"铢"右"五"。"五"字交股，弯曲略大，下部较上部圆弧，上下两横线平，出头，接于外郭与方孔边框。"铢"字"金"字头呈"△"形，中间一横长，下横较之短，四点竖长，"朱"字上呈"山"字形，下呈倒"山"字形，上部方折，下微圆折。标本M4∶2-2，"金"旁较"朱"旁略低，直径2.5、外郭厚0.1厘米（图一七）。

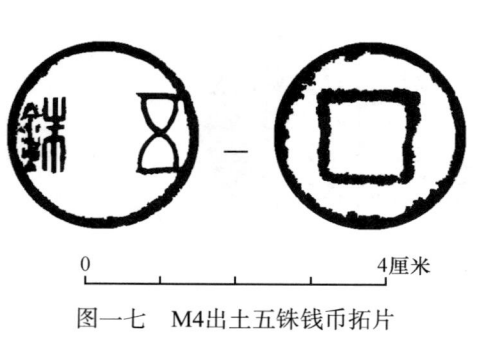

图一七　M4出土五铢钱币拓片
（M4∶2）

五、M5

位于Ⅰ区B组北部,西侧海拔较低的台地偏北为M39,南侧偏西距离较近相邻的为M6,与M5海拔相同,平行并列,墓向一致,可能为夫妻异穴合葬墓。

M5为竖穴土(石)坑砖椁墓,封土不存,上为土坑,下为石圹。土坑破坏较甚,仅局部稍有保留,由于水土流失及盗扰破坏,墓坑西部不存,残留墓圹基本依山势东高西低。东西残长2.5、南北宽2.72、残深0~0.67米,方向90°(图一八)。墓坑下部以长方形带榫卯的条砖筑砌椁室。墓底东西向顺缝平铺一层砖,多被破坏。残存三侧墓坑壁内侧均以砖错缝平铺砌墙,东、南侧砌砖一排,东侧残存六层砌砖,部分砖墙向内倒塌(图版一,1),南侧残存七层砌砖;北侧为两排砖错缝铺砌,残存五层,第一层内侧砖宽,外侧砖窄,第二层

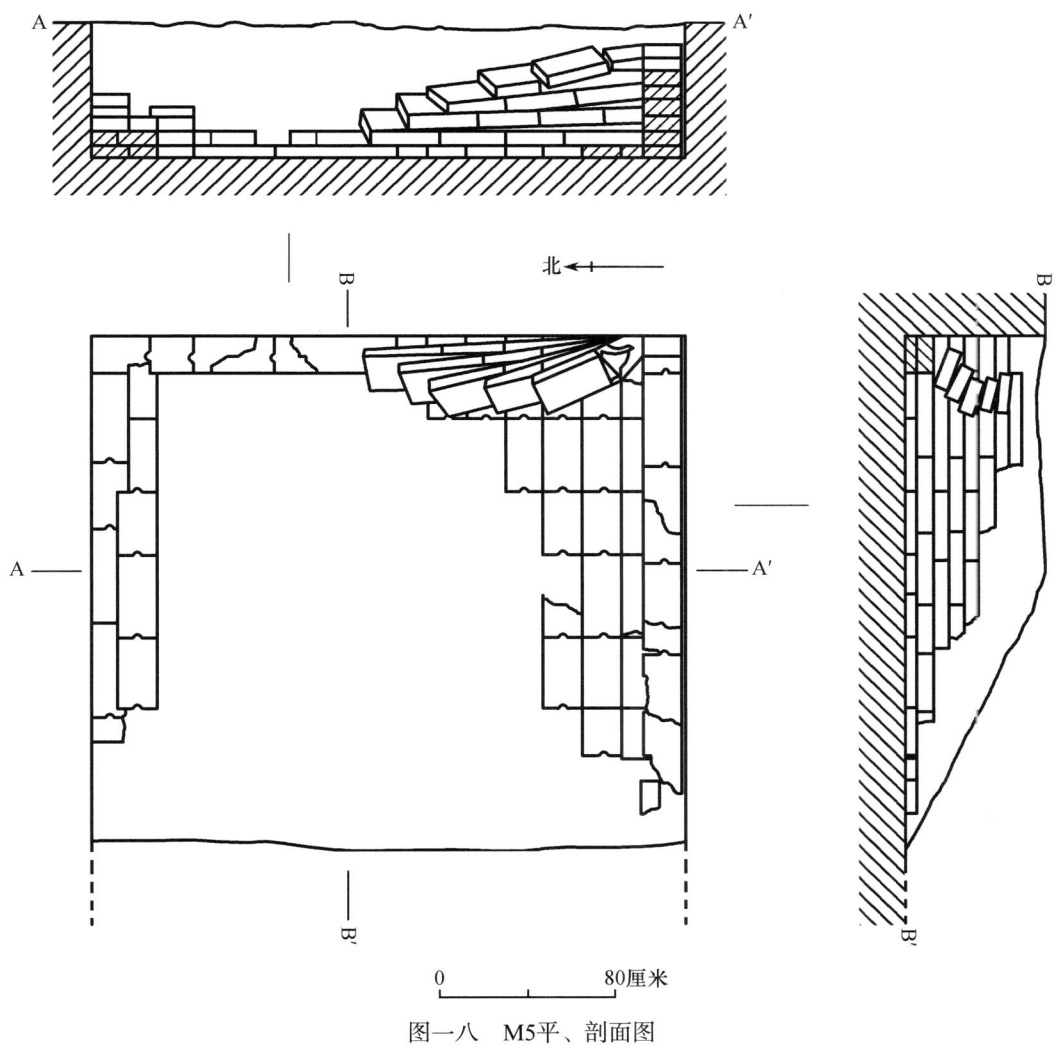

图一八 M5平、剖面图

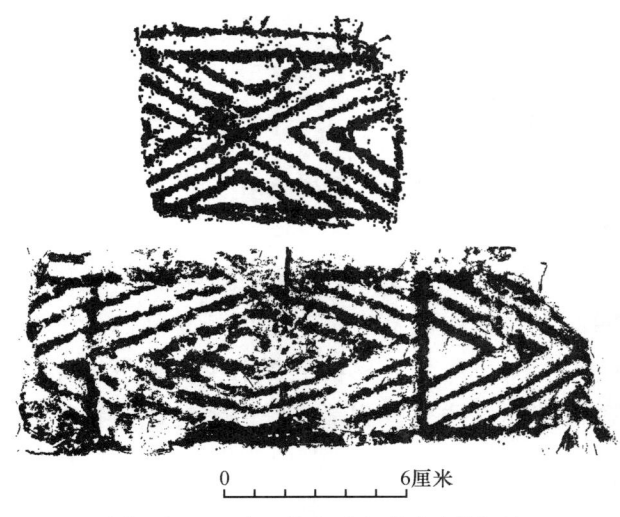

图一九 M5出土长方形条形砖砖纹拓片

则是内侧砖窄，外侧砖宽，第三层及以上则与第一层相同。长方形条形砖长48（带榫）、厚8、宽者宽18、窄者宽13.5厘米，一侧面模印长方形框，内为多组菱形纹，每组菱形纹内为多个菱形纹，由外向内层层渐小，两组菱形纹外侧又形成多层三角纹（图一九）。清理时，砖椁内堆满扰土和碎砖块，可见扰动较甚。发现有红色漆皮，可能为髹漆木棺。推测墓内葬1人，头东向。因盗扰严重，无陪葬品及相关遗物出土。

六、M6

位于Ⅰ区B组北部，西侧海拔较低的台地偏北为M39，西南侧相同海拔高度的台地上为M36。其北侧偏东距离较近相邻的为M5，二者海拔相同，平行并列，墓向一致，可能为夫妻异穴合葬墓。

M6为竖穴土（石）坑砖椁墓，封土不存，上为土坑，下为石圹。土坑破坏较甚，局部稍有保留，由于水土流失及盗扰破坏，墓坑西部不存，残留墓圹基本依山势东高西低。东西残长1.06、南北宽2.08、残深0~0.2米，方向90°（图二〇）。墓坑下部以砖筑砌椁室，由于破坏严重，仅在墓坑东北角发现相关痕迹，推测应有砖铺底。砖宽18、厚8厘米，长度不详。推测墓内葬1人，头东向。由于盗扰严重，墓内其他情况不详，无陪葬品及相关遗物出土。

七、M7

位于Ⅰ区A组西部偏北，北侧为M8。其东邻M45，考虑到二者墓向基本一致，可能为夫妻异穴合葬墓。

1. 墓葬形制与结构

M7为长方形土（石）坑竖穴墓，封土不存，上为土坑，下为石圹，土坑基本残无。残存墓圹基本依山势南高北低，东高西低。南北长3.33、东西宽2.23、残深0.4~0.75米，方向150°（图二一）。墓室上部竖穴内填灰褐色花土，经夯筑，较为纯净。遭盗扰严重，填土多被翻动，无其他包含物。

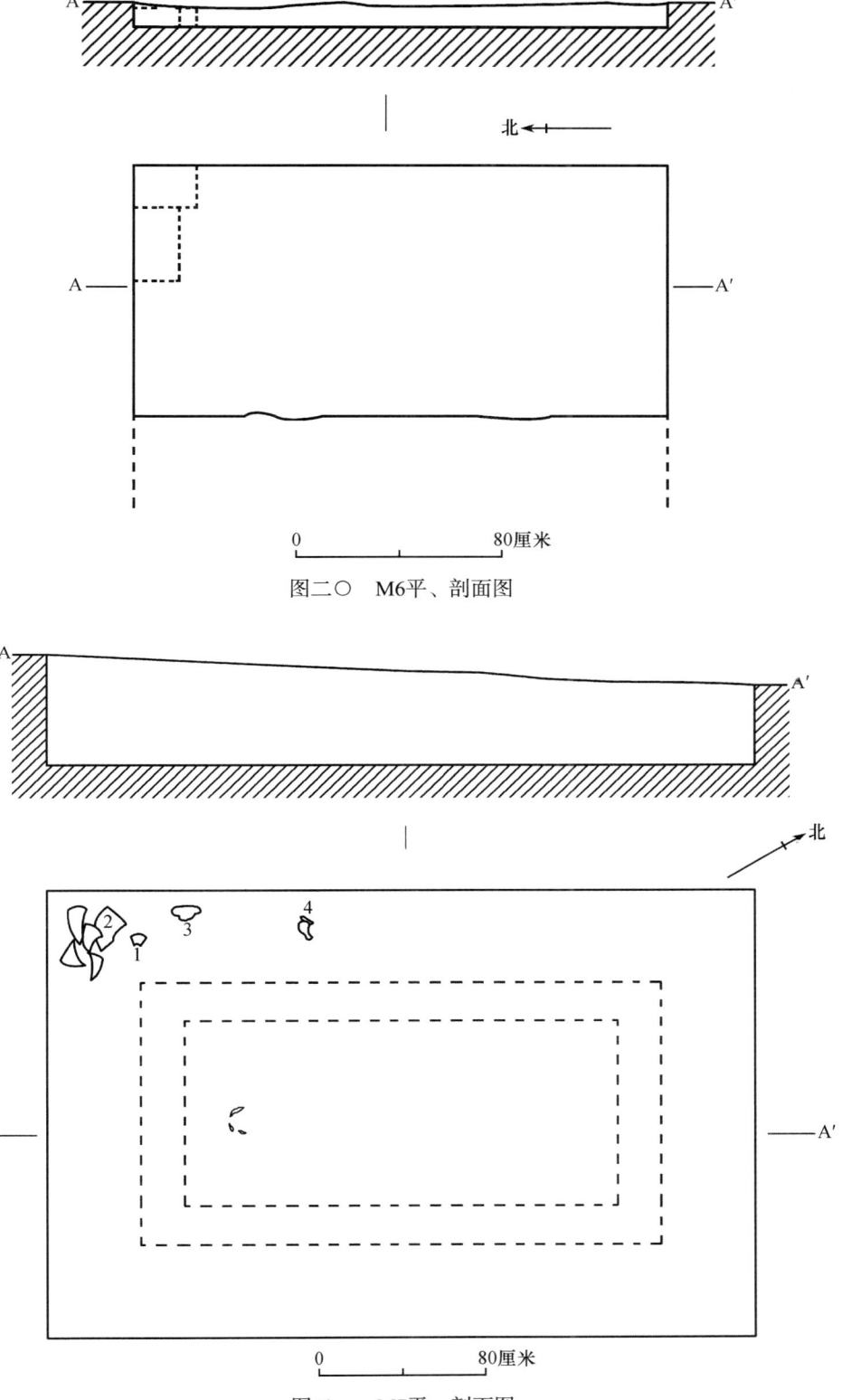

图二〇　M6平、剖面图

图二一　M7平、剖面图
1.铁钁　2、3.陶罐　4.陶鼎

墓室位于竖穴底部，中部置一漆木棺，有红色漆皮发现，清理可见棺痕。漆木棺距南北两壁各34、距东西两壁各36厘米。棺南北长2.69、东西宽1.51米，棺板痕迹厚0.2米，高度不详。棺内葬1人，骨架极朽，大多不存，头南向，棺的四周有积炭痕迹，局部较厚，局部因破坏较薄或不存。

陪葬品位于棺外西侧偏南，墓主左侧，因盗扰严重，出土遗物较少，极残，基本为残片。有泥质灰陶罐2件、鼎1件、铁钁1件。

2. 出土遗物

计4件，陶器3件，铁器1件，均残。

（1）陶器

3件，均为泥质灰陶，烧制火候较高。部分饰弦纹等，部分有彩绘纹饰，已剥落。

罐　2件。敞口，内壁有一道凹弦纹。弧颈或弧领。根据口部的不同可分为两型。

A型　1件（M7∶2）。口沿斜向上侈，末端微卷，沿上壁有凹凸，下部有两周内凹。口径15.2、沿外径20、残高5.2厘米（图二二，1）。

B型　1件（M7∶3），残余部分口及领部。方唇，边缘斜向下侈。领部亦有凹弦纹。口径21.8、残高7厘米（图二二，2）。

鼎　1件（M7∶4）。余腹及鼎足。弧腹。足呈蹄形，断面半圆形。腹及足部原有彩绘纹饰，已剥落。残高8.8厘米（图二二，3）。

（2）铁器

钁　1件（M7∶1），锈残严重。上端有銎，斜直腹，下有刃。尺寸不详。

八、M8

位于Ⅰ区A组西北部，南侧为M7，东南侧为M45，东侧偏北为M27。

1. 墓葬形制与结构

M8为长方形土（石）坑竖穴墓，封土不存，上为土坑，下为石圹，土坑基本残无。残存墓圹基本依山势东南高西北低。东西长2.99、南北宽1.85、残深0.45～0.85米，方向122°（图二三）。竖穴内填黑褐色土，经夯筑，较为纯净。

竖穴底部四周有灰褐土砌筑的熟土二层台，较坚实。二层台距离南、北墓壁各20厘米，距

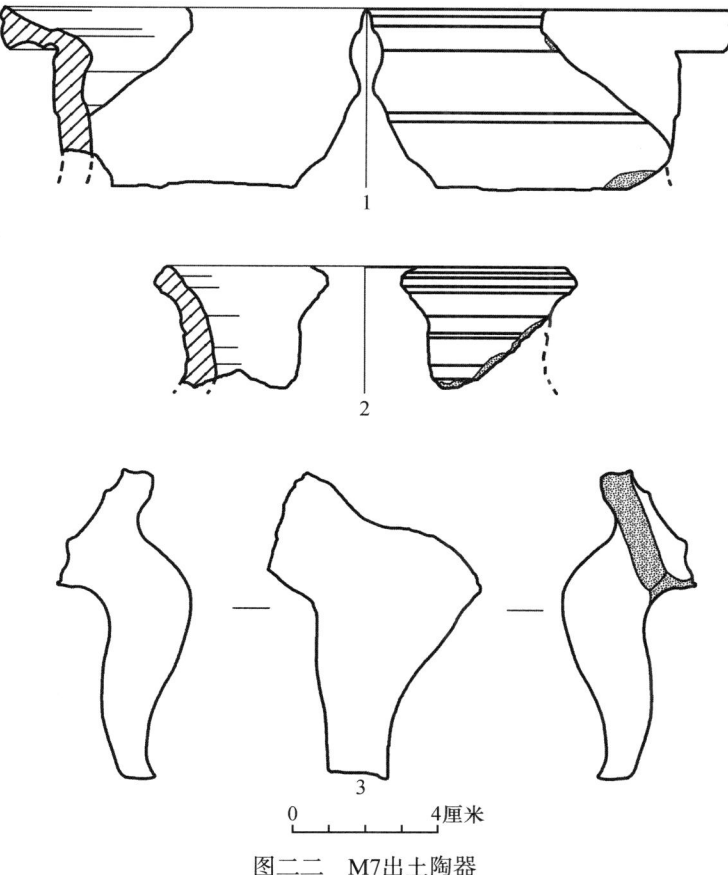

图二二　M7出土陶器
1. A型陶罐（M7∶2）　2. B型陶罐（M7∶3）　3. 陶鼎足（M7∶4）

离东、西墓壁各29厘米，高20厘米。二层台内置葬具和陪葬品，北侧偏东置一漆木棺，已朽不存，有红色漆皮及相关痕迹发现。棺痕东距二层台7厘米，北距二层台9厘米，东西长2.13、南北宽0.82米，高度不详。棺内葬一人，骨架已朽，但痕迹明显，男性，头东向，方向122°。

陪葬品位于墓坑底部南侧偏东，墓主左侧。以泥质灰陶器为主，有鼎、盒、钫、罐等，另有一枚果核，均残（图版一，2）。

2. 出土遗物

计8件（个），陶器7件，果核1个，均残。

（1）陶器

7件，泥质灰陶，烧制火候较高。罐为拍印纹饰，鼎、盒、钫等为彩绘纹饰，多剥落。

鼎　2件。弧形盖，沿略宽，口微内敛。鼎身子母口，内敛。两长方形附耳外撇，中有孔，上弧下方。弧腹。下承三个矮蹄形足，断面半圆形。鼎身及盖原有红色等彩绘，已剥落。

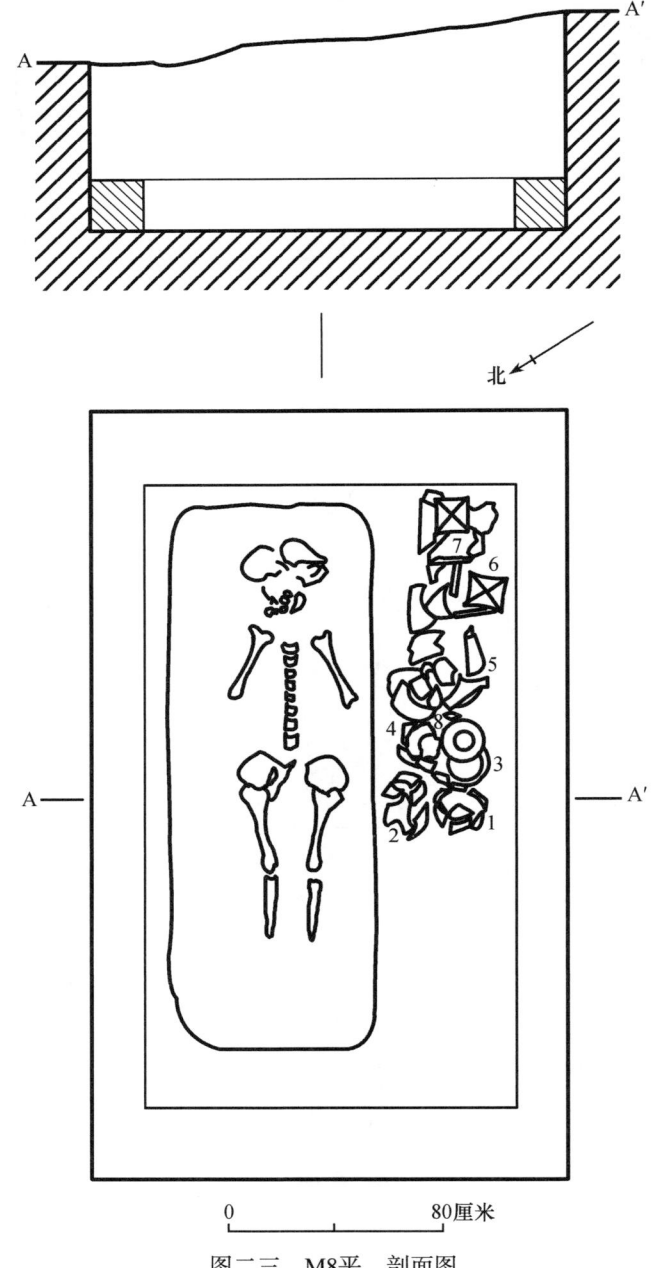

图二三 M8平、剖面图
1、2.陶鼎 3、4.陶盒 5.陶罐 6、7.陶钫 8.果核

根据底、足的不同可分为两型。

A型 1件（M8∶1）。宽平底。蹄形足内倾，足底斜向上。盖近口沿处有一周凹弦纹。口径16.4、腹径19、底径7.6、通高15.8厘米（图二四，1；彩版五，2；图版九，3）。

B型 1件（M8∶2）。圜底。蹄形足较直。口径16.2、腹径19.2、通高16厘米（图二四，2；图版一〇，4）。

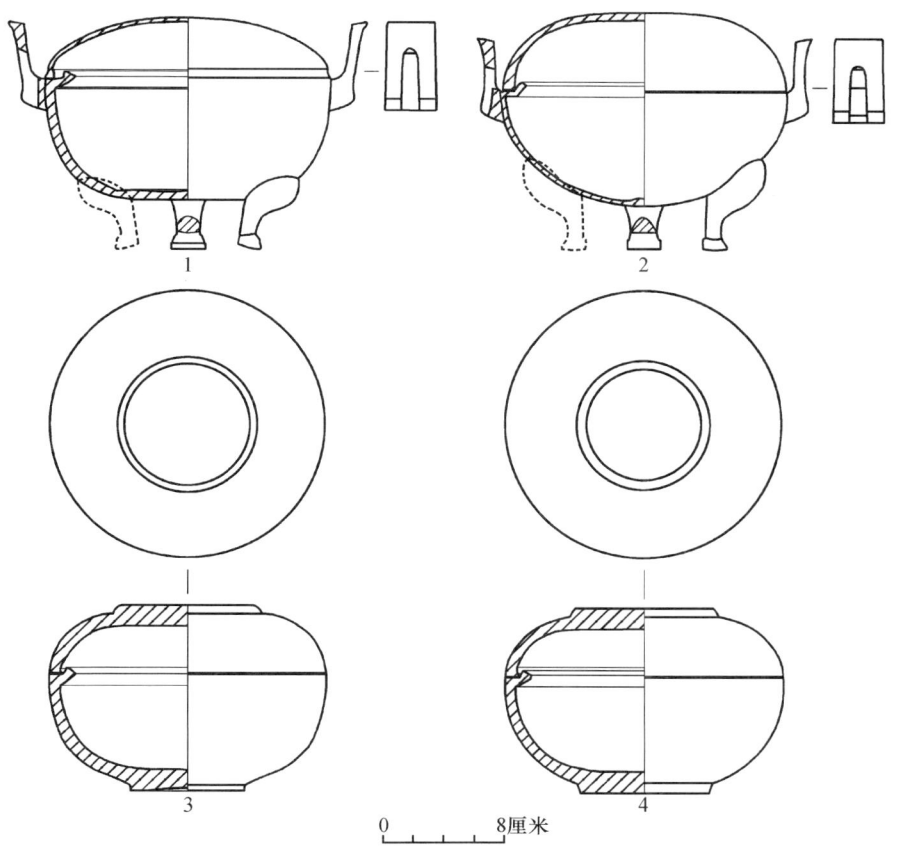

图二四 M8出土陶鼎、盒
1. A型陶鼎（M8：1） 2. B型陶鼎（M8：2） 3. A型陶盒（M8：3） 4. B型陶盒（M8：4）

盒 2件。覆碗形盖，矮假圈足形捉手，口沿略宽，内收微敛。盒身子母口，内敛。假圈足。平底。盒身及盖原有红色等彩绘，已剥落。根据腹部及足部的不同可分为两型。

A型 1件（M8：3）。腹上部略直，下部圆弧。底稍内凹。口径16、腹径18.4、底径7.6、通高12.7厘米（图二四，3；彩版六，2；图版一一，2）。

B型 1件（M8：4）。腹上部略直，下部斜弧。底无内凹。口径16、腹径18.4、底径8.6、通高12.7厘米（图二四，4；彩版六，3；图版一一，3）。

钫 2件。覆斗形盖，顶端较尖，有企口。盖上四棱近口处对称位置有四个长方形斜向凹槽，未穿通，原可能有木质装饰物，已朽不存。钫身长宽不等。盘状口，外敞。束颈。溜肩。鼓腹，腹壁弧。高圈足。平底。盖沿、盘口及圈足下部有白色带纹，其他部位原有红色等纹饰，已剥落。底有方形印戳，有阳文"二"字，上横细，下横略粗。标本M8：6，为底中心微凸。口长7.6、宽5.2厘米，腹长14.2、宽10厘米，底长6、宽3.8厘米，通高22.5厘米（图二五，1；图二七，1；彩版七，3；图版一三，2）。标本M8：7，内底较平，无微凸。口长7、宽5厘米，腹长14.2、宽10.6厘米，底长6.6、宽4厘米，通高22.7厘米（图二五，2；图二七，2；彩版七，4；图版一三，3）。

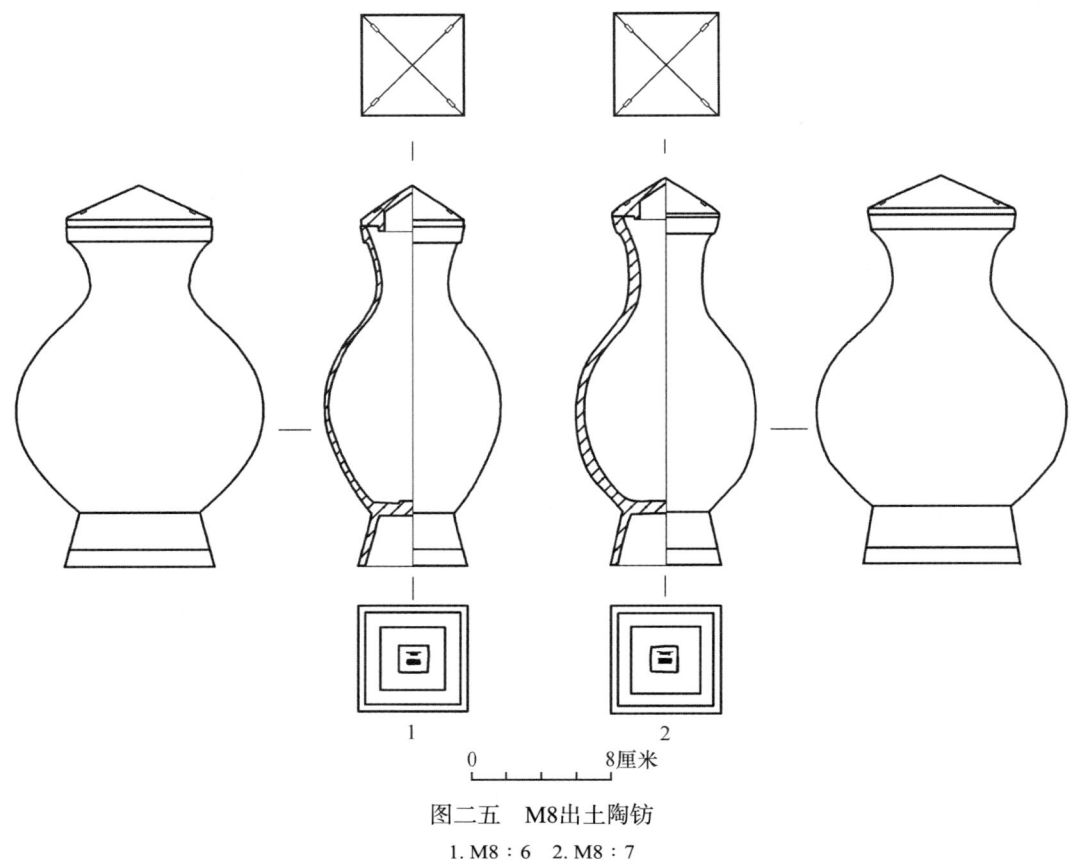

图二五　M8出土陶钫
1. M8∶6　2. M8∶7

罐　1件（M8∶5）。敞口，外侈，方唇，末端较直。领略矮，弧曲内凹。溜肩，微弧凸，与颈部结合处折痕明显。圆鼓腹，下垂，最大径位于中下部。底稍宽，微内凹。弧形系外端圆弧，外凸较甚，有圆形孔，内凹稍深。腹中上部有六组密集的竖向绳纹，中部偏下为横向绳纹，最下为斜向绳纹。口径13.6、腹径26.4、底径8.8、高24.7厘米（图二六，1；图二七，3；图版一五，3）。

（2）果核

1个（M8∶8），残，已炭化。两端尖，一端残无，中部圆弧。残长1.8、宽1厘米。可能为桃核（图二六，2；图版二九，3）。

九、M9

位于Ⅰ区A组东部，北侧为M35，东北侧为M10，且局部被M10打破。西北侧较近距离为M12，且二者墓向基本一致，可能为夫妻异穴合葬墓。

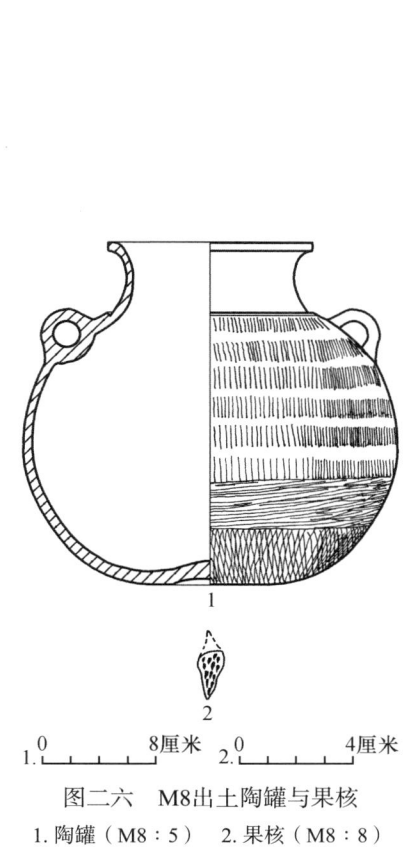

图二六　M8出土陶罐与果核

1. 陶罐（M8：5）　2. 果核（M8：8）

图二七　M8出土陶钫、罐相关纹饰拓片

1、2. 陶钫底部（M8：6、M8：7）　3. 陶罐腹部（M8：5）

1. 墓葬形制与结构

M9为长方形竖穴土坑墓，因水土流失等原因，封土不存，竖穴土圹多被破坏不存。残存墓圹基本依山势西南高东北低。南北长2.8、东西宽1.74、残深0.4～0.63米，方向30°（图二八；图版二，1）。竖穴内填黑褐色土，经夯筑，较为纯净。

墓室位于竖穴底部，下有厚30厘米的垫土，土质、土色及硬度与竖穴内未扰动土基本一致。墓室四周有黑褐色土砌筑的熟土二层台，较坚硬。南北两侧二层台宽21.5、东侧二层台宽10、西侧二层台宽34、高11厘米。墓室中部偏西置一漆木棺，已朽不存，有红色漆皮及相关痕迹发现。棺痕长度与二层台内的南北长度大体相同，长2.37、宽0.84、残高0.08米。棺内葬一人，骨架已朽，腹部以下被破坏，残存部分痕迹明显，女性，头北向，方向30°。

陪葬品位于墓坑底部东侧，墓主左侧。多为陶器，有鼎4件、盒2件、壶2件、豆2件、罐2件等，其中罐为泥质灰陶，其余为泥质红陶。另出土有铁削1件。器类虽残损严重，但摆放较有秩序，中部偏南为仿铜陶礼器，北侧为陶罐。

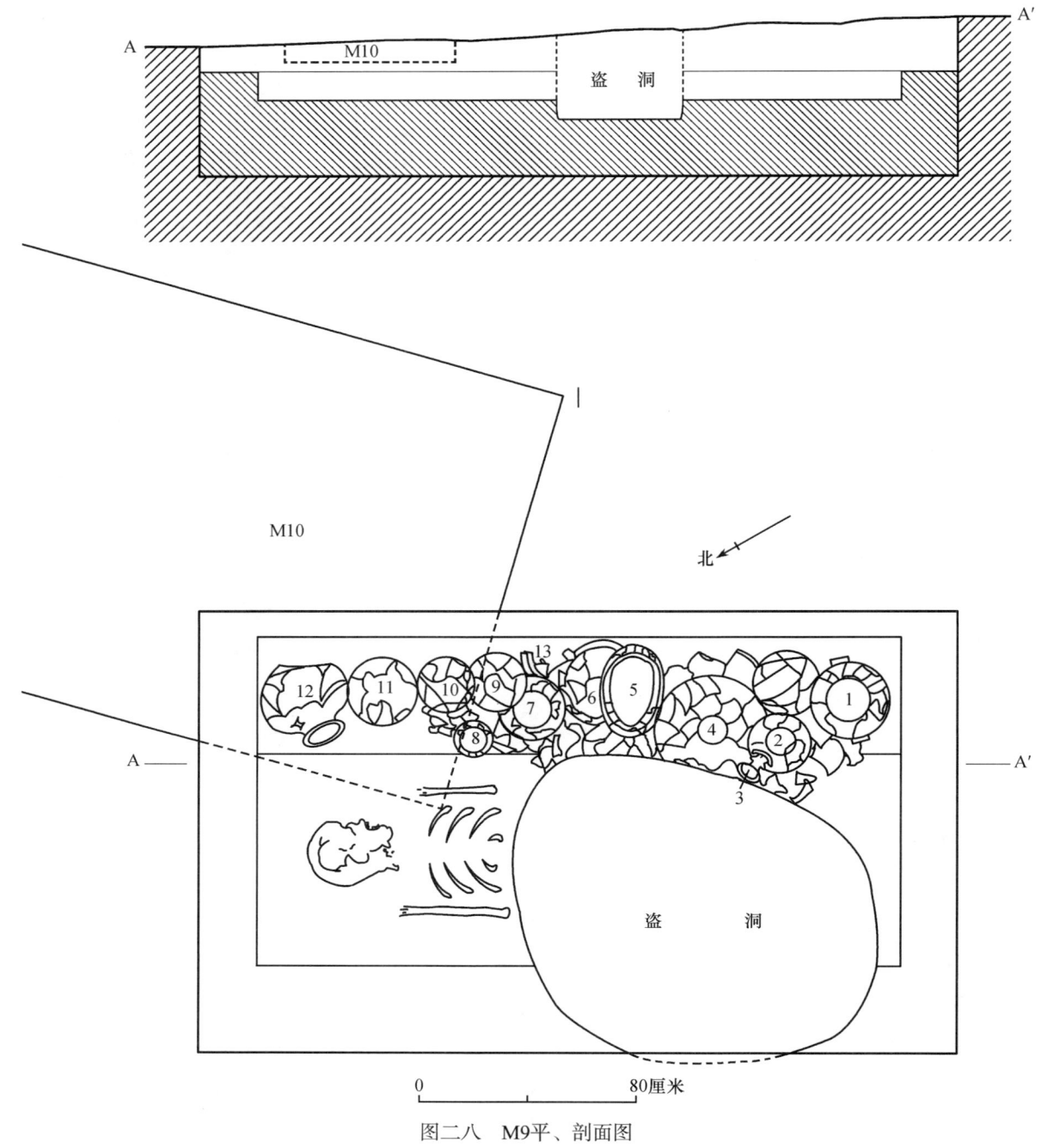

图二八　M9平、剖面图
1、2、4、6.陶鼎　3、5.陶豆　7、8.陶壶　9、10.陶盒　11、12.陶罐　13.铁削

墓葬东北角部分被M10打破，但深度未及墓底。西侧中部偏南有一盗洞，近呈椭圆形，面积较大，打破西侧墓壁与二层台，对漆木棺、墓主骨架及部分陪葬品亦有破坏，并对部分垫土有7厘米的打破。盗洞内基本为扰土，并有其他墓葬的一些残碎砖块，显见盗后经过回填。

2. 出土遗物

计13件，陶器12件，铁器1件，均残。

（1）陶器

12件。其中陶罐为泥质灰陶，烧制火候较高；其余为泥质红陶，烧制火候低，多残碎，难修复。罐为拍印纹饰，鼎、盒、壶、豆等为彩绘纹饰，彩绘多剥落。

鼎　4件。泥质红陶。极残，难修复。弧形盖。子母口，内敛。弧腹。腹下承三蹄形足，略高，断面呈半圆形。鼎身及盖有红色弦纹及云气纹，多剥落。根据底部的不同可分为两型。

A型　2件，圜底。标本M9：1，口内径14.4厘米。标本M9：2，口内径14厘米。

B型　2件，平底。标本M9：4，口内径14.2厘米。标本M9：6，口内径14.4厘米。

盒　2件。泥质红陶。极残，难修复。覆碗形盖。圈足形捉手，略高。子母口，内敛。弧腹。平底。盖及盒身原有红色弦纹及云气纹等，多剥落。根据底部的不同可分为两型。

A型　1件（M9：9），平底稍内凹。口径19.6厘米。

B型　1件（M9：10），底平无内凹。口径18.8厘米。

豆　2件。泥质红陶。极残，难修复。豆盘圆形。敞口。内底微凹。柱状柄，中空，下有倒喇叭口形座。豆盘及柄原有红色弦纹及云气纹等，多剥落。标本M9：3，口径12.8、柄径3.3、残高2.05厘米（图二九，3）。标本M9：5，口径14.2厘米。

壶　2件。泥质红陶。极残。弧形盖。盘状口，外敞。弧颈。鼓腹，上部有对称铺首衔环。高圈足，外侈。圜底。盖及壶身原有红色弦纹及云气纹等，多剥落。标本M9：7、M9：8，口径15.2厘米。

罐　2件。泥质灰陶。敞口。卷沿。弧颈，略短。溜肩。圆鼓腹，上部有两对称的弧形系。系内有圆形孔，内凹较甚。颈部饰数道弦纹。腹中上部饰四组密集的竖向细绳纹，其下为密集的横向细绳纹，最下为交错的细绳纹。根据口沿的不同可分为两型。

A型　1件（M9：12）。口沿外卷明显，末端略尖。小平底，微内凹。口径14.8、腹径27.2、底径4.2、高27.6厘米（图二九，2；图三〇；彩版八，3；图版一五，5）。

B型　1件（M9：11）。口沿微卷，末端略圆弧。底部残无。口径14、腹径29.2、残高25厘米（图二九，1）。

（2）铁器

削　1件（M9：13），锈残严重。长条形，一侧有刃，断面呈三角形。残长6.5厘米（图二九，4）。

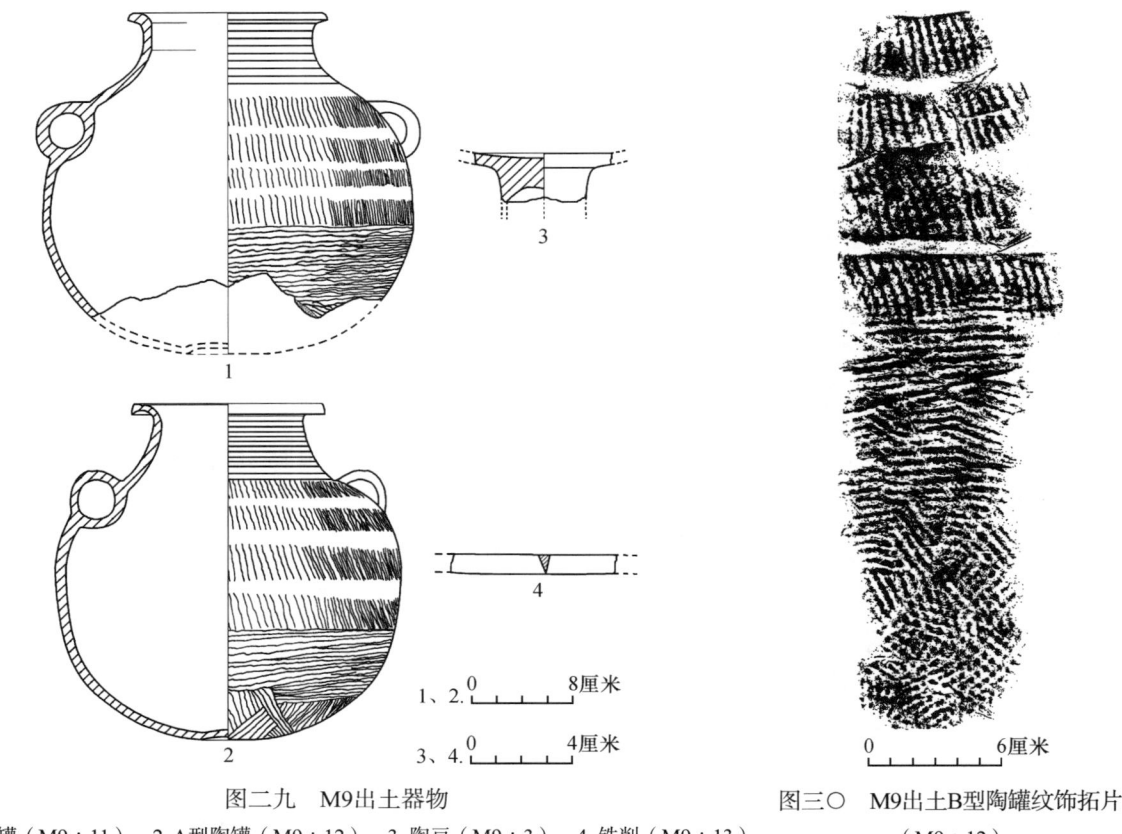

图二九　M9出土器物　　　　　　　图三〇　M9出土B型陶罐纹饰拓片
1. B型陶罐（M9∶11）　2. A型陶罐（M9∶12）　3. 陶豆（M9∶3）　4. 铁削（M9∶13）　　（M9∶12）

一〇、M10

位于Ⅰ区A组东部，北侧为M35，西南侧为M9，且局部打破M9。

1. 墓葬形制与结构

M10为长方形竖穴土坑墓，因水土流失等原因，竖穴土圹多被破坏不存。残存墓圹基本依山势西高东低。南北长2.6、东西宽1.65、残深0.05~0.25米，方向40°（图三一）。竖穴内填黑褐色土，被扰乱，土质松软，局部发现有残碎砖块及当代遗物。

竖穴底部四周有灰褐色花土砌筑的熟土二层台，较坚硬。残高0~23厘米，宽度不一，北侧二层台宽约23、东侧二层台宽约22.5、西侧二层台宽约22.5厘米。南侧二层台因破坏不存，具体尺寸不详，从其他痕迹的清理情况看，可能宽约21.5厘米。二层台内墓圹底部置放葬具与陪葬品。从清理情况看，墓圹底部东侧有明显的长方形痕迹，其内灰色迹象明显，并伴有红色漆皮，墓圹底部西侧未发现灰色板灰痕迹，推测该墓葬具为一髹饰红漆的木棺，已朽。南北长

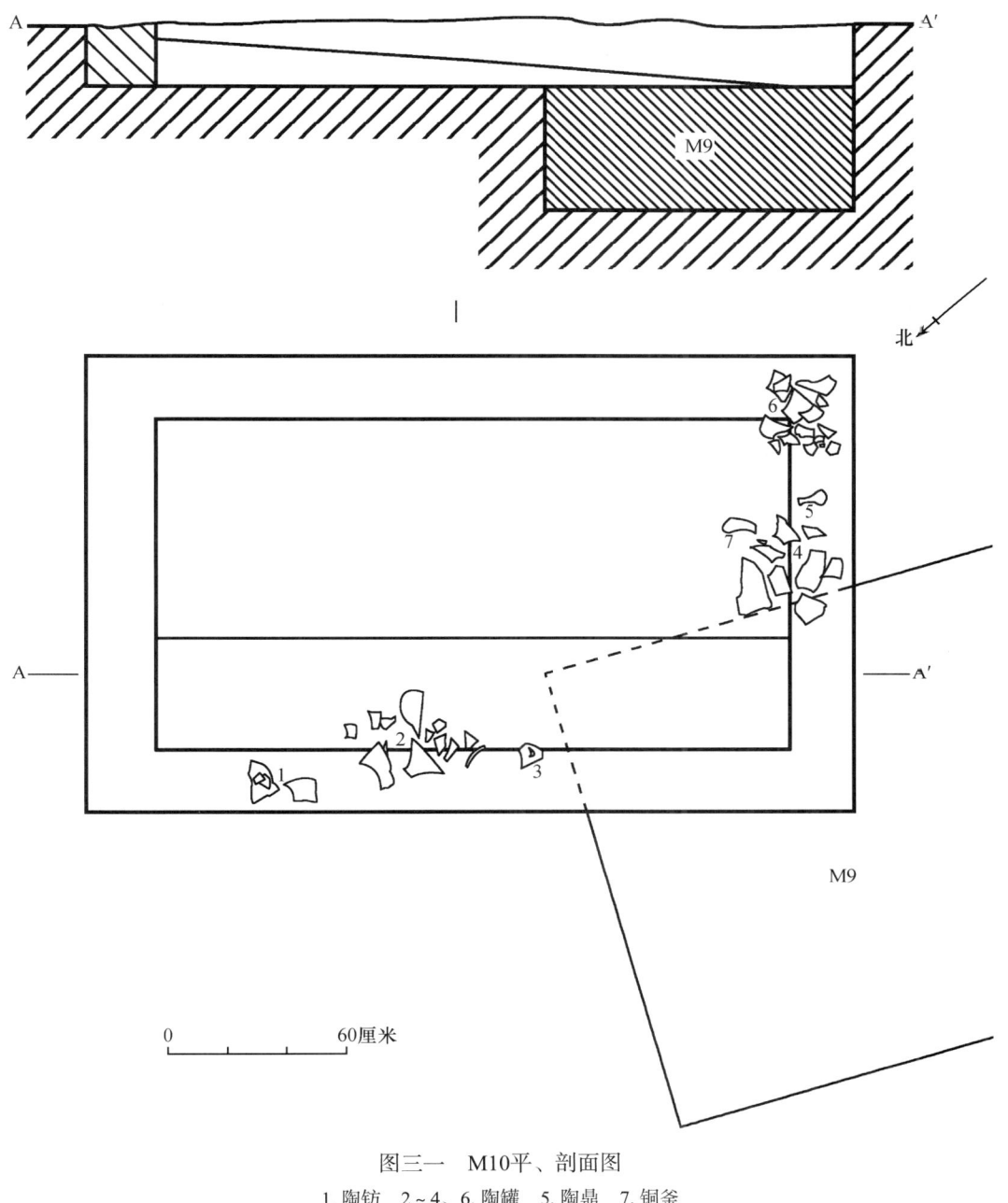

图三一　M10平、剖面图
1. 陶钫　2~4、6. 陶罐　5. 陶鼎　7. 铜釜

2.14、东西宽0.8米，高度不详。棺内未发现人骨，根据棺的宽度及山势等推测，棺内葬1人，头北向，方向40°，性别不详。

棺的西侧，墓主右侧置放陪葬品，因盗扰严重，陪葬品遭到较大破坏，仅有部分器物残片出土，主要为陶器，可辨器形有鼎1件、钫1件、罐4件，均为泥质灰陶，另有铜釜残片1件。部分陪葬品出土于墓坑底部南侧，推测西侧为陪葬品原来的摆放位置，南侧则为扰乱所致。

2. 出土遗物

计7件。其中陶器6件，铜器1件，均残。

（1）陶器

6件，均为泥质灰陶，烧制火候较高。极残，多为残片。罐多有拍印纹饰，鼎、钫为彩绘纹饰，多剥落。

鼎　1件（M10：5）。仅余鼎足。足呈蹄形，略高，较粗壮。断面呈半圆形。高7.8厘米（图三二，1）。

钫　1件（M10：1）。余腹及底部残片。腹壁弧，近底部内收。高圈足，足壁外侈。平底。原有红色等纹饰，已剥落。腹径21.8、底边长8.4、圈足底边长12、残高18.6厘米（图三二，2）。

罐　4件。鼓腹，断面呈弧形。标本M10：2，余腹部残片，有密集的竖向绳纹和横向绳纹。腹壁厚0.4~0.6厘米（图三三，1）。标本M10：3，余口、领及底部残片。敞口，沿上部较平。短领微弧，外壁中部有一周凸线纹，内壁有两周凹弦纹。平底。素面无纹。口径23、口与颈残高3.8、底径13.8、残高1.6厘米（图三三，2）。标本M10：4，余腹部残片。腹上部有密集的竖向绳纹，下部有粗细间隔的交错绳纹。腹壁厚0.4~0.9厘米（图三三，3）。标本M10：6，余颈及腹部残片。弧形颈。腹部有弦纹，弦纹内有3~4组密集的竖向绳纹。颈部厚0.6、腹壁厚0.4~0.6厘米（图三三，4）。

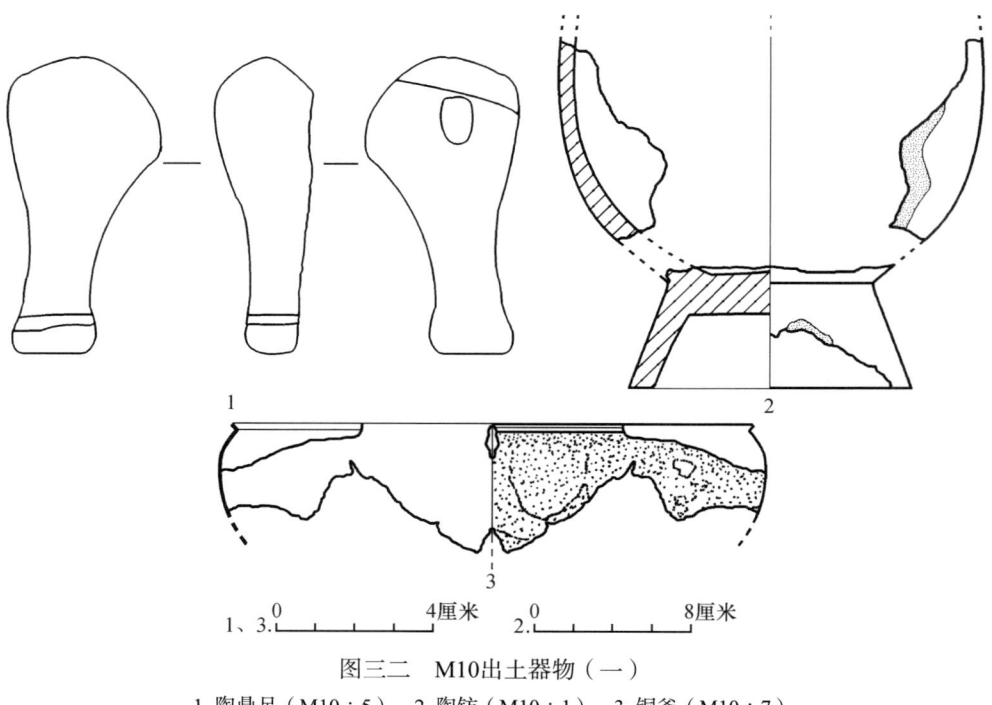

图三二　M10出土器物（一）

1. 陶鼎足（M10：5）　2. 陶钫（M10：1）　3. 铜釜（M10：7）

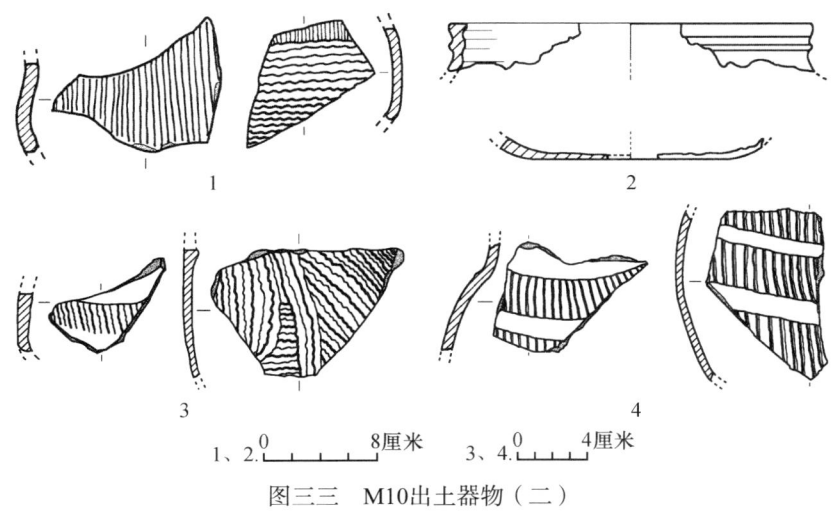

图三三　M10出土器物（二）
1~4. 陶罐残片（M10：2、M10：3、M10：4、M10：6）

（2）铜器

釜　1件（M10：7），锈残严重，余口及上腹部。敞口。斜沿。短领。弧腹，上部略圆弧。素面无纹。口径13.3、腹径14、残高3.43厘米（图三二，3）。

一一、M11

位于Ⅰ区A组北部，北侧为M43，东部偏北为M35，东部偏南为M12，南部为山头顶部，偏南为M24，西南为M21，西侧偏北为M45及M7。

1. 墓葬形制与结构

M11为长方形土坑竖穴墓，因水土流失等原因，封土不存，竖穴土圹多被破坏。残存墓圹基本依山势南高北低。东西长3、南北宽2.48、残深0.1~0.41米，方向276°（图三四；图版二，2）。竖穴周壁竖直平整，内填灰褐色花土，经夯筑，较纯净。

墓圹底部四周有熟土二层台，土色与竖穴内土相同，但夯筑较为坚硬。二层台距离四壁的距离不等，与南、西、北三壁的距离较大，分别为30、34、31.5厘米，距离北壁距离较小，为8厘米。东、北、西三侧二层台均遭不同程度的破坏，东侧二层台保存较好，高30厘米。二层台内为长方形墓室，东西长2.58、南北宽1.865米。其内南北并列摆放2个漆木棺，两棺之间置放陪葬品。漆木棺已朽不存，有红色漆皮及相关痕迹发现。从清理来看，两棺痕迹均为长方形，北棺痕迹略宽于南棺，高度均不详。北棺距西侧二层台壁26、距北侧二层台壁4~6、距东侧二层台壁9.5~11厘米，东西长2.24、南北宽0.75米。棺西侧外中部偏南有1件陶鼎。棺内葬1

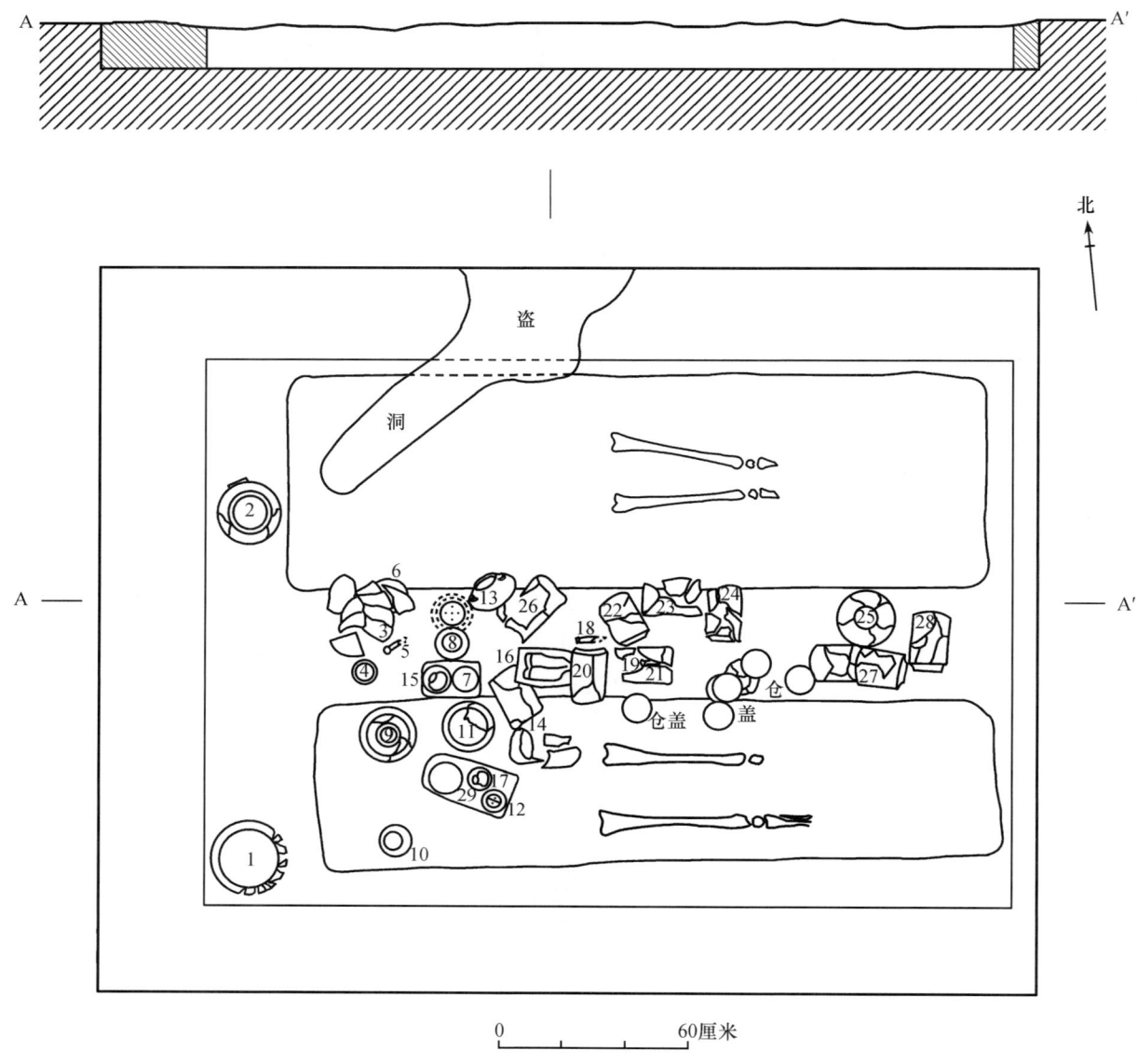

图三四　M11平、剖面图

1. 铜釜　2. 陶鼎　3、13. 陶罐　4、8. 陶盆　5. 环首铁刀　6. 猪骨　7、29. 陶灶　9、10、15、17. 陶井　11、25. 陶盘　12. 陶磨
14、16、20~24、26~28. 陶仓　18、19. 铁削

人，骨架已朽，两腿骨痕迹明显，为女性，头西向，方向276°。南棺距西侧二层台壁35、距南侧二层台壁11.5~18、距东侧二层台壁3~6厘米，东西长2.2、南北宽0.6米。棺西侧外西南有1件铜釜。棺内葬1件人，骨架已朽，两腿骨痕迹明显，为男性，头西向，方向276°。

两棺之间有间隔，南北宽38厘米，陪葬品基本置于其间，部分器物散落于南棺之内。这也说明男性墓主下葬时间早，其漆木棺较之女性漆木棺朽毁早，加之填土坍塌等原因，致使陪葬品倒向南侧棺内。而这也在一定程度上导致南侧棺因受挤压形成棺痕相对较窄的现象。出土遗物以陶器为主，质地有泥质灰陶和泥质红陶两种，计有鼎1件、罐2件、盆2件、盘2件、灶2件、磨1件、井4件、仓10件等，另有铜釜、铁削、铁环首刀及动物骨骼等，多残。从陪葬品的数量及组合来看，为男女墓主二者共有。

墓葬早年被盗，盗洞沿北壁下挖，至墓室后打破部分二层台再斜向西南，打破北侧棺，并对北侧墓主头部进行了盗扰。盗洞内填土亦为灰褐色土，但较松软，未发现相关包含物。

2. 出土遗物

M11虽遭盗扰，但基本是对南侧棺的局部扰乱，北侧棺及主要陪葬品未遭破坏。出土各类遗物28件（套），以陶器为主，另有铜铁质器物及动物骨骼等。因遭盗扰及填土坍塌、夯实，器物均残。

（1）陶器

24件（套），多为泥质灰陶，少量为泥质红陶。部分器物陶土淘洗不精，含有细沙，烧造火候偏低。部分器物素面无纹或有简单弦纹，部分拍印纹饰，还有一部分器物原有红色等彩绘，大多已剥落不存。

鼎　1件（M11:2），泥质灰陶。弧形盖，较浅。鼎身子母口，内敛。两附耳弧外撇，呈上宽下窄的倒梯形，中有长方形孔。扁鼓腹。小平底。下承三锥形足，以附耳为中轴对称分布。足末端较尖，断面为圆形。原有红色彩绘纹饰，已剥落不存。口径11.2、腹径16、底径1.2、通高14.8厘米（图三五，1；图版九，6）。

罐　2件，泥质灰陶。鼓腹，中部偏上有两对称的系，中有孔，平底。根据口、肩、腹等的不同，可分为两型。

A型　1件（M11:13）。直口，方唇。短领。溜肩。腹圆鼓。系呈桥形，中有圆形孔。内底有凸弦纹。素面无纹。口径3、腹径12.4、底径6、高9厘米（图三五，2；图版一六，5、6）。

B型　1件（M11:3）。敞口，内壁有一周凹弦纹。沿微卷，上部有一周凹弦纹。弧颈，略短。鼓肩，与颈部结合处折痕明显。腹较深，竖向扁鼓，高度与腹径接近。系扁弧，近椭圆形，中有椭圆形孔，内凹略浅。底稍内凹。腹中上部饰五组密集的竖向细绳纹，其下为横向细绳纹，最下为交错的细绳纹。口径11.6、腹径24、底径6、高24.65厘米（图三五，6）。

盆　2件。质地不同，有的有彩绘纹饰。宽沿。弧腹。平底。根据口、沿及腹部等的不同可分为两型。

A型　1件（M11:4），泥质红陶。口微内敛。沿斜向上侈，末端微卷。腹部斜弧。内底中心微内凹。原有红色纹饰，已剥落不存。口径12、底径4.8、高6.7厘米（图三五，3；图版二○，1）。

B型　1件（M11:8），泥质灰陶。敞口。平沿，微外卷。腹部微弧，有凹凸纹。口径

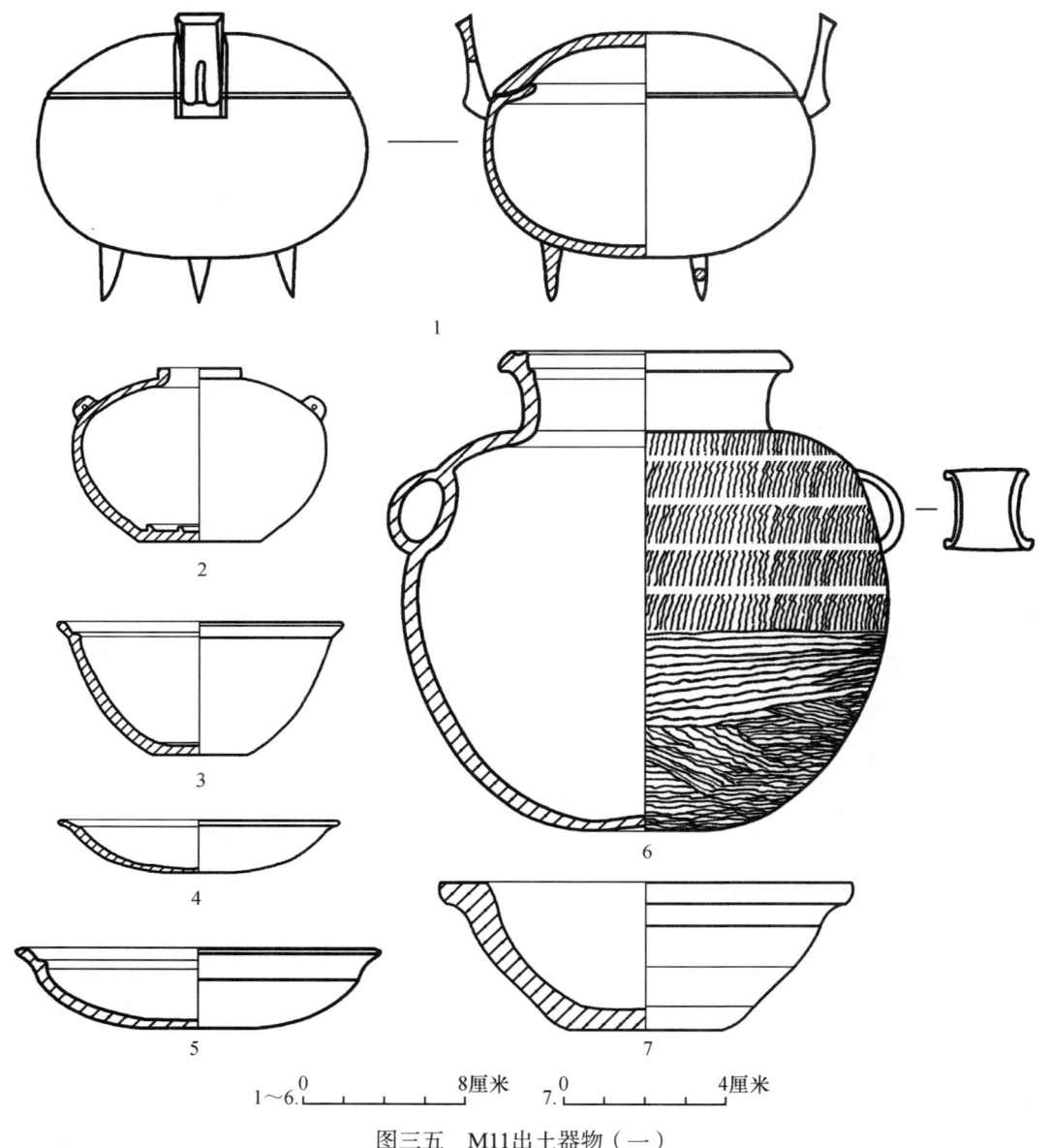

图三五　M11出土器物（一）
1. 陶鼎（M11：2）　2. A型陶罐（M11：13）　3. A型陶盆（M11：4）　4、5. 陶盘（M11：11、M11：25）
6. B型陶罐（M11：3）　7. B型陶盆（M11：8）

7.8、底径3.8、高3.83厘米（图三五，7）。

盘　2件，质地不同，原均有红色彩绘纹饰，已剥落不存。敞口。宽沿，斜向上侈，末端微卷。弧腹。平底。标本M11：11，泥质灰陶。腹略浅。内底中心微凸。口径11.4、底径3.6、高2.8厘米（图三五，4）。标本M11：25，泥质红陶。腹略深。口径17.2、底径7.6、高4.2厘米（图三五，5；图版二〇，3）。

仓　10件，泥质灰陶。覆碗形盖，侈口，弧壁，平底。仓体呈筒状。折肩，平底。仓体多有凹凸纹及弦纹，部分底部有削痕，原均有红色彩绘纹饰，已剥落不存（彩版一〇，1；图版二四，1）。根据腹壁的不同可分为两型。

A型　4件，弧壁。根据腹壁的不同弧度又可分为三亚型。

Aa型　1件（M11：20），腹壁弧曲。盖口沿外卷。仓体敛口，方唇。底内壁微凸。腹壁下部有弧形削痕。盖高3.2、仓体口径5.2、腹最大径11.8、底径9.8、通高21厘米（图三六，1；图版二一，6；图版二二，1）。

Ab型　2件，腹壁斜弧，近底部弧内收。仓盖为假圈足。标本M11：22，盖壁斜弧。仓体敛口，圆唇。腹内壁有数道凹凸纹。内底有数道凸弦纹。腹中部偏下有2道斜向的宽带纹，下部有弧形削痕。盖高2.5、仓体口径5.2、腹最大径10、底径8.8、通高20.4厘米（图三六，2；图版二二，2）。标本M11：26，仓体敞口，圆唇。内底中心微凸。腹上部有一道凹弦纹。盖高3.7、仓体口径8.8、腹最大径12.6、底径9.2、通高22.7厘米（图三六，3）。

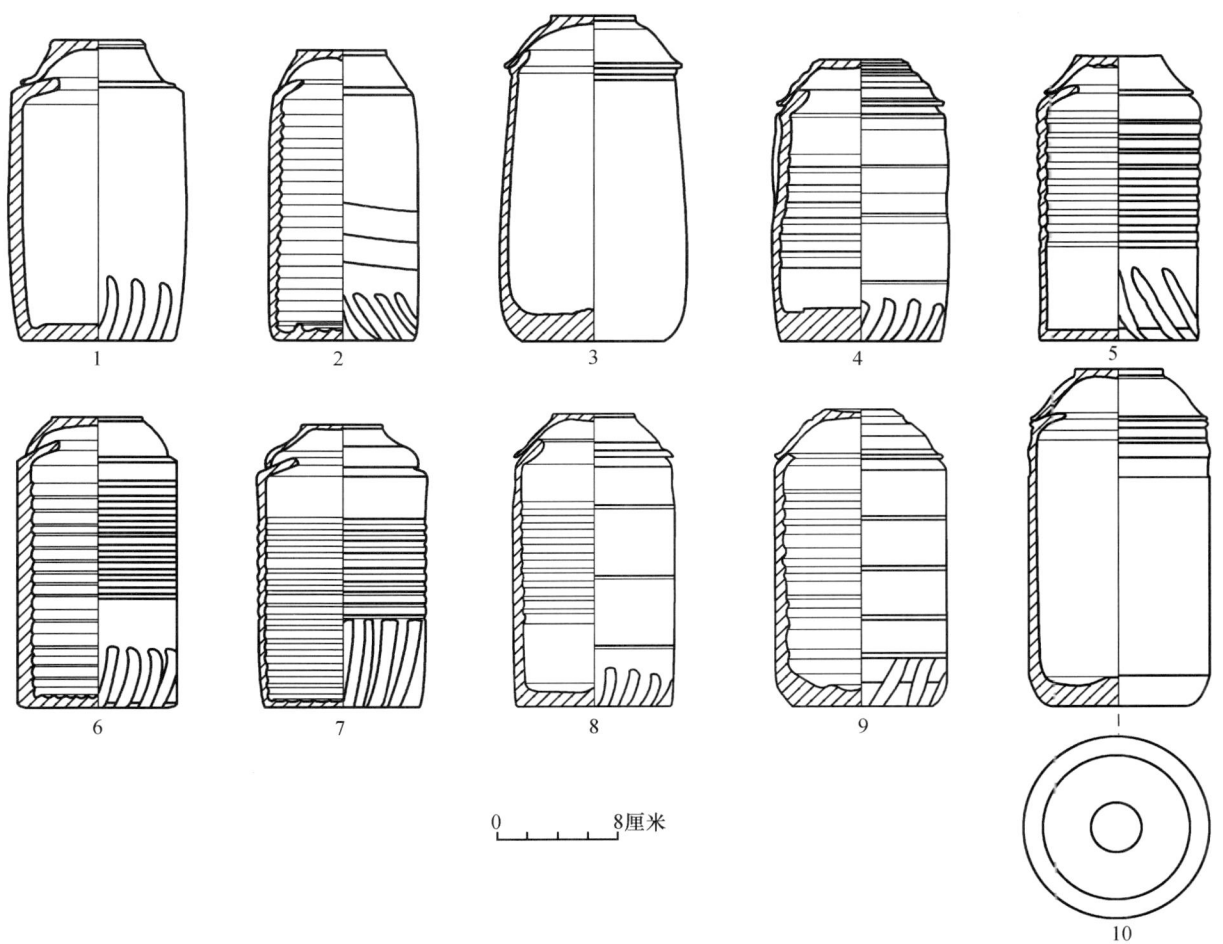

图三六　M11出土器物（二）

1. Aa型陶仓（M11：20）　2、3. Ab型陶仓（M11：22、M11：26）　4. Ac型陶仓（M11：28）　5. Ba型陶仓（M11：16）
6~10. Bb型陶仓（M11：14、M11：21、M11：23、M11：24、M11：27）

Ac型　1件（M11：28），腹壁上部弧内收，中下部弧外凸。盖壁弧向外敞，外壁有多道凹弦纹。仓体敞口，卷唇。腹壁近底部弧内收，内壁有数道凹凸纹。内底中心外凸。腹中上部有三道双线弦纹，下部有弧形削痕。盖高3.3、仓体口径8.4、腹最大径11.8、底径10.4、通高19.8厘米（图三六，4；图版二二，3）。

B型　6件。直壁。根据近底部有无弧内收又可分为两亚型。

Ba型　1件（M11：16），腹壁近底部无弧内收。盖口沿微外卷，内底有凹凸纹。仓体敛口，方唇。腹内壁有数道凹凸纹，外壁中上部有数道凸线纹，下部有弧形削痕。盖高2.8、仓体口径5.2、腹径10.4、底径10.4、通高20厘米（图三六，5；图版二三，1）。

Bb型　5件，腹壁近底部弧内收。标本M11：14，盖口沿微外卷，壁偏上位置有一道凹弦纹，底稍内凹。仓体敛口，尖唇。腹内壁有数道凹凸纹。内底亦有凹凸纹。腹部有四组双线弦纹，下部有弧形削痕。盖高3.5、仓体口径8.8、腹径11、底径9.2、通高20.4厘米（图三六，6；图版二三，2）。标本M11：21，盖口微侈。仓体敛口，圆唇。腹壁近底部微弧内收，内壁有数道凹凸纹。内底有数道凸弦纹。腹中部有数道弦纹，下部有弧形削痕。盖高2.7、仓体口径5.2、腹径10.6、底径9.4、通高19.9厘米（图三六，7）。标本M11：23，盖为假圈足，口微侈，壁近口部略直。仓体敛口，方唇。腹内壁有数道凹凸纹。内底有数道凸弦纹。腹中部有数道凸弦纹，下部有弧形削痕。盖高3、仓体口径6.2、腹径11、底径10、通高19.4厘米（图三六，8；图版二三，3）。标本M11：24，盖为假圈足，壁近口部有一周凹弦纹。仓体敞口，圆唇。腹壁上部有一周微凹，下部近底微弧内收，内壁中部有数道凹凸纹。内底中心微凸。腹部有三道双线弦纹，下部有弧形削痕。盖高3.2、仓体口径7.2、腹径10.6、底径10、通高20厘米（图三六，9；图版二三，4）。标本M11：27，盖为假圈足。仓体敛口，圆唇。底下有两周圆形纹，内底中心微凸。腹上部有三道凹弦纹，从上至下渐宽。盖高3.62、仓体口径7.2、腹径12、底径10、通高23.4厘米（图三六，10）。

灶　2件。泥质灰陶。灶身四壁微弧，无底。前壁中部偏下有火门，后部有圆形出烟孔。上部较平，开有火眼，其上置有釜甑，套数不等。灶身及釜甑原有红色纹饰，已剥落不存。根据灶身与火门形状、火眼多少等的不同可分为两型。

A型　1件（M11：7），灶身为半椭圆形，火门呈三角形，上部开三个火眼。灶身壁微外凸。出烟孔在后部抹角处，斜向。前置釜甑一套，中部置一釜，极残，后置釜甑一套，釜甑一套则上甑下釜。制作不规整，釜多在火眼上，未嵌其内。前部釜甑，甑敞口，宽沿，微卷，弧腹，腹壁弧内收，平底，有对称五圆形箅孔；釜为敞口，尖唇，短颈，鼓腹，平底。甑口径10.4、底径4.16、高5.2厘米，釜口径5.6、腹径8、底径4厘米，釜甑通高10厘米。中部火眼置陶釜，极残难修复，形制与尺寸不详。后部釜甑，甑敞口，宽沿，外卷，弧腹，腹壁微外弧，平底，有对称五圆形箅孔；釜为敞口，卷唇，短颈，鼓腹，平底。甑口径11.6、底径3.6、高6.2厘米，釜口径4.8、腹径6.4、底径2.8厘米，釜甑通高10.2厘米。灶身上长21.2、宽13.2、下长24.4、宽14.6、高6、通高16.4厘米（图三七，1；彩版一〇，3；图版二四，3）。

B型　1件（M11：29）。灶身为抹角长方形。火门呈半圆形，上部开两火眼。圆形出烟

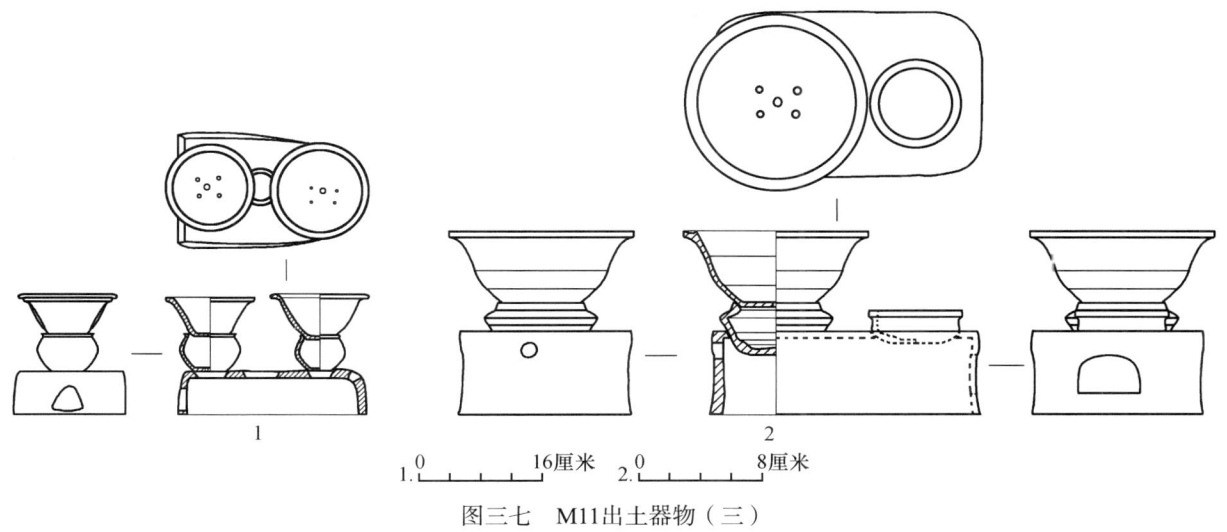

图三七 M11出土器物（三）
1. A型陶灶（M11：7） 2. B型陶灶（M11：29）

孔。前置一釜，后置釜甑一套。前火眼置釜，直口，平沿，弧腹，平底。口径4.8、腹径5.6、高2.2厘米。后火眼置釜甑，甑底置于釜口之内。甑为敞口，宽沿，上部微内，弧腹。平底，有五对称的圆形箅孔。釜，敞口，尖唇，短领，肩部折，弧腹，平底。甑口径10.2、底径4.6、高5.6厘米，釜口径5.4、腹径7.2、底径3.4厘米，高3.6厘米。原有红色纹饰，已剥落不存。灶身长17.6、宽11.2、高5.6厘米，通高12.4厘米（图三七，2；彩版一〇，2；图版二四，2、4、5）。

井 4件，3件泥质灰陶，1件泥质红陶。井身平底。原有红色纹饰，已剥落不存。根据有无口沿及井身内是否置瓶可分为两型。

A型 2件，井身口有沿，内无瓶。敞口、沿宽且上部较平。短颈、溜肩。腹壁近底部内收。根据腹部的不同又可分为两亚型。

Aa型 1件（M11：17），泥质红陶，鼓腹。口沿下部微卷。内底有凹凸纹。口径8.4、腹径12、底径10、高12厘米（图三八，1；彩版一〇，4；图版二五，1）。

Ab型 1件（M11：9），泥质灰陶。斜弧腹。口微敞。沿较厚，下部为抹角弧形。口径6.2、腹径12.4、底径7.4、高14.2厘米（图三八，2）。

B型 2件，泥质灰陶。井身无口沿，内置一瓶。井身腹壁斜。瓶敞口，圆唇，溜肩。鼓腹，下垂。根据井身形状及口部等的不同又可分为两亚型。

Ba型 1件（M11：15），井身呈斗状，敞口，方唇。腹斜直，外有两周凹弦纹。瓶为短领，平底。瓶口径2.6、腹径6.1、底径2、高4.8厘米，井身口径6.9、底径6.1、高5.3厘米，通高6.8厘米（图三八，3；图版二五，2）。

Bb型 1件（M11：10），井身呈钵状，敛口，圆唇。折肩。腹壁斜弧，近底部弧内收。瓶领略高，圜底。瓶口径3、腹径5.1、高3.35厘米，井身口径5、腹径6.4、底径3、高3厘米，通高3.8厘米（图三八，4；图版二五，3）。

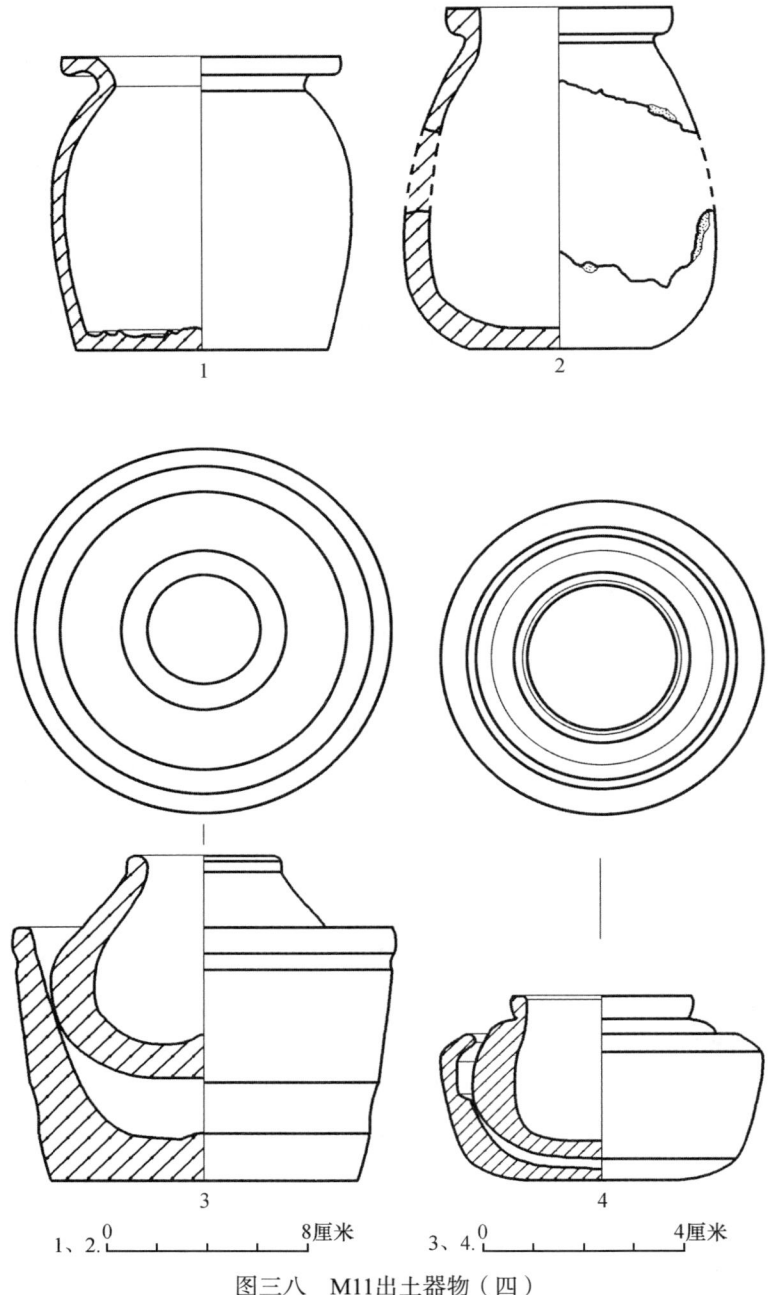

图三八　M11出土器物（四）

1. Aa型陶井（M11∶17）　2. Ab型陶井（M11∶9）　3. Ba型陶井（M11∶15）　4. Bb型陶井（M11∶10）

磨　1件（M11∶12），泥质灰陶。由磨扇和磨盘、磨拐等组成。磨扇分上下两层。上层扇侧视覆斗状，中部凸起，平面圆形，一侧有梯形的磨拐。扇上部中心有二月牙形内凹，为放置谷物的漏斗，中部为一隔梁，每个漏斗均有一较细的漏孔直通上扇底部。上扇底部有交错的磨齿。底中心有一略细的柱形内凹，当是用来安置上下扇的固定物。下扇与磨盘相连，较高，上窄下宽，断面圆形，中空。上部较平，与上扇扣合，直径小于上扇直径。磨盘呈盘形，敞口，沿微卷，弧腹，高圈足，一侧有圆形漏孔。原有红色纹饰，已剥落不存。磨扇上扇上部直径4.4、下部直径7.6、高2.6、下扇上部直径6、磨拐宽0.4、高1、磨盘口径14.4、底径9.2、高7.1、通高12.8厘米（图三九，1；彩版一〇，5；图版二五，4、5）。

（2）铁器

3件，均锈残。其中环首刀1件、削2件。

环首刀　1件（M11:5）。环首呈椭圆形，断面圆形。体呈长条形，一侧有刃，断面呈三角形。残长8.9、刀身宽0.9厘米（图三九，2）。

削　2件。身呈长条状，一侧有刃，断面呈三角形。标本M11:18，残长4.4、宽1.05厘米（图三九，3）。标本M11:19，体变形弧曲。残长13.5、宽1.4厘米（图三九，4；图版二八，5）。

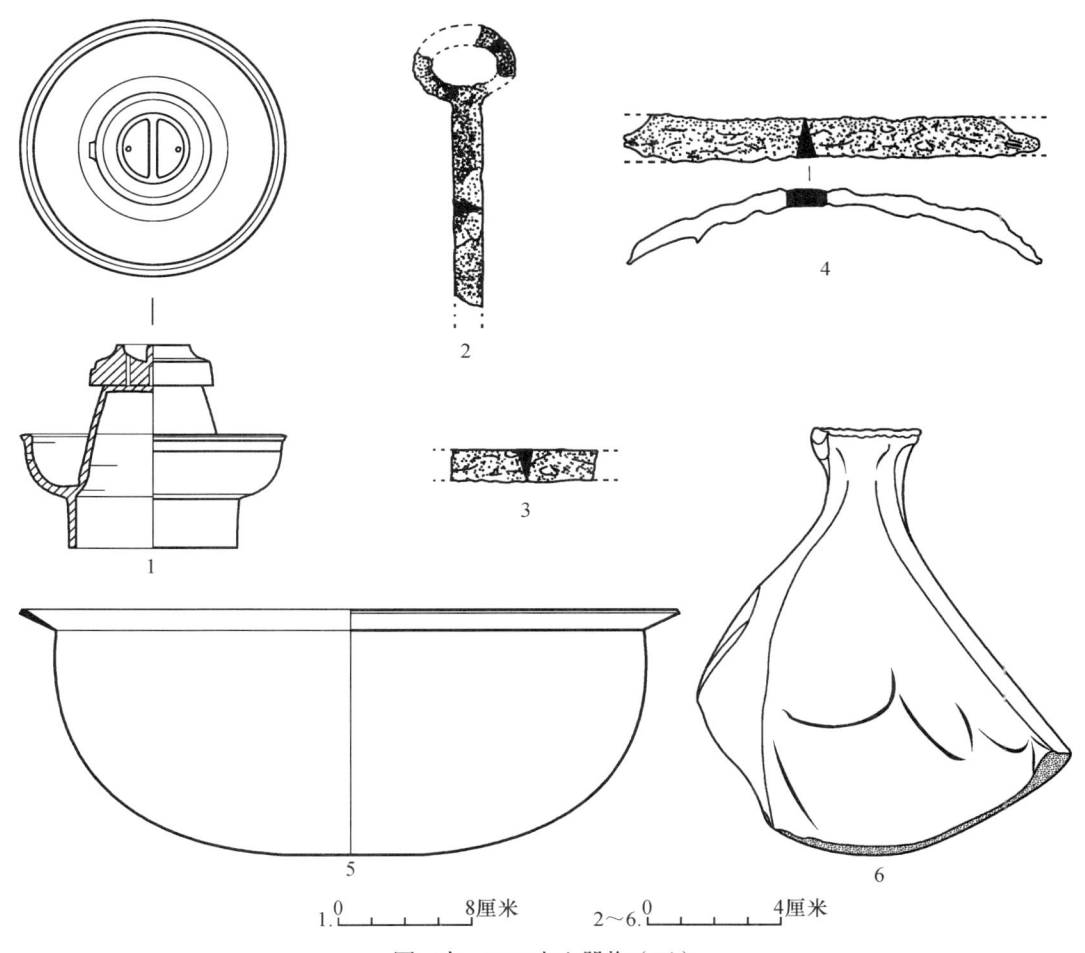

图三九　M11出土器物（五）
1.陶磨（M11:12）　2.铁环首刀（M11:5）　3、4.铁削（M11:18、M11:19）　5.铜釜（M11:1）
6.猪骨（M11:6）

（3）铜器

釜 1件（M11：1），锈残。口微敛。斜沿。弧腹。平底。素面无纹。口径17.7、底径2.2、高7.6厘米（图三九，5）。

（4）动物骨骼

猪骨 1件（M11：6），已朽。上窄下宽，整体呈扇形，为猪前腿肩胛骨。上端近圆形，边缘不甚整齐，中部内凹。下部成扇形张开，两侧微凸。一侧较平滑，一侧中部有凸起。高15、宽12.7厘米（图三九，6）。

一二、M12

位于Ⅰ区A组东部偏北，北侧偏东为M35，东南为M9和M10，西北侧为M11和M43，西南侧为山头顶部，从北向南依次为M24、M23、M44。

M12为长方形土坑竖穴墓，因水土流失等原因，封土不存，竖穴土圹多被破坏。残存墓圹基本依山势南高北低。东西长3.07、南北宽1.9、残深0.4～0.72米，方向40°（图四〇）。竖穴周壁竖直平整，内填灰褐色花土。墓葬遭盗扰严重，竖穴内填土均被翻动，土质松软，有较多植物根系。葬具、骨架及陪葬品均不存。该墓与M9距离较近，且墓向相近，存在为夫妻异穴

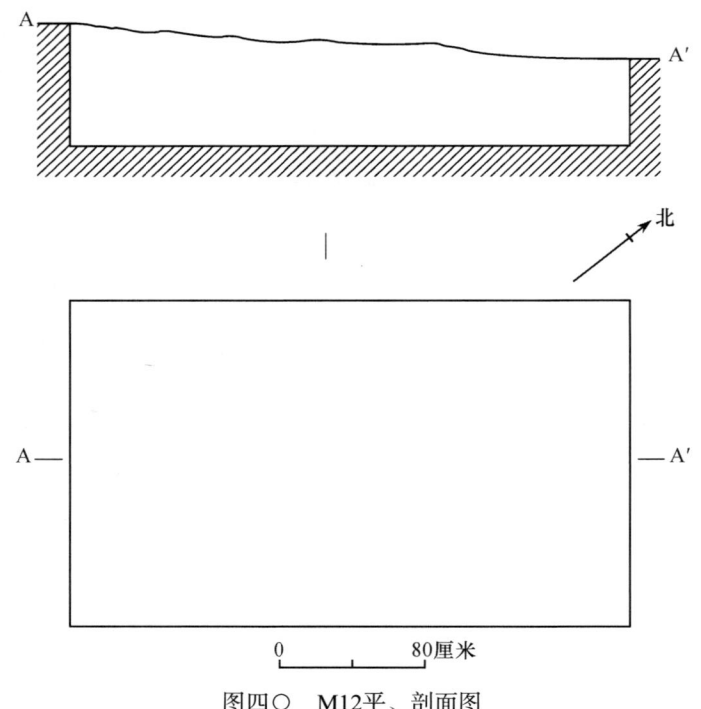

图四〇 M12平、剖面图

合葬的可能。M9墓主为女性，而该墓位置略接近山顶，竖穴尺寸亦略大，存在为异穴合葬中的男性墓主墓葬的可能性较大。

该墓遭盗扰严重，无出土物。

一三、M13

位于Ⅰ区B组东南部，北侧略偏西为M19。

1. 墓葬形制与结构

M13为长方形土坑竖穴墓，因水土流失等原因，封土不存，竖穴土圹上部多被破坏，墓圹南侧大部分亦已不存。残存墓圹基本依山势北高南低，东高西低。南北残长1.25、宽1.62、残深0~0.59米，方向26°（图四一）。竖穴周壁竖直平整，内填灰褐色花土。

竖穴下部以灰褐色花土筑砌熟土二层台，宽度不等，南侧及东西两壁的部分二层台因损坏不存。东侧二层台宽0.09、西侧二层台宽0.1、北侧二层台宽0.19、高0.3米。二层台内置放葬具

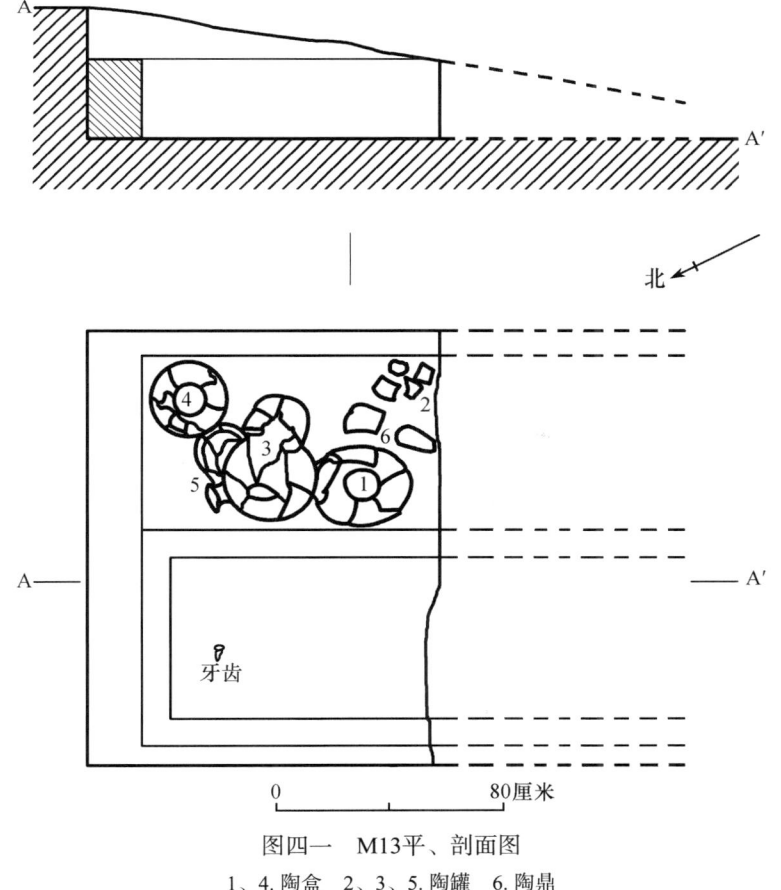

图四一 M13平、剖面图
1、4.陶盒 2、3、5.陶罐 6.陶鼎

及陪葬品。西侧置漆木棺一具，已朽，清理发现有红色漆皮，痕迹呈长方形，西、北两侧均距二层台0.1米，南北残长0.85、东西宽0.6米，高度不详。内葬1人，骨架已朽，发现有牙齿，性别不详，头北向，方向26°。东侧二层台以西，棺东侧，墓主左侧位置摆放陪葬品，南北残长1.05、东西宽0.65米。

陪葬品放置区与漆木棺有明显间隔，宽约10厘米。由于水土流失等原因，部分陪葬品不存，而从清理情况看，该墓保留部位未遭盗扰，该处出土部分器物残片，而其他器物因填土夯实等原因，亦多残碎。出土遗物6件，均为泥质灰陶器，计有鼎1、盒2、豆1、罐2等，均残。

2. 出土遗物

M13局部因水土流失等原因已被破坏不存，残存部分出土一定数量的遗物，计6件，均为陶器，因墓葬遭到破坏及填土夯实等原因，均残，部分仅余片。泥质灰陶，烧制火候较高。部分器物有拍印纹饰，部分器物原有红色等彩绘，多已剥落不存。

鼎　1件（M13：6），残仅余足，呈蹄形。残高5.1厘米（图四二，1）。

盒　2件。覆碗形盖，略浅。圈足形捉手，略高，内壁有两周凸弦纹。盒身似钵状。口内敛。腹壁弧。平底。盒身及盖原有红色彩绘纹饰，已剥落不存。根据盖及器底的不同可分为两型。

A型　1件（M13：4）。盖的肩部及壁较弧。盒身底平无内凹。口径18.8、腹径20.4、底径9.2、高15.2厘米（图四二，5）。

B型　1件（M13：1）。盖肩部较平。腹壁上部略直，下部弧内收。平底，稍内凹。口径21.4、腹径23.6、底径8.4、高14.6厘米（图四二，4）。

豆　1件（M13：5）。豆盘敞口。沿斜弧。弧腹，下部微弧折。豆柄柱状，中空。中部有两道凸楞纹。喇叭口形座外敞，末端上卷。原有红色彩绘，已剥落不存。口径12、底径2.6、座底外径11、高11.5厘米（图四二，3）。

罐　2件。标本M13：2，余底部残片，断面弧形。外壁饰密集的横向细绳纹。残高5.4、厚0.2~0.3厘米（图四二，2）。标本M13：3，腹中下部残无，难修复。敞口。尖唇，上部较平。弧领，略短。鼓肩。圆鼓腹，上部有两对称的弧形系。系有椭圆形孔，内凹较甚。平底，内凹。颈部有多道弦纹。腹上部为三组密集的竖向绳纹，中下部为横向绳纹，最下为席纹。口径14.4、腹径35.6、底径5.2、复原高度33.8厘米（图四二，6）。

一四、M14

位于Ⅰ区B组东部，北侧偏西为M15，南侧偏东为M16与M17，西侧较远处为M47、M48，西北为M36。

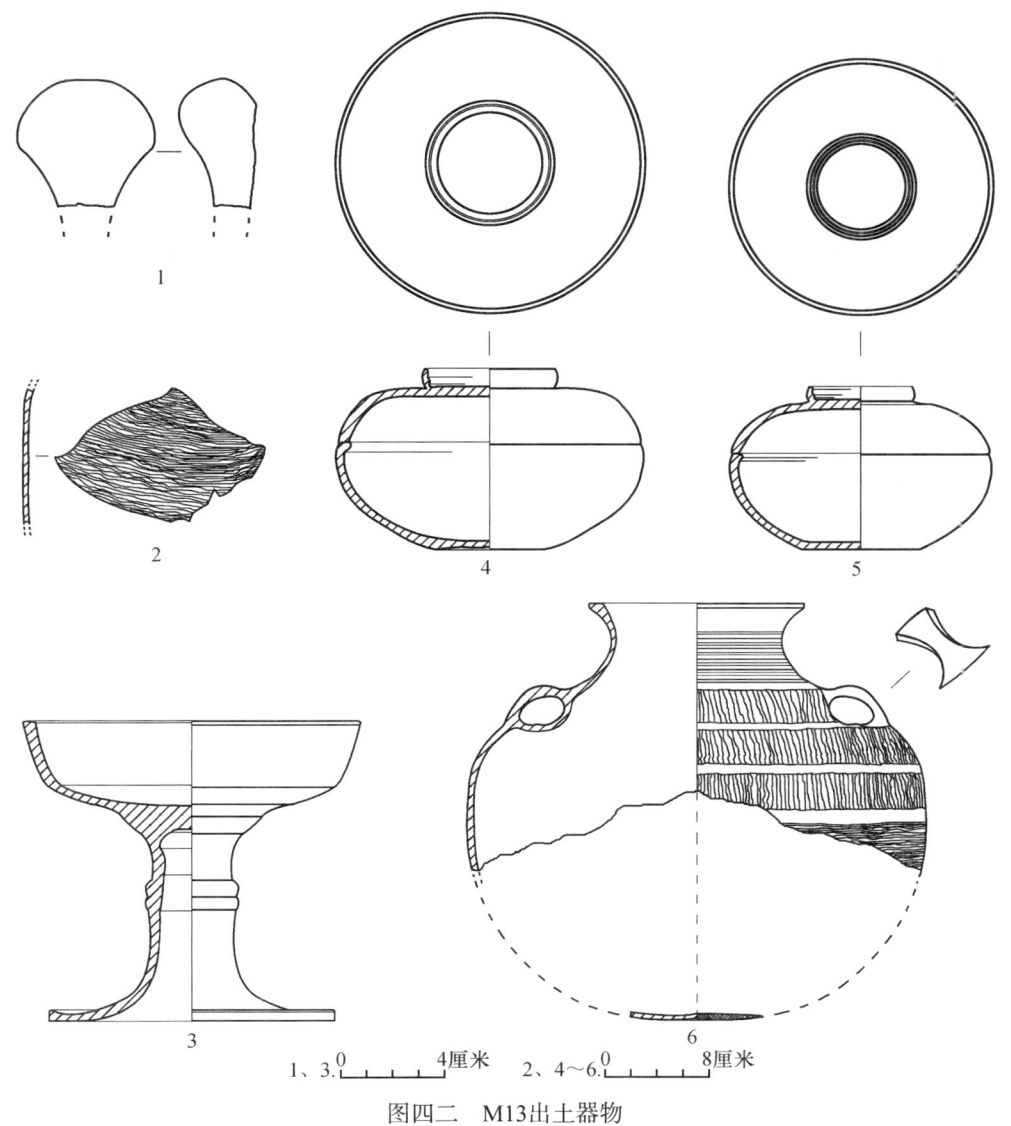

图四二 M13出土器物

1. 陶鼎足（M13:6） 2、6. 陶罐（M13:2、M13:3） 3. 陶豆（M13:5） 4. B型陶盒（M13:1） 5. A型陶盒（M13:4）

1. 墓葬形制与结构

M14为长方形石（土）坑竖穴墓，因水土流失等原因，封土不存，竖穴土圹被破坏，亦不存。残存石坑墓圹基本依山势北高南低，东高西低。南北长2.88、宽1.97、残深0.46~0.88米，方向25°（图四三）。竖穴周壁竖直平整，内填黑褐色花土。

竖穴下部以黑褐色花土筑砌熟土二层台，土质坚硬。宽度不等，因填土夯实挤压，二层台四壁均不规整。北侧二层台宽约20、西侧二层台宽10~20、南侧二层台宽约35、东侧二层台宽约45、高40~42厘米。二层台内置放葬具及陪葬品。墓底中部偏东侧置漆木棺一具，已朽，清理发现有红色漆皮，痕迹呈长方形，四壁不规整，四角为抹角圆弧形。南北长2.35、东西宽约

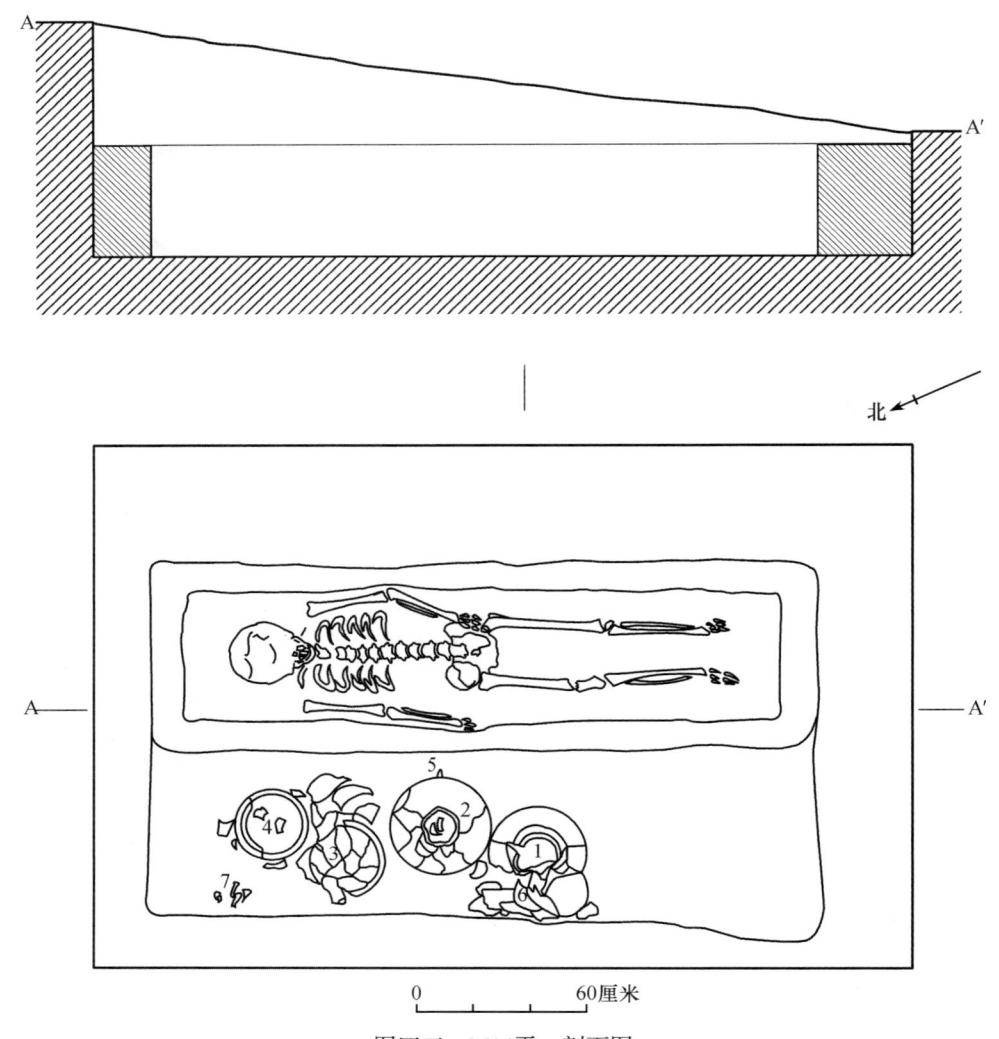

图四三 M14平、剖面图
1、2.陶壶 3、4.陶鼎 5.环首铁刀 6.陶釜甑 7.猪骨

0.73米，高度不详。棺板痕迹明显，宽10～13厘米。棺内葬1人，骨架已朽，男性，头北向，方向25°，有牙齿遗留（图版二九，5）。

陪葬品位于墓主右侧，南北向摆放，摆放陪葬品的区域宽62～65厘米。该墓未遭盗扰，但由于填土夯实等原因，器物均残碎。出土遗物7件（套），泥质灰陶器5件（套），计有鼎2件、壶2件、釜甑1套，另有铁削及猪骨各1件，均残。

2. 出土遗物

7件（套），以陶器为主，另有铁器及动物骨骼等。由于填土夯实等原因，器物出土时均残。

（1）陶器

5件（套），均为泥质灰陶，烧制火候高。器物均以红色彩绘相关纹饰，已剥落，部分器物还有模印的铺兽衔环纹。

鼎　2件。弧形盖，较浅。上有3对称的桥形纽，纽侧视为长方形，上有长方形帽，下近半圆形，中有圆形孔。鼎身子母口，内敛。两长方形附耳较高，微内倾，顶端斜弧，末端较尖，中部有长方形孔。鼓腹，中部有一道凸弦纹。下承三个蹄形足，高且粗壮，外侈，断面呈半圆形。鼎身、盖、足、耳原有红色弦纹及相关纹饰，已剥落。根据腹、底的不同可分为两型。

A型　1件（M14∶3）。腹较深，略圆鼓，圜底。口径22、腹径25.8、通高26.6厘米（图四四，1；图版一〇，5）。

B型　1件（M14∶4）。腹扁鼓，平底。口径22、腹径27.2、底径6、通高26.6厘米（图四四，2；彩版五，3；图版九，4）。

壶　2件。弧形盖，有企口，盖顶上有三个对称的"S"形纽，上呈弧形，下为圆形，中有圆形孔。盘状口，较高。弧颈。溜肩。圆鼓腹，上部有两个对称的铺首衔环。铺首兽面，双目橄榄形，间饰云纹，较为狰狞，鼻长成系，弧形，下衔一环。环圆形，断面亦圆形。高圈足，微外侈。圜底，较厚。盖、颈、腹及足部饰红色弦纹，部分内夹红色云纹等纹饰，已剥落不存。标本M14∶1，盖顶略尖，壶身足部底微内收。口径14.8、腹径28.8、底径10.4、圈足底径15.2、通高47.2厘米（图四四，5；图四五，1；彩版七，1；图版一二，1；图版一三，1）。标本M14∶2，盖顶圆弧，壶身足部底平。口径15.6、腹径28.8、底径11.6、圈足底径16、通高47.2厘米（图四四，6；图四五，2）。

釜甑　1套（M14∶6）。甑上釜下。甑，敞口。沿上斜微卷。弧腹，上部有两个对称的铺首衔环。铺首兽面，双目呈橄榄形，间饰云纹，较为狰狞，鼻长成系，弧形，下衔一环（图四五，3）。环圆形，断面亦圆形。高圈足，较直。平底，有镂空的箅孔。釜口在甑的圈足内。口微敞。直领。溜肩。扁鼓腹。上部有两个对称的铺首衔环，形制及纹饰同甑的铺首衔环（图四五，4）。腹中部有一周扁平的凸楞，略宽。小平底。釜、甑外壁原有红色弦纹及其他纹饰，已剥落。甑口径26、底径13、高14.2厘米，釜口径9.2、腹径23.6、高14.4厘米，通高27.4厘米（图四四，3；彩版九，3；图版一九，1~3）。

（2）铁器

环首刀　1件（M14∶5），锈残，铁质。环形首近呈椭圆形，断面为圆形。刀身为长条形，一侧有刃，断面为三角形。残长15.4厘米（图四四，4；图版二八，2）。

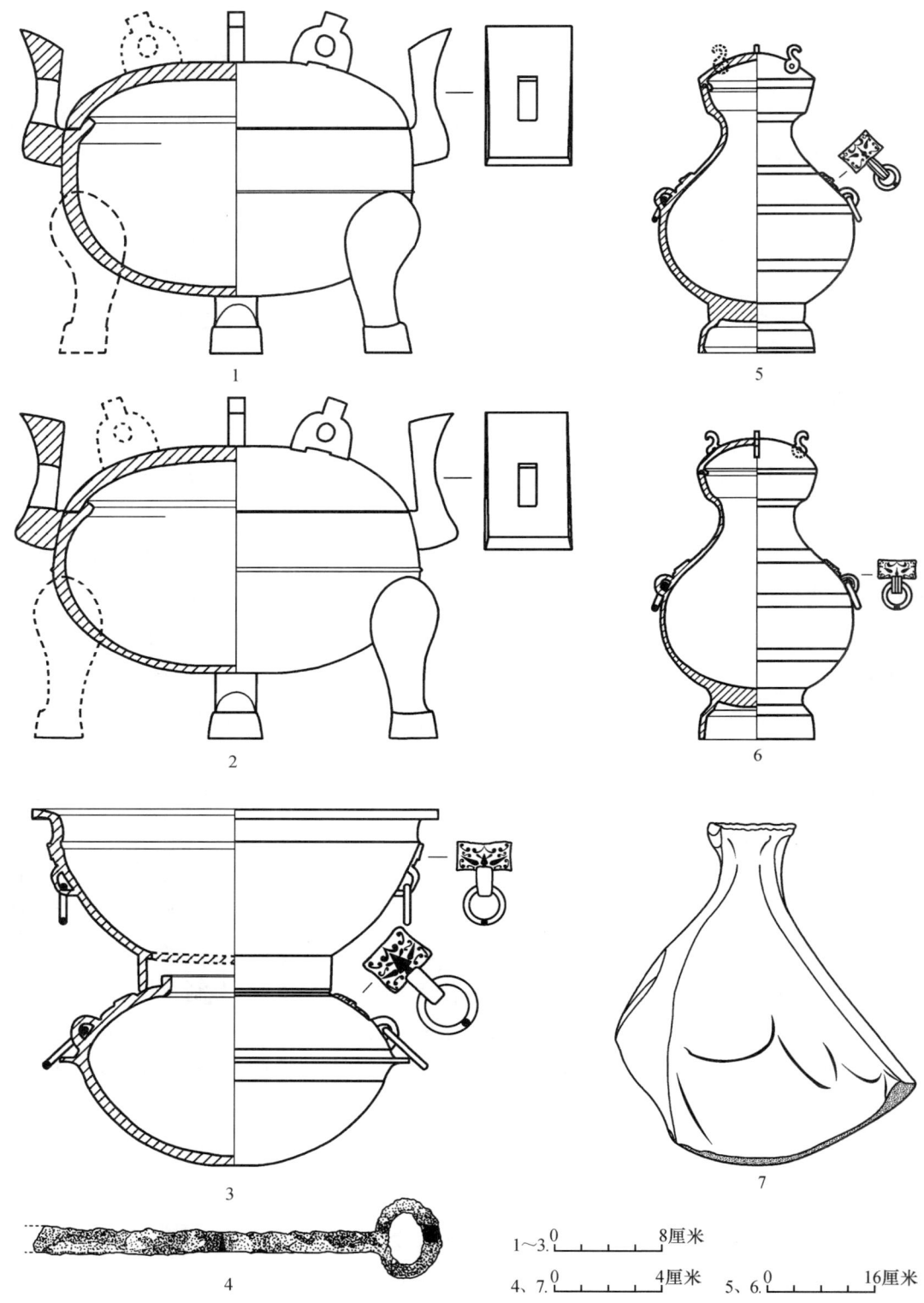

图四四　M14出土器物

1. A型陶鼎（M14：3）　2. B型陶鼎（M14：4）　3. 陶釜甑（M14：6）　4. 铁环首刀（M14：5）
5、6. 陶壶（M14：1、M14：2）　7. 猪骨（M14：7）

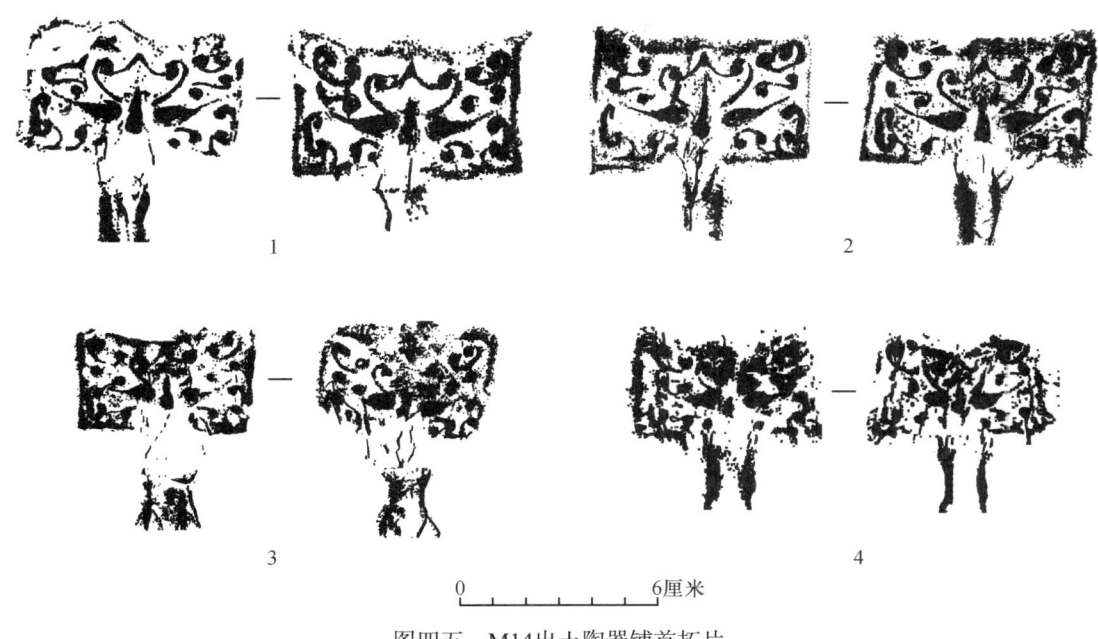

图四五　M14出土陶器铺首拓片
1、2.陶壶（M14∶1、M14∶2）　3、4.陶釜甑（M14∶6，3.陶甑，4.陶釜）

（3）动物骨骼

猪骨　1件（M14∶7），残，骨质。上窄下宽，整体呈扇形，为猪前腿肩胛骨。上端近圆形，边缘不甚整齐，中部内凹。下部成扇形张开，两侧微凸。一侧较平滑，一侧中部有凸起。已朽。高15、宽12.7厘米（图四四，7）。

一五、M15

位于Ⅰ区B组东部偏北，南侧偏东为M14，西北为M5与M6，西侧偏南M36。

1. 墓葬形制与结构

M15为长方形土（石）坑竖穴砖椁墓，因水土流失等原因，封土不存，竖穴土圹被破坏，亦不存。残存墓圹基本依山势北高南低，东高西低。南北长3.77、东西宽3.11、残深0.45～0.75米，方向30°（图四六；图版三，1）。竖穴周壁竖直平整，内填灰褐色花土，由于被扰乱，包含物较杂乱，内有较多残碎砖块。

墓坑底部以砖筑砌椁室，四周砖墙与坑壁均有一定距离，西侧为2、北侧为4、东侧为3、南侧为5厘米。四周砖墙均用长方形砖平铺，南、北、西三侧用稍小的长方形砖，砖长32、宽17、厚8厘米，素面无纹；东侧用略大的带榫卯的长方形子母砖，砖长50（不含榫）、宽17、

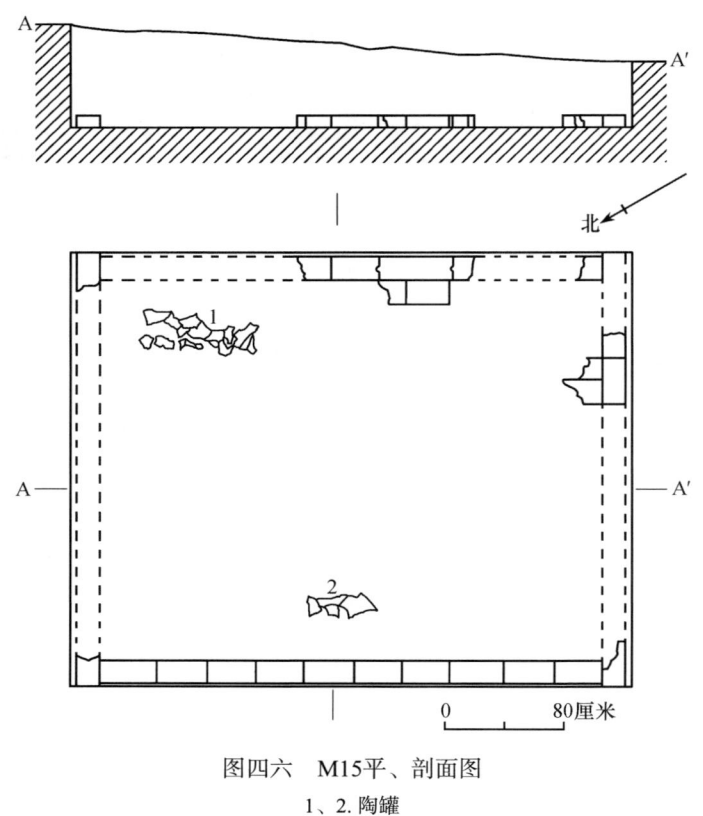

图四六　M15平、剖面图
1、2. 陶罐

厚8厘米。一长侧有模印的图案，分上下两组，每组均有2条边框，边框内饰菱形纹、三角纹、乳丁纹、十字纹、斜线纹等，十分规整、对称（图四七，1）。南北两侧砖墙的东西与墓坑壁相连，东西两侧砖墙则与南北两侧砖墙相连，由于破坏，砌砖高度不详。从清理来看，砖墙内以长方形砖南北向平铺墓底，砖长31、宽15.5、厚8厘米，一侧有密集绳纹（图四七，2；图版三〇，1）。因盗扰严重，砖墙及铺地砖等多被破坏，墓坑内残砖块较多。除长方形砖外，墓坑内还出土有带花纹的大砖和空心砖残片。带花纹的大砖形制不明，推测呈近方形，纹饰有横线纹、竖线纹、斜线纹、菱形纹、三角纹、乳丁纹等，分布较为对称（图四七，3）。空心砖大致为长方形，一面模印有纹饰，两长侧边缘为双线边框，边框内饰菱形纹、三角纹、乳丁纹、十字纹、斜线纹等，规整对称；两短边为单线边框，残存砖块的短边边框内饰有云纹及回首的龙。龙体呈反"S"形，尾端翘起，四足向后伸但末端上卷，双角上翘，嘴部大张，回首顾盼，十分生动。主体纹饰由多个斜向方形纹组成，基本是横向一组内凹，一组突起，交替排列。方形纹一般外为双线边框，中部饰一圆形，圆形内有乳丁状突起，圆形纹与边框之间为一"十"字将画面等分，每一等分内皆有四点状纹，形成围绕圆形纹的情况（图四七，4；图版三〇，2~4）。根据出土的空心砖、带花纹大砖等来看，砖椁内可能还砌有棺室及相关室，因破坏，具体情况不详。墓内置木棺，已朽，加之破坏严重，仅有红色漆痕发现。墓内葬人亦被破坏，基本不存，数量不详。推测头北向，方向30°。

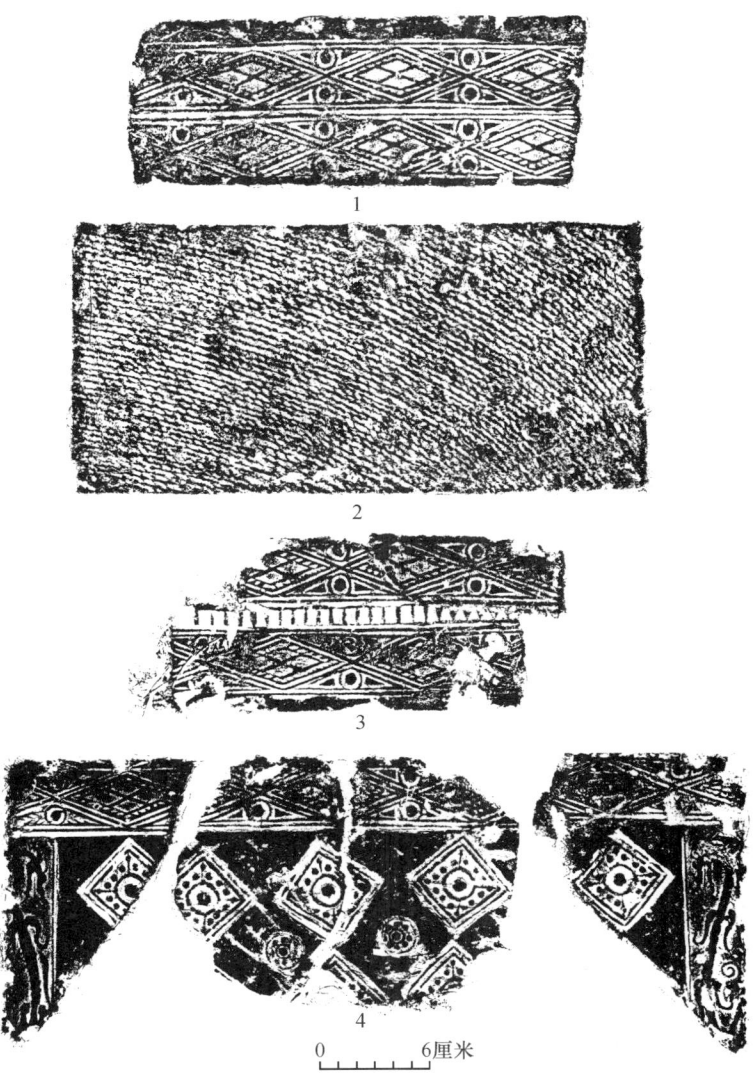

图四七 M15墓砖拓片
1. 长方形榫卯砖 2. 长方形无榫卯砖 3. 长方形铺地砖残块 4. 空心砖残块

由于遭盗扰严重，陪葬品位置不详，出土遗物较少，有泥质灰陶罐2件，皆残。

2. 出土遗物

罐 2件，泥质灰陶，烧制火候高。由于墓葬遭盗扰严重，均残，其中1件器物仅为残片。1件素面无纹，1件饰有绳纹等。根据有无器系可分为两型。

A型 1件（M15∶1），无系。敞口，唇较厚，沿外端斜。口内壁中部弧内凹。短颈。溜肩。腹稍扁，上部圆鼓，下部弧内收。平底。素面无纹。口径20、腹径47.6、底径28、高36.1厘米（图四八，2）。

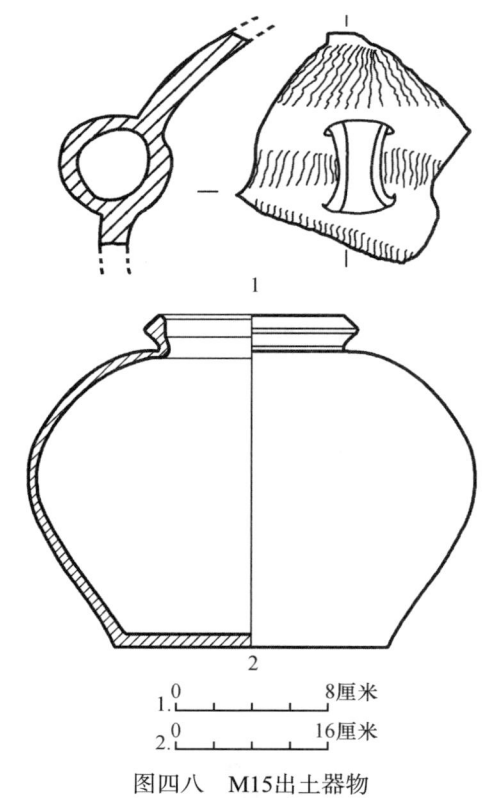

图四八　M15出土器物
1. B型陶罐（M15∶2）　2. A型陶罐（M15∶1）

B型　1件（M15∶2），有系，余腹部残片。腹壁断面弧形。弧形系，中有椭圆形孔，内凹较甚。腹上残余三周密集的竖向细绳纹。残高12.5、残宽12.4、腹壁厚0.5～0.7厘米（图四八，1）。

一六、M16

位于Ⅰ区B组东部偏南，南侧偏东为M18，西北为M17，北部偏西为M14，距离稍远。该墓与东北侧较近距离的M17墓向一致，长边平行并列，可能为夫妻异穴合葬墓。

1. 墓葬形制与结构

M16为长方形土（石）坑竖穴墓，封土不存，上为土坑，下为石圹，土坑基本残无。残存墓圹基本依山势北高南低，东高西低。东西长3.1、南北宽2.21、残深0.4～1.02米，方向126°（图四九；彩版二，1；图版三，2）。竖穴内填灰褐色花土，经夯筑，较为纯净。

竖穴底部四周有"回填土台"，为灰褐土，夯筑较坚实。北、东两侧宽17、南侧宽16、西侧宽9.5、高30～32厘米。"回填土台"内置葬具和陪葬品。漆木质葬具为一棺一椁，已朽，但痕迹明显并有大量红色漆皮发现，棺椁均为长方形，实际高度不可知。椁的长宽尺寸及面积与"回填土台"内的长宽尺寸及面积相同，基本为抹角长方形，东西长2.84、南北宽1.88米。椁板痕迹明显，厚3厘米左右。椁内北侧置长方形漆木棺，东侧靠近椁板，西侧与"回填土台"有8厘米的间隔。棺亦基本为抹角长方形，东西长2.69、南北宽0.93～0.934米。棺内葬1人，头东南向，方向126°。骨架极朽，余部分腿骨，为男性。墓圹底部靠近东壁处有一"凸"字形凹槽，压在棺椁及"回填土台"下，断面长方形，深7.5厘米，较规整。南侧"回填土台"及置放陪葬品处较窄，东侧距墓坑东壁49.5、西侧距墓坑东壁70.5、宽21厘米；置放棺椁处及北侧"回填土台"下较宽，东侧距墓坑东壁40、西侧距墓坑东壁80、宽40厘米。墓圹底部四角亦各有1凹槽，剖面呈弧形，平面形状不一，大小不等，深度也略有差别。东北、西北、西南3处的凹槽近呈圆形，深6.5厘米，东南角1处凹槽形状较不规则，一端略尖，深5厘米。

椁的南侧，靠近棺的位置摆放陪葬品，基本与棺平行，由于棺椁腐朽，填土坍塌，一些

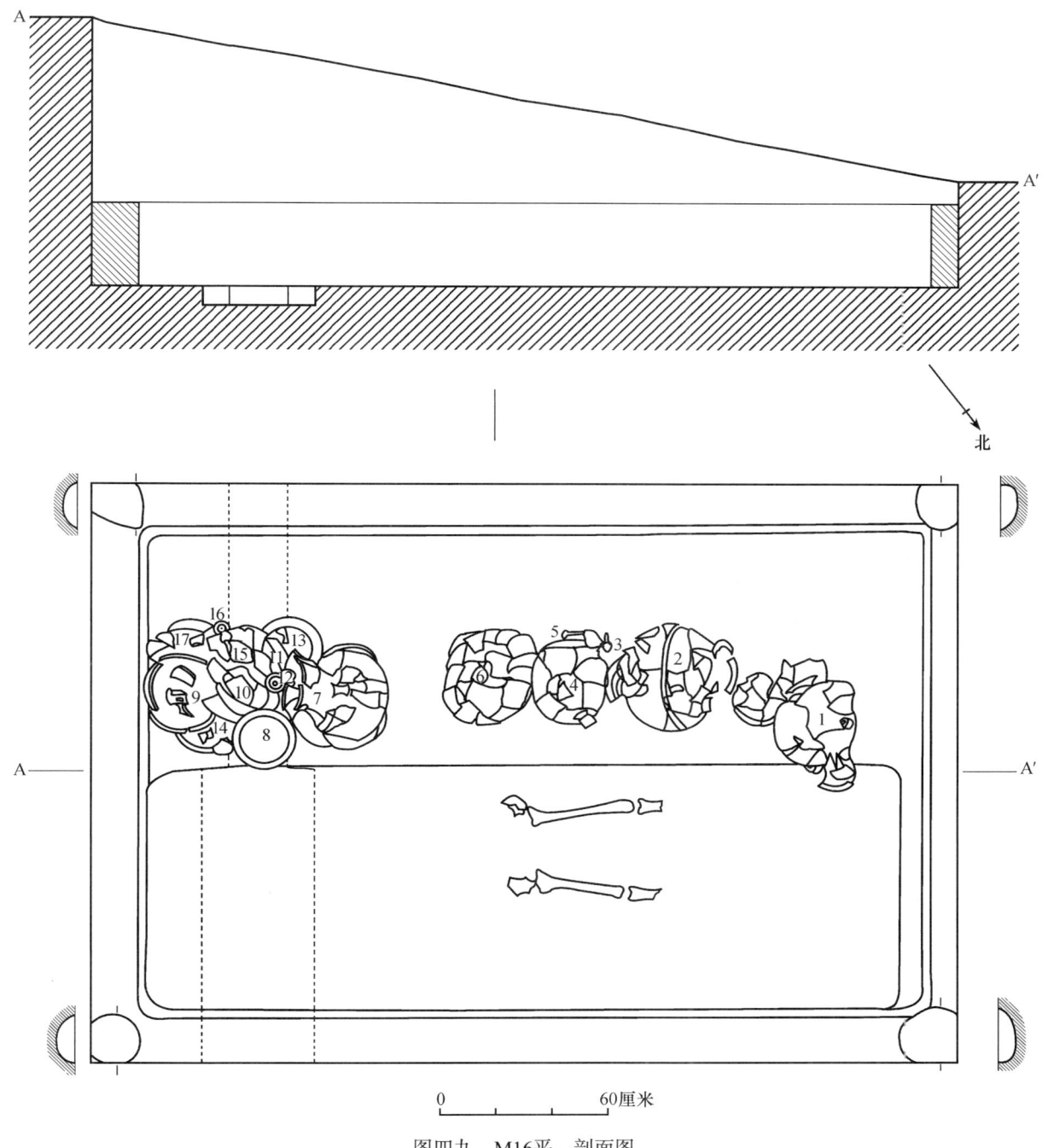

图四九　M16平、剖面图

1、2.陶壶　3.铜带钩　4、6、7、10.陶罐　5.环首铁刀　8、13.陶盒　9、17.陶鼎　11.陶钵　12、16.陶瓶　14、15.陶釜

陪葬品倒向棺侧。墓葬未遭盗扰，由于填土夯实等原因，出土遗物多残，铜、铁器均锈蚀。计有泥质灰陶鼎2件、盒2件、壶2件、罐4件、釜2件、钵1件、瓶2件及铜带钩1件、铁环首刀1件等。

2. 出土遗物

17件，以陶器为主，另有铜、铁器等。由于填土夯实等原因，器物出土时均残，铜、铁器锈蚀严重。

（1）陶器

15件。多为泥质灰陶，部分为泥质红陶，泥质灰陶烧制火候高，泥质红陶烧制火候则略低。多有纹饰，或彩绘，或为拍印或模印纹，部分素面。个别有刻字，但不甚清晰。

鼎　2件，泥质灰陶。弧形盖，平顶，内壁中心内凸，口沿由内向外倾斜。鼎身子母口，微内敛。两长方形附耳，中有孔，上弧下方。弧腹，较深。内底中心微凸。下承三蹄形足，较粗壮，断面半圆形，微外撇。鼎盖饰有弦纹，盖、鼎身上部及耳、足等原有红色等彩绘，已剥落。根据鼎身底部的不同及盖、附耳、蹄足等细部的差异可分为两型。

A型　1件（M16：9），鼎身平底。盖略浅，平顶较宽，内壁中心内凸明显，敞口。鼎身子母口较高。附耳弧外撇。三蹄足底平。鼎盖饰有三道凹弦纹，鼎身腹中部有一周凹弦纹。口径17.2、腹径19.8、底径4.8、通高14.8厘米（图五〇，1；彩版五，1；图版九，2）。

B型　1件（M16：17）。鼎身圜底。盖略深，平顶略窄，内壁中心微内凸，口微内敛。附耳微弧内收。腹上部直，下部圆弧。三蹄足底内侧斜弧。鼎盖饰有三道红色弦纹，盖顶弦纹内为云气纹，下部弦纹内为红色波浪纹。口径15.2、腹径18、通高16.6厘米（图五〇，2；彩版五，6；图版一〇，3）。

盒　2件，泥质红陶。覆碗形盖，较深。矮圈足形捉手，较矮，圜底上凸。盒身子母口内敛。弧腹。平底，内底中心微凸。盖顶外饰红色弦纹，中心为红色圆点，二者之间为对称的四红色卷云纹。盖腹壁饰三道红色弦纹，上夹饰一组红色卷云纹，下夹饰一组红色波浪纹。盒身饰三组红色弦纹，内有红色云纹，已剥落。根据盒身底部的不同可分为两型。

A型　1件（M16：8），底边缘稍凹。盖口部微敛。腹上部略直，下部弧内收。口径16.8、腹径18.8、底径8、通高14.8厘米（图五〇，3；彩版六，5；图版一一，5）。

B型　1件（M16：13）。底边缘无稍凹。盖敞口。腹壁斜弧。口径17.6、腹径19.6、底径8、通高15.5厘米（图五〇，4；彩版六，6；图版一一，6）。

壶　2件，泥质灰陶。无盖。直口，内壁有一道折痕。平沿。弧颈，较高。圆鼓腹，上部有两对称的铺首衔环，环已不存。铺首兽面，双目呈橄榄形，嘴张，其他部位间饰云纹，较为狰狞，系呈弧形。高圈足，上部折痕明显，下部弧外侈，近足底弧内收。圜底。颈部饰红色弦纹，弦纹内为蕉叶纹，蕉叶纹内及蕉叶纹间均饰有红色云纹。腹中上部饰三组红色弦纹，内夹饰两组云纹，上腹部云纹较复杂，下腹部略简单。圈足外饰两道红色弦纹，内为红色波浪纹。标本M16：1，肩略鼓。衔环系两端宽，中部略窄。口径14.8、腹径26.8、底径11.2、圈足径18、高40.4厘米（图五〇，5；图五一，1；彩版七，2；图版一二，1）。标本M16：2，溜肩，

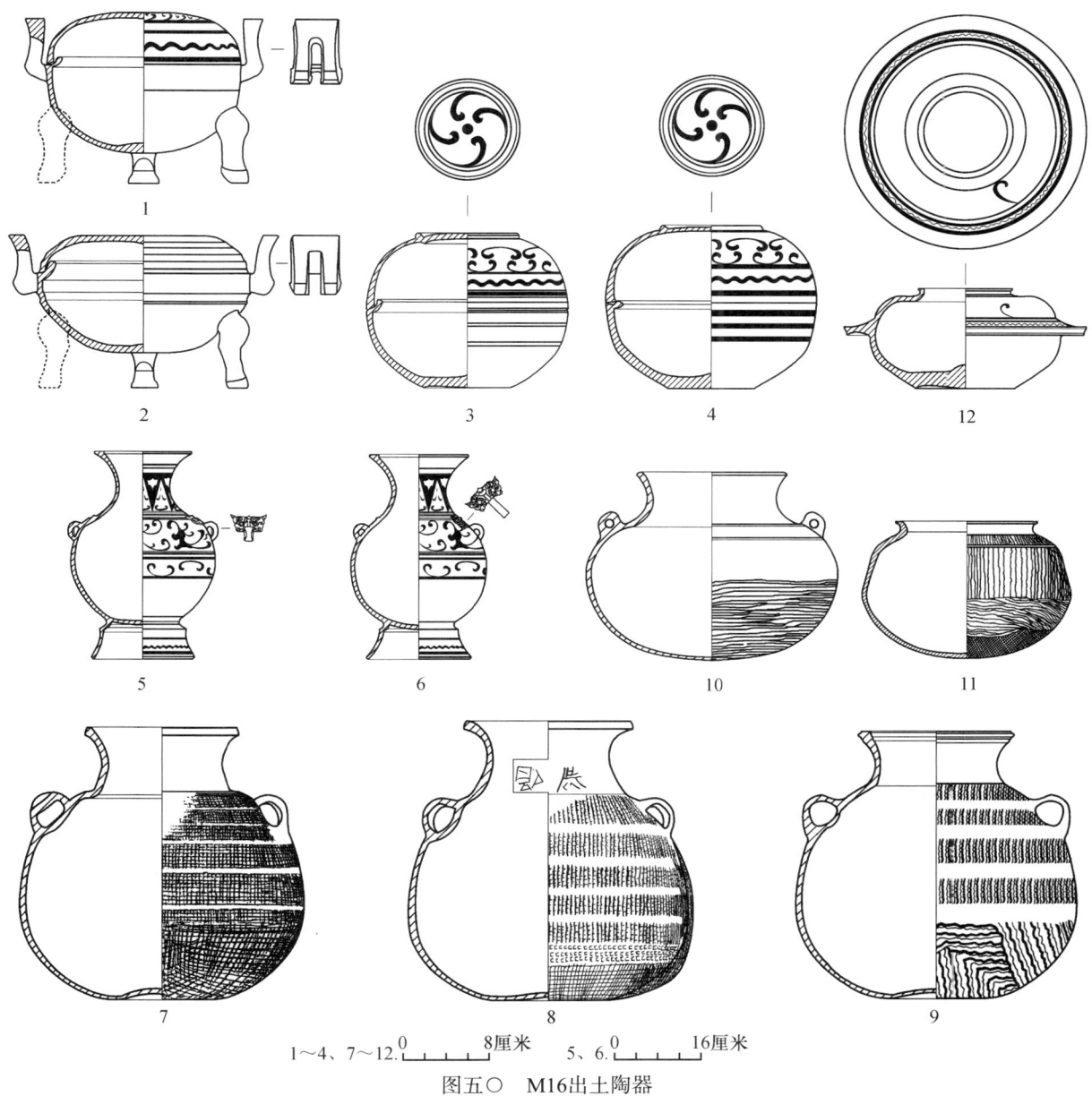

图五〇　M16出土陶器

1. A型陶鼎（M16:9）　2. B型陶鼎（M16:7）　3. A型陶盒（M16:8）　4. B型陶盒（M16:13）　5、6. 陶壶（M16:1、M16:2）　7. Aa型陶罐（M16:4）　8、9. Ab型陶罐（M16:6、M16:7）　10. B型陶罐（M16:10）　11. A型陶釜（M16:14）　12. B型陶釜（M16:15）

衔环系粗细相同。口径14.4、腹径25.2、底径10.8、圈足径18.8、高39.8厘米（图五〇，6；图五一，2；图版一二，2）。

罐　4件，3件泥质灰陶，1件泥质红陶。敞口。高领弧曲内凹，多方唇，个别圆唇。肩与领部结合处有折痕，部分明显，部分不明显。鼓腹，上部有两对称系，系内有孔。腹部饰有纹饰。根据口、腹及底部等的不同可分为两型。

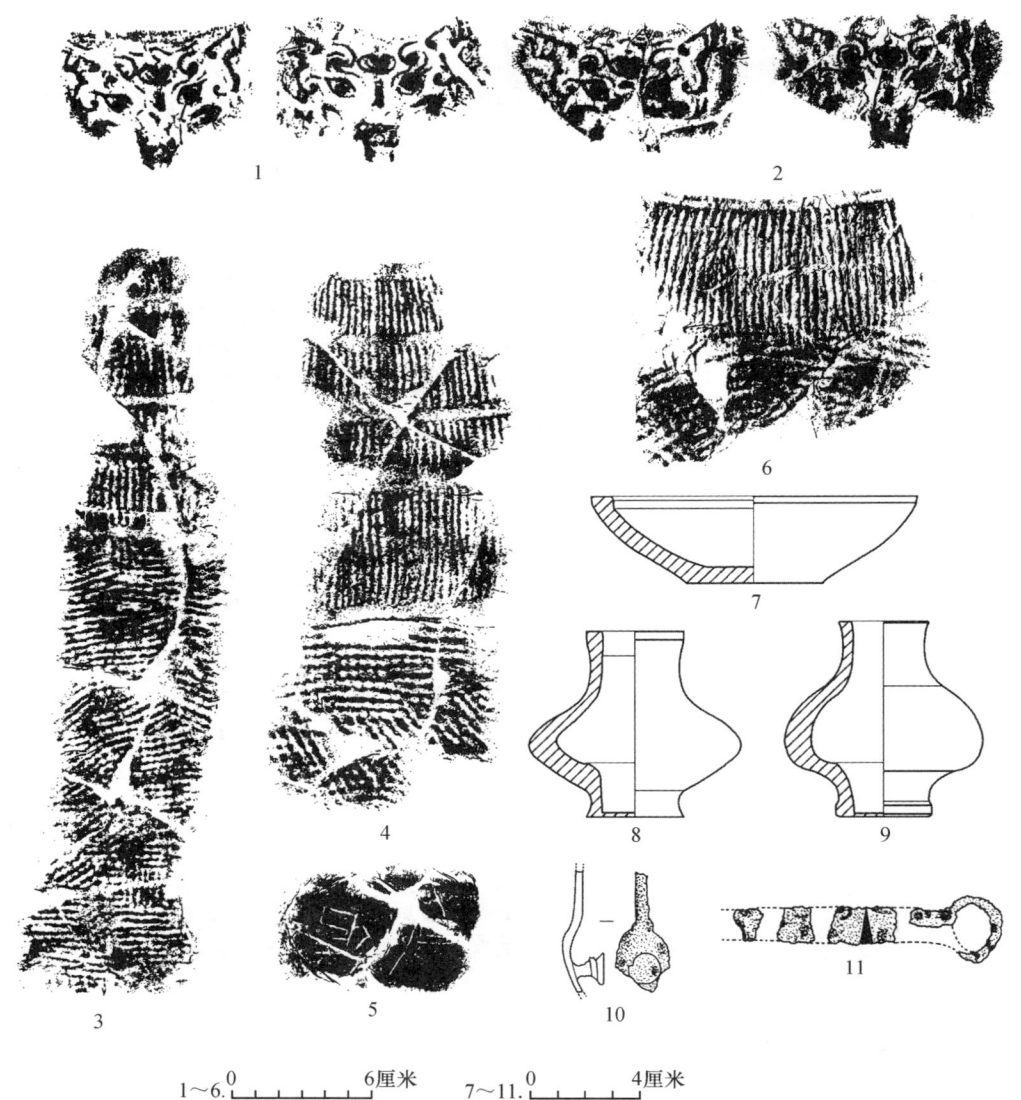

图五一　M16出土器物及部分陶器纹饰、刻字拓片

1、2. 陶壶铺首拓片（M16：1、M16：2）　3. Aa型陶罐腹部拓片（M16：4）　4. Ab型陶罐腹部拓片（M16：6）　5. Ab型陶罐颈部刻字拓片（M16：6）　6. A型陶釜腹部拓片（M16：14）　7. 陶钵（M16：11）　8. A型陶瓶（M16：12）　9. B型陶瓶（M16：16）　10. 铜带钩（M16：3）　11. 铁环首刀（M16：5）

A型　3件。领略短，方唇，部分稍尖。腹稍扁鼓，垂腹。系呈弧形，外凸较甚，内凹较浅。腹中上部与下部所饰纹饰有所不同。根据肩部的不同又可分为两亚型。

Aa型　1件（M16：4），泥质灰陶。鼓肩，与领部结合处折痕明显。腹稍圆鼓，上部两对称系中部略平，系孔近呈椭圆形。腹中上部饰六组横向排列的网格纹，下部为一组交错的网格纹。口径13.2、腹径26.4、底径10、高26.4厘米（图五〇，7；图五一，3）。

Ab型　2件。溜肩，与领部结合处折痕不明显。垂腹。标本M16：6，泥质红陶。腹整体略扁鼓，局部外凸，不甚对称。系孔近呈椭圆形。领下部一侧有阴刻"共县"二字，笔画随意，局部不清晰。腹中上部饰5组密集的竖向绳纹，其下为一组横向绳纹，最下部为交错的网格纹。口径15.2、腹径26、底径10、高27.1厘米（图五〇，8；图五一，4、5；彩版八，2；图版一五，1、2）。标本M16∶7，泥质灰陶。口内壁有凹弦纹，沿微外卷。腹圆鼓，系孔近呈圆形。腹中上部饰四组密集的竖向绳纹，下部为交错的绳纹。口径12、腹径26、底径9.6、高26厘米（图五〇，9）。

B型　1件（M16∶10），泥质灰陶。弧沿。溜肩，与颈结合处折痕明显。扁鼓腹。系呈桥形，内有圆形孔。圜底。腹上部有两组弦纹，下部饰多道横向细绳纹。口径13.2、腹径23.4、高18.4厘米（图五〇，10）。

釜　2件，1件泥质灰陶，1件泥质红陶。敞口。短颈。扁腹。腹部有相关纹饰。根据口沿、肩、腹及底部的不同可分为两型。

A型　1件（M16∶14），泥质红陶。平沿。溜肩。腹中部弧折。圜底。腹上部饰一组密集的竖向绳纹，较矮，中部亦为一组密集的竖向绳纹，较高，其下为横向绳纹，最下为网格纹。器底有灰垢遗留，局部颜色较黑。口径12、腹径19.2、高13.4厘米（图五〇，11；图五一，6；彩版九，2；图版一八，4）。

B型　1件（M16∶15），泥质灰陶。口沿微卷。平肩。腹中部有一周较宽的凸棱，凸棱上部微下凹，下部微内凹。平底，边缘稍内凹，内底中心微凸。腹上部饰有红色弦纹，弦纹内夹饰红色卷云纹和波浪纹，多剥落。釜上置有甑，极残，难修复。口径7.8、腹径18、凸棱径22.8、底径9.4、高9.6厘米（图五〇，12；图版一八，6）。

钵　1件（M16∶11），泥质灰陶。敞口，平沿，内壁沿下弧凸内折。弧腹，近底部弧内收。平底。素面无纹。口径10.4、底径5、高3.32厘米（图五一，7）。

瓶　2件，泥质红陶。口微敞，近直。弧颈，略高。溜肩。腹扁鼓，腹壁近底部弧内收。假圈足，平底，较薄。素面无纹。根据腹部等的不同分为两型。

A型　1件（M16∶12）。方唇。腹较扁鼓，最大径处略尖。足呈倒喇叭口形外侈。口径2.4、腹径7.8、底径3.6、高7.1厘米（图五一，8；图版二一，4）。

B型　1件（M16∶16）。尖唇。腹壁弧，垂腹明显。足弧外侈，近底部斜内收。口径2.4、腹径7.2、底径3.2、高7.5厘米（图五一，9；图版二一，5）。

（2）铜器

带钩　1件（M16∶3），锈残。体较长，上细下宽。侧视呈"S"形，形体似龙。带舌残无。带扣呈圆形。残长4.5厘米（图五一，10；图版二六，5）。

（3）铁器

环首刀　1件（M16∶5），锈残。环首近圆形，断面圆形。削身为扁长方形，一侧有刃，断面三角形。残长9.8厘米（图五一，11；图版二八，3）。

一七、M17

位于Ⅰ区B组东部，东南侧为M16，南侧略偏东为M18，西北为M14。该墓与西南侧较近距离的M16墓向一致，长边平行并列，可能为夫妻异穴合葬墓。

1. 墓葬形制与结构

M17为长方形土坑竖穴墓，封土不存，上部土坑基本残无。残存墓圹基本依山势北高南低，东高西低，局部略有起伏。东西长2.47、南北宽1.42、残深0.2～0.44米，方向130°（图五二；彩版二，2；图版四，1）。竖穴内填灰褐色花土，经夯筑，较为纯净。

竖穴底部四周有"回填土台"，为灰褐土夯筑而成，较坚实，西北角因盗扰有所破坏。四面"回填土台"宽度不等，高度基本一致。北侧宽4、东侧宽15、南侧宽19、西侧宽17、高21厘米，内置葬具和陪葬品。从清理情况看，该墓为一椁一棺，均木质，已朽。椁壁紧贴"回填土台"壁，呈东西向的长方形，东西长2.15、南北宽1.19米，高度不详。棺痕以外的一些区域发现有灰色板灰痕迹，未见红色漆皮，说明木椁未髹饰红漆。西北部因盗扰遭到一定程度的破坏，痕迹多不存。椁的北部置漆木质棺，痕迹明显并有大量红色漆皮发现，西部虽遭盗扰破坏，土质杂乱，但棺的痕迹仍较为明显。棺北侧与椁北壁平齐，紧贴"回填土台"，西距西侧"回填土台"及椁壁22.5、东距东侧"回填土台"及椁壁16厘米，为长方形，东西长1.77、南北宽0.63米，高度不详。墓内葬1人，骨架偏向北侧，头东南向，方向130°。有牙齿遗留（图版二九，6），骨架已朽，脚部因盗扰不存。墓主女性，可能与M16墓主为夫妻关系。

椁内棺南侧的"回填土台"可能为边厢，其内摆放陪葬品，与棺平行，基本集中于中东部，西部不见。由于棺椁腐朽，填土坍塌，一些陪葬品倒向棺侧。由于盗扰及填土坍塌、夯实等原因，出土遗物多残。计有泥质灰陶罐3件、釜甑1套，动物骨骼1件，另有漆器痕迹。

墓葬曾遭盗扰，盗洞位于西北角，形状不规则，墓室部分基本为弧形。面积较大，打破西北角"回填土台"，并对棺室有所破坏，但南侧放置的陪葬品基本未遭扰动。

2. 出土遗物

5件（套），以陶器为主，另有动物骨骼等。由于填土夯实等原因，器物出土时均残，动物骨骼已朽。另有漆器，仅余痕迹，器形不可辨别，无法提取。

（1）陶器

4件（套），均为泥质灰陶，烧制火候高。均有纹饰，以拍印或模印为主。

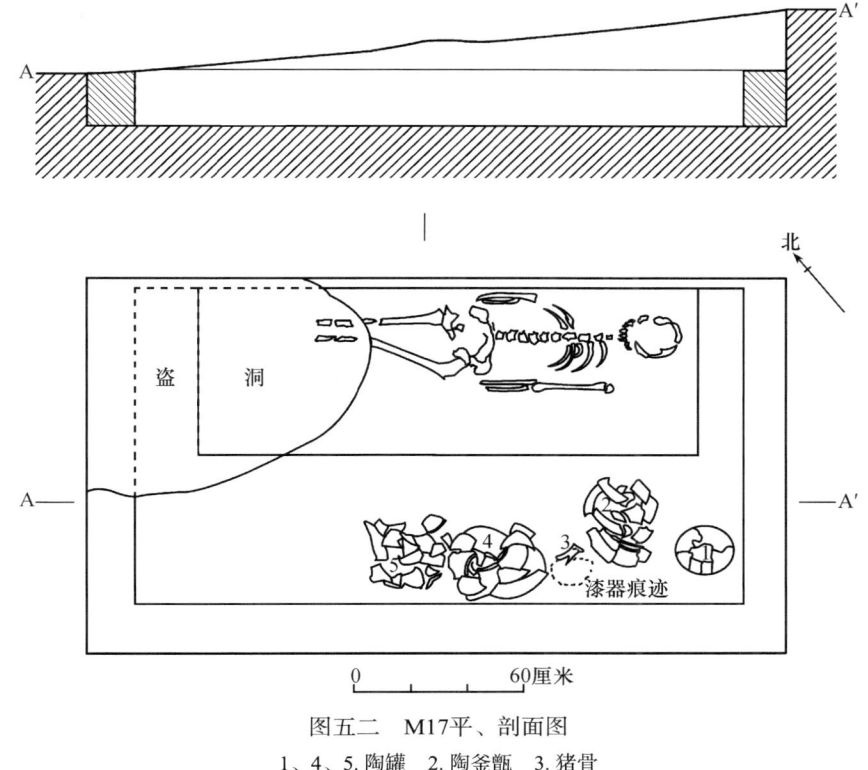

图五二　M17平、剖面图
1、4、5.陶罐　2.陶釜甑　3.猪骨

罐　3件。敞口。沿微卷。束颈。鼓腹，腹部饰有相关纹饰。根据腹部的不同可分为两型。

A型　2件，圆鼓腹，平底。根据有无器系又可分为两亚型。

Aa型　1件（M17：4），口沿平。无器系。颈较短。溜肩。大底。腹上部饰两周凸弦纹，内夹一道凹弦纹，中部偏下为两周相连的凸弦纹，下部为数道细密的弦纹。口径14.4、腹径27.6、底径15、高21.8厘米（图五三，1；图版一八，1）。

Ab型　1件（M17：5），肩部略鼓。腹上部为两对称的弧形系，孔为不规则的椭圆形，内凹明显。口颈多残无，颈部略长。小底，稍内凹。腹上部饰密集的竖向绳纹，其下为横向绳纹，再下为席纹。腹径23.6、底径5.8、残高20.4厘米（图五三，2）。

B型　1件（M17：1），扁鼓腹，圜底。口沿平，末端微折。颈较短。溜肩，与颈部结合处折痕明显。腹上部有两对称的桥形系，中有圆形孔。腹上部饰三道弦纹，中下部饰粗细交错的绳纹，略稀疏。口径10、腹径19.2、高16.2厘米（图五三，3；图五四，1，彩版八，5；图版一七，1）。

釜甑　1套（M17：2）。上甑下釜，相对独立，组合而成。甑呈钵形。敛口，圆唇。弧腹。圜底。中部为五个圆形箅孔，不甚对称，大小也不相等。釜呈罐状。敞口，内壁微内凹。弧沿，微外卷。短颈。鼓肩，与颈部折痕明显。圆鼓腹，下部内收较甚。小平底。腹上部饰密集的竖向绳纹，中部偏下为横向绳纹，最下为绳纹。甑口径20.6、高9.6厘米，釜口径14.2、腹径20.4、底径3.2、高14.7厘米，通高22.3厘米（图五三，4；图五四，2；彩版九，5；图版一九，5）。

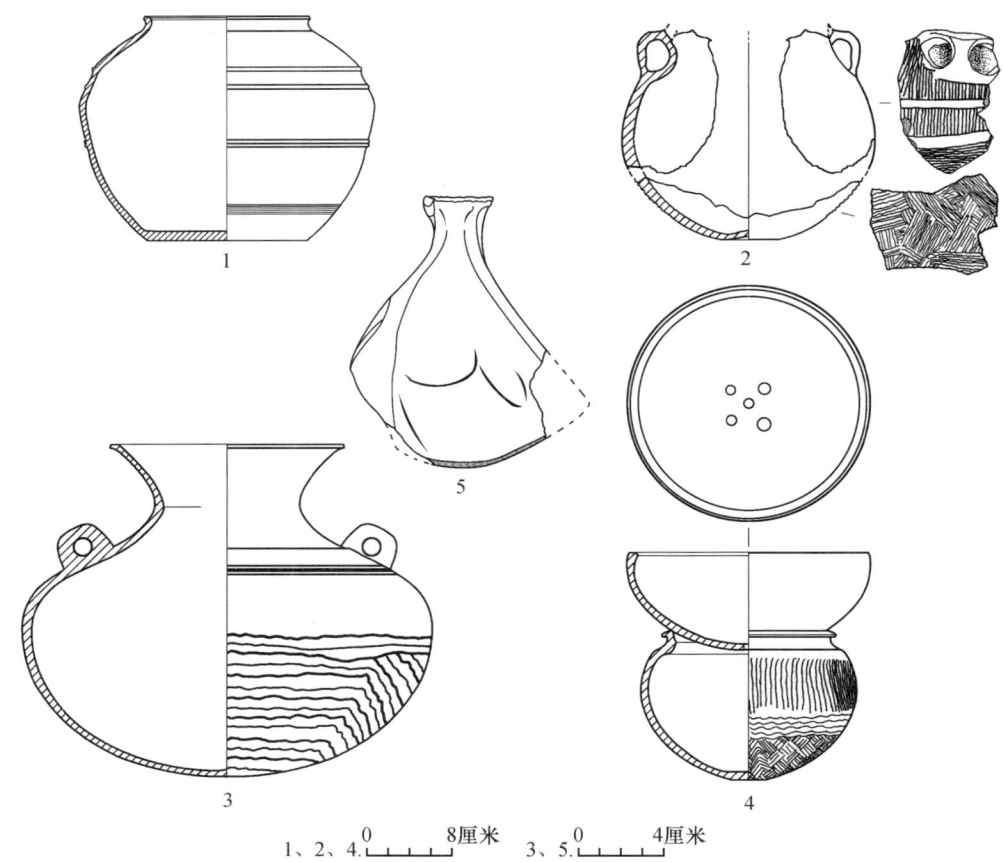

图五三　M17出土器物

1. Aa型陶罐（M17∶4）　2. Ab型陶罐（M17∶5）　3. B型陶罐（M17∶1）　4. 陶釜甑（M17∶2）　5. 猪骨（M17∶3）

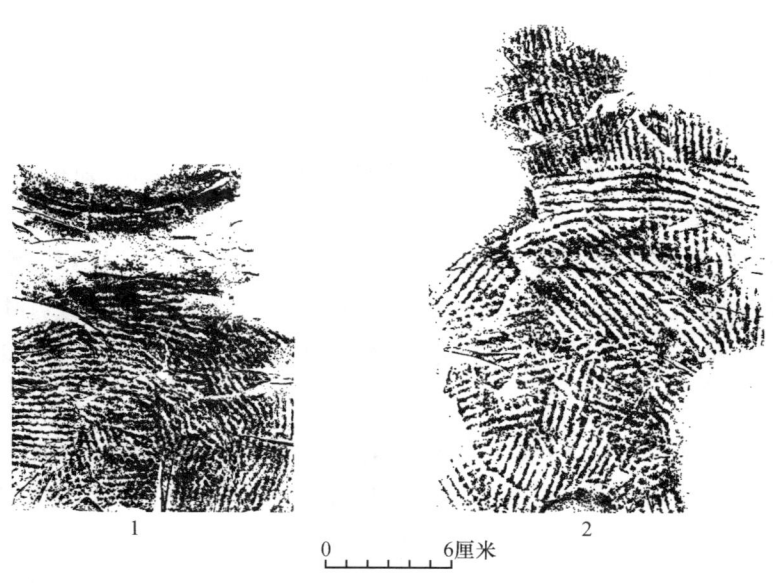

图五四　M17出土陶器纹饰拓片

1. Ab型陶罐腹下部（M17∶5）　2. 陶釜腹下部（M17∶2）

（2）动物骨骼

猪骨　1件（M17:3），残，骨质。上窄下宽，整体呈扇形，为猪前腿肩胛骨。上端近圆形，边缘不甚整齐，中部内凹。下部成扇形张开，两侧微凸。一侧较平滑，一侧中部有凸起。已朽。形体略小，高13.2、宽11.2厘米（图五三，5）。

一八、M18

位于Ⅰ区B组东部偏南，南侧为M19，西北侧较近处为M16，北侧略偏西为M17。

1. 墓葬形制与结构

M18为长方形土坑竖穴墓，封土不存，上部土坑基本残无。残存墓圹基本依山势北高南低，东高西低，大致呈坡状。东西长2.5、南北宽1.54、残深0.45~0.95米，方向125°（图五五；彩版三，1；图版四，2）。竖穴内填灰褐色花土，较为纯净。

墓室位于竖穴底部，不见二层台。棺位于偏北部，清理可见痕迹明显并有大量红色漆皮发现。漆木棺基本呈长方形，痕迹基本呈抹角长方形，不甚规整，东西长2.12、南北宽0.75米，高度不详。北部距离北壁约15厘米，东部距离东壁17~22厘米、南部距离南壁19~20厘米。棺内葬1人，骨架已朽，残余部分头骨、腿骨，墓主为男性。头向东南，方向125°。

椁的南侧，墓主左侧相应位置摆放陪葬品，与棺平行。因棺椁腐朽，填土坍塌，一些陪葬品倒向棺侧，多残，铁器锈蚀严重，漆器不可提取。墓葬未遭盗扰。出土遗物计有泥质灰陶鼎2件、罐3件、釜甑1套，漆盘3件、耳杯2件，铁扒钉1组等。

2. 出土遗物

12件（套、组），以陶、漆器为主，另有铁器等。由于填土夯实等原因，器物出土时均残。有彩绘的陶器，彩绘多剥落。漆器已朽，仅余痕迹，器形可辨别，但无法提取。铁器锈残较甚。

（1）陶器

6件（套），均为泥质灰陶，烧制火候高。均有纹饰，部分为拍印或模印纹饰，部分为彩绘纹饰，基本为红色彩绘，多已剥落不存。

鼎　2件。弧形盖，较浅。子母口外敞，沿上翘。两长方形附耳微弧外撇，顶端平，耳中部有长方形孔。弧腹，较深，腹壁上部较直，下部弧内收，中部有一道凸弦纹。下承三细高蹄

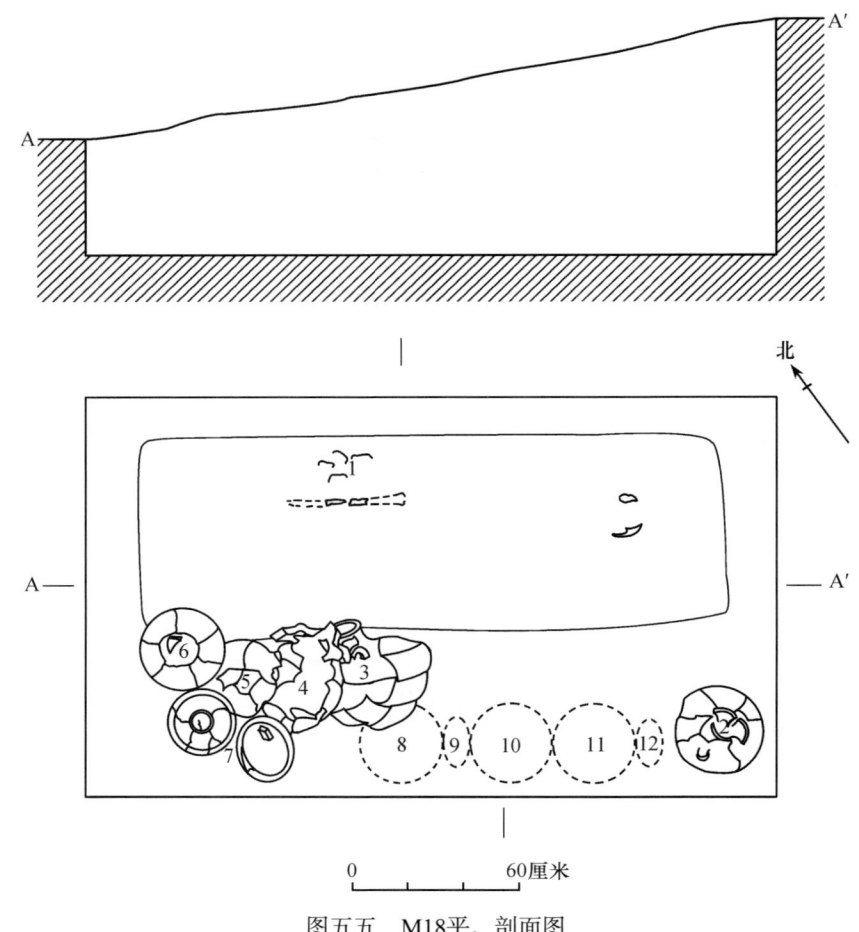

图五五　M18平、剖面图

1.铁扒钉　2、3、6.陶罐　4、5.陶鼎　7.陶釜甑一套　8、10、11.漆盘　9、12.漆耳杯（仅余痕迹，未提取）

形足，断面呈半圆形。原有红色等彩绘，已剥落不存。根据底部的不同可分为两型。

A型　1件（M18：4），圜底。子母口略直，微外敞。附耳略高，顶端抹角近方形，中部长方形孔较规整。三蹄形足外撇。口径18.8、腹径26.4、高26厘米（图五六，1；图版一〇，6）。

B型　1件（M18：5），平底。附耳较矮短，顶端抹角弧形，中部长方形孔不规则。三蹄形足较直。口径22、腹径26.8、底径5.8、高29.7厘米（图五六，2；彩版五，4；图版九，5）。

罐　3件。沿外卷。鼓腹，饰有相关纹饰。平底，内凹。根据口、颈、肩、腹等的不同可分为两型。

A型　1件（M18：3），敛口。短直颈。圆鼓肩。腹中上部较直，下部弧内收，无系。口沿平，末端微外卷。宽平底，弧内凹，中心内凹较甚。腹的中、上部有数道凹弦纹，部分排列密集。中下部从上至下依次饰有斜线纹、席纹和横向波浪纹。口径13.4、腹径26.6、底径12.8、高22.3厘米（图五六，3；图版一七，5）。

B型　2件。敞口。弧颈，外侈，略高。溜肩，与颈部结合处折痕明显。圆鼓腹，腹上部有两对称弧形系，内有椭圆形孔，内凹。根据底部及其他部位的不同，又可分为两亚型。

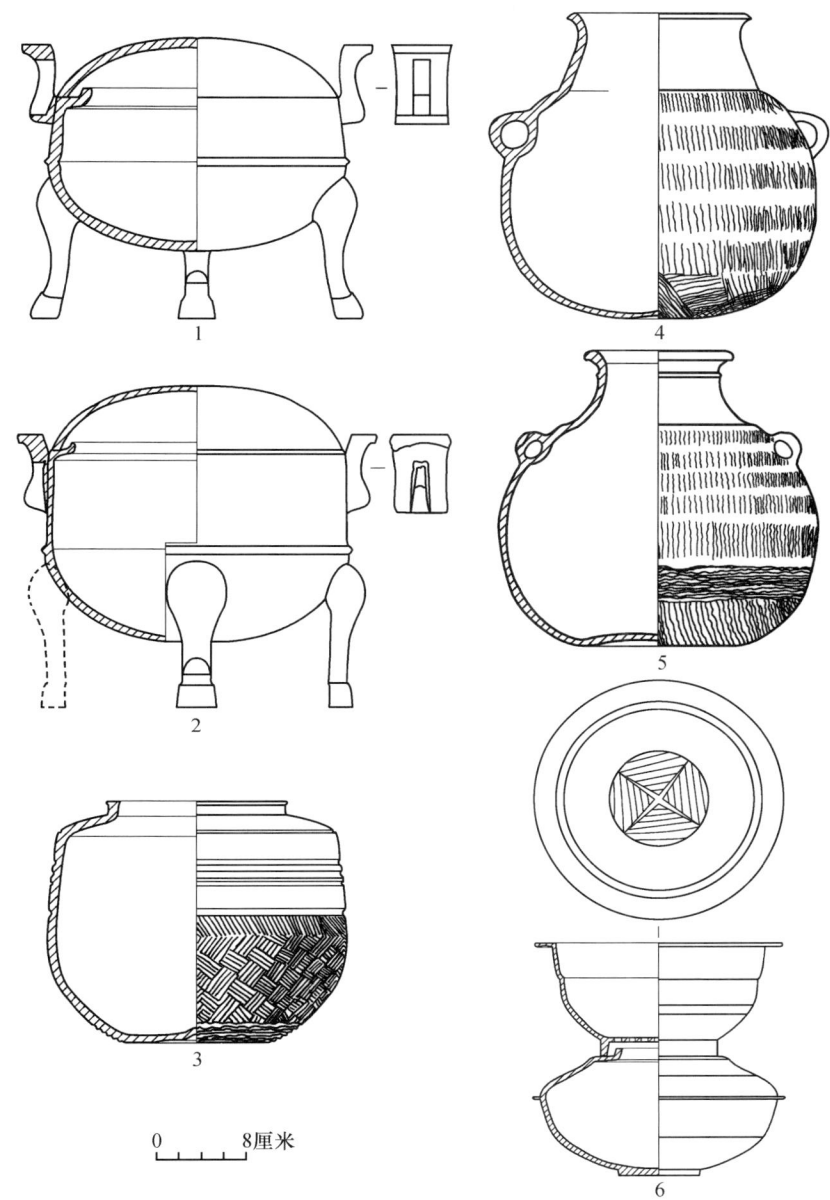

图五六　M18出土陶器

1. A型陶鼎（M18∶4）　2. B型陶鼎（M18∶5）　3. A型陶罐（M18∶3）　4. Ba型陶罐（M18∶2）　5. Bb型陶罐（M18∶6）
6. 陶釜甑（M18∶7）

Ba型　1件（M18∶2），小平底。腹部圆弧，两弧形系略大。腹中上部饰五组密集的竖向细绳纹，下部为交错排列的细绳纹。口径14.4、腹径27.8、底径5.2、高28.2厘米（图五六，4；图五七，1；图版一四，2）。

Bb型　1件（M18∶6），宽平底。颈中部有一周凸弦纹。腹下垂，两弧形系略小，外沿略弧内凹，椭圆形孔内凹略浅。腹中上部饰五组密集的竖向细绳纹，下部依次为横向细绳纹和竖向细

图五七　M18出土陶器纹饰拓片
1. Ba型陶罐腹下部（M18∶2）　2. Bb型陶罐腹下部（M18∶6）

绳纹。口径11.6、腹径28.4、底径13.2、高27.3厘米（图五六，5；图五七，2；图版一六，3）。

釜甑　1套（M18∶7）。上甑下釜。甑，口微敛。沿较宽，上平，下部微内凹。弧腹，较深，中部内折。圈足，较高。平底，以"十"字形箅孔分为对称四部分，每组又有三道长条形箅孔。甑腹下部有两周弦纹，腹下部有一道弦纹。釜，口及部分肩位于甑圈足内。敛口，方唇。领短，微内倾。肩平弧。腹扁鼓，中部有一道扁平的凸棱纹。假圈足。平底，内底弧内凹。甑口径18、底径8.8、高10.4厘米，釜口径6.4、腹径21、底径7.2、高11.8厘米，通高21.4厘米（图五六，6；彩版九，4；图版一九，4）。

（2）漆器

5件，胎质不详，器物内壁髹红漆。残朽，仅余痕迹。

盘　3件，形制、大小相同。盘呈圆形，有沿。弧腹。M18∶8、M18∶10、M18∶11，痕迹直径30厘米。

耳杯　2件，形制、大小相同。杯身呈椭圆形，有两附耳。M18∶9、M18∶12，痕迹残长18、残宽10厘米。

（3）铁器

扒钉　1组4枚（M18∶1），锈残（彩版一二，1；图版二八，6）。呈"⌒"形，上部宽平，两侧末端较尖，部分变形。体薄，断面呈窄长方形。M18∶1-1，长6.65、宽1.8、高2.4、厚0.2厘米（图五八，1）。M18∶1-2，残缺，残长6.1、宽1.9、高3、厚0.2厘米（图五八，2）。M18∶1-4，残缺，残长4.8、宽1.7、高2.9、厚0.2厘米（图五八，4）。M18∶1-3，变形，中部内凹，两侧外撇，长6.5、宽1.1～1.6、高2.3、厚0.2～0.4厘米（图五八，3）。

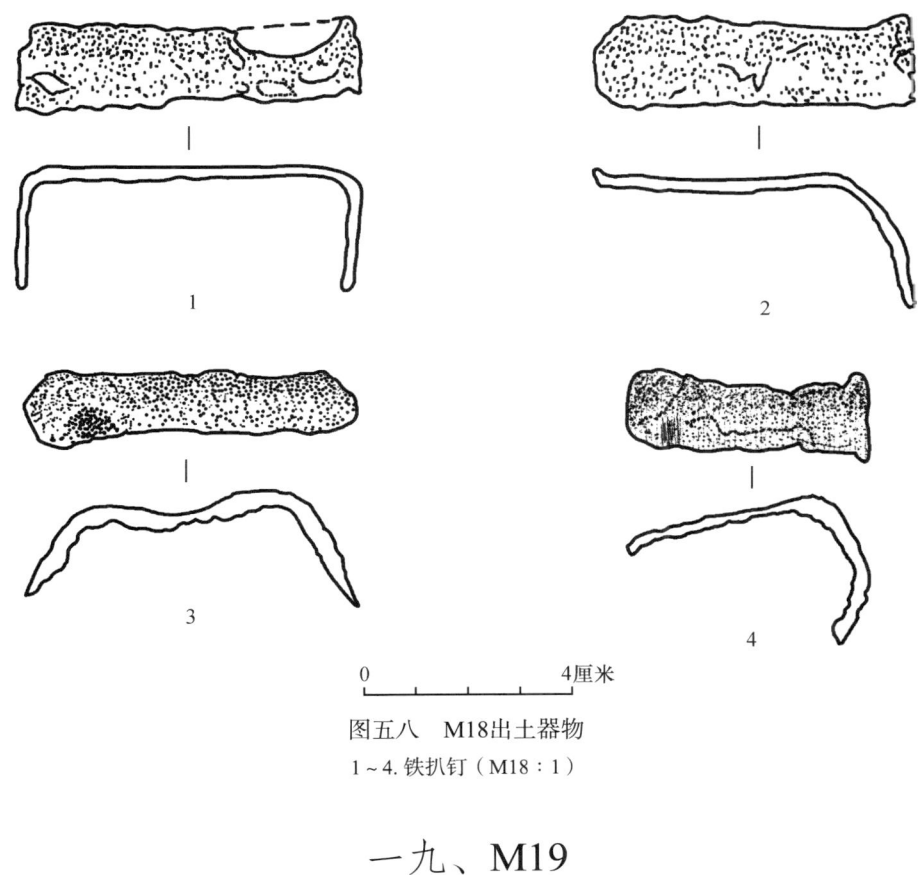

图五八　M18出土器物
1～4.铁扒钉（M18∶1）

一九、M19

位于Ⅰ区B组东部偏南，南侧为M13，北侧为M18，北侧偏西较近处为M16，北侧略偏西为M17。

1. 墓葬形制与结构

M19为长方形（石）土坑竖穴墓，封土不存，上部土坑基本残无。残存墓圹开挖在原生山体上，基本依山势北高南低。东西长2.78、南北宽1.38、残深0.25～0.55米，方向40°（图五九）。竖穴内填灰褐色花土，扰乱极为严重，内有淤泥，有较多植物根系。葬具、墓主骨架及陪葬品的情况已无从知晓。

2. 出土遗物

墓内无出土遗物发现，推测早年被盗，后又被扰乱，加之水土流失等原因，陪葬品不见。

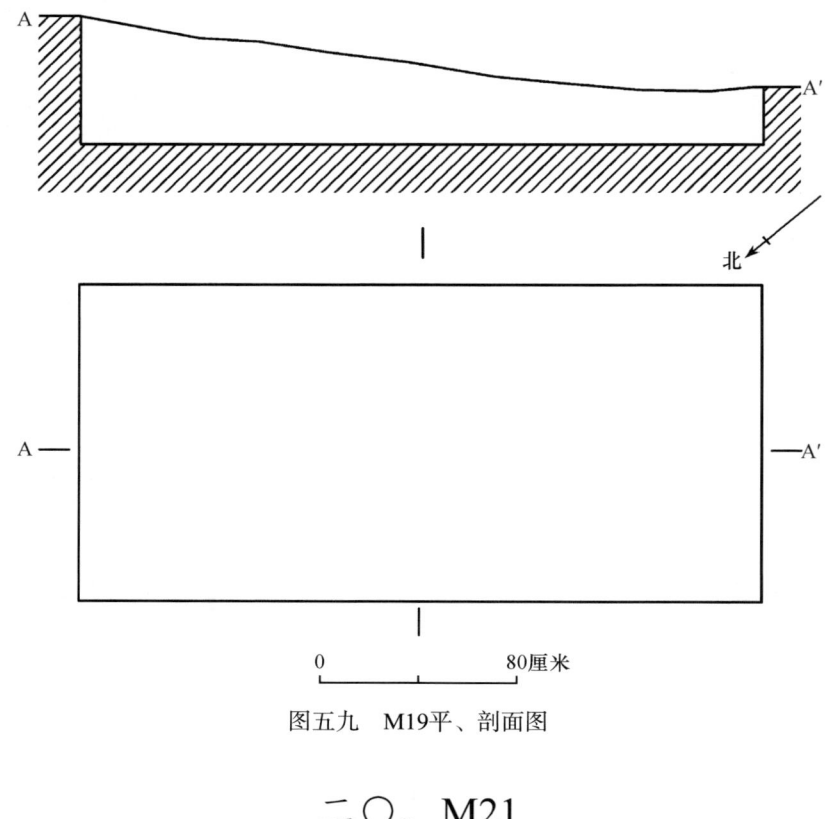

图五九　M19平、剖面图

二〇、M21

位于Ⅰ区A组西部偏北，位置接近所在山头的顶部。北侧偏西为M45与M7，再北还有M27，东北部有M43、M11，东侧偏北为M24，南侧略偏东为M23，西南为M22。

1. 墓葬形制与结构

M21为长方形土（石）坑竖穴砖椁墓，因水土流失等原因，封土不存，竖穴土圹多被破坏。残存墓圹基本依山势南高北低，东高西低。南北长3.12、东西宽1.93、残深0.71~1.06米，方向150°（图六〇）。竖穴周壁竖直平整，内填灰褐色花土。墓葬曾遭严重盗扰，未盗扰处填土纯净，盗洞内的填土较为松软，土质较杂，有一定数量的残砖碎块。

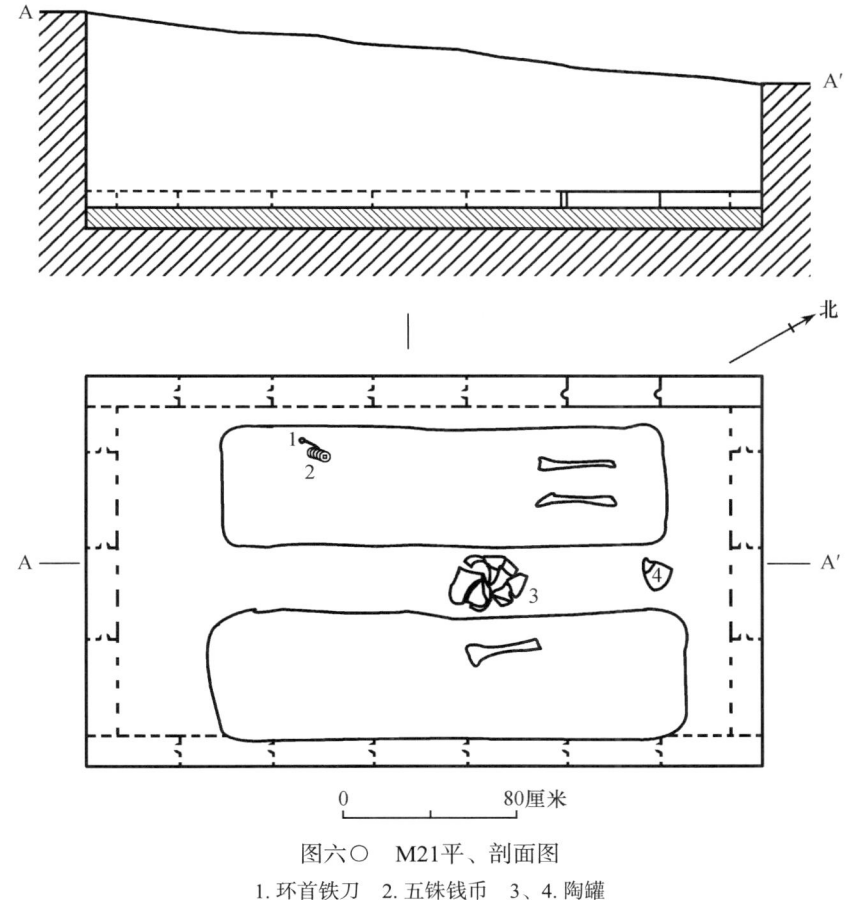

图六〇　M21平、剖面图
1. 环首铁刀　2. 五铢钱币　3、4. 陶罐

墓坑底部有10厘米的垫土，较为纯净，其上以长条形砖筑砌椁室，四周紧贴墓坑壁。因遭盗扰，多数砖不存，砖椁的高度不详，但在一些位置可清晰见到筑砌痕迹。长条形砖为带榫卯结构的长方形砖，长50（含榫）、宽15、厚7.5厘米。一长侧有模印的图案，外为边框，内饰多组三角纹和菱形纹，大的三角形内有一小的三角形，而大的菱形纹内则有四个对称的小菱形纹等。图案整体十分规整、对称（图六一；图版三〇，1、2）。砖墙的筑砌基本是以长方形砖榫卯相扣后平铺，而两短侧砖墙筑砌在两长侧砖墙内，因筑砌需要，一些砖可能要进行相关切割，以达到相应要求，两短侧砖墙西侧的一组用砖基本都是如此。砖椁内并列葬二人，均有漆木棺，已朽，清理可见红色漆皮及清晰的棺痕。两棺与南北两侧砖椁壁均有较大距离，相比较而言，与南侧的距离稍大，约40厘米，与北侧椁壁的距离则不到30厘米。东侧棺紧贴东侧椁壁，棺痕南北长约2.22、东西宽0.66米，高度不详。内葬1人，骨架已朽，残余腿骨等。墓主男性，头向西南，方向150°。西侧棺与椁壁有所间隔，距离约10厘米。棺痕南北长约2.06、东西宽0.6米，高度不详。内葬1人，骨架已朽，残余腿骨等。墓主女性，头向西南，方向150°。西棺内还有墓主随葬的环首刀、钱币等。两棺间距离约32厘米，局部可达35厘米。

两棺之间放置陪葬品，当为男女墓主共有。由于遭盗扰严重，陪葬品大多不存，残存者破

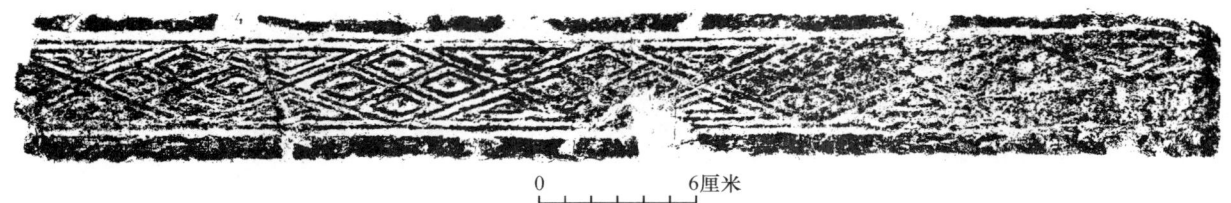

图六一　M21墓砖侧面纹饰拓片

碎严重，或仅余残片。出土遗物一部分在二棺之间，一部分在棺内，计有泥质灰陶罐2件、铜环首铁刀1件、五铢钱币1组等。

2. 出土遗物

4件（组），有陶、铜器及钱币等。由于墓葬遭盗扰严重，加之填土夯实等原因，器物出土时均残，部分仅余残片。陶器皆有相关纹饰，铜器锈蚀严重。

（1）陶器

2件，均为泥质灰陶罐。标本M21∶3，余腹部残片。断面弧形，弧度较小。外壁饰密集的斜向绳纹。残高5.4、残宽6.8、厚0.7～1厘米（图六二，1）。标本M21∶4，可修复。敞口。短领，方唇。溜肩。圆鼓腹，近底部弧内收。平底。腹上部饰三组双线弦纹。口径19.2、腹径36.4、底径22.4、高25.2厘米（图六二，2；图版一八，3）。

（2）铁（铜）器

环首刀　1件（M21∶1），锈残较甚。铜质椭圆形环首，断面圆形。刀身为铁质，多残无，推测为长条形，一侧有刃，断面三角形。残长2.8厘米（图六二，3；图版二七，1）。

（3）钱币

五铢钱币　1组（M21∶2），23枚，均为五铢钱，多锈残（彩版一一，5；图版二七，4）。圆形，方孔，背面有内外郭，正面无内郭。字体纤细规整，"五"字两横较平，交股缓曲，上下两横出头接于外郭及内侧方孔；"铢"字"金"的上部为"△"较小，有的"金"字低于"朱"字。"朱"中横平，略长，上部为"山"字，下部呈倒"山"字形，上部方折，下部圆折。标本M21∶2-2，"五"字稍瘦，交股略斜弧。直径2.4、郭厚1.5厘米（图六二，5）。标本M21∶2-1，"五"字略宽，交股弧曲明显，"铢"字"金"字低于"朱"字，直径2.4、郭厚1.5厘米（图六二，4）。M21∶2-3，"五"字略宽，交股弧曲明显，"铢"字"金"字与"朱"字平，直径2.5、郭厚1.5厘米（图六二，6）。

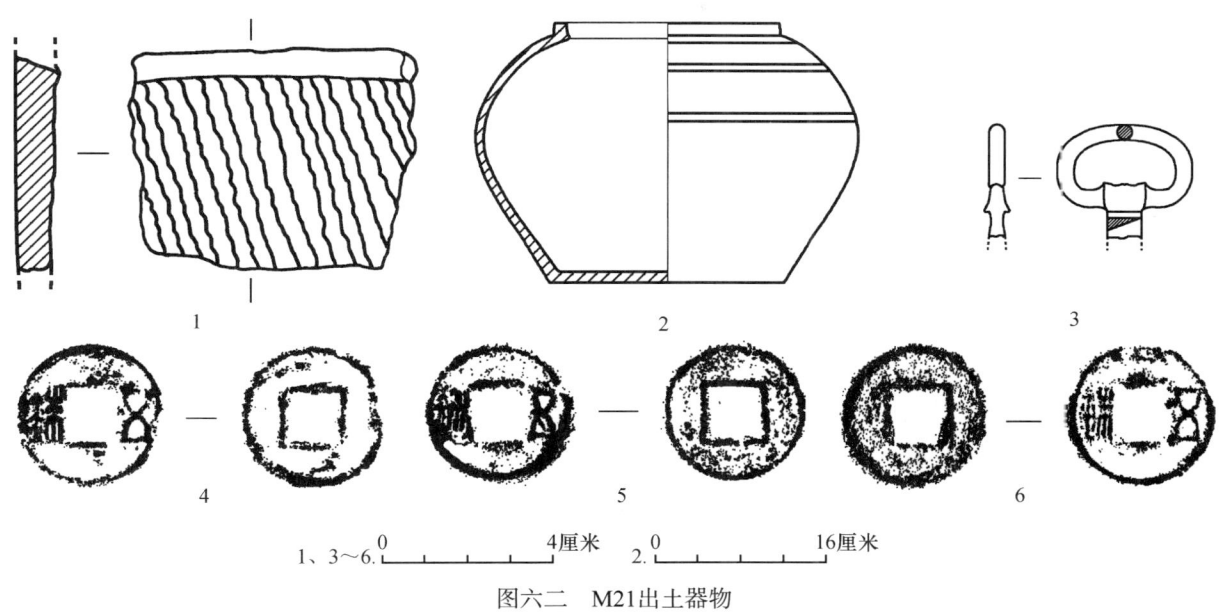

图六二 M21出土器物

1、2.陶罐（M21:3、M21:4） 3.铜环首铁刀（M21:1） 4~6.五铢钱币（M21:2）

二一、M22

位于Ⅰ区A组西部，位置接近所在山头顶部。南侧较远距离为M3和M28，北侧略偏东为M21，北侧较远处有M7和M45，东侧偏北为M24，偏南为M23。

1. 墓葬形制与结构

M22为长方形（石）土坑竖穴墓，封土不存，上部土坑基本残无。残存墓圹开挖在原生山体上，基本依山势东高西低。南北长3.1、东西宽1.9、残深0.84~1.15米，方向150°（图六三）。竖穴内填灰褐色花土，扰乱极为严重，内有淤泥，有较多植物根系。葬具、墓主骨架及陪葬品的情况已无从知晓。

2. 出土遗物

由于遭盗扰严重，墓内无出土遗物发现，推测早年被盗，后又被扰乱，加之水土流失等原因，陪葬品不见。

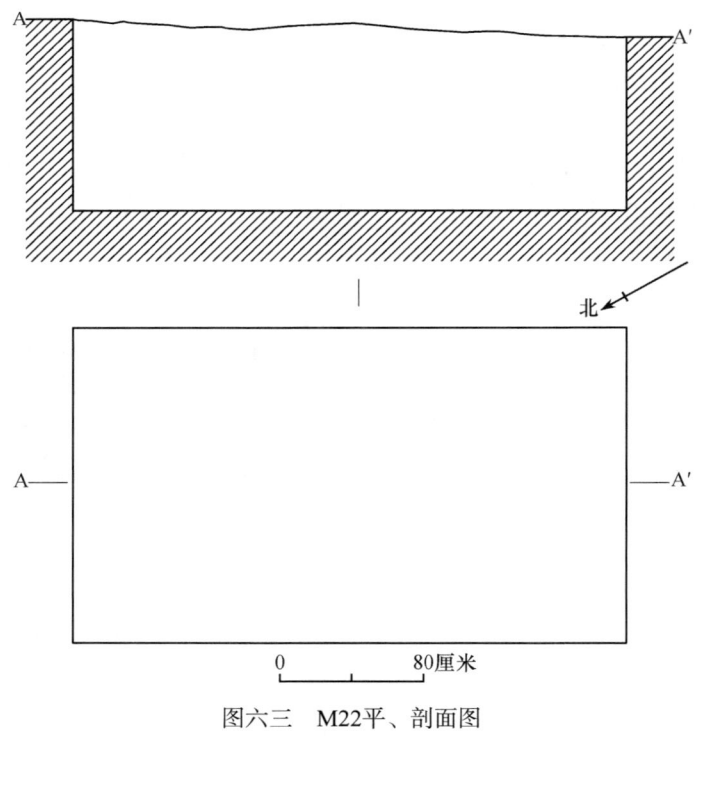

图六三　M22平、剖面图

二二、M23

位于Ⅰ区A组南部，位置接近所在山头顶部。南侧较近距离为M44，较远距离为M1和M2，西南为M3和M28，较远距离还有M4，西北侧为M21和M22，北侧偏东较近为M24，稍远为M11，东北侧有M9、M10和M12。

1. 墓葬形制与结构

M23为长方形（石）土坑竖穴墓，封土不存，上部土坑多被破坏。残存墓圹下部开挖在原生山体上，上部部分为土坑，基本依山势北高南低，东高西低。南北长3.5、南北宽2.42、残深1～1.45米，方向40°（图六四；图版五，1）。竖穴内填黄褐色花土，局部呈灰褐色，土质纯净，较为坚实。

墓坑的四壁有"回填土台"，大致可分为三层：上层为黄褐色花土，较纯净且坚实，宽0～0.35、厚0.39～0.83米；中层为碎石子夹杂黄色山土及少量黄褐色土，宽0.03～0.46、厚0.31米；下层为灰褐色土，较纯净且坚实，东西两侧宽0.46、北侧宽0.14、南侧宽0.16、厚0.31米。因挤压、填土夯实等原因，第一、二层由下至上呈斜坡状倾向墓壁，第三层的四壁则垂直规整。由于湖水浸泡及其他原因，"回填土台"壁内侧有明显的黑色痕迹，从上至下黑色渐深，推测为葬具朽迹。第三层下为垫土，厚0.05米，二者连在一起。"回填土台"内置放葬具及陪

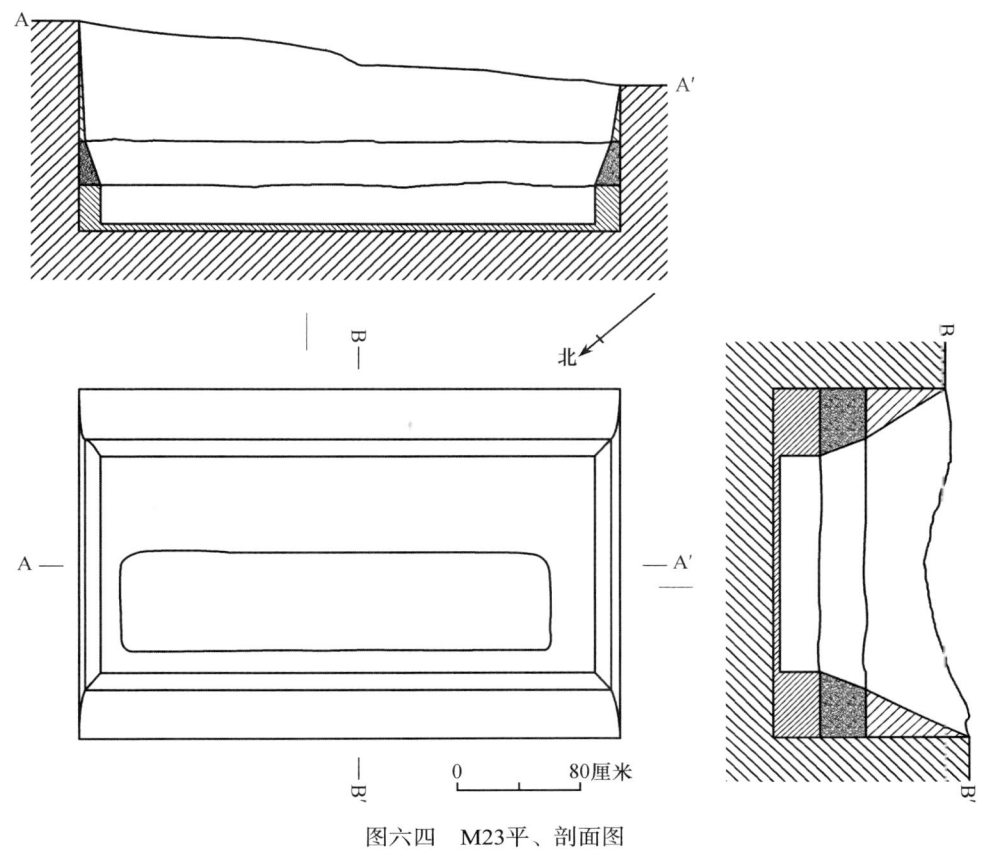

图六四　M23平、剖面图

葬品。葬具为一椁一棺，漆木质，已朽，痕迹较为明显，并有红色漆皮发现。椁呈长方形，贴下层"回填土台"四壁，南北长3.18、东西宽1.52米，高度不详。棺位于椁内西侧，痕迹距离北壁约12、距离西壁15～17、距离南壁28～30厘米，呈抹角长方形，长2.79、宽0.68米，高度不详。棺内葬一人，骨架已全朽，仅头部可见黄色朽痕。头大致北向，方向40°。性别不详。

椁内棺东侧可能为边厢，陪葬品位于其内，虽墓葬未遭盗扰，但由于棺椁腐朽、填土夯实及水浸泡等原因，均残。以陶器为主，包括鼎2件、盒2件、壶2件、罐1件、瓶1件、釜甑1套，另有漆器，已朽，有一定面积的红色漆皮痕迹，有相关纹饰，具体器物不详（图六五）。

2. 出土遗物

10件（套），以陶器为主，另有漆器等。由于填土夯实等原因，器物出土时均残。陶器多残碎，漆器已朽，仅余痕迹，器形不可辨别，无法提取。

（1）陶器

9件（套），多为泥质灰陶，部分泥质红陶，部分有彩绘，多剥落，部分有拍印的纹饰，

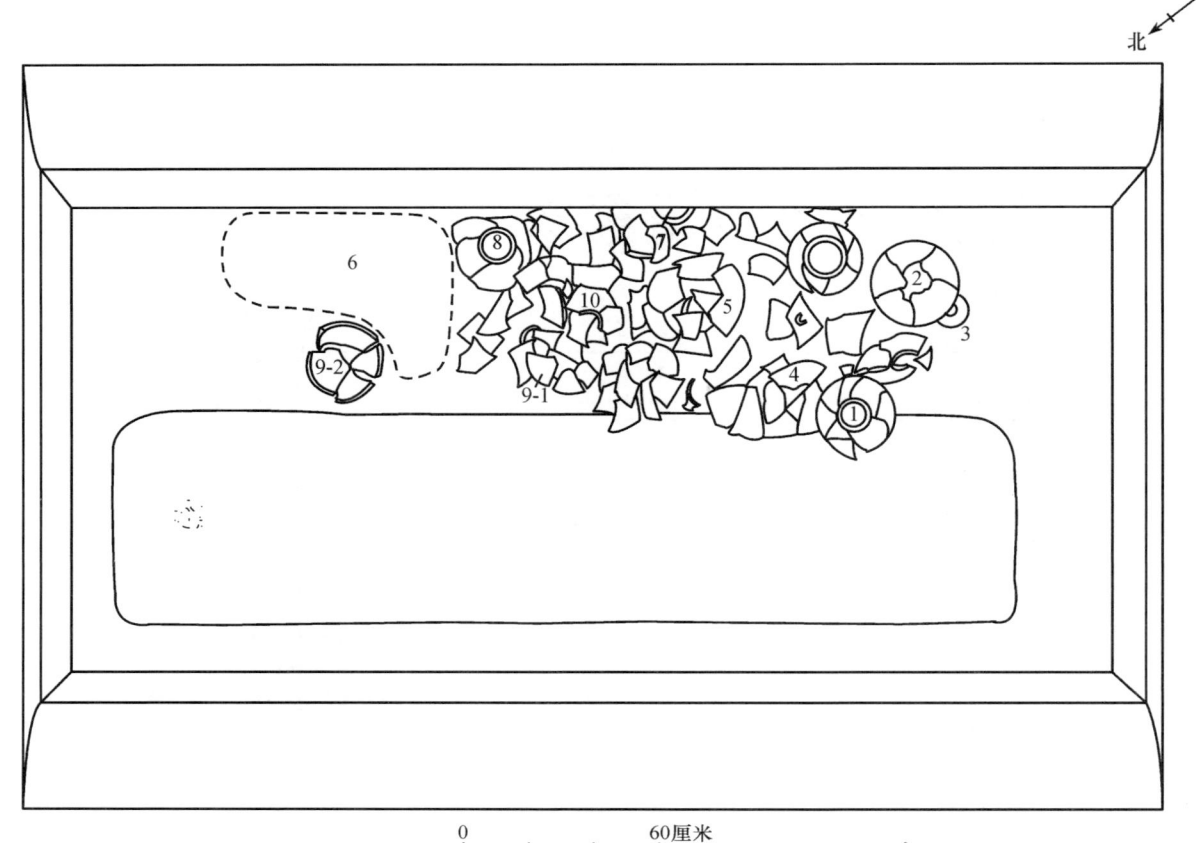

图六五 M23出土器物分布图
1.陶釜甑 2.陶罐 3.陶瓶 4、5.陶壶 6.漆器残迹 7、10.陶鼎 8、9.陶盒

个别素面无纹。

鼎 2件，泥质灰陶。弧形盖，稍扁，侈口，顶部平。子母口，内敛，沿斜弧。鼓腹，中部微折。上部近口处有对称两长方形耳，较直，中有长方形孔。下承三蹄形足，较瘦高，断面呈半圆形。鼎身、盖及足均有红色彩绘，多已剥落。根据底部的不同可分为两型。

A型 1件（M23∶7），圜底。盖下部有三周弦纹，腹中部有三组双线弦纹。口径17.2、腹径20、通高16厘米（图六六，1；图版一○，2）。

B型 1件（M23∶10），平底。彩绘多剥落。口径17.2、腹径19.6、通高16.8厘米（图六六，2）。

盒 2件，泥质灰陶。碗形盖，略深，侈口，弧顶，上有圈足形捉手。盒身子母口，沿斜弧。鼓腹。平底。盒盖及身均有红色彩绘，多已剥落。根据底部的不同可分为两型。

A型 1件（M23∶8），底无内凹。盖上捉手略矮。腹壁斜弧，中下部有一周凹弦纹。内底中心微凸。盖的捉手下及下部，器身的中上部均有红色弦纹，部分为双线弦纹，弦纹间有的绘有云气纹。盖圈足径9.6、高7、盒身口径18.8、腹径20.6、底径8.2、高9.6、通高15.4厘米（图六六，3）。

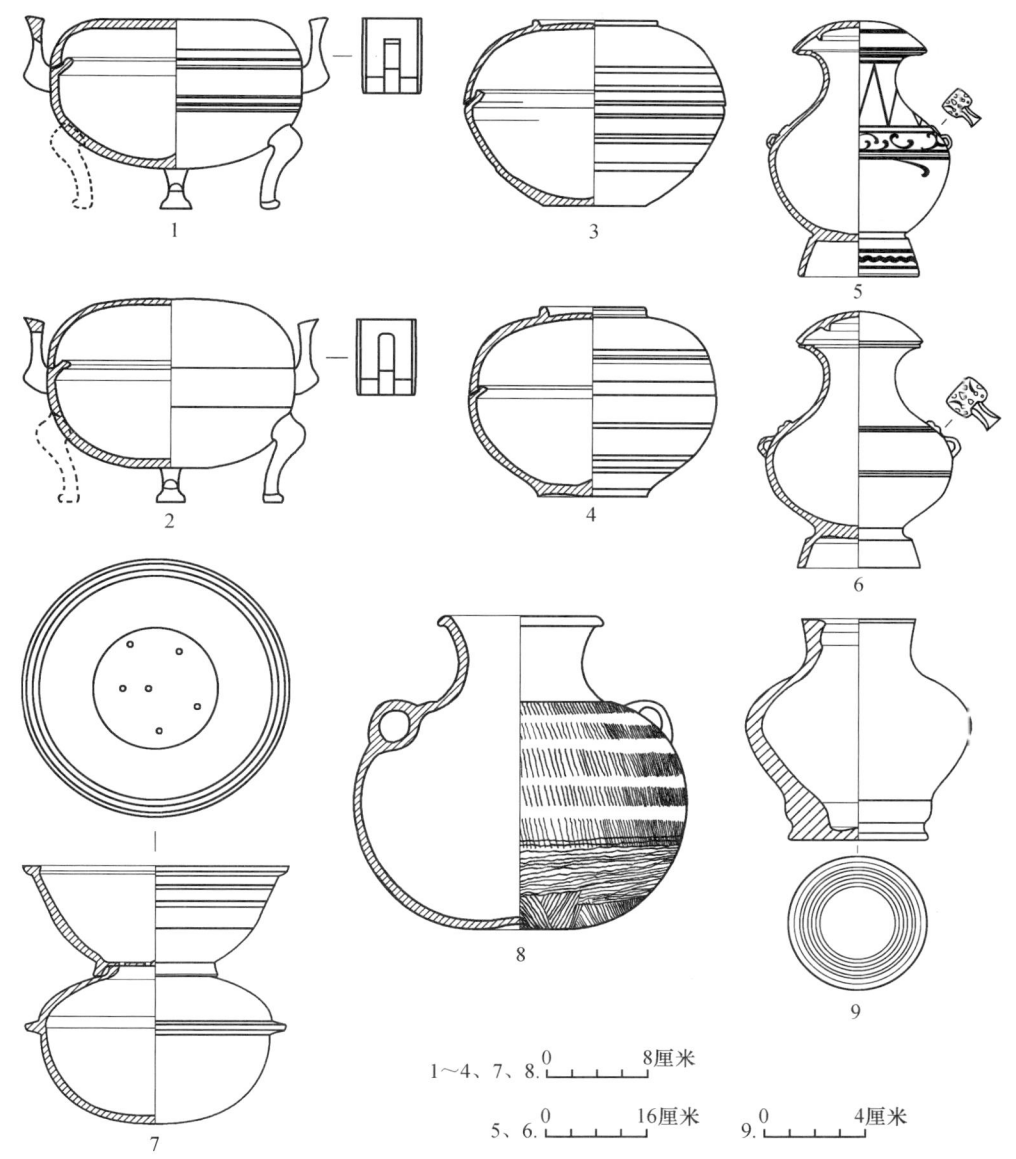

图六六　M23出土陶器

1. A型陶鼎（M23：7）　2. B型陶鼎（M23：10）　3. A型陶盒（M23：8）　4. B型陶盒（M23：9）　5. A型陶壶（M23：4）
6. B型陶壶（M23：5）　7. 陶釜甑（M23：1）　8. 陶罐（M23：2）　9. 陶瓶（M23：3）

B型　1件（M23：9），底稍内凹。盖上捉手略高。腹壁近底处弧内收。内底中心凸起较高。盖的中上部及器身中下部均有三组双线弦纹，部分弦纹间绘有云气纹，多剥落不存。盖圈足径8、高7.2厘米，盒身口径17.8、腹径19.6、底径8.8、高9.2厘米，通高15.6厘米（图六六，4；彩版六，4；图版一一，4）。

壶　2件，泥质红陶。弧形盖，有企口，位于盖中部。敞口，近沿处方折。平沿。弧颈。溜肩。鼓腹，中部偏上饰两对称的铺首衔环。铺首兽面，相对简单，系呈弧形，环极残，具体尺寸不详。高圈足。盖及身均有红色彩绘，多剥落。根据腹、底等的不同可分为两型。

A型　1件（M23∶4），圆鼓腹，平底。圈足底较圆弧。盖上饰两组红色弦纹，内有黑色云气纹，已剥落。口沿下为两道红色弦纹。颈部饰蕉叶纹，多数剥落，仅余三角纹。腹中部偏上为两组红色线纹，内为红色云气纹。腹中部偏下亦饰红色云气纹，多剥落。圈足饰两道红色弦纹，内为红色波浪纹。口径（内径）15.2、腹径28.8、底径13.6、通高41.8厘米（图六六，5；图版一二，2）。

B型　1件（M23∶5），扁鼓腹，圜底。圈足底较平。腹上部和中部各饰一组红色弦纹，其他彩绘剥落，纹饰不详。口径（内径）14.8、腹径30、底径12、通高42厘米（图六六，6）。

釜甑　1套（M23∶1），泥质灰陶。上甑下釜组合。甑，敛口。平沿。弧腹。圈足外侈，平底。底部有箅孔6个，不对称分布。外壁上部有两组双线弦纹，下为一道弦纹。釜口被甑圈足覆盖。口微敛，短领，方唇。溜肩。圆鼓腹，中部偏上有一周凸棱。圜底。甑口径18.2、底径7.2、高9.1、釜口径5.6、腹径18.4、高12.8、通高21.2厘米（图六六，7；图版一八，5）。

罐　1件（M23∶2），泥质灰陶。敞口。沿外卷。弧颈。鼓肩，与颈结合处折痕明显。圆鼓腹，上部有对称两弧形系，系内有孔，近圆形，内凹明显。平底，稍内凹。腹中上部饰五组密集的竖向绳纹，中部偏下为横向绳纹，最下为交错绳纹。口径12、腹径26.4、底径8厘米（图六六，8；图六七；彩版八，4；图版一五，6）。

瓶　1件（M23∶3），泥质红陶。敛口，内壁有一周凹弦纹。沿弧外侈。短颈。溜肩。圆鼓腹，近底部有一周宽带外凸。假圈足。平底，有制作留下的数周弦纹。口径2.7、腹径9、底径5.4、高9.2厘米（图六六，9）。

（2）漆器

1件（M23∶6），朽残较甚，仅余红色漆痕。残存痕迹有弦纹、卷云纹等。器物形制及尺寸等不详，无法提取（彩版一二，2；图版二九，1）。

二三、M24

位于Ⅰ区A组中部，位置接近所在山头顶部。南侧偏西较近距离为M23，较远距离为M44，西南为M21和M22，西北侧较远距离为M7和M45，北侧偏东较近为M11，稍远为M43，东北侧较远距离为M35，东侧有M9、M10和M12。

1. 墓葬形制与结构

M24为长方形土坑竖穴墓，封土不存，上部土坑多被破坏。残存墓圹基本依山势南高北低，西高东低。南北长2.88、东西宽1.62、残深0.58~1.02米，方向40°（图六八；彩版三，

2)。竖穴内填黄褐色花土，局部呈灰褐色或红褐色，土质纯净，较为坚实。

墓坑下部四壁有"回填土台"，为黄褐色花土，较竖穴内其他填土坚实。因葬具朽毁，填土坍塌、夯实，"回填土台"遭到不同程度的挤压，多不甚规整。北侧"回填土台"宽约17、西侧"回填土台"宽26～30、南侧"回填土台"宽17～20、东侧"回填土台"宽0～18、高均为32厘米。竖穴底部"回填土台"内置放葬具，为一椁一棺，漆木质，已朽，有大量红色漆皮发现，棺椁朽迹亦较为明显。由于填土坍塌、夯实等原因，棺椁南部倾向东侧，对"回填土台"造成挤压。椁与棺均呈不规则的抹角长方形，椁的东南外伸明显。椁南北长2.51～2.54、宽1.18～1.32米，高度不详。椁板痕迹较宽，宽5～10厘米，暗灰色，局部为黑色。棺位于椁的偏西侧，与椁有所间隔，距离在5～15厘米，局部达20厘米。棺南北长2.23、宽0.78～0.84米，高度不详。棺内葬1人，头北向，方向40°。骨架极朽，残存头骨及部分腿骨等，多呈粉末状。墓主可能为男性。墓室底部北侧，墓主头骨下部偏北侧有一道东西向的长方形凹槽，内填灰褐色花土，较松软。沟槽北壁距离墓坑北壁53厘米，整体较规整，东西长1.62、南北宽0.1米，断面弧形，深0.07米。长方形凹槽可能为方便下葬或固定棺椁使用。

椁的东侧，墓主骨架的左侧可能为边厢，陪葬品位于其内。由于棺椁及边厢腐朽、坍塌，部分陪葬品倒向漆木棺。墓葬未遭盗掘，但由于填土夯实等原因，陪葬品多残朽。以陶器为主，计有鼎2件、盒2件、豆2件、壶2件、盆2件、杯2件、匜1件、釜甑1件、环4件，另有铜镜、带钩各1件、料珠1组及漆耳杯1件等，均残（图版五，2）。

2. 出土遗物

22件（套、组），以陶器为主，另有铜、漆器及料珠等。由于填土夯实等原因，器物出土时均残。陶器多残碎，漆器已朽，仅余痕迹，器形可辨别，无法提取。

（1）陶器

18件（套），均为泥质灰陶，部分有彩绘，多剥落，部分有拍印的纹饰，个别素面无纹。

图六七　M23出土陶器纹饰拓片
陶罐（M23∶2）

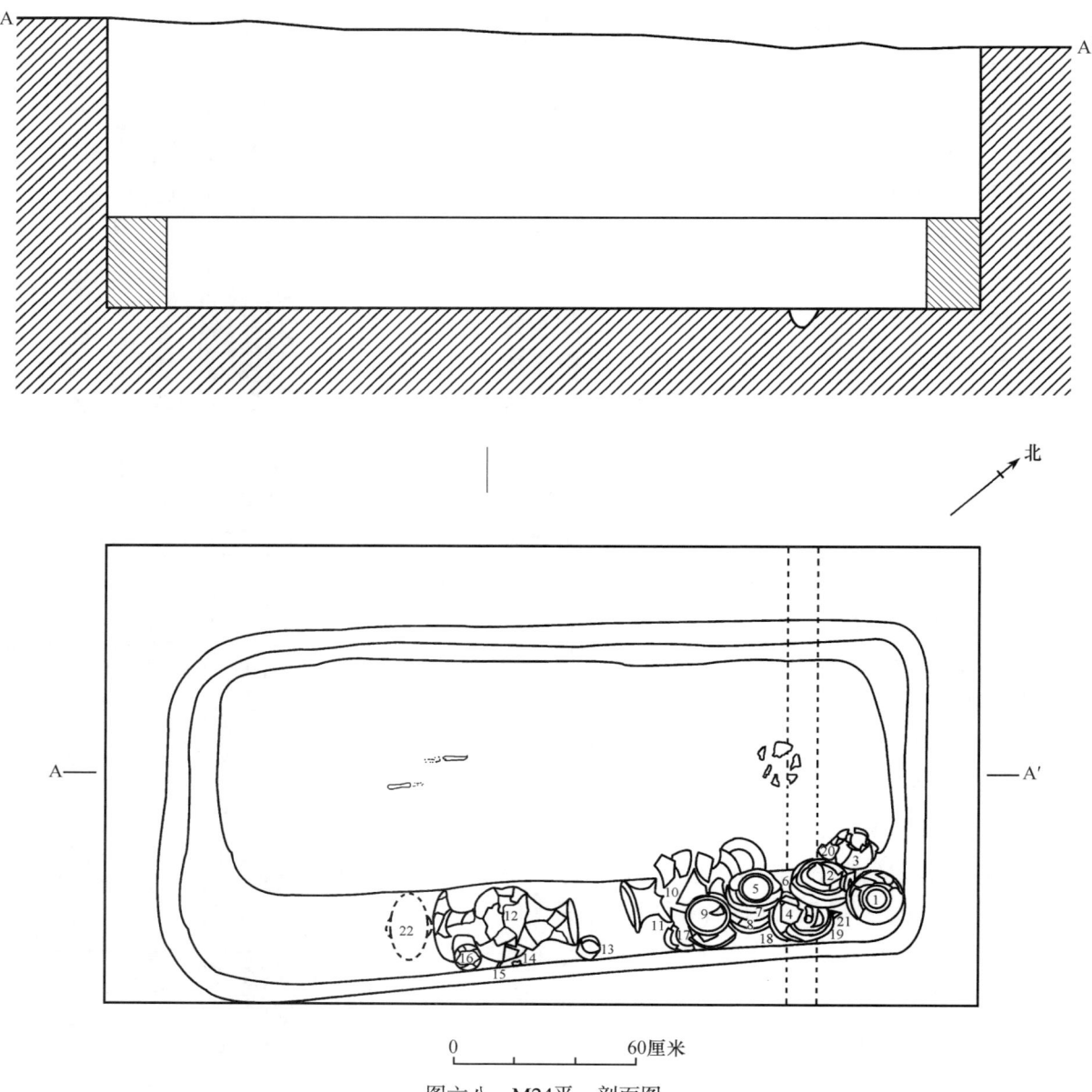

图六八 M24平、剖面图

1、3.陶盒 2、4.陶鼎 5、6.陶豆 7、8.陶盘 9.陶釜甑 10、12.陶壶 11、17~19.陶环 13、20.陶杯 14.料珠 15.铜带钩 16.铜镜 21.陶匜 22.漆耳杯

鼎 2件。弧形盖，稍浅，顶部平，饰有线纹。子母口，内敛，较高。腹扁鼓，中部有一道凸棱纹。腹上部有对称两长方形耳，中有长方形孔，耳高微外撇，顶端斜外侈。下承三蹄形足，较瘦高，断面半圆形，中部内凹。原有红色等彩绘，已剥落不存。根据底部的不同可分为两型。

A型 1件（M24:2），圜底。盖顶有三周凸线纹。口径13.2、腹径18.4、通高18.2厘米

（图六九，1；彩版五，5；图版一〇，1）。

B型　1件（M24：4），平底。盖顶有三周凹线纹。口径13.6、腹径18.8、底径3.6、通高20.4厘米（图六九，2；图版九，1）。

盒　2件。盖呈覆碗形，敞口，圈足形捉手高。盒身子母口，较高。鼓腹。矮圈足，平底。原有红色等彩绘，已剥落不存。根据盖的捉手及器身圈足等的不同可分为两型。

A型　1件（M24：1），盖的捉手斜外侈，器身圈足壁略直。盖较深，底微弧凸。器身腹部下垂，近底部微折弧内收，内底微凹。盖圈足径10、高8厘米，盒身口径15.2、腹径19.6、底径6、高9.7厘米，通高16.1厘米（图六九，3；彩版六，1；图版一一，1）。

B型　1件（M24：3），盖的捉手外卷，器身圈足壁斜外侈。盖略浅，底较平。器身内底弧内凹。盖圈足径11、高7厘米，盒身口径15.4、腹径20.4、底径5.2、高10.2厘米，通高15.2厘米（图六九，4）。

壶　2件。弧形盖，较浅，边缘圆弧。壶身盘状口，外敞。长颈，上部有一周凸弦纹。肩与颈结合处折痕明显。圆鼓腹，中部偏上有两对称的铺首衔环。铺首呈兽面状，双目圆睁，较为狰狞。兽鼻下伸成弧形系，下衔一环。环圆形，极残。圜底。高圈足，呈倒喇叭口形外敞，边缘圆弧。盖及壶身原有红色等彩绘，已剥落不存。根据盖及颈、肩部等的不同可分为两型。

A型　1件（M24：10）。盖有企口，较高。粗颈。溜肩。壶身口部内壁弧凹。口径14、腹径21.8、底径4.4、圈足径21.4、通高36厘米（图七〇，1）。

B型　1件（M24：12）。盖边缘微上翘，无企口。颈略细。肩圆鼓。口径14.4、腹径21.8、底径3.8、圈足径21.4、通高35.8厘米（图七〇，2）。

豆　2件。盘为敞口，圆唇，弧折腹，内底弧内凹。柄呈柱状，中空，外壁中部有两道凸棱纹，下呈倒喇叭口形外敞，沿微上卷。外壁原有红色等彩绘，已剥落不存。根据盘、柄的不同可分为两型。

A型　1件（M24：5）。盘小略浅，腹上部斜弧。高柄。口径14.4、底径11.2、高12.3厘米（图七〇，3）。

B型　1件（M24：6）。盘大且深，腹上部略直。柄较矮短。口径20.4、底径11.8、高11.2厘米（图七〇，4；图版一三，4）。

盆　2件。敞口，弧腹，平底。素面无纹。根据口、腹部的不同及有无假圈足等可分为两型。

A型　1件（M24：7）。口部卷沿，腹略浅，有假圈足。内底较平。口径16、底径6.8、高8.86厘米（图七一，2）。

B型　1件（M24：8）。口沿窄而厚，腹较深，无假圈足。腹外壁下部弧内收。内底微内凹。口径18.4、底径7.6、高9.2厘米（图七一，3）。

杯　2件。敞口，圆唇。腹较深，外壁近底有一周凹弦纹。平底。素面无纹。根据腹壁等的不同可分为两型。

A型　1件（M24：20）。腹壁斜直。底较厚，内底内凹。口径7.2、底径3.6、高7.6厘米

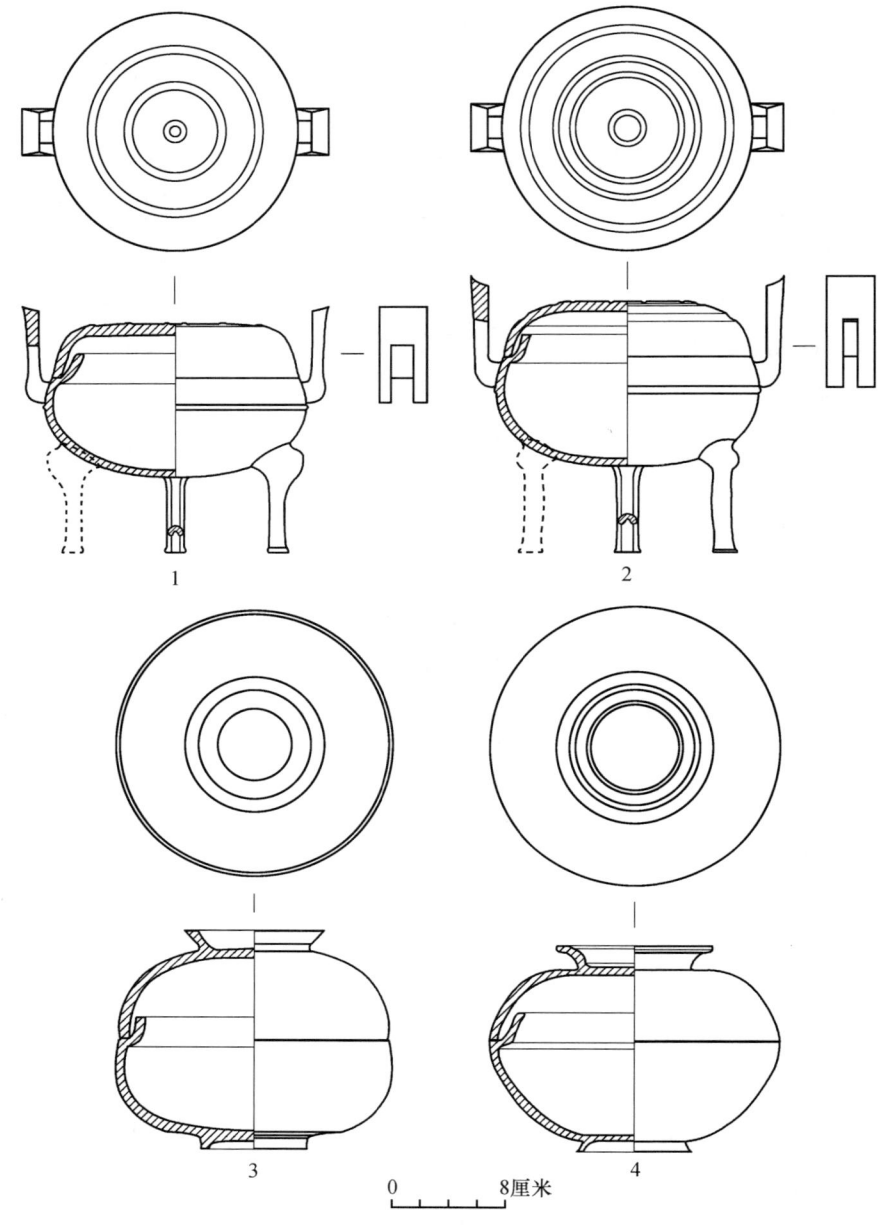

图六九　M24出土陶器（一）
1. A型陶鼎（M24：2）　2. B型陶鼎（M24：4）　3. A型陶盒（M24：1）　4. B型陶盒（M24：3）

（图七一，5；图版二〇，4）。

B型　1件（M24：13）。腹壁弧内收，内壁近底有一周凸起。内底较平。口径6.64、底径4.5、高7.1厘米（图七一，6；图版二〇，5）。

匜　1件（M24：21）。形体似盘，平面呈橄榄形，一侧略高，一侧略低。敞口，一侧有流，口微外侈。弧腹。平底，稍内凹。素面无纹。口长14.7、宽11.8、高4.4、有流处高2.9厘米（图七一，4；图版二〇，6）。

第二章 战国秦汉墓葬

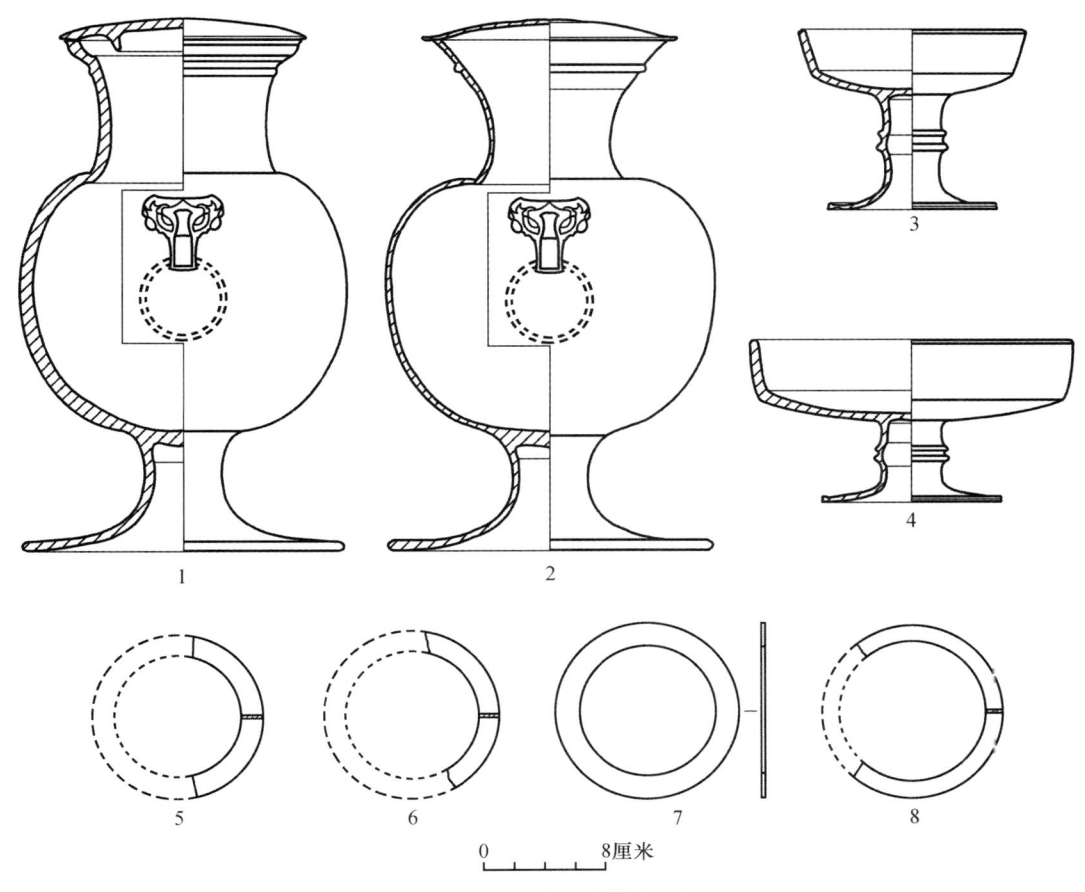

图七〇　M24出土陶器（二）
1.A型陶壶（M24：10）　2.B型陶壶（M24：12）　3.A型陶豆（M24：5）　4.B型陶豆（M24：6）　5~8.陶环（M24：19、M24：17、M24：11、M24：18）

釜甑　1套（M24：9）。上甑下釜组合而成。甑，敞口。沿外卷，末端平。弧腹，近底部弧内收。平底，有对称分布的五个圆形箅孔。腹外壁上部有数道凸弦纹，偏下部有一道凹弦纹。釜，口微敞，圆唇。短领，鼓肩。圆鼓腹，腹壁近底处斜内收。平底。素面无纹。甑口径13.6、底径6.2、高7.4厘米，釜口径8、腹径11.6、底径5.8、高5.8厘米，通高16.4厘米（图七一，1；彩版九，6；图版一九，6）。

环　4件。圆形，圆孔，较扁平。素面无纹。大小略有不同（图版二五，6）。标本M24：11，形体大，直径6.1、孔径4.5、厚1.5厘米（图七〇，7）。标本M24：17，形体略小。直径5.8、孔径4.4、厚1.5厘米（图七〇，6）。标本M24：18，形体略小，孔径较大。直径6、孔径4.9、厚1.5厘米（图七〇，8）。标本M24：19，形体最小。直径5.7、孔径4.2、厚1.5厘米（图七〇，5）。

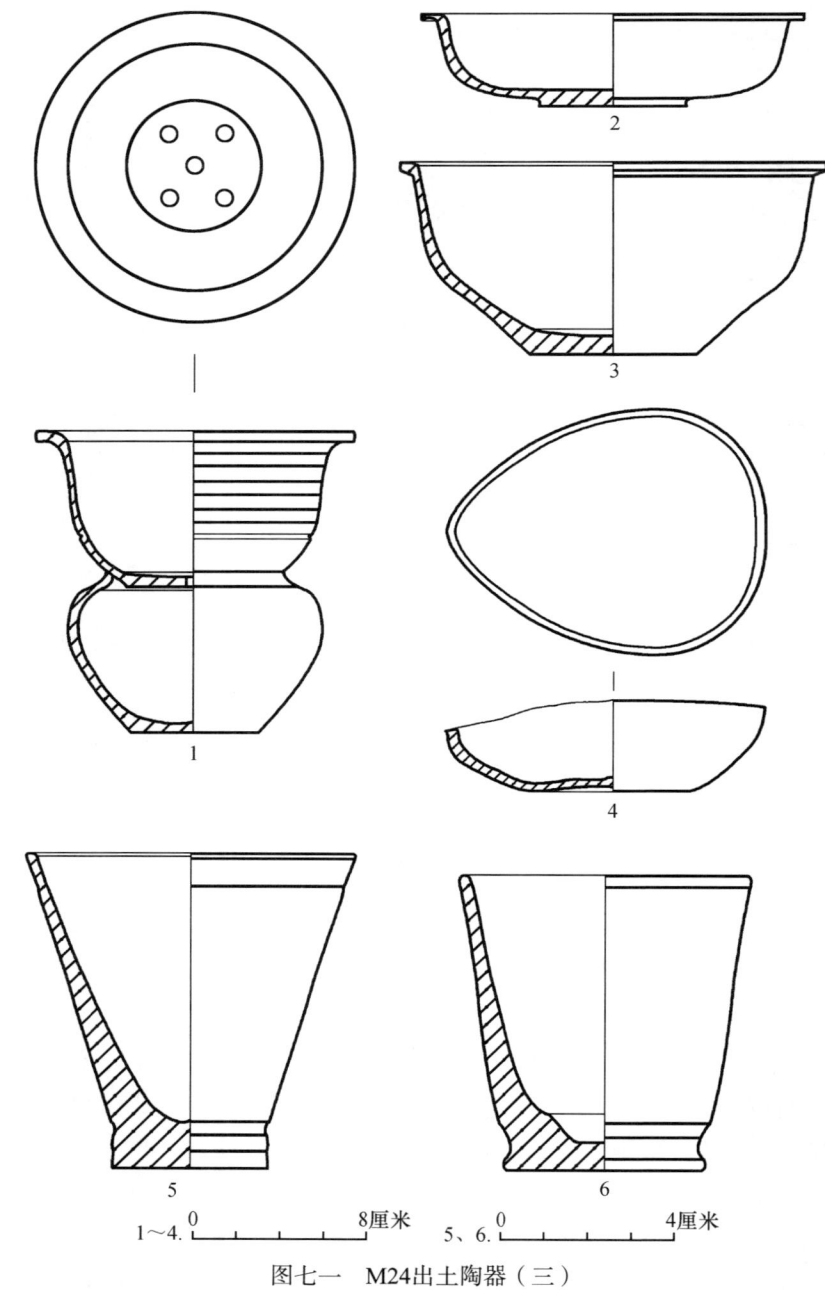

图七一　M24出土陶器（三）

1. 陶釜甑（M24∶9）　2. A型陶盆（M24∶7）　3. B型陶盆（M24∶8）　4. 陶匜（M24∶21）　5. A型陶杯（M24∶20）
6. B型陶杯（M24∶13）

（2）铜器

2件，皆锈残。

带钩　1件（M24∶15）。体较细长，上窄下宽，末端稍尖。侧视呈"S"形，形体似龙。带舌刻有嘴、眼。带扣椭圆形。带身残留少量布纹。长8.4厘米（图七二，1；彩版一一，2；

图版二六，3）。

镜 1件（M24：16）。圆形。三弦纽，纽外有两周弦纹。宽平缘。素面无纹。直径7.4、厚0.1厘米（图七二，2、5；图版二六，1）。

（3）漆器

漆耳杯 1件（M24：22），残，胎质不详。仅余痕迹。体呈椭圆形，内髹红漆。

（4）料器

料珠 1组2枚（M24：14），残。体圆鼓形，呈珠状。上下两端平，中有圆穿。珠黑色，每珠镶有六椭圆形内蓝外白的片状装饰，分上下两层（彩版一二，3；图版二九，2）。

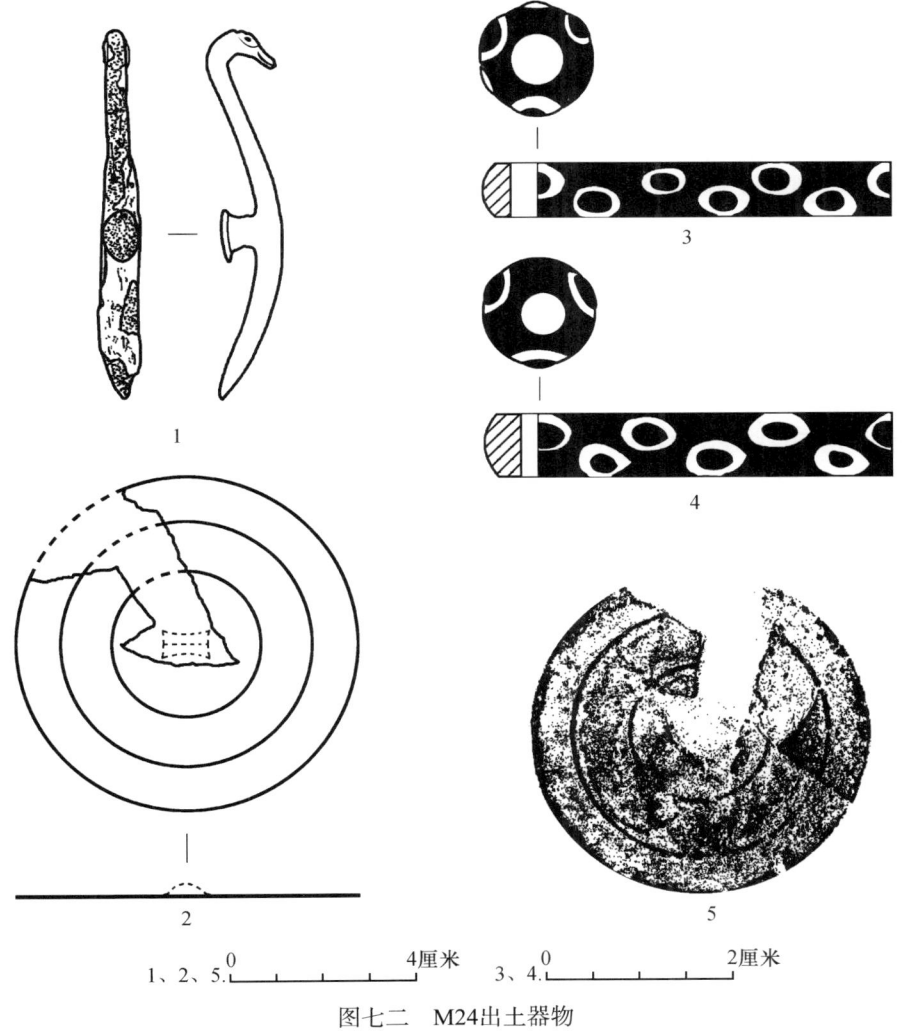

图七二 M24出土器物

1.铜带钩（M24：15） 2、5.铜镜（M24：16） 3、4.料珠（M24：14-1、M24：14-2）

M24∶14-1，上下径0.9、最大径1.2、孔径0.6、高0.6厘米（图七二，4），M24∶14-2，上下径0.9、最大径1.2、高0.7、孔径0.4厘米（图七二，4）。

二四、M26

位于Ⅰ区A组北部偏，处于山坡平缓地带。西侧为M27，西南侧较近距离为M43，较远距离为M11，东南侧为M35，南侧较远距离略偏东为M12。

1. 墓葬形制与结构

M26为长方形土坑竖穴墓，封土不存，上部土坑基本残无。残存墓圹基本依山势西高东低。东西长3.16、南北宽2.15、残深0.69~1.15米，方向240°（图七三）。竖穴内填灰褐色花土，扰乱极为严重，内有淤泥及较多植物根系。葬具、墓主骨架及陪葬品的情况已无从知晓。从墓葬位置初步推测，墓主头西向。

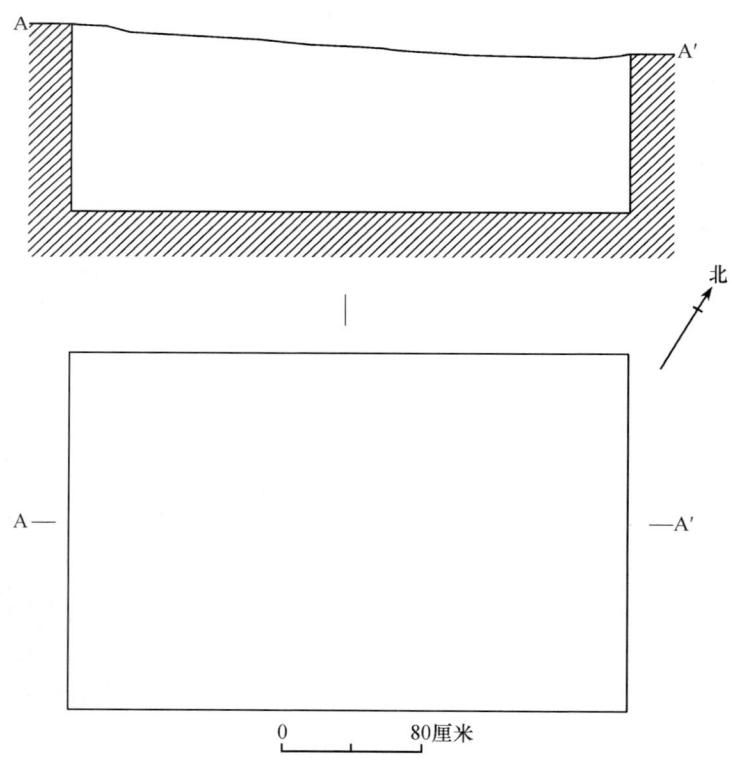

图七三　M26平、剖面图

2. 出土遗物

由于遭盗扰严重，墓内无出土遗物发现，推测早年被盗，后又被扰乱，加之水土流失等原因，陪葬品不见。

二五、M27

位于Ⅰ区A组北部偏西，与山头顶部有一定距离，处于山坡平缓地带。西侧略偏南为M8，西南侧稍远距离为M45与M7，东南侧为M43，东侧略偏北为M26。

1. 墓葬形制与结构

M27为长方形土坑竖穴墓，封土不存，上部土坑残无。残存墓圹基本依山势南高北低，西高东低，但坡度不大。南北长2.82、东西宽1.93、残深0.33～0.61米，方向210°（图七四）。竖穴内填灰褐色花土，扰乱极为严重，内有淤泥及较多植物根系。

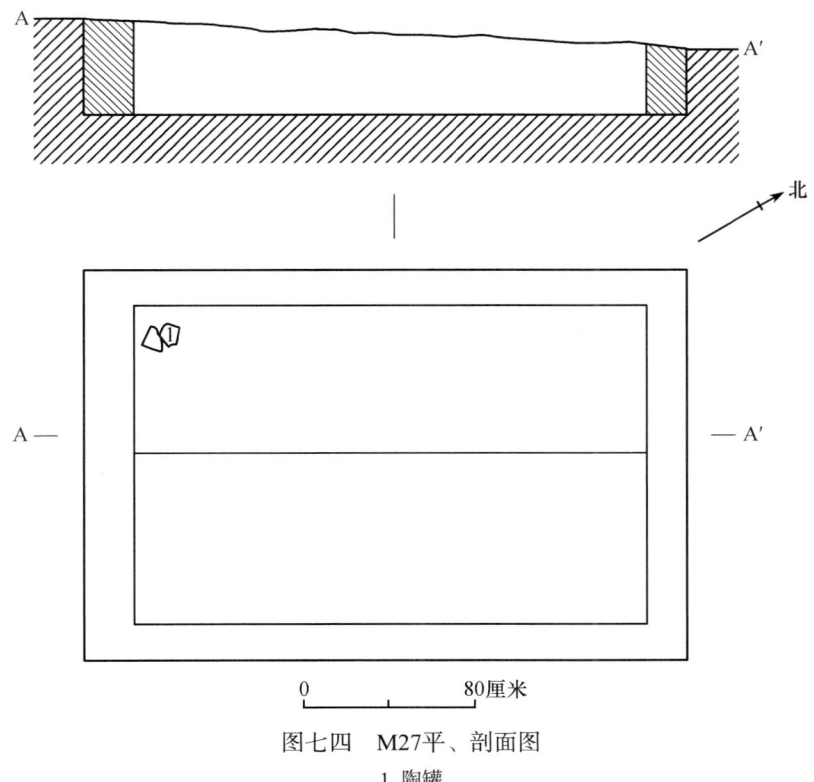

图七四 M27平、剖面图
1. 陶罐

竖穴底部有灰褐色花土筑砌的熟土二层台，为下棺后的填土，较为坚硬。残高33～61厘米，宽度不一，北侧二层台宽约19、东侧二层台宽约18、南侧二层台宽约23、西侧二层台宽约18厘米。二层台内墓圹底部置放葬具与陪葬品，从清理情况看，墓圹底部东侧有明显的长方形痕迹，其内灰色迹象明显，并伴有红色漆皮，墓圹底部西侧未发现灰色板灰痕迹，推测该墓葬具为一髹饰红漆的木棺，已朽。南北长2.4、东西宽0.85米，高度不详。棺内未发现人骨，根据棺的宽度及山势等推测，棺内葬1人，墓主头南向，方向210°，性别不详。

棺的西侧，墓主左侧置放陪葬品，因盗扰严重，仅有少量陶器残片出土，可辨器形有陶罐1件，极残。

2. 出土遗物

由于遭盗扰严重，仅在墓圹内西南角出土有陶器残片，推测早年被盗，后又被扰乱，加之水土流失等原因，陪葬品多数不见。

罐　1件（M27:1），残，泥质灰陶。余腹部残片2片，断面均呈弧形。一片外壁残余两组排列密集的竖向绳纹；一片外壁有细密的凹凸，饰有细密的竖向、横向和交错绳纹。厚0.6～0.8厘米（图七五）。

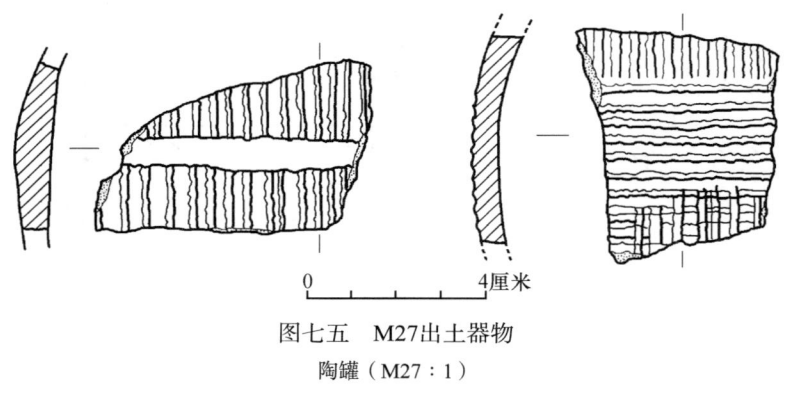

图七五　M27出土器物
陶罐（M27:1）

二六、M28

位于Ⅰ区A组南部偏西，与山头顶部有一定距离。南侧略偏西为M4，西北侧为M3，北侧较远处为M22，东北侧较远处为M23，较近为M44，东南侧为M2和M1。

1. 墓葬形制与结构

M28为长方形（石）土坑竖穴墓，封土不存，上部土坑部分残无。残存墓圹下部开挖在原生山体上，基本依山势北高南低，东高西低。南北长2.84、东西宽1.85、残深0.42～0.73米，方向48°（图七六）。竖穴内填灰褐色花土，扰乱极为严重，内有淤泥及较多植物根系。葬具、墓主骨架及陪葬品的情况已无从知晓。从墓葬位置初步推测，墓主头北向。

2. 出土遗物

由于遭盗扰严重，墓内无出土遗物发现，推测早年被盗，后又被扰乱，加之水土流失等原因，陪葬品不见。

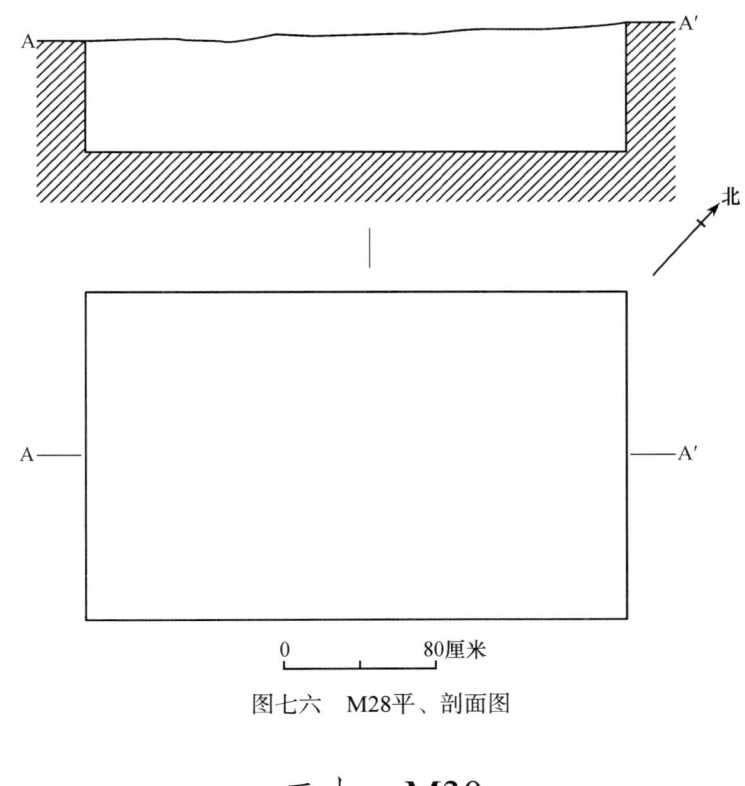

图七六 M28平、剖面图

二七、M30

位于Ⅰ区A组最东南部，与山头顶部有一定距离，处于东南延长山脊南侧。由于库区积水冲刷，地表无土，岩石裸露在外。西侧略偏北为M31，南侧为断崖。

1. 墓葬形制与结构

M30为长方形土（石）坑竖穴墓，封土不存，上部土坑残无。残存墓圹开挖在原生山体上，基本依山势北高南低，但坡度不大。南北长1.34、东西宽0.68、残深0.6~0.82米，方向20°（图七七）。竖穴内填灰褐色花土，扰乱极为严重，多不存。墓坑内有淤泥及较多植物根系、贝壳、淤沙等。

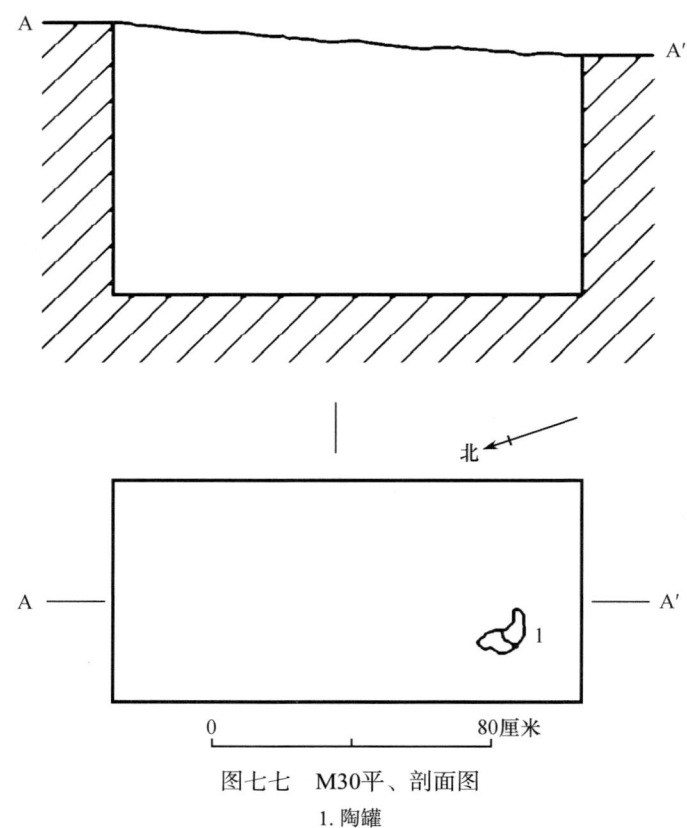

图七七　M30平、剖面图
1. 陶罐

填土中有红色漆皮发现，结合墓葬规模较小等分析，墓内置一髹饰红漆的漆木棺，无椁，墓主骨架等的情况则无从知晓。

墓圹西南角有少量残碎陶片发现，从残存陪葬品的位置等判断，墓主头北向，陪葬品位于右侧，其他信息则不详。

2. 出土遗物

由于遭盗扰严重，仅在墓圹内西南角出土有陶器残片，推测早年被盗，后又被扰乱，加之水土流失等原因，陪葬品多数不见。

罐　1件（M30：1），残，泥质灰陶。余口、腹部残片。敞口。颈弧内凹。腹部残片断面弧形，残余两组竖向绳纹。口径14.6、口部残高1.9、腹壁厚0.4～0.6厘米（图七八）。

二八、M31

位于Ⅰ区A组东南部，与山头顶部有一定距离，处于东南延长山脊南侧。由于库区积水冲

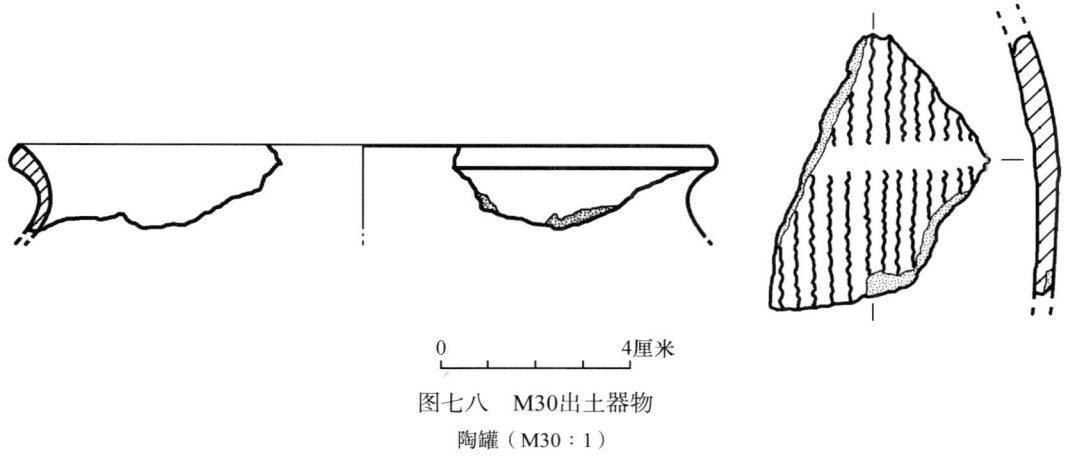

图七八　M30出土器物
陶罐（M30∶1）

刷，地表无土，岩石裸露在外。西侧稍远距离略偏北为M33，东侧稍偏南为M30。西南侧为断崖。

1. 墓葬形制与结构

M31为长方形土（石）坑竖穴墓，封土不存，上部土坑残无。残存墓圹开挖在原生山体上，基本依山势北高南低，坡度较大。南北长2.62、东西宽1.9、残深0.1～0.6米，方向20°（图七九）。竖穴内填灰褐色花土，扰乱极为严重，多不存。墓坑内有淤泥及较多植物根系、贝壳、淤沙等。

竖穴底部有"回填土台"，为灰褐色花土，较为坚硬。残高10～61厘米，宽度不一，北侧"回填土台"宽约21、东侧"回填土台"宽约16.5、南侧"回填土台"宽约14、西侧"回填土台"宽约16厘米。"回填土台"内墓圹底部置放葬具，大致来看，该墓为一棺一椁，均木质，皆朽。西侧底局部有灰色板灰痕迹，未见红色漆皮，推测为椁板朽迹。椁南北长2.28、东西宽1.6米，高度不详，未髹红漆。东侧底部土质略松软，有明显的长方形痕迹，其内灰色迹象明显，并伴有红色漆皮，南侧发现有残碎腿骨，多被扰乱。推测长方形痕迹应为棺痕，南北长度与椁的长度大体一致，东西宽0.9米，高度不详。为漆木棺，髹饰有红漆，但髹饰方法不详。棺内葬1人，墓主头北向，方向20°，性别不详。

椁内棺的西侧，墓主右侧可能为边厢，内置陪葬品，因盗扰严重，仅有少量器物残片出土，可辨器形有陶壶1件、罐1件、铁釜1件，极残。

2. 出土遗物

由于遭盗扰严重，仅在墓圹内西部偏南出土有陶、铁器残片，推测早年被盗，后又被扰乱，加之水土流失等原因，陪葬品多数不见。

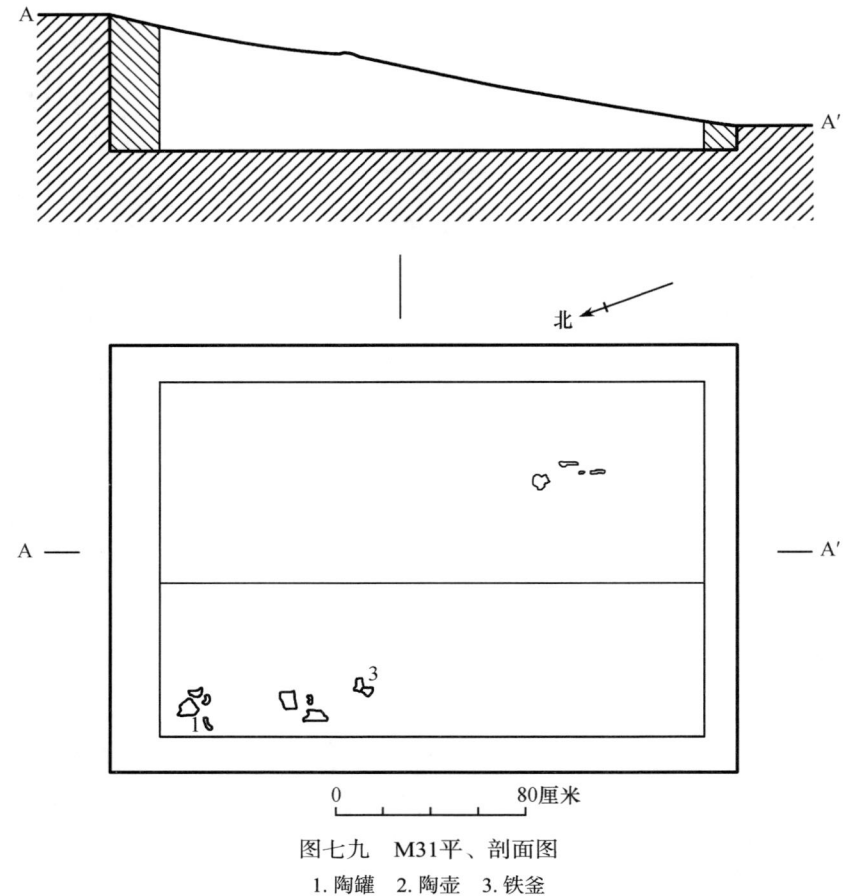

图七九 M31平、剖面图
1.陶罐 2.陶壶 3.铁釜

（1）陶器

因被盗扰及破坏，器物皆残，余部分残片。均为泥质灰陶，或有刻画纹饰，或有模印纹饰，部分有红色等彩绘纹饰，已剥落。

壶 1件（M31∶1），余部分腹、系及圈足残片。腹断面弧形，外壁有阴线刻的一组短横线纹。有铺首衔环，较残。铺首呈兽面形，较狰狞；系呈弧形，上窄下宽。圈足外壁弧形，内壁有一周内凹，足底斜向外侈。腹及足部原有红色彩绘纹饰，已剥落不存。腹壁厚5、系残高3.8、底径17.2、圈足外径22.8、残高5.2厘米（图八〇，1、2）。

罐 1件（M31∶2），余部分腹及系部残片。腹壁断面弧形，厚薄不一。腹外壁饰密集的竖向、横向和交错的绳纹。系呈弧形，两端宽，中间略窄。腹壁厚0.2~0.8厘米。系残高2.8厘米（图八〇，3）。

（2）铁器

釜 1件（M31∶3），锈蚀严重。余腹部残片。断面弧形。厚0.1厘米（图八一）。

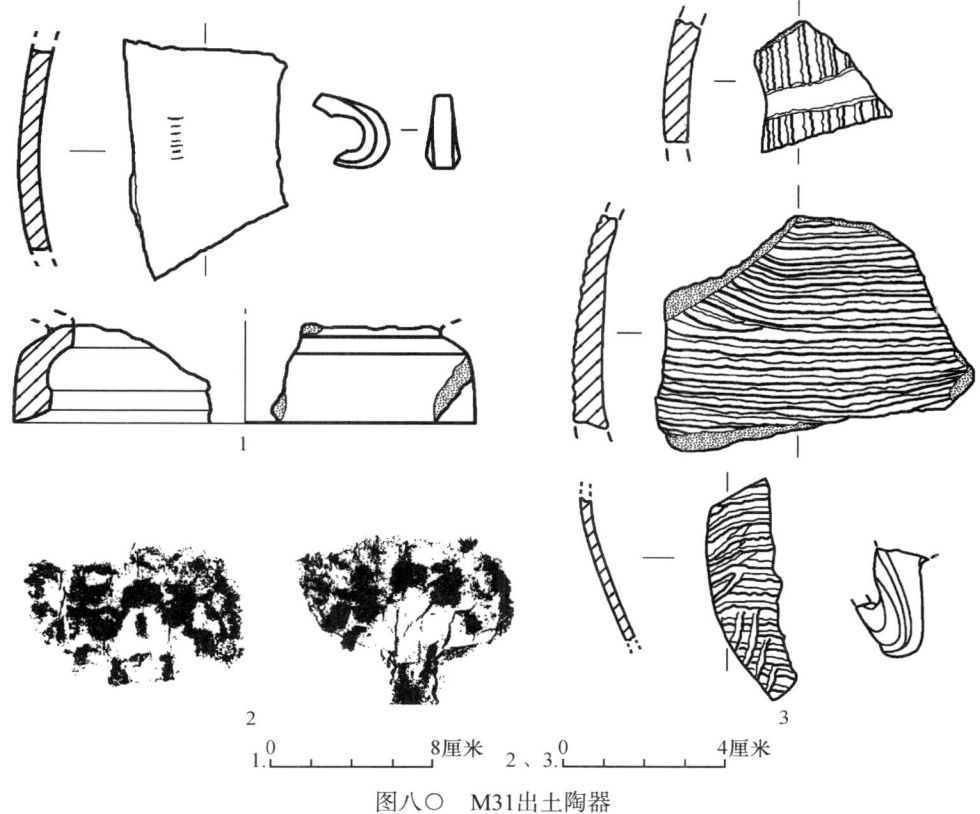

图八〇　M31出土陶器
1. 陶壶（M31∶1）　2. 陶壶铺首拓片（M31∶1）　3. 陶罐（M31∶2）

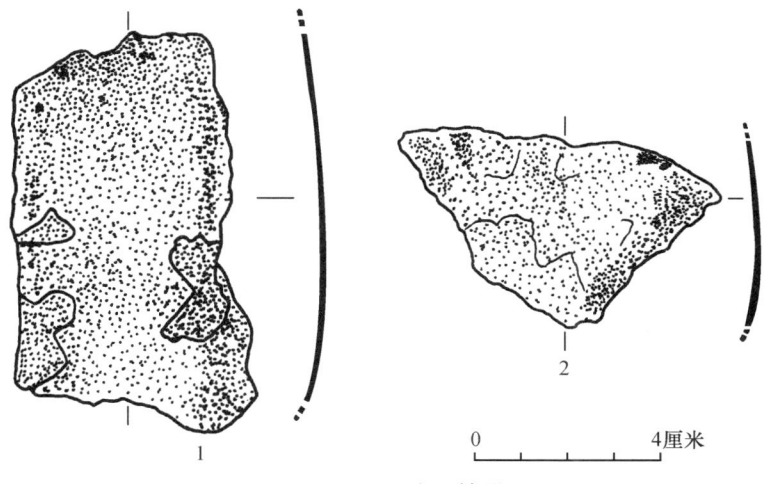

图八一　M31出土铁器
釜（M31∶3）

二九、M32

位于Ⅰ区A组东南部,与山头顶部有一定距离,处于东南延长山脊南侧。由于库区积水冲刷,地表无土,岩石裸露在外。东侧偏南较近为M33,稍远距离略偏南为M30与M31,西北侧为M34。西南侧为断崖。

1. 墓葬形制与结构

M32为长方形土(石)坑竖穴墓,封土不存,上部土坑残无。残存墓圹开挖在原生山体上,基本依山势北高南低,坡度较大,西侧略高于东侧,坡度较小。南北长2.82、东西宽2.3、残深0~0.3米,方向44°(图八二)。竖穴内填黄褐色花土,扰乱极为严重,北部有少量遗留,较为坚硬,其他位置多不存。墓坑内有淤泥及较多植物根系、贝壳、淤沙等。

墓坑底部四壁有"回填土台",黄褐色花土,较坚硬,残高0~30厘米。东侧"回填土台"宽31、北侧"回填土台"宽32、西侧"回填土台"宽33厘米。南侧因冲刷、破坏,仅局部可见有"回填土台"痕迹,宽约26厘米。"回填土台"内置放葬具及陪葬品。葬具为一椁一棺,长方形,漆木质,局部有黑色木炭痕迹,另有红色漆皮发现,北侧的痕迹较为明显。椁的

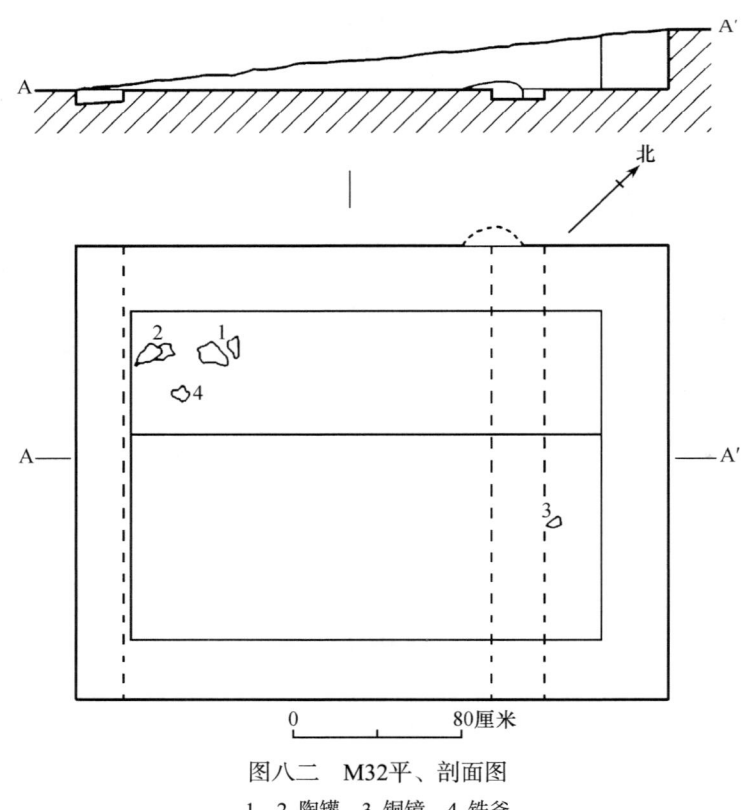

图八二　M32平、剖面图
1、2. 陶罐　3. 铜镜　4. 铁釜

大小与"回填土台"内的面积基本相当，南北长2.24、东西宽1.65米，高度不详。棺位于椁东侧，南北长2.24、东西宽1.03米，高度不详。从长宽尺寸来看，内葬1人。结合山势及北侧出土的铜镜残片等分析，墓主头北向，但葬式、墓主性别等均不可知。墓底有两道平行的沟槽，分别位于南北两侧，棺椁范围内沟槽中的土质呈黑褐色，较松软。南侧沟槽紧靠南侧墓壁，断面呈梯形，北侧略浅，南侧稍深，宽22、深6～7厘米。北侧沟槽距离北侧墓壁59厘米，较规整，断面呈长方形，宽25、深6厘米。另在西侧墓壁下侧还有一弧形凹槽，不甚规整。

椁内西侧，墓主右侧可能为边厢，陪葬品置于其内，西部偏南有少量残碎陶片、铁片发现，可辨器形有陶罐2件，铁釜1件，极残。

2. 出土遗物

由于遭盗扰严重，仅在墓圹内西部偏南出土有陶、铁器残片，在棺的北侧有铜镜残片发现，推测早年被盗，后又被扰乱，加之水土流失等原因，陪葬品多数不见。

（1）陶器

因被盗扰及破坏，器物皆残，余部分残片。均为泥质灰陶，有模印纹饰。

罐　2件，均余部分口、腹部残片。敞口。溜肩。圆鼓腹。根据领、颈等的不同可分为两型。

A型　1件（M32:1）。敞口明显，卷沿。颈略长。腹部残片断面弧形，外壁饰密集的竖向绳纹。口径10、残高7.6、残余腹壁厚0.4厘米（图八三，1）。

B型　1件（M32:2）。口微敞，圆唇。短领。素面无纹。口径17.3、残高4.6厘米（图八三，2）。

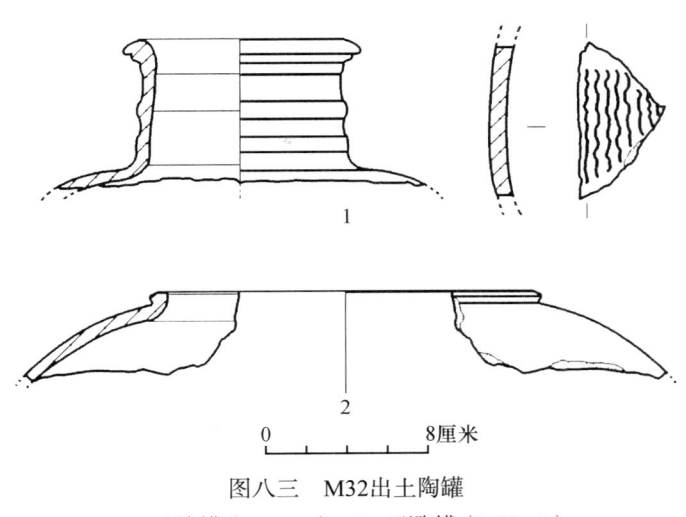

图八三　M32出土陶罐
1. A型陶罐（M32:1）　2. B型陶罐（M32:2）

（2）铜器

镜　1件（M32:3）。余局部残片，已锈蚀。镜身平，缘上翘。镜缘内为一周凸弦纹，凸线纹内为镜纹。主纹为蟠螭纹，地纹为细密的云雷纹。直径15.5、镜缘高4、镜体厚0.1厘米（图八四，1、2；彩版一一，1；图版二六，2）。

（3）铁器

釜　1件（M32:4），余腹部残片，锈蚀严重。断面弧形。厚0.5～0.9厘米（图八四，3）。

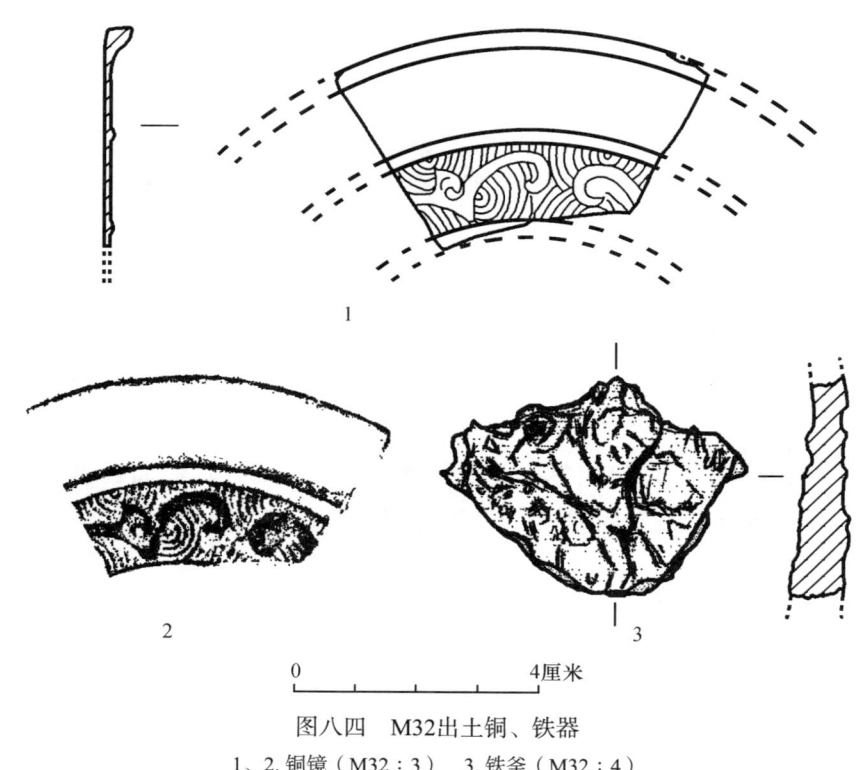

图八四　M32出土铜、铁器

1、2.铜镜（M32:3）　3.铁釜（M32:4）

三〇、M33

位于Ⅰ区A组东南部，与山头顶部有一定距离，处于东南延长山脊南侧。由于库区积水冲刷，地表无土，岩石裸露在外。西侧略偏北为M33，稍远为M34，东侧稍偏南为M31。西南侧为断崖。

1. 墓葬形制与结构

M33为长方形土（石）坑竖穴墓，封土不存，上部土坑残无。残存墓圹开挖在原生山体上，基本依山势北高南低，坡度不大。南北长2.43、东西宽1.9、残深0~0.13米，方向45°（图八五）。竖穴内填灰褐色花土，扰乱极为严重，局部至底。墓坑内有淤泥及较多植物根系、贝壳、淤沙等。

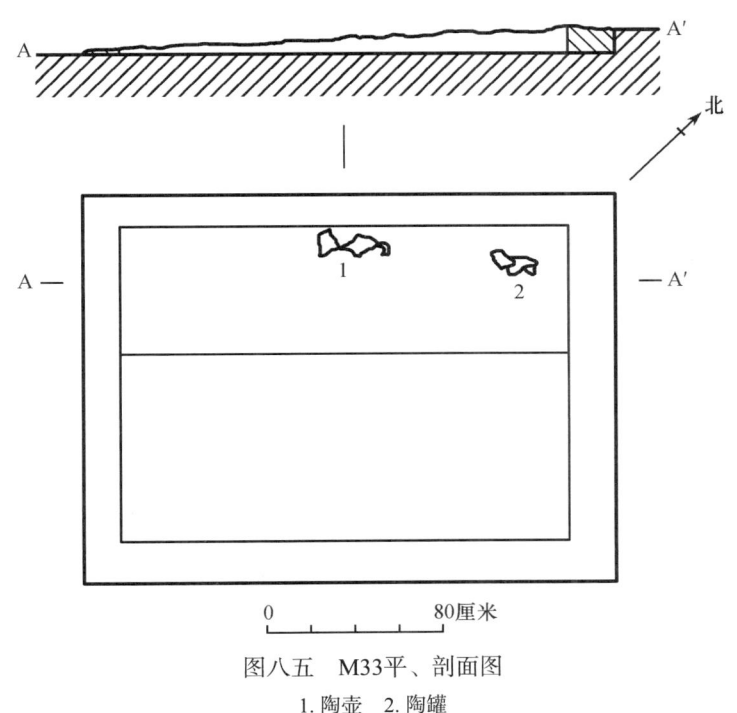

图八五　M33平、剖面图
1. 陶壶　2. 陶罐

竖穴底部有"回填土台"，为灰褐色花土，较竖穴内填土坚硬。残高1~10厘米，宽度不一，北侧"回填土台"宽约15.5、东侧"回填土台"宽约15、南侧"回填土台"宽约12.5、西侧"回填土台"宽约11厘米。"回填土台"内墓圹底部置放葬具，大致来看，该墓为一棺一椁，均木质，皆朽。西侧底局部有灰色板灰痕迹，未见红色漆皮，推测为椁板朽迹。椁南北长1.49、东西宽1.13米，高度不详，未髹红漆。东侧底部土质松软，有明显的长方形痕迹，其内灰色迹象明显，并伴有红色漆皮，未见人骨。推测长方形痕迹应为棺痕，南北长度与椁的长度大体一致，东西宽0.67米，高度不详。为漆木棺，髹饰有红漆，但髹饰方法不详。棺内葬1人，根据山势等推测墓主头北向，方向45°，性别不详。

椁内棺的西侧，墓主右侧可能为边厢，内置陪葬品，因盗扰严重，仅有少量残陶片出土，可辨器形有陶壶1件、罐1件，极残。

2. 出土遗物

由于遭盗扰严重，仅在墓内西部偏北出土有陶器残片，推测早年被盗，后又被扰乱，加之水土流失等原因，陪葬品多数不见。陶器极残，均为泥质灰陶，质地坚硬。部分有彩绘纹饰，已剥落，部分有拍印纹饰。

壶　1件（M33∶1），余口、颈、衔环、腹及底部残片。敞口。平沿。颈壁弧形，内外壁均有一周凸线纹。衔环圆形，断面亦圆形。腹至底部弧内收。圈足斜外侈，圜底。原有彩绘，已剥落。口径19.6、口颈残高5.8、衔环外径9.9、内径7.5、底径20.8、腹底及圈足残高6.2厘米（图八六，1）。

罐　1件（M33∶2），余口、颈部残片。敞口。卷沿，上部有一周内凹，下部微内凹。颈壁弧形。口径15.6、残高7.5厘米（图八六，2）。

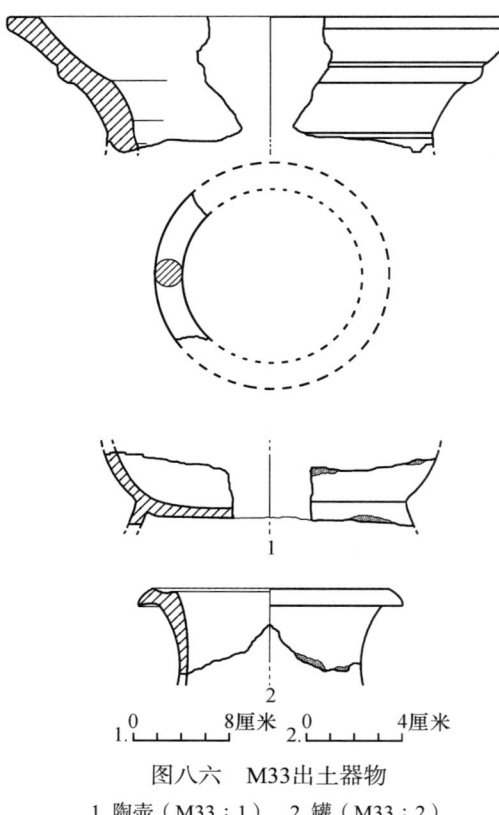

图八六　M33出土器物
1. 陶壶（M33∶1）　2. 罐（M33∶2）

三一、M34

位于Ⅰ区A组东南部，与山头顶部有一定距离，处于东南延长山脊南侧。由于库区积水冲刷，地表无土，岩石裸露在外。东侧偏南较近为M32，稍远为M33，西北侧稍远为M1、M2、M4。西南侧为断崖。

1. 墓葬形制与结构

M34为长方形土（石）坑竖穴墓，封土不存，上部土坑残无。残存墓圹开挖在原生山体上，基本依山势北高南低，坡度较大，西侧略高于东侧，坡度较小。南北长3.3、东西宽2.7、残深0.04~0.52米，方向40°（图八七）。竖穴内填灰褐色花土，较为坚硬，但多数扰乱极为严重。墓坑内局部有淤泥及较多植物根系、贝壳、淤沙等。

墓圹底部四面均有"回填土台"，东西两侧宽，约30厘米，南北两侧略窄，约20厘米，高度基本一致，为30厘米，南侧遭到破坏，较矮。"回填土台"内置放葬具及陪葬品。葬具为一椁一棺，长方形，漆木质，墓底有一层黑色木炭痕迹，并有红色漆皮发现，北侧的痕迹较为明

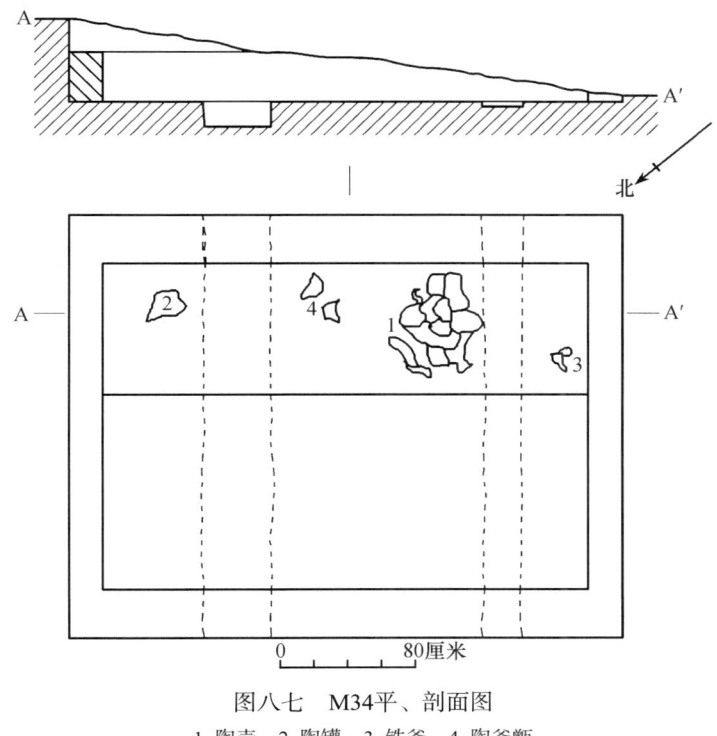

图八七 M34平、剖面图
1. 陶壶 2. 陶罐 3. 铁釜 4. 陶釜甑

显。椁的大小与"回填土台"内的面积基本相当，南北长2.87、东西宽2.06米，高度不详。棺位于椁西侧，痕迹长度与椁基本相近，宽1.23米，高度不详。从长宽尺寸来看，闪葬1人。结合山势等分析，墓主头北向，但葬式、墓主性别等均不可知。墓底有2道平行的沟槽，分别位于南北两侧，棺椁范围内沟槽中的土质呈黑褐色，较松软。沟槽平面形状呈长方形，但不甚规整，局部有曲折。北侧沟槽略宽，断面呈倒梯形，北侧壁略斜收，上宽39～42、下宽37～39、深16厘米。南侧沟槽稍窄，断面为长方形，相对规整，较浅，宽21～25、深3厘米。

椁内东侧，墓主左侧可能为边厢，陪葬品位于其内，出土少量残碎陶片、铁片，可辨器形有陶壶、罐各1件、釜甑1件，另有铁釜1件，均极残。

2. 出土遗物

由于遭盗扰严重，仅在墓圹内东部出土有陶、铁器残片，推测早年被盗，后又被扰乱，加之水土流失等原因，陪葬品多数不见。

（1）陶器

因被盗扰及破坏，器物皆残，余部分残片，个别器物器形可复原。均为泥质灰陶，质地坚硬。部分有红色彩绘纹饰，已剥落，部分有拍印纹或其他纹饰。

壶　1件（M34∶1）。弧形盖，有企口。上有三对称的变形的鸟形纽，下部近圆形，有小孔。盘状口，微外敞，外有一周凸弦纹。沿斜向外侈。束颈，较短。溜肩，圆鼓腹下垂。腹上部饰两对称铺首衔环，铺首兽面，双目圆睁，间饰云气纹，下衔一环，圆形，断面呈圆形。圈足外侈，闉底。壶盖及口沿下各有一周线纹，腹部有两周宽带纹。器物原有彩绘，已剥落。口内径16.8、腹径34、底内径11.2、通高49.6厘米（图八八，1）。

罐　1件（M34∶2），残，泥质灰陶。余腹部残片。断面弧形。外壁饰三组密集的竖向绳纹。残高7.3、残宽7.8、厚0.6～0.8厘米（图八八，2）。

釜甑　1套（M34∶4），残，泥质灰陶。均余腹与底部片。甑，弧腹，近底部内凹。平底，内底有横向和竖向的箅纹，残余椭圆形箅孔两个，较小。釜，腹壁弧。平底，内底有较细的凸线纹。甑底径19、残高1.6厘米，釜底径18、残高3.2厘米（图八八，3）。

（2）铁器

釜　1件（M34∶3），锈残严重。余腹部片，断面弧形。残长3.2、残宽2.4、厚0.4～0.9厘米。

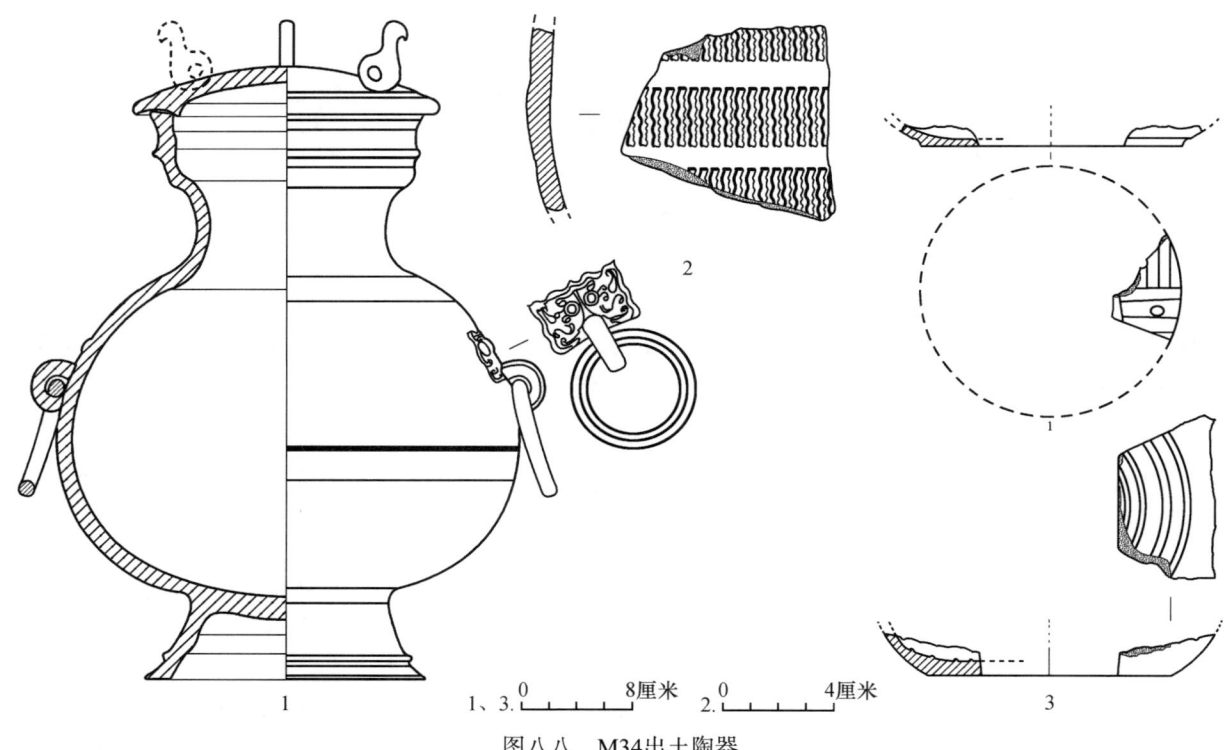

图八八　M34出土陶器
1.陶壶（M34∶1）　2.陶罐（M34∶2）　3.陶釜甑（M34∶4）

三二、M35

位于Ⅰ区A组东北部，与山头顶部有一定距离，处于东北部的山坡地带。该处积土较厚，地表杂草茂盛。西侧为M11，西北为M43，北部偏西稍远为M26，南侧为M9与M10，西南侧略偏东为M12。

1. 墓葬形制与结构

M35为长方形土坑竖穴墓，封土不存，上部土坑残无。残存墓圹为土坑，基本依山势西高东低，有一定坡度。南北长2.62、东西宽1.4、残深0.53～0.73米，方向25°（图八九；图版六，1）。竖穴内填灰褐色花土，扰乱极为严重，墓坑内有少量淤泥及较多植物根系等。局部保存好，土质纯净，较为坚实。

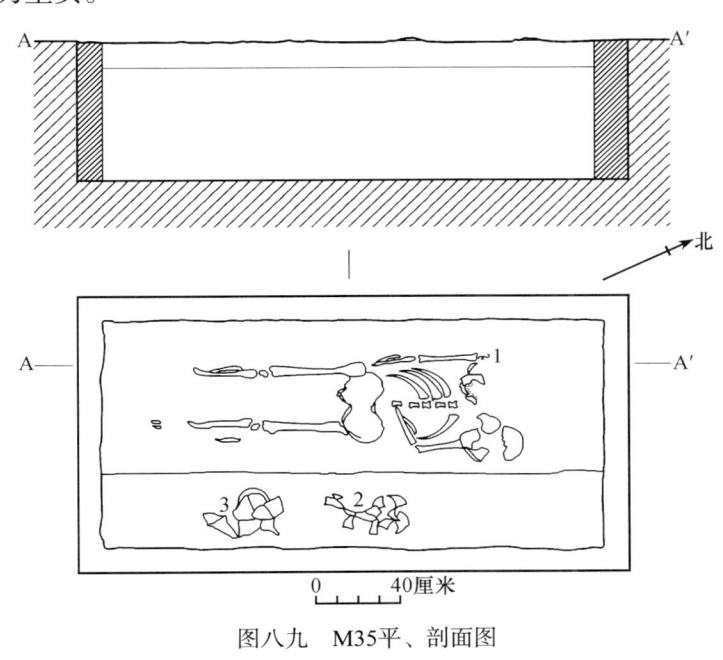

图八九　M35平、剖面图
1. 铜带钩　2. 陶罐　3. 陶瓿

残存墓坑四壁有灰褐色花土筑砌的熟土二层台，较竖穴内其他填土坚实。二层台宽度大致相同，0.1～0.13米，局部因葬具朽毁、填土坍塌、夯实，稍不规整。高度不同，南北两侧稍高，约0.73米，东西两侧稍低，约0.56米。二层台内置放葬具及陪葬品。棺位于西侧，为漆木质，髹红漆，填土中及墓底有较多漆皮残块发现，墓底还发现有板灰痕迹。棺呈长方形，长度基本与二层台的内侧长度一致，长为2.42、宽0.77～0.79米，高度不详。棺内葬1人，骨架有所保存，墓主男性，头向东北，方向25°。部分头骨错位至左肩上方，碎裂成几块，牙齿与下颌骨在右肩内侧,脚骨多残无。右肩出土铜带钩一枚,已锈残。陪葬品的置放位置位于墓坑东侧,墓主左侧,东西宽0.36~0.40米。由于遭盗扰严重,仅余部分陶器残片,可辨器形有泥质灰陶罐1件、甑1件,极残。

2. 出土遗物

由于遭盗扰严重,陪葬品多被破坏,棺内仅发现铜带钩1枚,已锈残,其他陪葬品多数不见,陶器极残,均为泥质灰陶,质地坚硬,部分有拍印纹饰。

(1)陶器

2件,极残,仅余残片,其中1件可复原。

罐 1件(M35:1),残,泥质灰陶。仅余部分口、颈及腹部等。口微敛,沿斜向上侈。颈部微向外弧,有一道凸棱纹。弧腹。残余器物部分有两组细竖线纹。口径10.6、口与颈残高3.2、腹部残片厚0.6厘米(图九〇,1)。

甑 1件(M35:3),残,泥质灰陶。敛口。卷沿。弧腹。平底,有对称五个圆形箅孔。口径16、底径10.2、高9.6厘米(图九〇,3)。

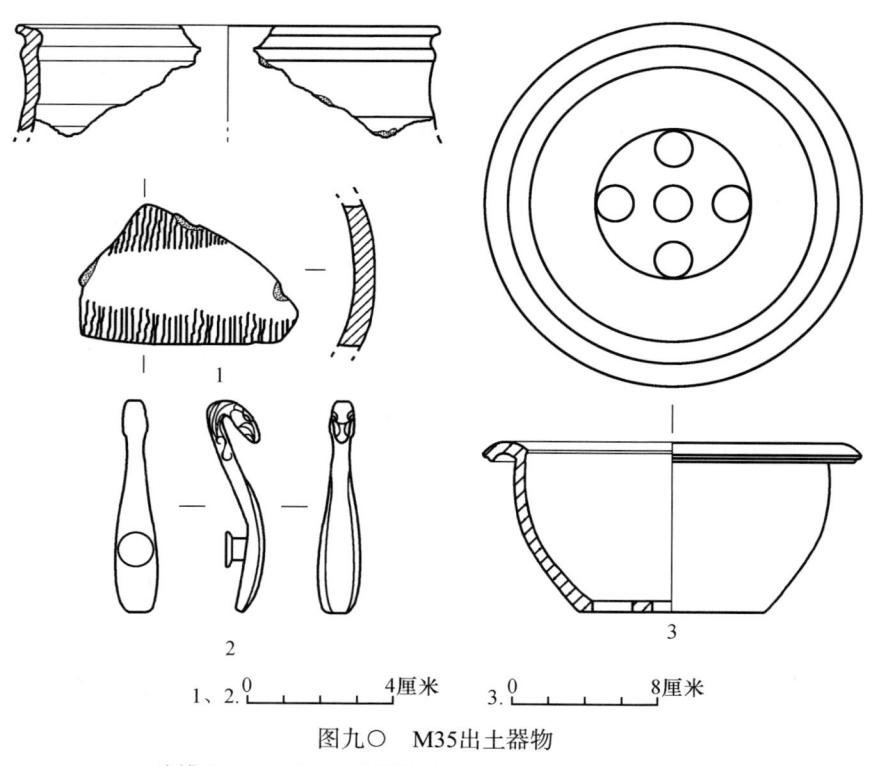

图九〇　M35出土器物
1. 陶罐(M35:1)　2. 铜带钩(M35:2)　3. 陶甑(M35:3)

（2）铜器

带钩　1件（M35:2）。体呈长条形，侧面呈"S"形，形体似龙。带舌刻有嘴、眼，颈部刻细密的毛发和反"S"纹。带扣圆形。长6厘米（图九〇，2；彩版一一，3；图版二六，4）。

三三、M36

位于Ⅰ区B组中部偏西北，为山坡台地地带，积土较厚，地表杂草茂盛，间有卵石。西侧为M40，西北稍远为M37、M38，海拔较低。北部为M39，西南侧略偏东为M47与M48，海拔稍低。东北侧为M5、M6，海拔与M36同。东侧稍远较高台地上为M15，东南侧稍远为M14。

1. 墓葬形制与结构

M36为长方形土（石）坑竖穴墓，封土不存，上部土坑残无。残存墓圹大多为土坑，局部开挖在原生山体上。基本依山势北高南低，坡度不大；东高西低，坡度较大，近20°。南北长3.6、东西宽2.27、残深0.65～1.5米，方向10°（图九一；图九二；图版六，2）。竖穴内填灰褐色花土，墓坑内上部有少量淤泥、淤沙、卵石及较多植物根系等。盗扰极为严重，清理时扰土中发现有零乱人骨、陶片、铁器残片及红色漆皮等。墓坑东侧偏北及东北角一带未经扰动，土

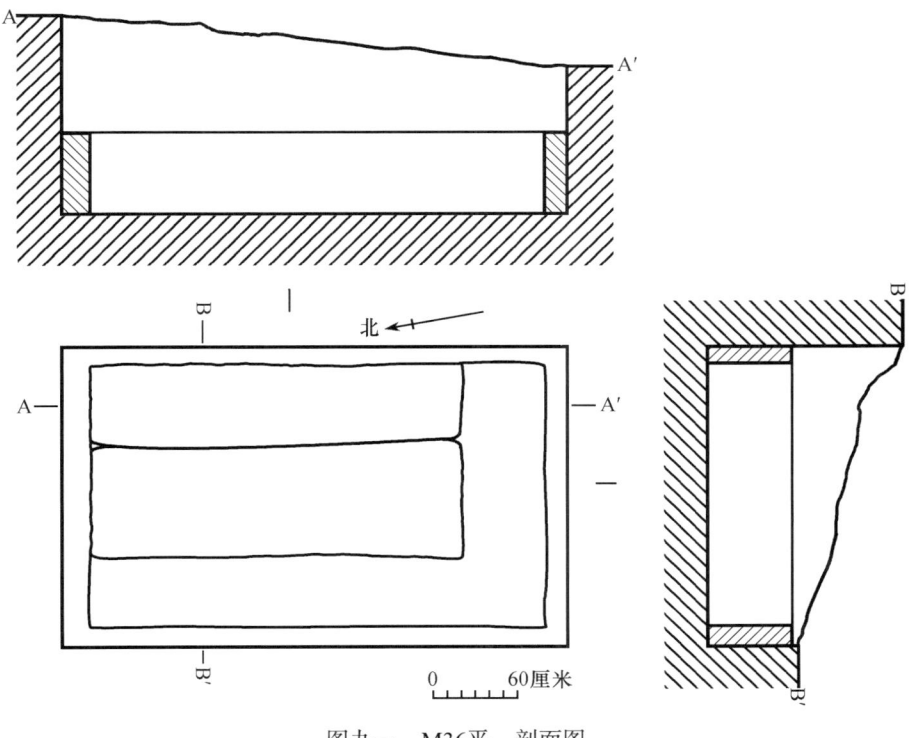

图九一　M36平、剖面图

图九二 M36出土器物分布图
1、2.铁削 3、4.陶罐

质纯净，较为坚实。

墓坑四壁有"回填土台"，为灰褐色花土，较竖穴内其他填土坚实。"回填土台"的局部因葬具朽毁，填土坍塌、夯实，稍不规整。高度有所不同，南北两侧稍高，约0.62米，东西两侧稍低，约0.59米。宽度接近，稍有差别。东、西、南三侧略窄，东侧宽0.12～0.15、西侧宽0.14～0.16、南侧宽0.14～0.17米，北侧稍宽，0.19～0.21米。"回填土台"内置放葬具及陪葬品，葬具为一椁二棺，均为漆木质。椁的大小与"回填土台"内的面积基本一致，南北长3.25、东西宽2米，高度不详。从清理情况看，木椁可能外髹黑漆，内饰红漆。椁内并列置二棺，并在南部及西部形成脚厢和边厢。木椁下部四角各有一略呈圆形的生土块，直径约18、现存高度4厘米，推测可能为置放椁的垫支点。椁的东北部东西并列置放二漆木棺，均呈抹角长方形，高度不详，长度基本相同，为2.65米。东侧棺略窄，东侧紧贴椁壁，西侧呈弧形外凸，最宽处为0.64、最窄处为0.58米；西侧棺略宽，东西两侧均呈弧形内凹，最宽处为0.9、最窄处为0.82米。两棺内各葬1人，头北向，方向10°。东棺内骨架靠近东侧壁，已朽，但痕迹明显，头骨、锁骨、左臂骨、髋骨、腿骨等均有保留。墓主为女性。骨架的髋骨处发现2件铁质环首刀，锈残严重。骨架多处附着有红色漆皮，人骨架下亦有大面积的红色漆皮痕迹。骨架上的漆痕疑为棺顶板或侧板内侧漆痕坍塌所致，推测棺内部髹红漆。从棺底积土断面来看，上层髹饰红漆，中层为灰黑色板灰，下层为漆痕，黑色，由此推断该棺应是内髹红漆，外饰黑漆。西侧棺破坏严重，从残存位置看，髹漆情况与东侧棺基本一致。骨架极朽，仅余部分头骨、锁骨和左侧臂骨，墓主男性。二棺足档南部为脚厢，左侧棺西侧为边厢。脚厢与边厢底部铺满石灰，局部因破坏不存，推测摆放陪葬品之前先铺垫一层白灰，作用大致是用来防潮，这与椁下支垫生土块基本一致。

墓葬曾遭严重盗掘，从清理来看，盗扰时对墓坑的南侧及中西部进行了大面积的掏挖，直至墓底，椁室、男性墓主的棺及骨架、脚厢与边厢及陪葬品等均遭到严重破坏。尤其是脚厢和边厢，破坏严重。边厢偏南侧出土若干陶片，可辨器形为2件陶罐。另在脚厢的中部偏东侧处的白灰痕迹之上发现有大片漆器残迹，器形已不可辨识，从痕迹上观察应为多件漆器。

2. 出土遗物

由于盗扰严重，陪葬品多被破坏。东侧棺内仅发现有铁质环首刀，已锈残，西侧未见相关遗物。脚厢与边厢破坏较甚，陪葬品多数不见，陶器极残，均为泥质灰陶，质地坚硬，部分有拍印纹饰。

（1）陶器

2件。因被盗扰及破坏，器物皆残，仅余部分残片。均为泥质灰陶，有模印纹饰。

罐　2件。弧腹。标本M36：3，余腹部残片。断面弧形，上薄下厚，外壁有凹凸。外饰弦纹及排列密集的竖向绳纹。残高8.1、残宽7.2、厚0.6～0.9厘米（图九三，1）。标本M36：4，余部分口、腹及底部。敞口，沿部有一周凸楞。短领。肩部有一周凹弦纹。溜肩。鼓腹。平底。残余器物部分均素面。口径22、底径24、口及上腹部残高5、底部残高2.4厘米（图九三，2）。

（2）铁器

2件。仅余局部，皆锈残严重。

环首刀　2件。刀身近呈长方形，一侧有刃，断面三角形。标本M36：1，环形首，断面圆形。刀身残长3.32厘米。标本M36：2，残长4.21厘米。

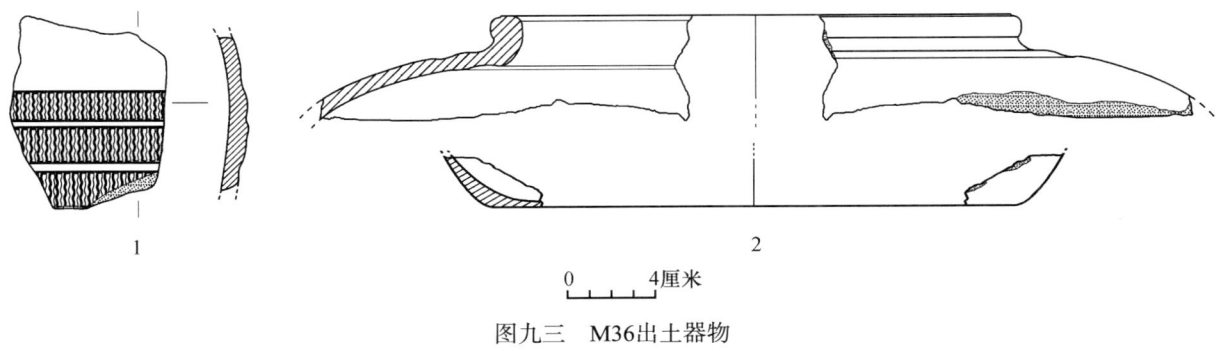

图九三　M36出土器物
1、2. 陶罐（M36：3、M36：4）

三四、M37

位于Ⅰ区B组西北部，处于山坡台地地带。地表积土较少，地表间或有杂草生长。西侧为M38，二者海拔相同，距离相近，平行并列存在，墓向一致，当为夫妻异穴合葬墓。南侧稍偏西为M40，三者海拔相同。东南稍远为M36，东部稍偏南为M39，稍远为M5、M6。M5、M6、M36海拔较高，M39海拔稍低，它们与最低的M37、M38及M40形成三级台地。

1. 墓葬形制与结构

M37为长方形土（石）坑竖穴墓，封土不存，上部土坑残无。残存墓圹局部为土坑，多数开挖在原生山体上，表面有大量卵石，有杂草生长。墓圹基本依山势北高南低，坡度稍小，东高西低，坡度略大。南北长3、东西宽1.75、残深0.5~0.92米，方向180°（图九四；彩版四，1；图版七，1）。竖穴内填灰褐色花土，上部15厘米较松软，有卵石及植物根系，其下层土质纯净，较坚实。

墓坑下部四壁有"回填土台"，为红褐色花土，较竖穴内其他填土坚硬。因葬具朽毁，填土坍塌、夯实，"回填土台"遭到不同程度的挤压，多不甚规整。北侧"回填土台"宽18~30、西侧"回填土台"宽4~12、南侧"回填土台"宽34~55、东侧"回填土台"宽4~8、高30~31厘米。"回填土台"内置放葬具，为一椁一棺，木质，已朽，痕迹较为明显，高度不详。"回填土台"内壁发现有灰色板灰痕迹，高度与"回填土台"基本相同，至底部略弧收，但不明显。由上至下灰色痕迹渐深，至底部呈深灰色，东西两壁痕迹清晰，南北两壁上部仅局部有相关痕迹，下部较为明显。板灰痕迹外侧靠近"回填土台"壁处有白色石灰痕，无红色漆皮发现，推测木椁之外可能涂有石灰，其目的当是为了防潮，而木椁外未髹饰红漆。因填土坍塌、夯实等原因，棺椁的平面形状均近呈平行抹角四边形状，东侧均向南倾斜，南侧壁尤为明显，倾斜度14.5°，北壁也有相应倾斜，为5°。墓底椁的四壁痕迹明显，宽2~6厘米。椁的长宽与"回填土台"内空间长宽基本一致，长2.23~2.35、宽1.56~1.68米。椁底发现有板灰痕迹，较薄，其下10~20厘米为灰褐色花土，花土下又有一层薄的板灰，两层板灰当分别为椁的盖板与底板痕迹。棺位于椁内西侧，所在位置有红色漆皮发现，可知棺髹饰有红漆。棺的长度与椁内长度一致，约2.17米，其东侧有一条明显的南北向横线，为棺的东侧边，棺的宽度为0.91~0.93米。棺内葬一人，偏西侧，头南向，方向180°。骨架已朽，但痕迹明显，头部距南椁内壁约0.3、脚部距北椁内壁约0.7、头脚间距约1.9米，从骨骼特征看墓主为一男性。

椁内棺的东侧形成南北向边厢，其内中南部置放陪葬品。墓葬未遭盗掘，但由于填土夯实等原因，陪葬品多残朽。以陶器为主，计有罐5件、钵2件，另有铁勺、漆耳杯及动物骨骼等。

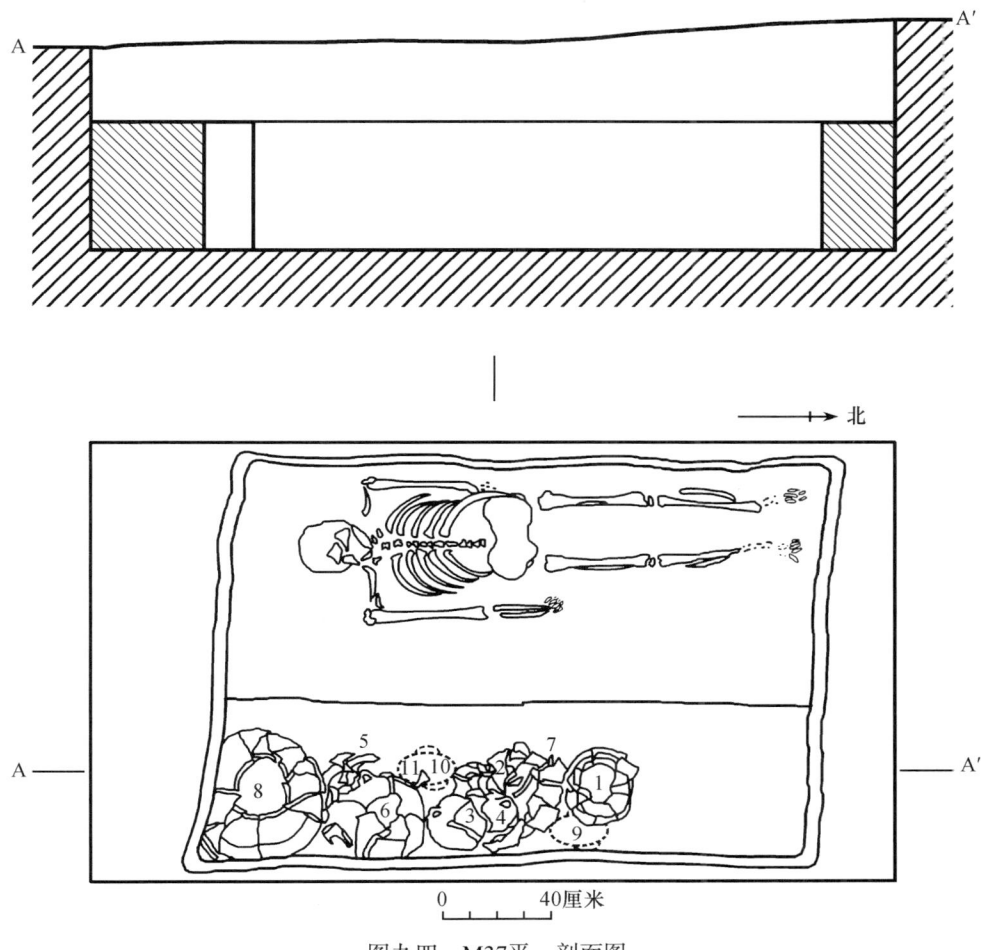

图九四　M37平、剖面图
1、5.陶钵　2~4、6、8.陶罐　7.铁勺　9、10.漆耳杯　11.猪骨

2. 出土遗物

由于棺椁朽毁、坍塌及填土夯实、水的浸泡等原因，陪葬品皆残。陶器极残，均为泥质灰陶，质地坚硬，部分有拍印纹饰，部分素面。铁器锈残严重，漆器仅可辨器形，无法提取。

（1）陶器

7件，主要为罐和钵。泥质灰陶，较残。罐有模印等纹饰，钵为素面。

罐　5件。敞口。短颈。溜肩。鼓腹，有相关纹饰。根据底部的不同可分为三型。

A型　1件（M37:3），圜底，腹底部弧度明显。盘状口，外敞明显，口沿斜向下侈，有一周凸线纹。颈略直。溜肩较甚。腹较深，中部偏下微折，最大径位于中部偏下。中部偏上对称两弧形系，中有规则的圆形孔。腹下部饰横向波浪纹。口径13.6、腹径17.8、高20.4厘米（图九五，1；图版一七，4）。

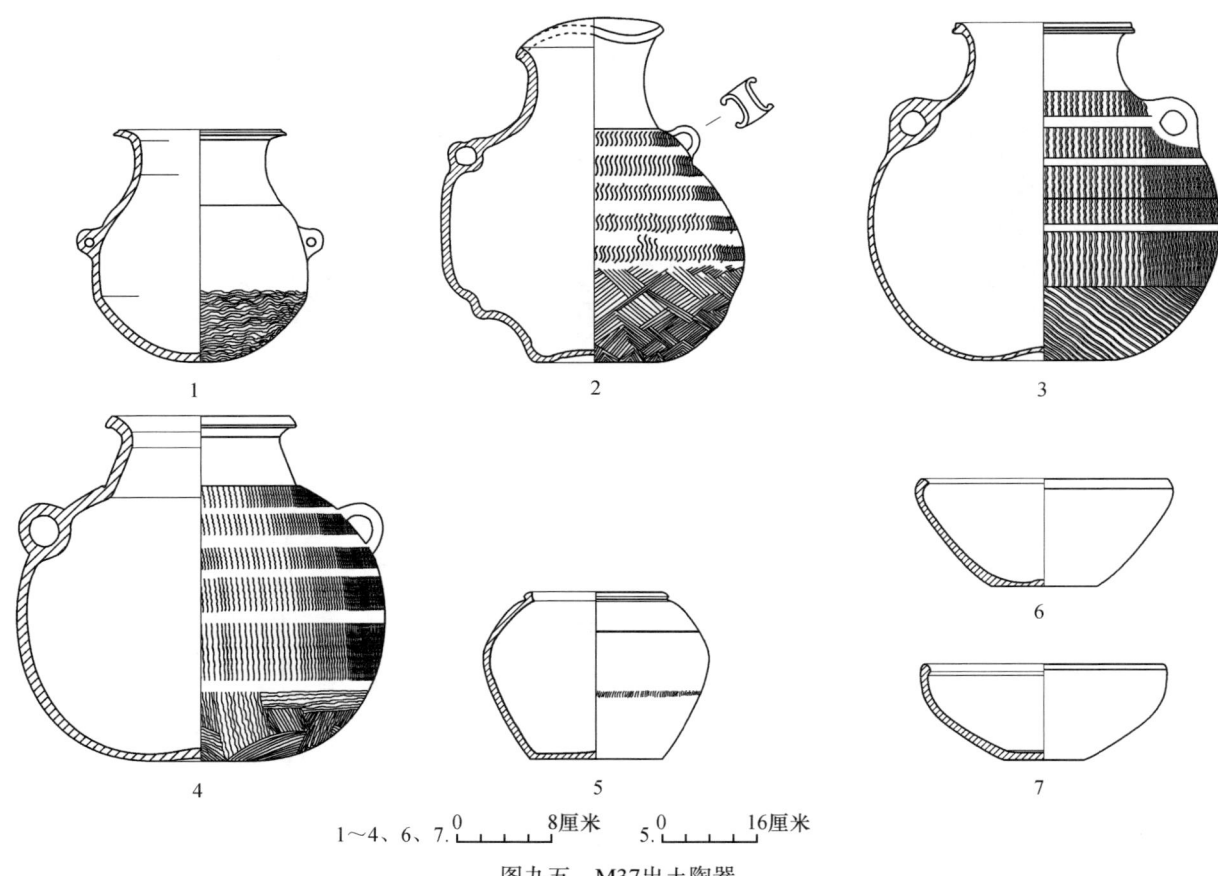

图九五　M37出土陶器
1. A型陶罐（M37∶3）　2. Ba型陶罐（M37∶2）　3、4. Bb型陶罐（M37∶4、M37∶6）　5. C型陶罐（M37∶8）
6. A型陶钵（M37∶1）　7. B型陶钵（M37∶5）

B型　3件，平底稍内凹。腹上部对称位置有两弧形系。根据口部的不同又可分为两亚型。

Ba型　1件（M37∶2）。口微外侈，方唇，末端弧向外斜。高领，微弧曲内凹。溜肩，微弧凸，与颈部结合处折痕明显。腹扁鼓，最大径位于中下部，垂腹明显。底部较宽，内凹稍深。弧形系外端圆弧，外凸较甚，有不规则圆形孔，内凹稍深。因烧造原因变形，形体不规整。口平面呈椭圆形，一端高，一端略低。一侧溜肩较甚，一侧略平弧。腹上部饰五组细密的竖向绳纹，下部为席纹。口长12.4、宽9.4、腹最大径25、底径10、高29.7厘米（图九五，2；图九七，1；图版一五，4）。

Bb型　2件，盘状口，沿微外卷。腹部圆鼓。标本M37∶4，口沿外壁有一周凹弦纹。弧形系内有不规则圆形孔。底内凹较深。腹中上部饰五组密集的竖向绳纹，下为斜向绳纹。口径14.8、腹最大径29.6、底径12、高29.2厘米（图九五，3）。标本M37∶6，口沿外壁无凹弦纹。颈与腹结合处有一周内凹，折痕明显。腹略下垂。两个弧形系内的圆形孔较规整。底稍内凹。腹上、中部为五组细密的竖向斜绳纹，下为交错绳纹。口径14.8、腹径30.8、底径8、高30厘米（图九五，4；图九七，2；图版一四，5）。

C型　1件（M37：8），平底，无内凹。口微敞，内壁内凹。沿斜向下侈。腹下部斜内收。内底中心稍凸。腹上部有一道粗弦纹，下部有一周细密的竖向斜线纹。口径21.6、腹径38、底径22.4、高29.2厘米（图九五，5；图版一八，2）。

钵　2件。敛口。平底。素面。根据腹壁等的不同可分为两型。

A型　1件（M37：1），腹较深，壁斜直。内底中心微凸。口径（内径）19.6、底径8.8、高9.4厘米（图九五，6）。

B型　1件（M37：5），腹略浅，腹壁上部较直，下部弧内收。内底微内凹。口径20、底径6.4、高8.4厘米（图九五，7；图版二一，2）。

（2）漆器

2件，均为耳杯。极残朽，胎质不明，仅余痕迹，器形可辨，但无法提取。椭圆形，有对称双耳，内髹红漆。标本M37：9、M37：10，尺寸皆不详。

（3）铁器

勺　1件（M37：7），锈残严重。柄呈圆柱形，断面圆形，中空，内有少量木芯残留。勺体呈扇形张开，前端残无，近柄端内凹。残高21.4厘米（图九六，1；图版二八，1）。

（4）动物骨骼

猪骨　1件（M37：11），已朽。上窄下宽，整体呈扇形，为猪前腿肩胛骨。上端近圆

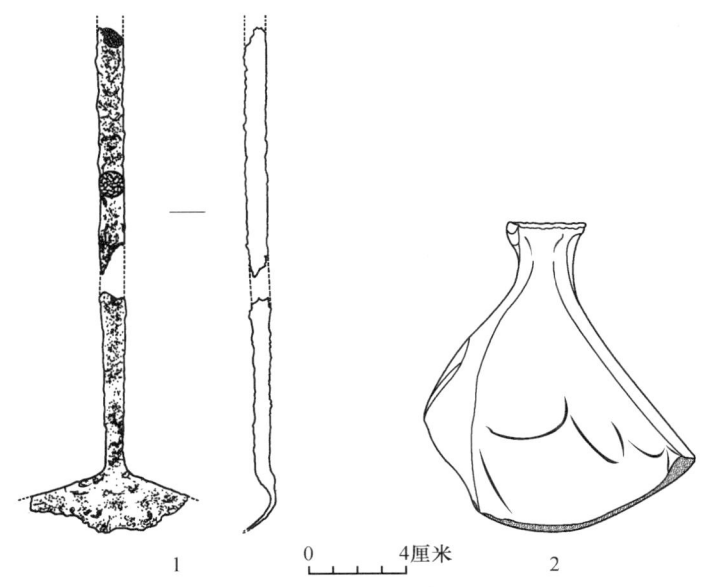

图九六　M37出土铁器、动物骨骼
1. 铁勺（M37：7）　2. 猪骨（M37：11）

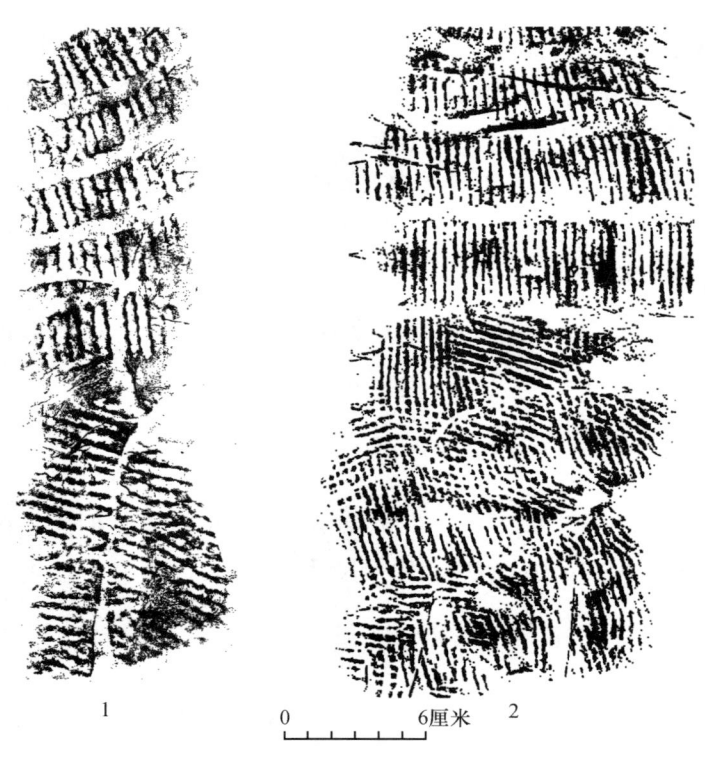

图九七　M37出土陶器纹饰拓片
1. Ba型陶罐腹部（M37:2）　2. Bb型陶罐腹部（M37:6）

形，边缘不甚整齐，中部内凹。下部成扇形张开，两侧微凸。一侧较平滑，一侧中部有凸起。高15、宽12.7厘米（图九六，2）。

三五、M38

位于Ⅰ区B组西北部，处于山坡台地地带，海拔较低。地表积土较少，地表间或有杂草生长。东侧为M37，二者海拔相同，距离相近，间距为1米，平行并列存在，墓向一致，当为夫妻异穴合葬墓。南侧稍偏东为M40，与之海拔亦相同。东南稍远为M36，东部稍偏南为M39，稍远为M5、M6。西侧不远为断崖。M5、M6、M36海拔较高，M39海拔稍低，它们与M37、M38及M40形成三级台地。

1. 墓葬形制与结构

M38为长方形土（石）坑竖穴墓，封土不存，上部土坑残无。残存墓圹局部为土坑，多数开挖在原生山体上，表面有大量卵石，有杂草生长。墓圹基本依山势东高西低，坡度略大，西壁局部内凹。南北长2.8、东西宽1.87、残深0.32～0.7米，方向180°（图九八；图版七，2）。竖穴

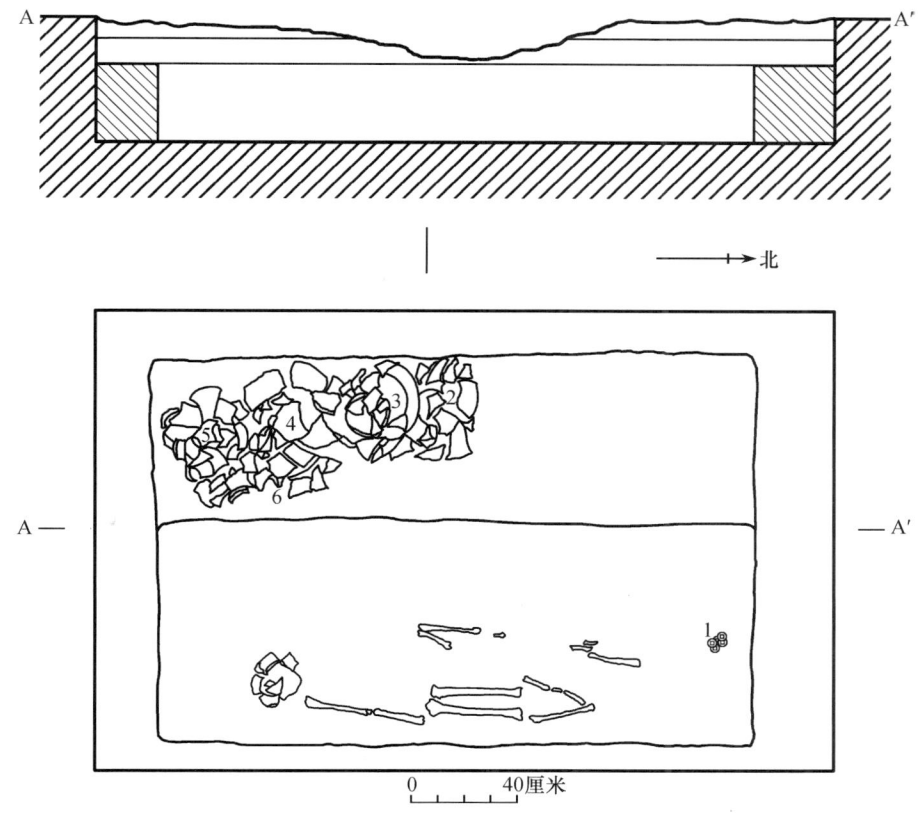

图九八　M38平、剖面图
1."半两"钱币　2.陶钵　3、4.陶罐　5.陶釜甑　6.猪骨

内填灰褐色花土，上部10厘米左右较松软，有卵石及植物根系，其下层土质纯净，较坚实。

墓坑下部四壁有"回填土台"，为灰褐色花土，较竖穴内其他填土坚硬。"回填土台"偏向东侧，虽因葬具朽毁、填土坍塌、夯实，受到不同程度的挤压，局部不整齐，南侧"回填土台"的中东部略向内侧弧，但整体较为规整。北侧"回填土台"宽29～31、西侧"回填土台"宽16～20、南侧"回填土台"宽20～24、东侧"回填土台"宽9～11厘米。东西两侧"回填土台"略高，约40厘米，南北两侧"回填土台"稍低，约31厘米。"回填土台"内置放葬具，为一椁一棺，木质，已朽，痕迹较为明显，高度不详。椁的板灰痕迹呈浅灰色，无红色漆皮发现，推测木椁外未髹饰红漆。椁的长宽与"回填土台"内空间长宽基本一致，长2.24～2.3、宽1.55～1.6米。椁底局部发现有板灰痕迹，较薄。棺位于椁内东侧，所在位置有红色漆皮发现，可知棺髹饰有红漆。棺呈抹角长方形，长度与椁内长度一致，2.24～2.3米，宽度为0.9～0.92米。棺内葬一人，偏东侧，头南向，方向180°。骨架已朽，但痕迹明显，头部距南椁内壁约0.35米，脚部骨骼残无，从骨骼特征看墓主为一女性。

椁内棺的西侧形成南北向边厢，其内中南部置放陪葬品。墓葬未遭盗掘，但由于填土夯实等原因，陪葬品多残朽。墓主脚部出土一组钱币，已锈残。边厢内以陶器为主，计有罐2件、钵1件、釜甑1组（釜为铁质），另有动物骨骼等。

2. 出土遗物

由于棺椁朽毁、坍塌及填土夯实、水的浸泡等原因，陪葬品皆残。陶器极残，均为泥质灰陶，质地坚硬，部分有拍印纹饰，部分素面。钱币锈残极为严重。

（1）陶器

4件（组），包括罐、钵及铁釜陶甑。陶器质地为泥质灰陶，较残。罐有模印等纹饰，钵、甑为素面。

罐 2件。盘状口，外敞，口沿外壁有一周凹弦纹。短颈。圆鼓腹，腹上部对称位置有两弧形系，有圆形孔。平底，内凹。腹中上部饰多组密集的竖向细绳纹，下有横向或斜向的绳纹。根据腹部的不同可分为两型。

A型 1件（M38：3），腹上部较圆鼓。口沿斜向外侈。弧形系内圆形孔较为规整。底微内凹。腹下部为横向细绳纹。口径2.65、腹径28、底径4、高26.8厘米（图九九，1；图一〇〇，1；图版一六，2）。

B型 1件（M38：4），腹下部较圆鼓，垂腹明显。口沿微卷。弧形系的孔呈不规则圆形。底内凹较深。腹下部为斜向绳纹。口径14.8、腹最大径29.6、底径12、高29.2厘米（图九九，2；图一〇〇，2、3）。

钵 1件（M38：2）。敛口。弧腹，近底部弧内收。假圈足，平底。口径22.4、底径6.8、高8.2厘米（图九九，3；图版二一，3）。

釜甑 1套（M38：5）。釜为铁质，甑为陶质，釜锈残严重。甑，敛口。沿近口处斜向外折，再外较宽平，下部内卷。弧腹。平底，有对称五个箅孔。釜，敞口，短领。圆鼓腹。平底。腹上部对称位置有两弧形系，一弧形提梁与系相扣。提梁局部呈麻花状，并有钉形器等配套物品。甑口径18、底径10.4、高8.4厘米，釜口径14、腹径21.6、高14厘米，通高20.8厘米（图九九，4、5）。

（2）钱币

1组（M38：1），铜质，锈残严重（图版二七，2）。圆形，方孔，两面的内外均无郭。一面有阳文"半两"二字，右"半"左"两"。标本M38：1-4，钱体较薄，边缘局部有残缺，中部方孔较大。"半两"二字，尤其是右侧的"两"字不全。直径2.2、方孔边长约1.1厘米，边缘厚不足1毫米（图一〇一，1）。该类钱币当为高后时期的"荚钱"。标本M38：1-3、M38：1-5，钱体较M38：1-1厚，中部方孔相对较小。"半两"二字规整，字体较全。直径2.4~2.5、方孔边长0.9~1、厚0.1厘米。该类钱币当为文帝时期的私铸"四铢半两"（图一〇一，2、3）。

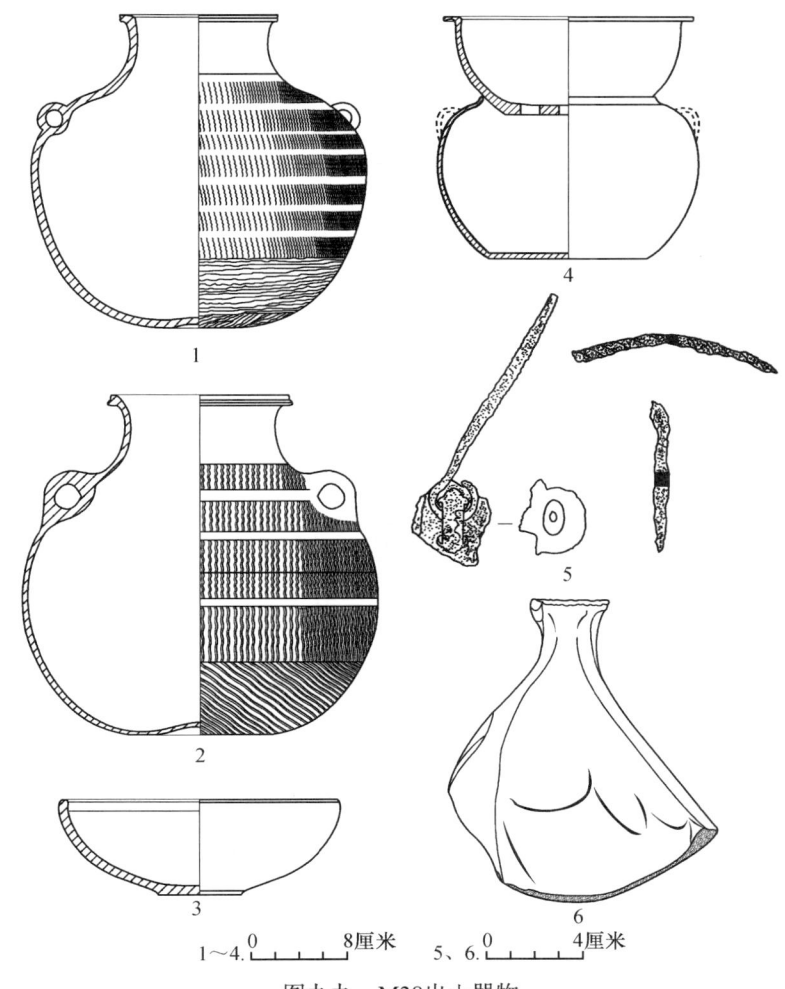

图九九　M38出土器物
1. A型陶罐（M38：3）　2. B型陶罐（M38：4）　3. 陶钵（M38：2）　4. 铁釜陶甑（M38：5）　5. 铁釜残片（M38：5）
6. 猪骨（M38：6）

（3）动物骨骼

猪骨　1件（M38：6），已朽。上窄下宽，整体呈扇形，为猪前腿肩胛骨。上端近圆形，边缘不甚整齐，中部内凹。下部成扇形张开，两侧微凸。一侧较平滑，一侧中部有凸起。高15、宽12.7厘米（图九九，6；图版二九，4）。

三六、M39

位于Ⅰ区B组西部略偏北，处于山坡台地地带。地表积土较少，有较多积沙、碎石与卵石，地表间杂草生长茂盛。稍远偏西为M47与M48，M39与二墓基本处于同一海拔高度上。其

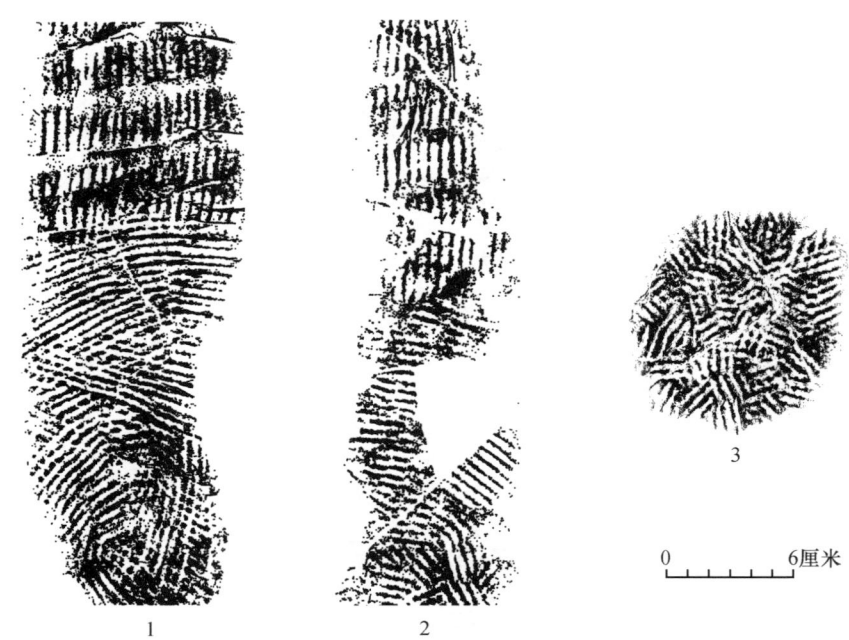

图一〇〇　M38出土陶器纹饰拓片
1. A型陶罐腹部（M38：3）　2、3. B型陶罐腹部与底部（M38：4）

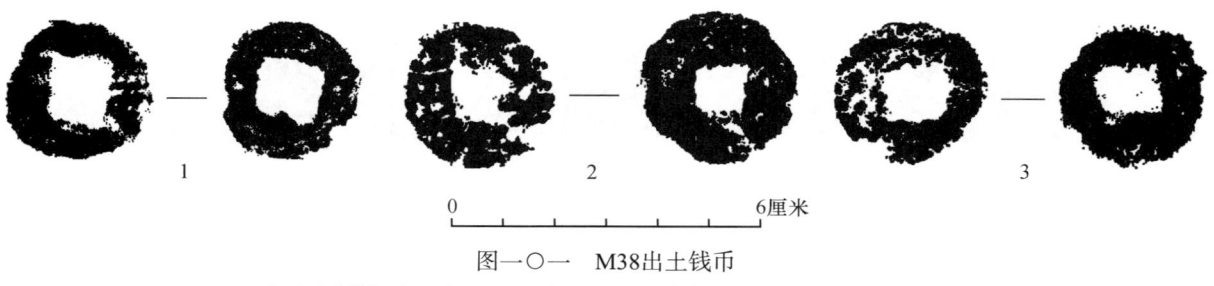

图一〇一　M38出土钱币
1. 高后"荚钱"半两（M38：1-4）　2、3. 四铢半两（M38：1-3、M38：1-5）

西侧为海拔稍低的台地，偏北为M37、M38，西南为M40。东侧及南侧为海拔稍高的台地，东侧为M5与M6，南侧稍近为M36。

1. 墓葬形制与结构

　　M39为长方形土（石）坑竖穴墓，封土不存，上部土坑残无。残存墓圹为石坑，开挖在原生山体上，表面有大量碎石与卵石，有杂草生长。墓圹基本依山势东高西低，坡度略大，南北两侧高度接近，北侧稍低，中间略有起伏。南北长2.6、东西宽1.76、残深0.03～0.33米，方向0°（图一〇二）。西侧受水冲刷及后期破坏，墓壁较矮，西侧南部及北侧西部局部不存。竖穴内填土上部较杂乱，且松软，有卵石及植物根系等，近底部为灰褐色花土，土质纯净，较坚实。竖穴底部西北局部位置不存，推测不存处原为土质，后因水土流失等原因而不存。

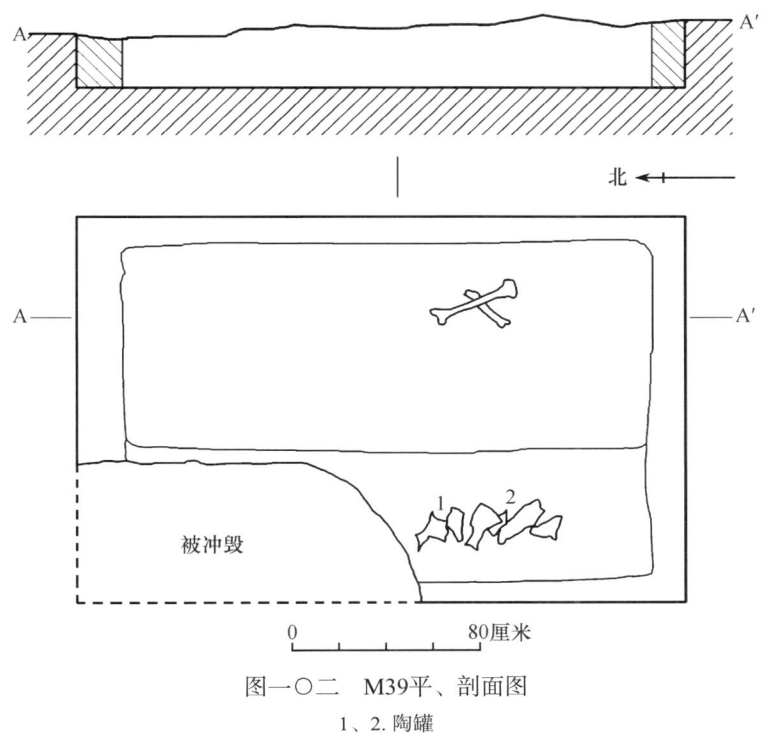

图一〇二　M39平、剖面图
1、2.陶罐

竖穴底部有"回填土台"，为灰褐色花土，较竖穴内填土稍坚硬。残高3~27厘米，宽度不一，局部不存。北侧"回填土台"宽18~20、东侧"回填土台"宽10.5~12、南侧"回填土台"宽14~16、西侧"回填土台"宽7.5~10.5厘米。"回填土台"内墓圹底部置放葬具，大致来看，该墓为一棺一椁，均木质，皆朽。西侧底局部有灰色板灰痕迹，未见红色漆皮，推测为椁板朽迹。椁南北长1.91、东西宽1.31米，高度不详，未髹红漆。东侧底部土质坚硬，有明显的长方形痕迹，其内灰色痕迹明显，并伴有红色漆皮，靠近东侧偏南有人骨发现，推测长方形痕迹应为棺痕。棺南北长约2.25、东西宽约0.95米，高度不详。为漆木棺，髹饰有红漆，但髹饰方法不详。棺内葬1人，头北向，方向0°，残存腿骨位于南侧，墓主可能为男性。

椁内棺的西侧，墓主右侧可能为边厢，内置陪葬品，因盗扰严重，仅有少量残陶片出土，可辨器形为罐，2件。

2. 出土遗物

由于遭盗扰严重，陪葬品多不存，仅余部分残片。中部偏南出土有陶器残片，可辨器形均为泥质灰陶罐，质地坚硬，有拍印纹饰。

罐　2件，皆仅余腹部残片。标本M39：1，腹部残片断面呈弧形，外壁有一周明显内凹。上部残留两组排列密集的竖向绳纹，下为横向绳纹。残高7.3、残宽6.9、厚0.6~0.9厘米（图一〇三，1）。标本M39:2，腹部残片断面呈弧形，上厚下薄。外壁饰斜向的细密绳纹。残高6.9、残宽6.4、厚0.2~0.5厘米（图一〇三，2）。

三七、M40

位于Ⅰ区B组西部偏北，处于山坡台地地带。地表积土较少，有较多碎石与卵石，地表有少量杂草。北侧同一海拔高度台地上为M37、M38。东北侧稍近为M39，东南侧稍近为M47，稍远为M48，三者所在位置海拔较M40所在台地高，属高一层的台地。东侧及东北侧稍远处较高台地上分别为M36及M5、M6，三者属更高一层的台地。

1. 墓葬形制与结构

M40为长方形土（石）坑竖穴墓，封土不存，上部土坑残无。残存墓圹为石坑，开挖在原生山体上，表面有大量积沙与卵石，有少量杂草生长。墓圹基本依山势东高西低，坡度略大，南北两侧高度接近，中间略有起伏。南北长2.6、东西宽1.95、残深0.03~0.15米，方向350°（图一〇四）。西侧受水冲刷及后期破坏，墓壁较矮。竖穴内填土较杂乱，且松软，有卵石、积沙及少量植物根系等。

竖穴底部有"回填土台"，为灰褐色花土，较之竖穴内填土稍坚硬。残高3~13厘米，宽度不一，北侧"回填土台"宽14.5~15.5、东侧"回填土台"宽13.5~17.5、南侧"回填土台"宽10.5~14，西侧"回填土台"宽9.5~10.5厘米。"回填土台"内墓圹底部的土质亦为灰褐色花土，土质纯净，较坚实。大致来看，该墓为一棺一椁，均木质，皆朽。西侧底局部有灰色板灰痕迹，未见红色漆皮，推测为椁板朽迹。椁呈长方形，南北长2.32~2.36米，东西宽1.65~1.7米，高度不详，未髹红漆。东侧底部土层略厚，有明显的长方形痕迹，其内灰色痕迹明显，并伴有红色漆皮，中部有人骨发现，推测长方形痕迹应为棺痕。棺南北长约2.32~2.36、东西宽约0.95米，高度不详。为漆木棺，髹饰有红漆，但髹饰方法不详。棺内葬1人，头北向，方向350°。残存有头骨、左臂骨、腿骨等，墓主可能为女性。

椁内棺的西侧，墓主右侧可能为边厢，内置陪葬品，因盗扰严重，仅有少量残陶片出土，可辨器形为罐，2件。

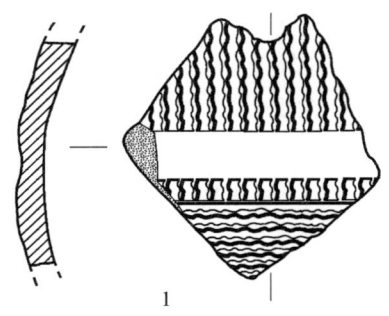

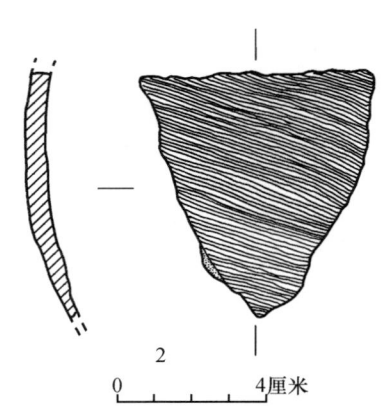

图一〇三 M39出土陶器
1、2. 陶罐（M39:1、M39:2）

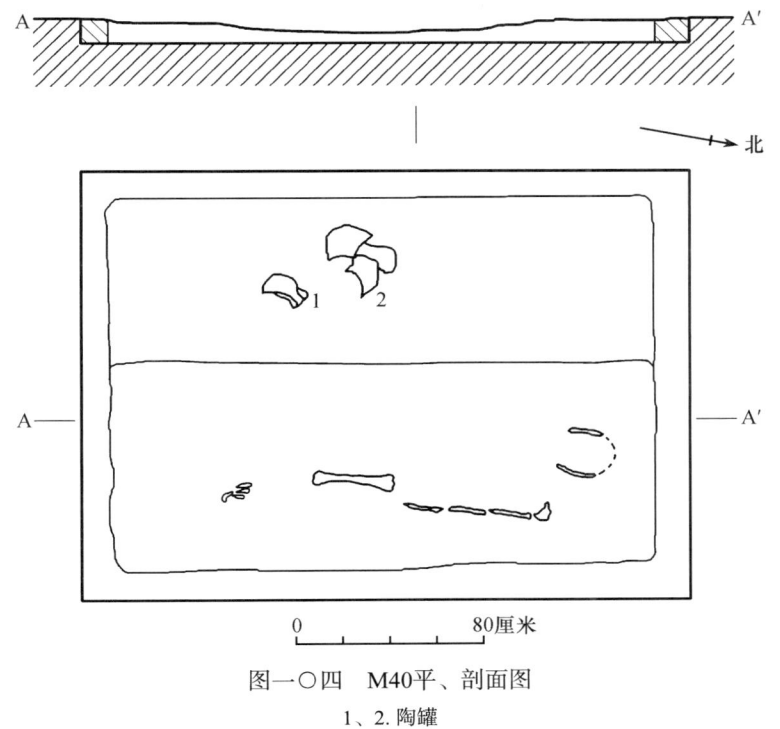

图一〇四　M40平、剖面图
1、2.陶罐

2. 出土遗物

由于遭盗扰严重，陪葬品多不存，仅余部分残片。中部偏南出土有陶器残片，可辨器形均为泥质灰陶罐，质地坚硬，有的拍印纹饰。

罐　2件。标本M40∶1，残余部分口、腹及底部。口微敛，平沿。短颈。弧腹，肩部圆鼓。平底。残余器物部分均素面。口径19.6、底径29.6、口及上腹部残高5厘米（图一〇五，1）。标本M40∶2，余腹部残片。断面弧形。外饰弦纹及排列密集的竖向绳纹。残高10.3、残宽8.5、厚1厘米（图一〇五，2）。

三八、M43

位于Ⅰ区A组北部，与山头顶部有一定距离，南为山头顶部，北侧为低缓的山坡，积土较厚，不见岩石。地表有较多卵石，长满杂草，较为茂盛。南侧为M11，西侧偏南为M7与M45，西侧偏北为M8，北侧略偏西为M27，北侧偏东为M26，东南侧稍远有M12、M35等。

1. 墓葬形制与结构

M43为长方形土坑竖穴墓，封土不存，上部土坑残无。残存墓圹亦为土坑，基本依山势东

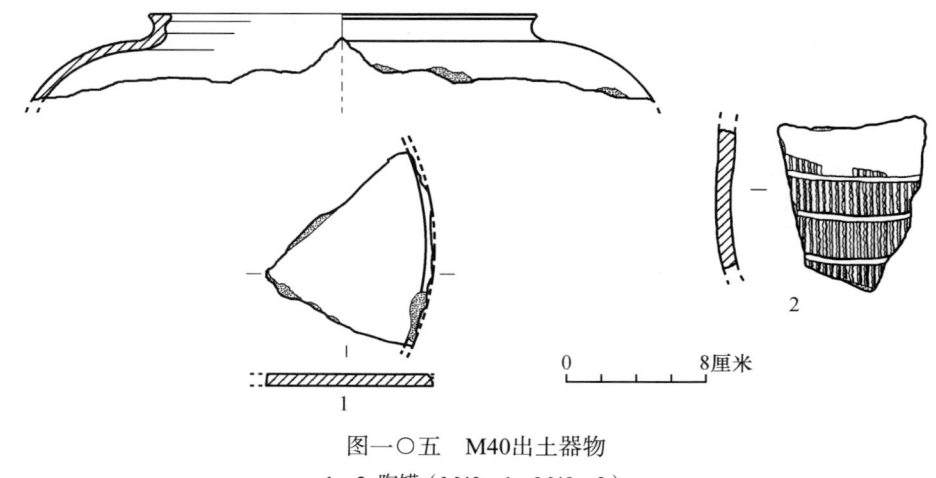

图一〇五　M40出土器物
1、2. 陶罐（M40∶1、M40∶2）

高西低，南高北低，坡度均不大。南北长2.98、东西宽2.26、残深0.05～0.31米，方向205°（图一〇六）。竖穴填土表层土质松软，有较多卵石，长满杂草。其下为灰褐色花土，扰乱极为严重。

竖穴底部有"回填土台"，为灰褐色花土，稍坚硬。残高4.5～31厘米，宽度不一，北侧"回填土台"宽24、东侧"回填土台"宽28、南侧"回填土台"宽27，西侧"回填土台"宽20.5厘米。"回填土台"内局部发现有板灰痕迹，东侧局部有红色漆皮残块等发现，推测该墓为一椁一棺。椁南北长2.48、东西宽1.78米，高度不详，内置棺及陪葬品等。棺为髹饰红漆的木棺，位于东侧，长度与椁接近、宽0.95米。东侧偏南有头骨痕迹，墓主头南向，方向205°。

棺西侧，墓主左侧可能有边厢，其内置放陪葬品，因盗扰严重，仅有少量残陶片出土，可辨器形有鼎1件、壶1件、罐1件，极残。

2. 出土遗物

由于遭盗扰严重，仅在墓圹内西部偏北出土有陶器残片，推测早年被盗，后又被扰乱，加之水土流失等原因，陪葬品多数不见。陶器极残，均为泥质灰陶，质地坚硬。可辨器形有鼎、壶、罐等，部分有彩绘纹饰，已剥落，部分有拍印纹饰。

鼎　1件（M43∶3），仅余底部及部分蹄形足。弧腹，圜底。腹部有一道凹弦纹。有红色等彩绘纹，已剥落不存。腹最大径20、残高9.3厘米（图一〇七，1）。

壶　1件（M43∶2），仅余部分腹、底及系、衔环等。圆鼓腹，腹壁圆弧。圈足，弧形底。系呈弧形，衔环为圆形，断面为不规则圆形。残存腹壁有一周宽带纹，近底部有两周弦纹。有红色等彩绘纹，已剥落不存。底径13.6、底部残高5.5、系及衔环残高8、环内径7、环外径9厘米（图一〇七，2）。

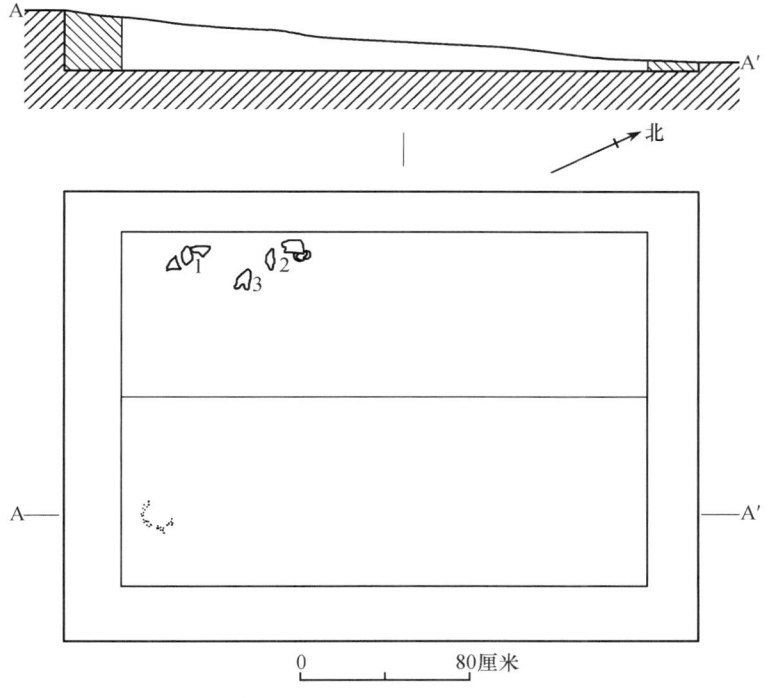

图一〇六　M43平、剖面图
1. 陶罐　2. 陶壶　3. 陶鼎

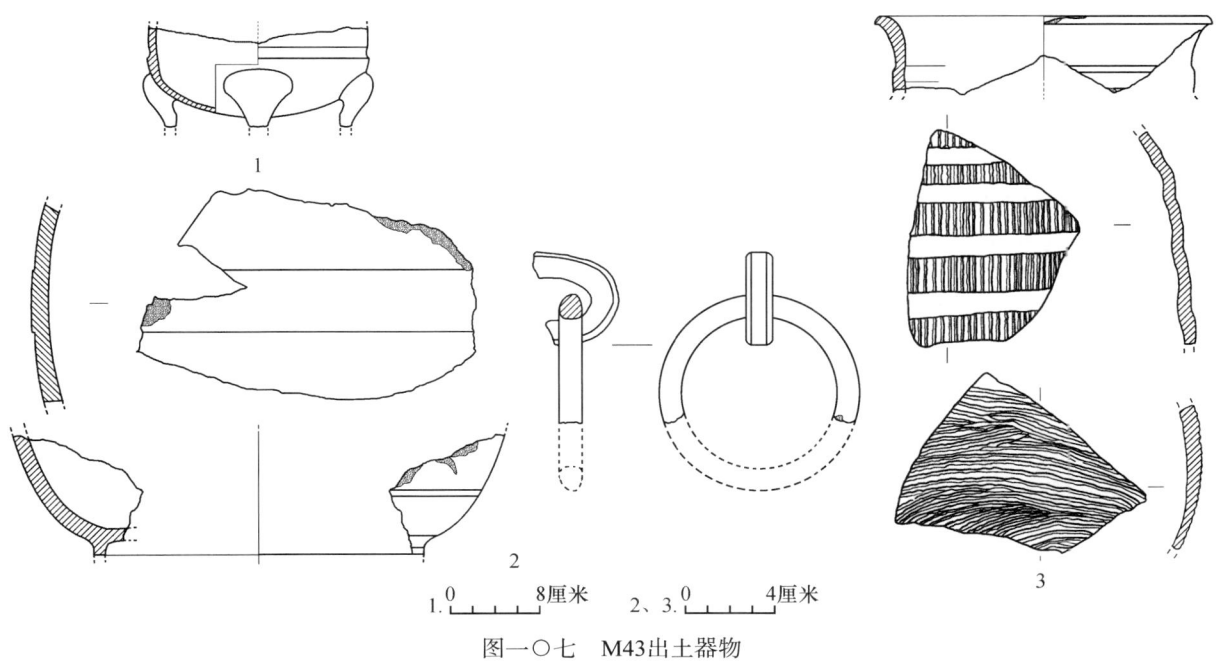

图一〇七　M43出土器物
1. 陶鼎（M43：3）　2. 陶壶（M43：2）　3. 陶罐（M43：1）

罐　1件（M44∶1），仅余部分口、颈及腹部等。敞口，卷沿，颈弧内凹，中部偏下有一周凸棱纹。鼓腹，腹壁圆弧，近底部壁较薄。残余腹部残片中，一饰有五组密集的竖向粗绳纹，一饰有密集的横向细绳纹。口径14.6、口颈部残高3.7、腹壁厚0.3～0.7厘米（图一〇七，3）。

三九、M44

位于Ⅰ区A组中部偏南，北距山头顶部较近，南为低缓的山坡，再南为断崖。墓葬所在位置积土较厚，地表有较多卵石，间有杂草生长。南侧为M2，稍远略偏东为M1，西南稍远为M4，西侧稍远为M3，稍近略偏南为M28，东北侧稍远为M9、M10与M12等，北侧为山头顶部，较近距离为M23，稍远略偏西分别为M22、M21，略偏东为M24。

1. 墓葬形制与结构

M44为长方形土（石）坑竖穴砖椁墓，封土不存，上部土坑部分残无。残存墓圹上为土坑，近底部局部为石坑，基本依山势东高西低。南北两侧墓圹高度相近，中间略有起伏。南北长3.22、东西宽2.57、残深1.45～1.9米，方向35°（图一〇八；图一〇九；彩版四，2；图版八，1）。

竖穴填土表层土质松软，有较多卵石，生长一些杂草。卵石下约30厘米厚的土层呈灰褐色，亦较松软，卵石多，并有少量残砖。该层土下较多部位有卵石分布，形成一层。推测该层卵石为较早阶段的淤积，而其上土层则为后来淤积而成。卵石层下为黄褐色土，间有浅红色土块，局部夹杂残砖，有少量卵石。

竖穴下部以砖修砌椁室，北、东、南三侧椁壁距离墓坑壁均为5厘米，西侧椁壁距离墓坑壁略宽，为6.5厘米。砖椁内侧南北长2.6、东西宽2.1、残高约0.87米。底部铺砖，四壁砌墙，砖墙上部多被破坏，推测砖椁顶部可能为木质物封盖，已朽不存，或可能有砖砌顶，已破坏不存。椁四壁砖墙均为长方形砖榫卯相扣平铺，西、北、东三面为单排砖墙，南面为双排砖墙，皆遭受不同程度的破坏，高度不一。东侧残存砖墙较高，北侧残损较甚，最高约92.5厘米，有13层，最上2层为对缝平铺，其下11层为错缝平铺。南侧残存2层，局部1层，高约13.5厘米。西侧偏南的砖墙残无，偏北侧残存6层，高约44厘米。北侧修砌砖墙2排，宽33.5厘米，因破坏，高度均参差不齐。内侧砖墙东侧破坏较甚，局部残存3层，从清理情况看，东侧最底一层借助铺地砖，其上再错缝平铺；西侧残存4～5层，高约36厘米。外侧砖墙残存8层，东侧略高，约59厘米；西侧破坏较严重，残存6层，高约45厘米。砌墙用的长方形砖较为规整，一端有凸出的榫，一端有凹进的卯，铺砌时榫卯相扣较为牢固。砖长45、宽16厘米，朝向墓室的一侧面饰有纹饰，其余各面均素面无纹。纹饰分上下两组，中间以双横线相隔。两组纹饰相同，上下顺序一致，略有错位。每组的主题纹饰为多个相连的双线菱形纹，在上下两侧形成较多三角

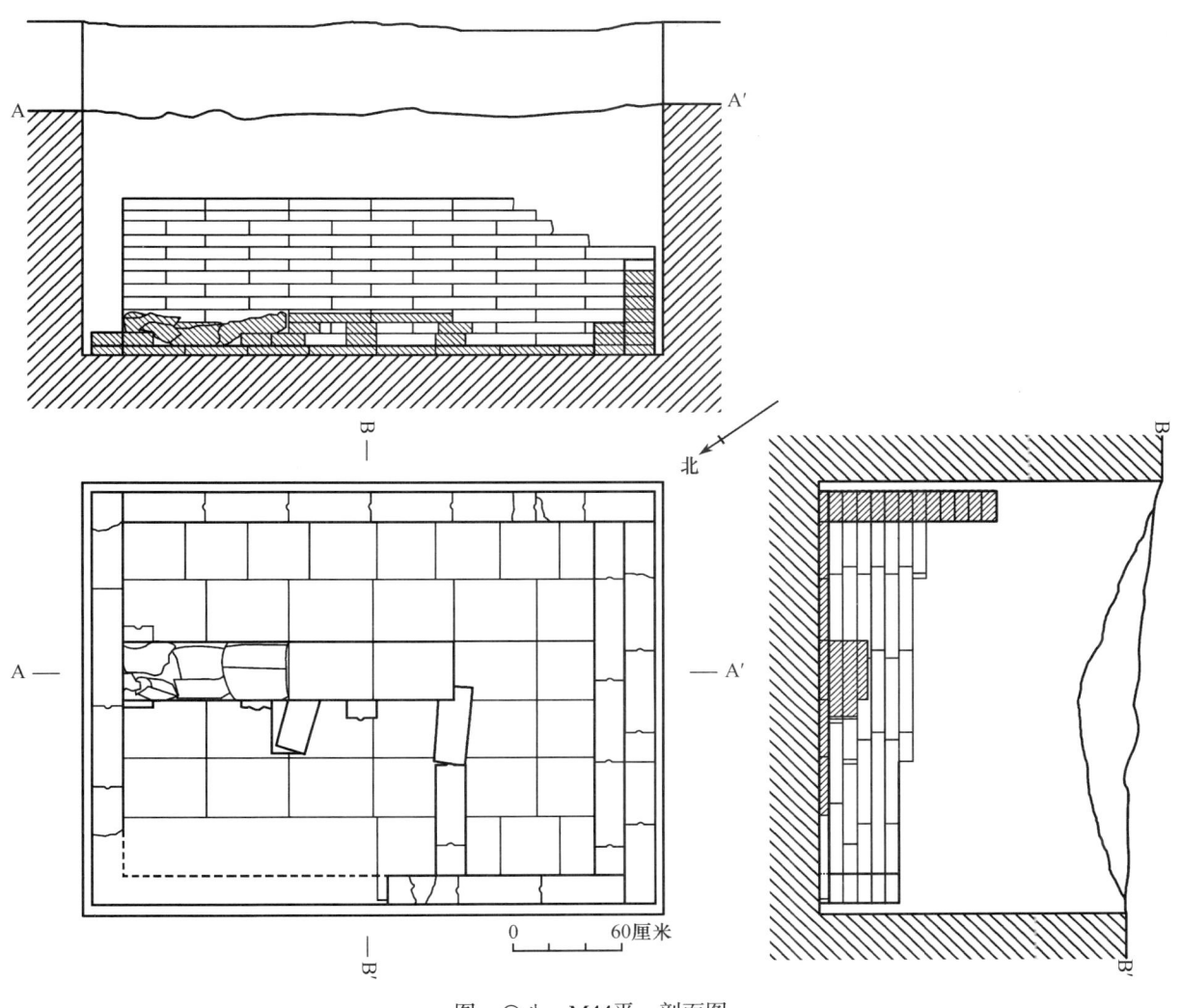

图一〇八 M44平、剖面图

纹。菱形纹中部由上至下为3个较小的菱形，间饰较短竖线纹，左右两侧为2对称的卷云纹，并饰4较小的三角纹。两侧三角纹内的纹饰有所差别，上层三角纹中部为卷云纹或圆圈纹，两侧为弧线纹及较短斜线纹，下层三角纹中部为较细的竖线纹，两侧为弧线纹及较短斜线纹。砌墙砖厚度有所差别，纹饰也略有差别，一类略薄，纹饰中间仅为两条横线，且间距较窄，如M44：砖-4，厚9厘米（图一一〇，1；图版三一，1）；一类稍厚，纹饰中间两条横线间距较大，内饰多条短竖线纹，M44：砖-6，厚10.2厘米，部分纹饰已模糊（图一一〇，2），M44：砖-5，厚10.2厘米，纹饰清晰，一侧平面还有制作遗留下的刻画痕迹（图一一〇，3；图版三一，2）。墓底铺地砖，南北向平铺，东西向成列，计6排，南部的内侧砖墙对每列南侧铺地砖的南端均有叠压。最外侧（东西侧）两排各有铺地砖8块，南北向摆放，局部叠压在两侧墙下；中部4排每排用砖6块，东西向摆放，最西侧一排南侧3块铺地砖残无，其上砌墙亦不存。铺地砖呈长方形，长46、宽34、厚约11厘米。朝上一面模印有纹饰，基本以多组横线纹分

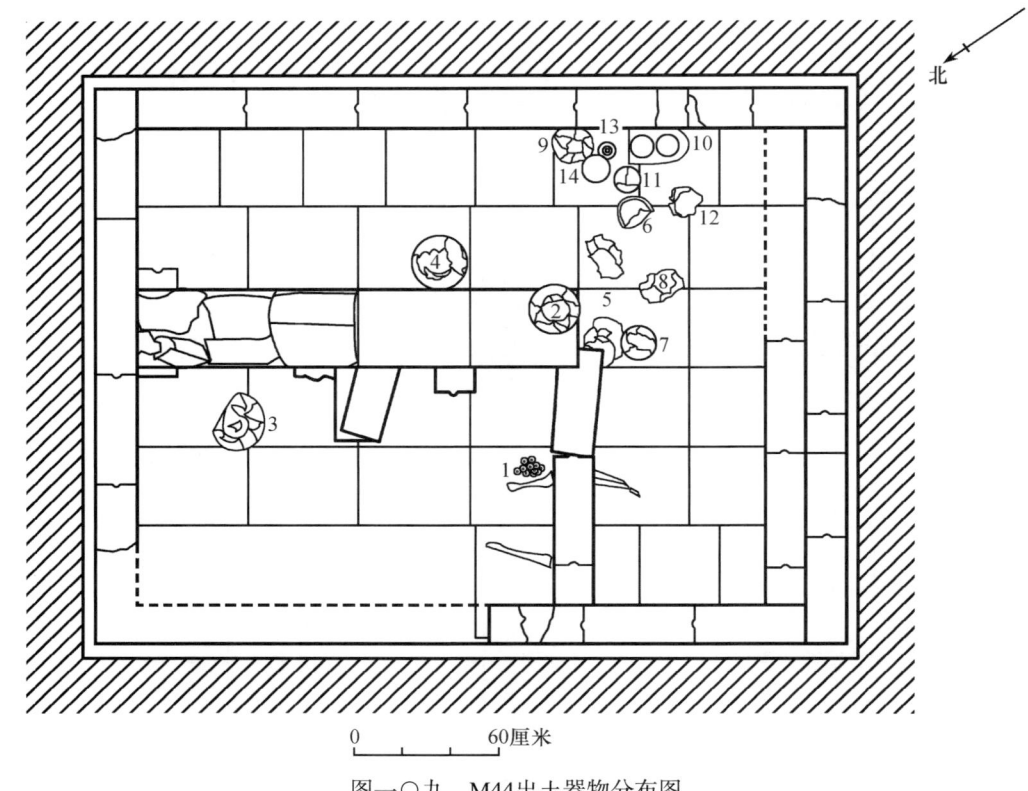

图一〇九　M44出土器物分布图

1.五铢钱币　2、3~5.陶罐　6.铜釜　7、8.陶仓　9.陶井　10.陶灶　11.陶盘　12.陶甑　13.陶瓶　14.陶盆

成多组相同的图案，图案以双线菱形纹及三角纹、云纹等为主，菱形纹中部有纹饰，左右两侧为2对称的卷云纹，并饰对称图案，而菱形纹在每组图案的上下两侧又形成两排三角纹，内饰相关图案。总体图案在布局上可分为两类，两类图案的一些细部也有所差别。一类以5组中间带短竖线纹的两条粗横线平分为6组相同的图案，粗横线外侧各有一条细横线，每组图案的菱形纹中部由上至下为3个较小的菱形，间饰较短竖线纹，左右两侧卷云纹旁侧饰有4对称的较小三角纹，菱形纹两侧三角纹中，上层三角纹中部为卷云纹或圆圈纹，两侧为弧线纹及较短斜线纹，下层三角纹中部为较细的竖线纹，两侧为弧线纹及较短斜线纹，如M44：砖-2等（图一一一，1；图版三一，4）；一类以2组中间带短竖线纹的两条粗横线分成3个部分，粗横线外侧各有一条细横线，中部以2组4条细横线平分为3组图案，上下两部分则是以1组4条细横线平分为2组图案，每组图案的外侧亦有1组4条细横线，每组图案的菱形纹中部为3个较小的点状纹，左右两侧卷云纹旁侧饰有4组对称的较小点状纹，每组3个，菱形纹两侧三角纹中，上下均饰较细的竖线纹，如M44：砖-1等（图一一一，2；彩版一二，4；图版三一，3）。

砖椁底部铺地砖之上砌有棺室，位于西北部，南侧、东侧与椁室间形成边、足厢。棺室南北长1.73、东西宽1.05，残高0.19米，北、西两侧借助砖椁壁。南部以长方形砌墙砖垒砌，残存2层，错缝平铺，残高约0.15米。东部较为复杂。底部南侧借助南侧砖墙，中部并列东西向

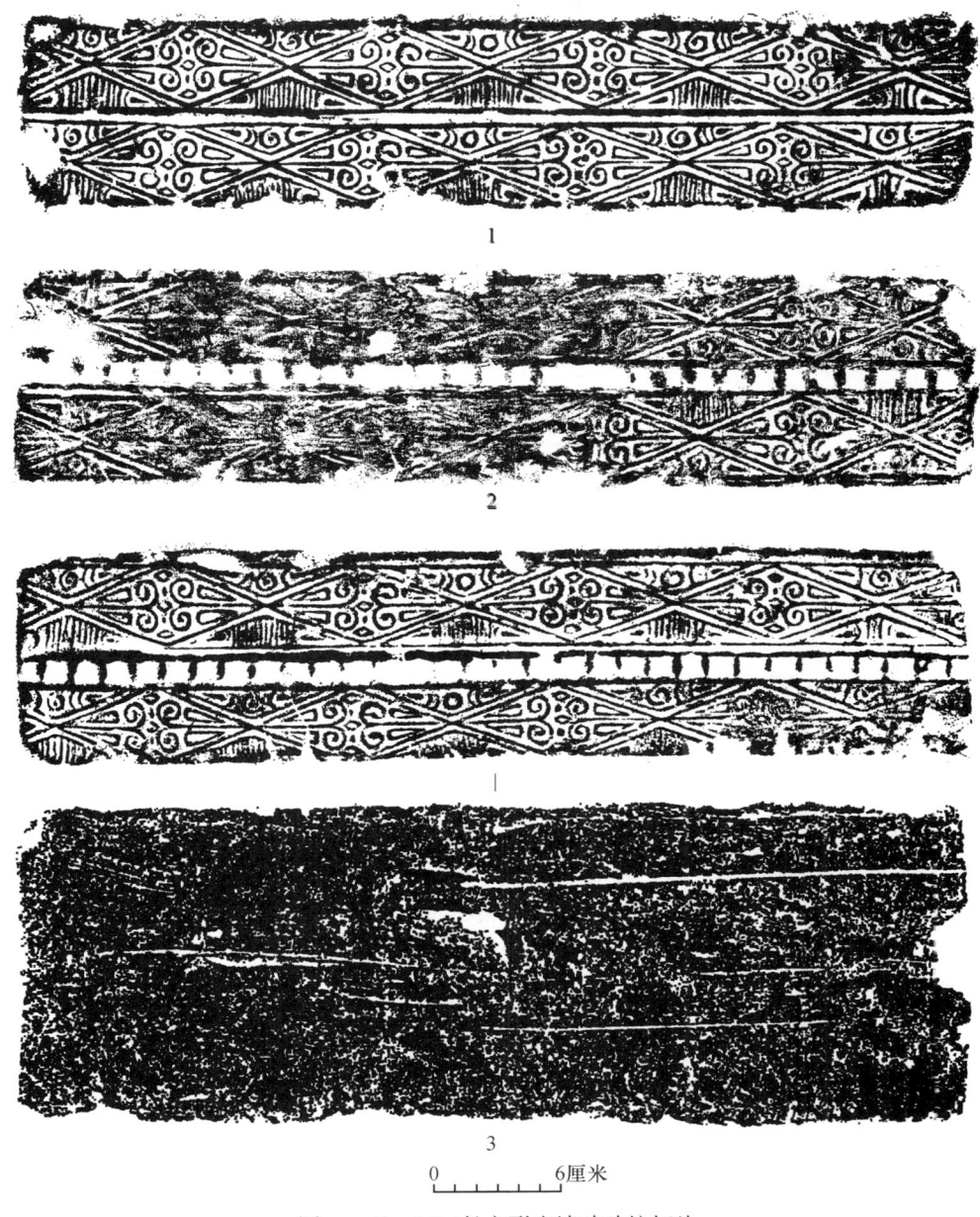

图一一〇　M44长方形砌墙砖砖纹拓片
1、2. 榫卯砖侧面（M44：砖-4、M44：砖-6）　3. 榫卯砖侧面与宽面（M44：砖-5）

砌长方形砖2排，北侧1排为1层，南侧1排为2层。中部南侧砌墙与南部砖墙中间为1排2层东西向长方形砌砖，中部南侧1排2层砌砖、南部2层砖墙及二者中间2层砌砖之间均有间隔，在这3排砌砖之上东西向平铺2块长方形地砖，使得2处间隔形成龛状。东部墙靠近北壁处东西向砌长方形砖1块，与中部北侧1排1层砌砖之间形成间隔，而在二者之上南北向平铺空心砖一块，空心砖的高度与南侧平铺的两块地砖高度持平。长方形砖的形制、尺寸、图案等与砖椁稍厚砌墙砖相同，平铺地砖的形制、尺寸、图案等与砖椁底部的第二类铺地砖相同。空心砖已残碎，呈

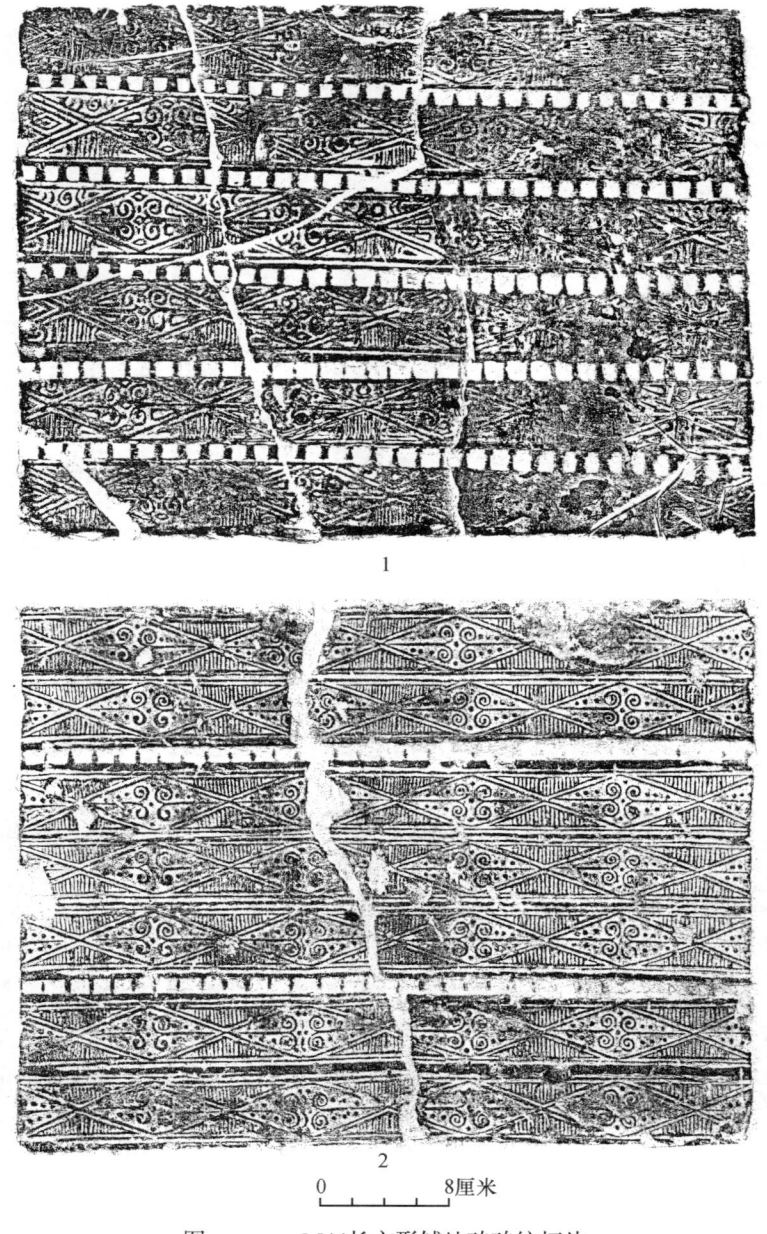

图——— M44长方形铺地砖砖纹拓片
1、2.铺地砖正面（M44：砖-2、M44：砖-1）

长方形，长90、宽27.2、厚12厘米。上下两面较宽，模印有相关纹饰，其余四个侧面均较窄，素面，长侧面有3、窄侧面有1不规则孔与砖体内相通，砖体内部较空，对称位置有2竖向相连的脊，脊中部有不规则的椭圆形孔。砖上、下两面模印的图案均由边框和主体纹饰两部分组成，边框饰密集排列的内凹斜线纹，疏密程度不一，斜线纹内有更为密集、略凸起的垂直短竖线纹，疏密程度亦有所不同。主体纹饰与边框之间有一周较细的内凹弦纹，部分内凹斜线纹伸入其内。主体纹饰差别较大。上面上下平行排列3排图案，中间以双横线纹相隔，双横线纹内为密集的垂直竖短线纹。每排图案均横向排列，内以竖线纹分成4组基本相同的图案。上下两排图案总体上较为一致，对称位置图案基本相同，但上下方向相反（图一一二；彩版一二，5；图版四一，5、6）。下排左侧一组图案中，左为一柏树，树干两侧长有枝，左侧微凸，右侧长而上翘，顶部有一大枝左倾。树的右侧有一从高处跃下继续奔跑的鹿，头上仰，双角翘起，脖弧曲，躯干倾斜较甚，较肥硕，与脖子夹角较小，短尾微翘，两前腿斜向前伸，后腿向后扬起。鹿上部有一鸟飞翔，体前方下部为低矮山丘，右侧为另一棵柏树，该柏树位于该组图案的中央。中间柏树枝干对称，左右各有四长枝外伸上翘，顶部一枝位于中部，呈心形。中部柏树的右侧偏下为一凸起的陡峭山丘，山丘上有一鹿在奔跑，该鹿与左侧鹿较为相似，但也有所不同，如躯干较平，与脖子的夹角近90°，后腿斜向伸，作蹬地状等，说明其奔跑状态与左侧鹿不同。该鹿尾部上方有一鸟展翅飞翔，鹿前侧为一树，树干两侧长有枝，右侧微凸，左侧长而上翘，顶部有一大枝左倾。下排其余3组及上排4组的图案与之基本相同。中部一排的4组图案的左侧为一兽，较为健壮肥硕。头部前伸，顶部有角，脖子弧曲前伸，躯体肌肉尽现，尾后扬，左前腿曲折前伸，右前腿弧曲后蹬，两后腿向后扬起，作奋力奔跑之状，从形体及大小来看，可能为麋鹿之类的动物。兽前左侧有1人骑马持械准备拦截该兽，正前方则有一人骑在马上，身体从右侧后转身，腰部弧曲，双臂张开，袖大而鼓，右手握弓，左手拉弦，弓上有一箭正待射向奔兽，所骑之马四腿张开，作快速奔跑状。马的左侧后端有一柄状物后伸，可能为弋射者的另一兵器。马前为一低矮的山丘，可见为山中射猎。该面画像上下两排可命名为山林奔鹿图，中部图案则可命名为狩猎图，三者在一起反映出山林、奔兽及狩猎的全景画面（图一一三）。下面横向平行排列3组斜向45°的双线正方形方格纹，每组12，计36个。方格纹中心为一凸起的乳丁，乳丁外为一圆形座，座外有对称4条内宽外尖的短线，二者均略凸起，短线外沿方格边对称分布12个乳丁，凸起明显。3组方格纹之间为横向平行排列2组云纹，每组11，计22个。云纹呈卷曲状，计3重，均是一端近圆形，向一侧卷曲后在另一端形成尖状上翘。内侧云纹内饰有凸起的乳丁纹，近圆形顶端乳丁较大，其余较小乳丁错位排列（图一一四）。棺室内遭盗扰严重，从清理情况看，底部有红色漆皮等发现，推测棺为髹饰红漆的木棺，大小及

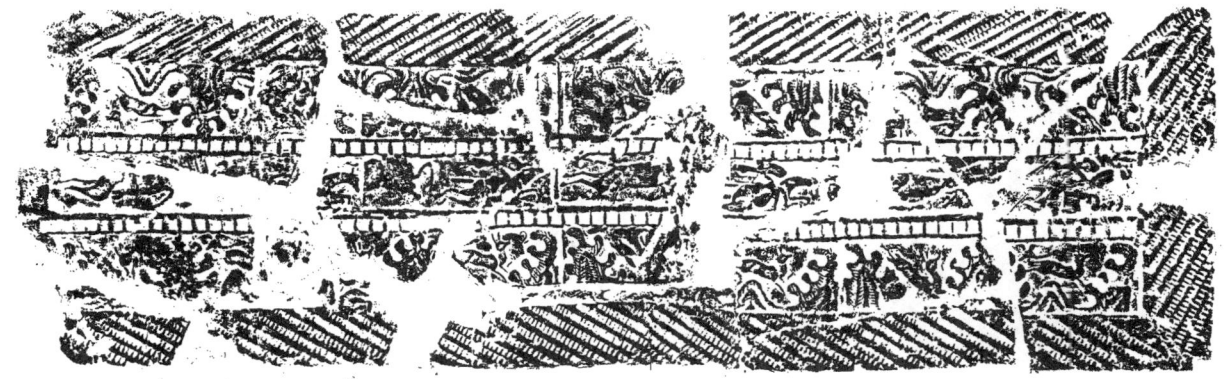

图一一二　M44空心砖上面纹饰拓片

图一一三 M44空心砖上面纹饰中的相关物象
1. 飞鸟 2. 奔兽 3. 骑射人物 4. 奔鹿 5. 树木 6. 山丘

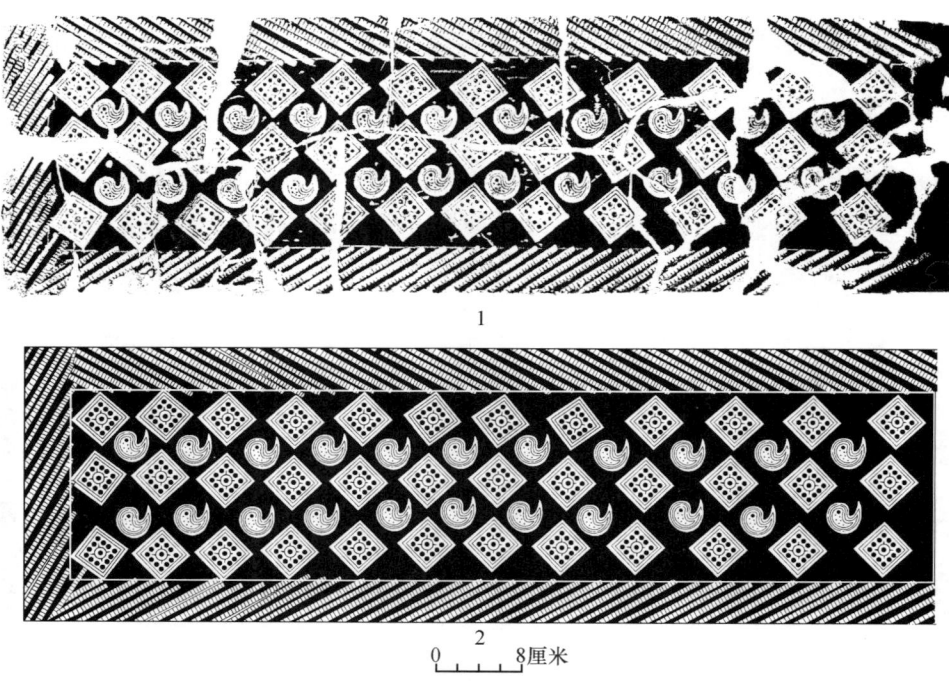

图一一四 M44空心砖下面纹饰
1. 拓片 2. 线图

尺寸均不详，墓内葬1人，头北向，方向35°。骨架遭扰乱严重，棺室南侧墙北侧（内侧）有2腿骨，南侧（外侧）有1腿骨，推测盗扰时对墓主骨架进行了拉动。棺室内偏西北侧有残泥质灰陶1件，近南侧墙中部有一组钱币，为五铢钱。

从清理情况看，最西侧一排南侧3块铺地砖残无，其上砌墙亦不存，推测墓葬西北角当为一处盗洞，结合清理时竖穴墓坑内填土较为杂乱并有残砖出土等特征判断，墓葬遭盗扰不止一次，而且某次盗扰时将墓主骨架进行了翻动和位移。由于盗扰及填土坍塌、夯实等原因，砖椁的墙壁也遭到不同程度的破坏，而陪葬品也被扰动，部分被破坏，极残。除上述2件（组）位于棺室之内的陪葬品外，其他陪葬品多出土于砖椁的东北角，个别位于棺室砌墙平铺的地砖之上。陪葬品以陶器为主，质地为泥质灰陶和泥质红陶，计有罐4件、仓2件、灶1件、井1件、盆1件、盘1件、甑1件、瓶1件，另有五铢钱币1组及铜釜1件，均残。

2. 出土遗物

14件（组），有陶、铜器及钱币等。由于墓葬遭盗扰严重，加之填土夯实等原因，器物出土时均残，部分仅余残片。陶器部分有相关纹饰，部分素面无纹，铜器锈蚀严重。

（1）陶器

12件，包括罐、盆、甑、仓、灶、井、瓶等，质地有泥质灰陶和泥质红陶两种，均较残，部分泥质灰陶器物已朽粉末状，不可修复。部分有模印等纹饰，部分有红色彩绘纹饰，已剥落不存。

罐　4件，泥质灰陶。盘状口，外敞，沿上部有一周内凹。颈较短。溜肩，与颈部有折痕。鼓腹，较深，偏上位置有两对称的弧形系，系内孔呈不规则椭圆形，内凹。平底，内凹。腹部饰有竖向、横向及交错的绳纹。根据颈及腹部等的不同可分为两型。

A型　2件。口沿下部平，颈内收斜弧，与肩部折痕明显，腹竖向扁鼓，垂腹明显，底内凹较甚。标本M44∶3，口沿略宽，腹扁。弧形系内孔内凹较甚。底略宽。腹中上部饰四组密集的竖向绳纹，下部偏上为密集的横向绳纹，最下又为密集的竖向绳纹。口径15.2、腹径28、底径12、高31厘米（图一一五，1；图一一六，2；图版一四，6）。标本M44∶5，口内壁微折，口沿略窄，微外卷。腹略鼓。弧形系外凸明显，系内孔微内凹。底略窄。腹中上部饰四组密集的竖向绳纹，下部为密集的横向及交错绳纹。口径11、腹径21.2、底径7.2、高23.7厘米（图一一五，2；图一一六，3；彩版八，1；图版一四，3）。

B型　2件。口沿下部微弧内凹，直颈，与肩部结合处微折，腹中部圆鼓，至底部弧内收，底稍内凹。标本M44∶2，口沿外卷。腹高度与直径接近。弧形系略扁，呈椭圆形，系内孔内凹略浅。腹中上部饰三组密集的竖向绳纹，下部偏上为密集的横向绳纹，中下部为密集的交错绳纹。口径11.6、腹径24、底径4、高24.4厘米（图一一五，3；图一一六，1；图版一六，

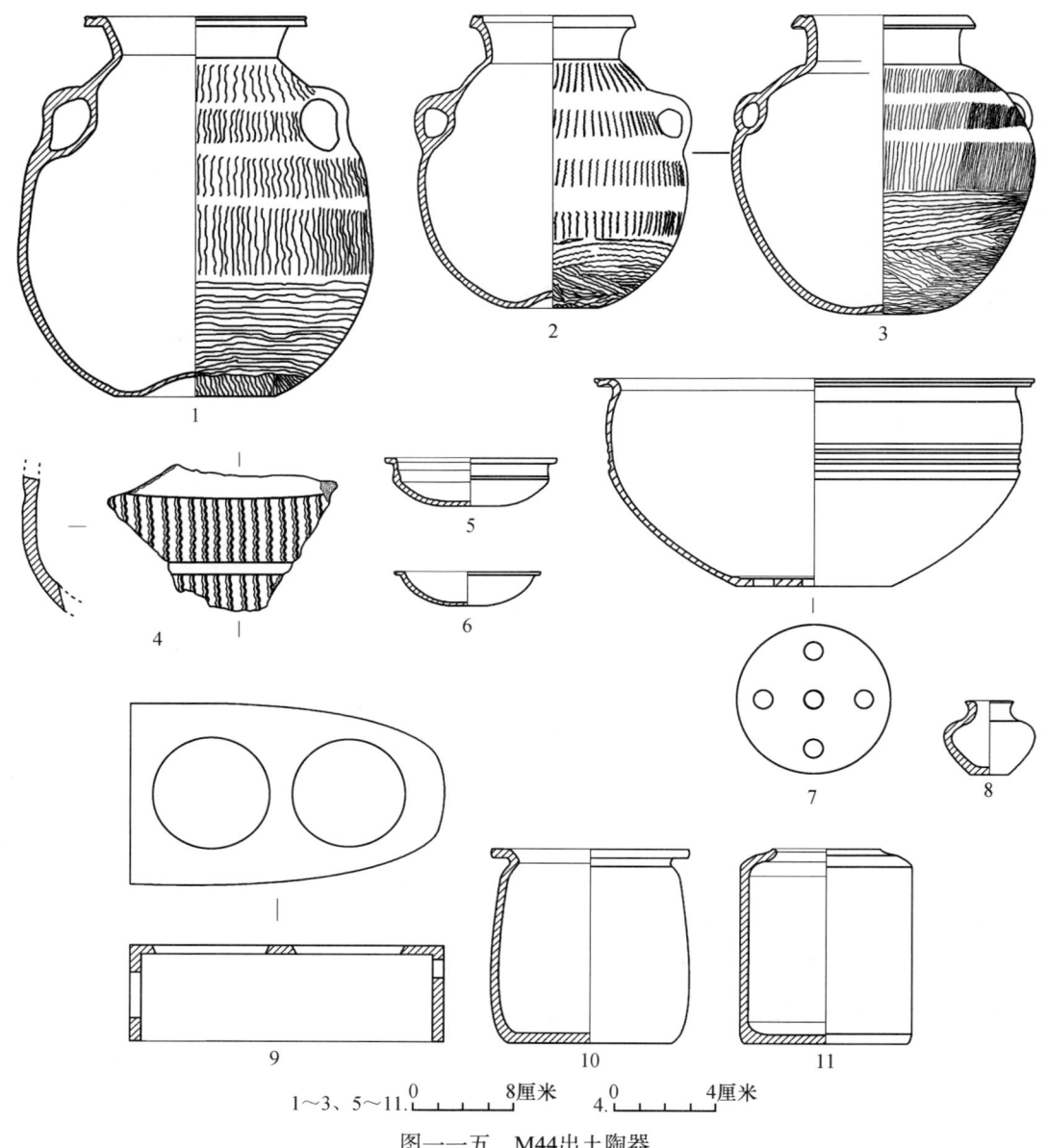

图一一五 M44出土陶器

1、2.A型陶罐（M44:3、M44:5） 3、4.B型陶罐（M44:2、M44:4） 5.盆（M44:14） 6.盘（M44:11）
7.甑（M44:12） 8.瓶（M44:13） 9.灶（M44:10） 10.井（M44:9） 11.仓（M44:7）

4）。标本M44:4，余腹部残片，断面弧形。外壁偏上位置有一周内凹，残存弦纹及两组密集的竖向绳纹。残高6、残宽9.15、厚0.45~0.6厘米（图一一五，4）。

盆 1件（M44:14），泥质红陶。敞口，平沿。折腹，稍深。平底。原有红色彩绘纹饰，已剥落不存。口径12.2、底径4.8、高4.1厘米（图一一五，5）。

盘 1件（M44:11），泥质红陶。敞口，平沿。弧腹，略浅。平底。原有红色彩绘纹饰，已剥落不存。口径10、底径3.2、高2.8厘米（图一一五，6）。

甑 1件（M44∶12），泥质红陶。敞口。卷沿，上部微内凹，末端上翘，下部近腹壁处亦内凹。弧腹，上部微弧外凸，近沿处有一周凹弦纹，下部弧内收，中部偏上有三周凹弦纹。平底，有对称五个圆形箅孔。口径30.8、底径12.4、高17.2厘米（图一一五，7）。

仓 2件，泥质红陶。无盖。敞口。肩部略圆鼓。腹壁较直，近底部弧内收。平底。素面无纹。原有红色彩绘纹饰，已剥落不存。标本M44∶7，口径8.4、腹径13.6、底径13厘米（图一一五，11；图版二二，4）。标本M44∶8，形制、大小同M44∶7。

灶 1件（M44∶10），泥质红陶。体呈半椭圆形。前端中部有拱形火门，后端偏上部有圆形孔，为象征性烟囱。无底。顶面较平，上开两个圆形火眼，大小接近。火眼上置釜甑，极残，形制及尺寸等不详。原有红色彩绘纹饰，已剥落不存。灶身长25、最宽处15、高8厘米（图一一五，9）。

井 1件（M44∶9），泥质红陶。敞口。平沿。短颈。弧腹，近底部内收。平底。原有红色彩绘纹饰，已剥落不存。口径12.8、腹径15.8、底径13厘米（图一一五，10）。

瓶 1件（M44∶13），泥质红陶。敞口。短颈。鼓肩，与颈部结合处微折。圆鼓腹。平底。原有红色彩绘纹饰，已剥落不存。口径3.2、腹径7.2、底径3、高7.7厘米（图一一五，8）。

（2）铜器

釜 1件（M44∶6），锈残严重。敛口。斜沿。弧腹，中上部较圆鼓，近底部弧内收。平底。素面无纹。口径27、底径16.8、高12.8厘米（图一一七，1）。

（3）钱币

五铢钱币 1组（M44∶1），锈残，铜质，25枚，均为"五铢"钱（彩版一一，6；图版二七，5、6）。圆形，方孔。背面有内外郭，正面无内郭。字体较为规整，左"铢"右"五"。"五"字上下两横较平，中部交股缓曲呈上下两部分；"铢"字左侧"金"字上部为"△"，"朱"字中横平，上部为"山"字，下部呈倒"山"字形，上部方折，下圆折。根据正面"五"字的不同可分为两型。

A型 字体纤细，"五"字上下两横线与方孔及外郭相连，不出头，交股两笔画中，个别笔画近斜直，交股处微曲略尖，上下近呈三角形。"铢"字"朱"的中横略短。标本M44∶1-3，"五"字上端及下端右侧的笔画均较斜直，直径2.5、郭厚0.15厘米（图一一七，2）。标本M44∶1-4，"五"字的左上至右下的笔画较斜直，直径2.4、郭厚0.15厘米（图一一七，3）。

B型 字体略丰满圆润。"五"字上下两横线与方孔及外郭相连，出头明显，交股上下近横线处笔画较直，至下部缓曲交股，交股处较圆弧，弯曲大，上下近呈漏斗状。"铢"字"朱"的中横略长。标本M44∶1-1，"五"字略矮，较内孔边长短，直径2.5、郭厚0.15厘米（图一一七，4）。标本M44∶1-2，"五"字略长，与内郭边基本平齐，直径2.5、郭厚0.15厘米（图一一七，5）。

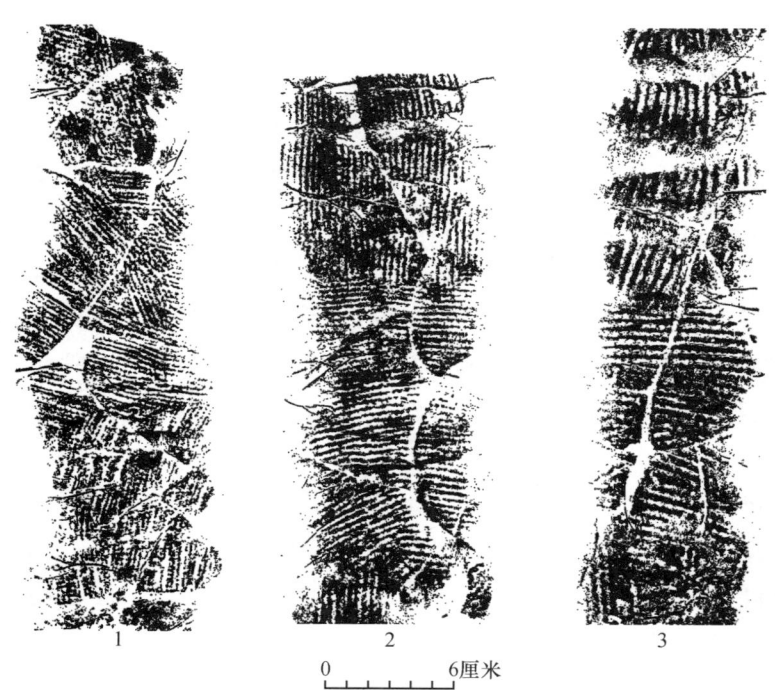

图一一六　M44出土陶器纹饰拓片
1. B型陶罐腹部（M44:2）　2、3. A型陶罐（M44:3、M44:5）

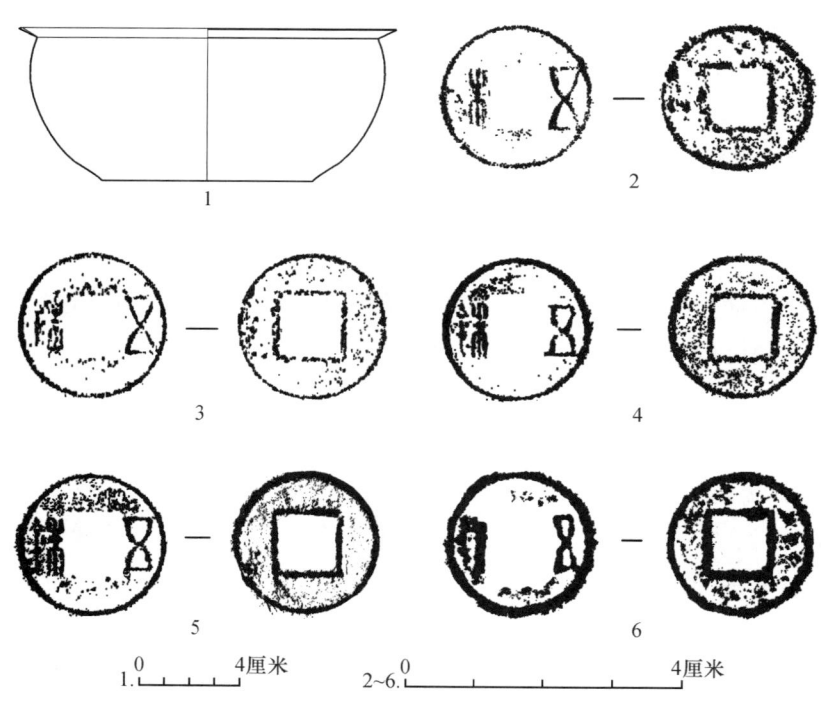

图一一七　M44出土铜器及钱币
1. 铜釜（M44:6）　2、3. A型五铢钱币（M44:1-3、M44:1-4）　4、5. B型五铢钱币（M44:1-1、M44:1-2）
6. C型五铢钱币（M44:1-5）

C型　"五"字较瘦，略矮，较内郭边长短，上下两横线与方孔及外郭相连，出头明显，交股上下近横线处笔画较直，至下部缓曲交股，交股处弯曲略小，上下形状介于三角形与漏斗之间。"铢"字"朱"的中横略长。标本M44:1-5，直径2.5、郭厚0.15厘米（图一一七，6）。

四〇、M45

位于Ⅰ区A组西部偏北，与山头顶部有一定距离，但距离不远。东南为山头顶部，北侧为低缓的山坡，南侧及东侧为同一海拔高度且较为低缓的山坡台地，西侧不远为断崖。墓葬所处地区积土较厚，不见岩石。地表有较多卵石，长满杂草，较为茂盛。南侧稍偏东为M21与M22，东南为M24。东侧略偏南为M11，略偏北为M43，东北侧稍远为M26。北侧略偏东为M27，略偏西为M8。西侧为M7，二者距离较近，平行并列存在，墓向一致，当为夫妻异穴合葬墓。

1. 墓葬形制与结构

M45为长方形土坑竖穴墓，封土不存，上部土坑残无。残存墓圹亦为土坑，基本依山势北高南低，坡度不大。东西两侧高度相同，略有起伏。南北长3.02、东西宽1.68、残深0.4～0.56米，方向195°（图一一八；图版八，2）。竖穴填土表层土质松软，有较多卵石，长满杂草。其下为填土，系原地开挖土的回填土，以黄褐色花土为主，局部有灰褐色花土与红褐色花土，并夹杂有少量碎小石块及灰黑、白色风化粉末，土质坚硬。

竖穴底部有"回填土台"，为黄褐色花土，稍坚硬。高度相同，为32厘米。宽度不一，加之葬具朽毁，填土坍塌、夯实，"回填土台"壁并不规整。南北两侧"回填土台"略宽，南侧"回填土台"宽19～20.5、北侧"回填土台"宽18～20.5厘米；东西两侧"回填土台"略窄，东侧"回填土台"宽9～11.5、西侧"回填土台"宽9.5～12厘米。"回填土台"内置放葬具。椁的长宽尺寸与"回填土台"内空间的尺寸基本一致，南北长约2.62、东西宽约1.46米、高度不详。棺位于西部，长方形，长度较之椁的长度略短，宽约65厘米。棺的位置局部发现四层板灰痕迹，各层之间间隔不等，推测应为棺椁痕迹。中间两层有红色漆皮发现，当为棺的痕迹。由此可知，棺椁均为木质，椁内套棺，棺髹饰有红色漆，椁无红色漆髹饰。棺内葬1人，骨架已朽，仅头骨有残片痕迹。头南向，方向195°。墓主可能为女性，其与M7墓主可能为夫妻关系。在其腰部偏左侧有铜带钩及铁质环首刀各1件。椁内棺的东侧为边厢，长度与椁的长度基本一致，宽度大于棺的宽度，约83厘米。清理发现有灰色板灰痕迹，未见红色漆皮，这也说明椁未髹饰红漆。

边厢南部置放陪葬品，由于填土坍塌、夯实及其他原因，均残，计有陶罐6件、铁釜陶甑1套，铁釜锈残极为严重。该墓未遭盗扰。但由于水土流失、填土坍塌、夯实等原因，墓圹、棺椁及陪葬品等遭受不同程度的破坏，尤其是陪葬品，残碎严重。

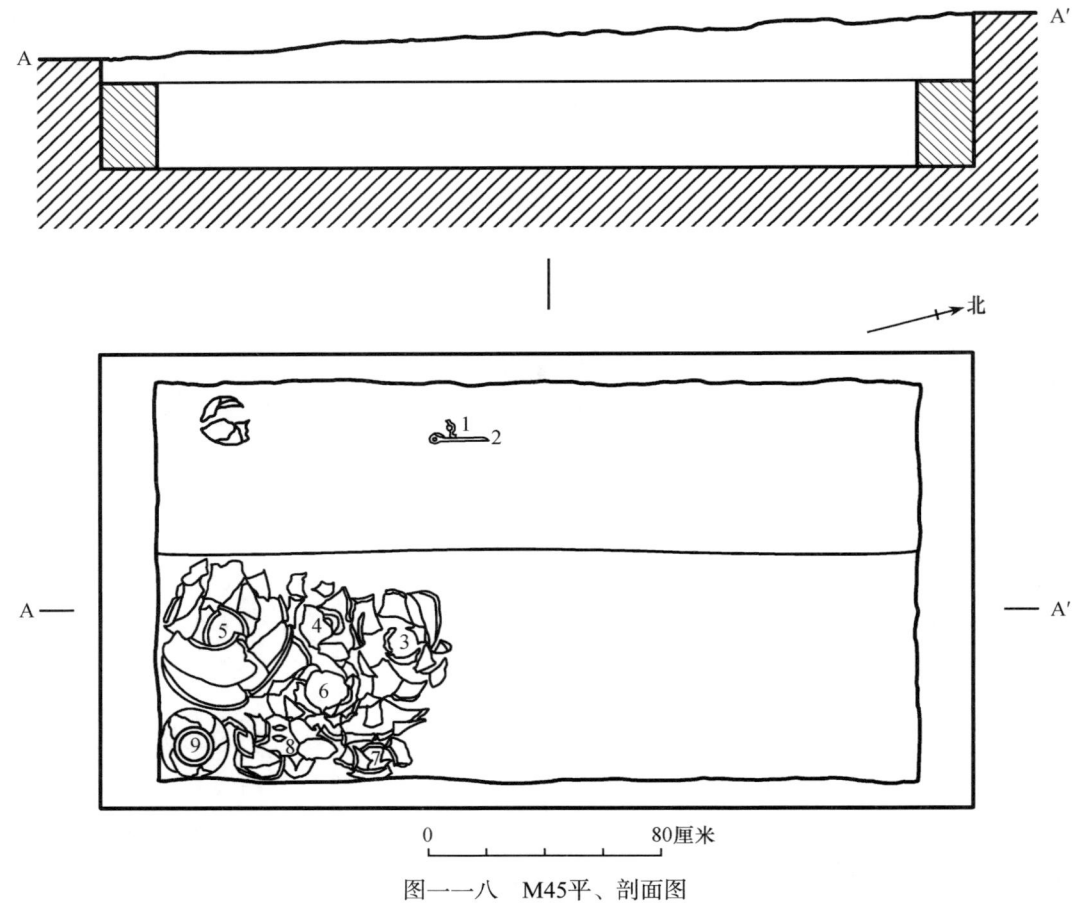

图一一八 M45平、剖面图
1. 铜带钩 2. 铁削 3~5、7~9. 陶罐 6. 铁釜陶甑

2. 出土遗物

墓葬未遭盗掘。棺内出土铜带钩及铁环首刀各1件,边厢内均为陶器。由于棺椁朽毁、坍塌及填土夯实、水的浸泡等原因,陪葬品皆残。陶器极残,均为泥质灰陶,质地坚硬,部分有拍印纹饰,部分素面。铜、铁器锈残极为严重。

（1）陶器

7件（套）,其中罐6件,釜甑1套。罐均为泥质灰陶,皆有纹饰。釜甑为陶甑铁釜,甑为泥质灰陶,素面。

罐 6件,圆鼓腹。腹部饰有相关纹饰。根据底部的不同可分为四型。

A型 2件,平底,内凹。短颈。鼓肩。腹偏上对称位置有对称两弧形系,圆形孔内凹,孔径较大。根据口、颈、腹、底部等的不同又可分为两亚型。

Aa型 1件（M45:3）。直口,微敛,沿略短,朝外斜向上侈。颈呈斜弧形,上窄下宽。

与肩结合处折痕明显。腹部较圆。两弧形系内部的孔呈不规则圆形，内凹较浅。底略宽，内凹稍深。腹上部饰四组密集的竖向细绳纹，中部偏下为一组密集的横向细绳纹，下部为席纹。口径11.2、腹径27.2、底径8、高27.5厘米（图一一九，1；图一二〇，1；图版一四，1）。

Ab型　1件（M45：8）。敞口，沿微卷。颈弧内凹。与肩部结合处微折。腹略扁鼓。两弧形系内部的孔呈较规则圆形，内凹较深。底略窄，内凹稍浅。腹中上部饰五组密集的竖向绳纹，下部为不规则的绳纹。口径14.4、腹径31.6、底径4、高29.4厘米（图一一九，2；图一二〇，2；图版一六，1）。

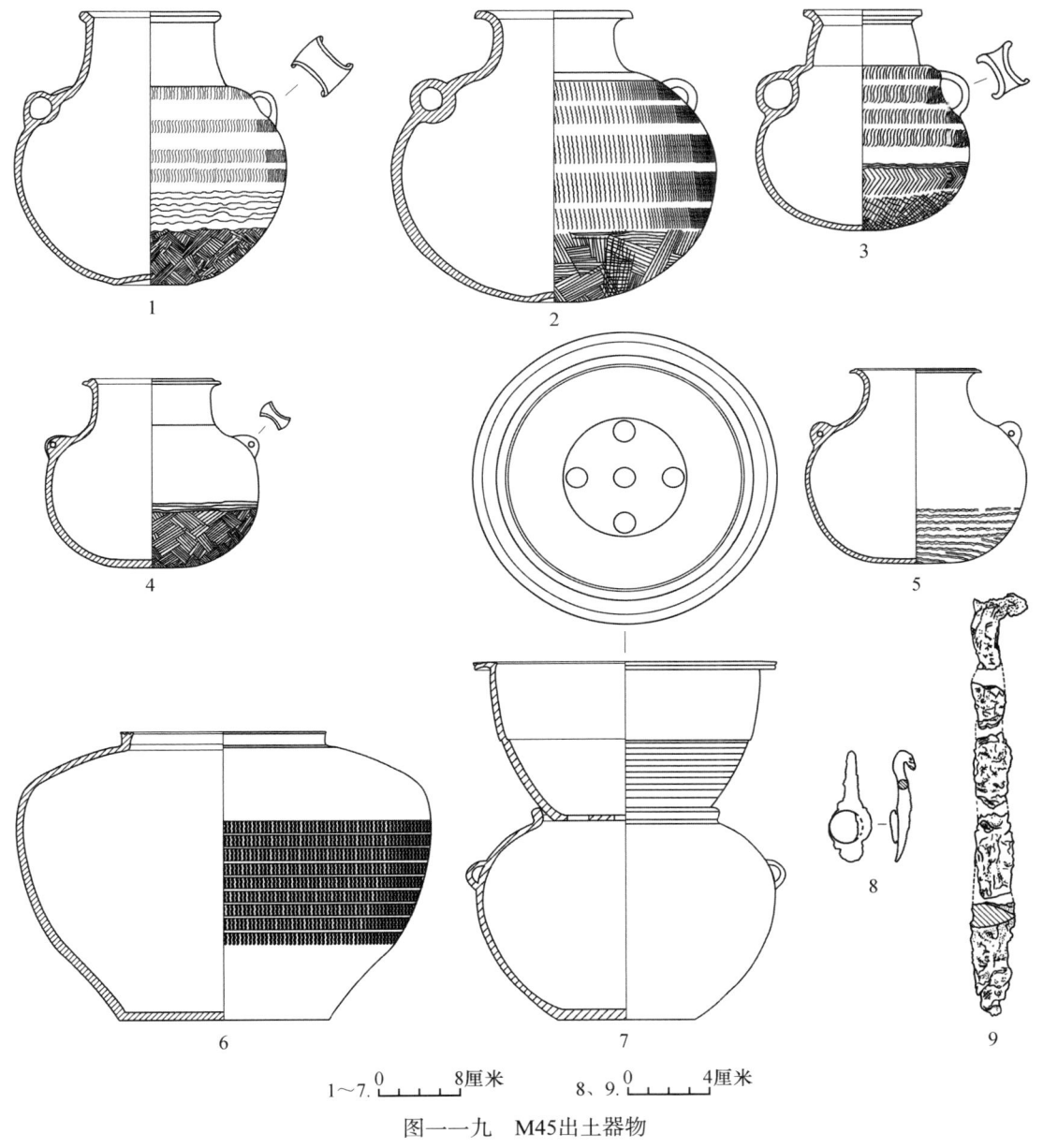

图一一九　M45出土器物
1. Aa型陶罐（M45：3）　2. Ab型陶罐（M45：8）　3. B型陶罐（M45：4）　4、5. C型陶罐（M45：7、M45：9）
6. D型陶罐（M45：5）　7. 铁釜陶甑（M45：6）　8. 铜带钩（M45：1）　9. 铁环首刀（M45：1）

B型　1件（M45：4）。小平底，无内凹。敛口，沿斜向外侈。颈向外斜弧。鼓肩，与颈部结合处折痕明显。腹部稍高，上部有两个对称的弧形系，有圆形孔，孔内凹，呈不规则圆形，孔径较大。腹的中上部饰五组密集的竖向绳纹，下部上为横向绳纹，下为折线纹和网格纹。口径7.6、腹径20.8、底径2.8、高22.6厘米（图一一九，3；图一二〇，3；图版一四，4）。

C型　2件，圜底，近平，腹底部弧度小。敞口，沿斜向下侈，中部微凹折，接近卷沿。短颈，微弧内凹。溜肩，与颈部无折痕。腹略扁矮，上部有两个对称的弧形系，中部有较规则的圆形孔，孔径较小，不内凹。标本M45：7，口内壁微折，颈内壁略直。腹下部饰纹饰，上为四道横弦纹，下为席纹。口径11.2、腹径21、底径4、高19.6厘米（图一一九，4；图版一七，2）。标本M45：9，口内壁微凹，颈内壁弧曲明显。腹外壁下部饰稀疏的横向绳纹。口径11.6、腹径21.6、高19.8厘米（图一一九，5；图一二〇，4；彩版八，6；图版一七，3）。

D型　1件（M45：5），大平底，无内凹。口微敛。沿略宽，有两周凹弦纹。短领。鼓肩。腹近底部弧内收。无系。腹中下部饰弦纹及九组密集的竖向绳纹。口径13.6、腹径40.6、底径20.2厘米（图一一九，6；图一二〇，5；彩版九，1；图版一七，6）。

釜甑　1件（M45：6），釜为铁质，甑为泥质灰陶质。甑，敛口，口沿下微内折。宽沿，上部近口处弧外凸，沿外端内凹，底部弧内卷。弧腹，中部有一道折痕。平底。底部有对称五个圆形箅孔。釜，敞口，短领。圆鼓腹，偏上部有对称两弧形系。平底。甑口径25.2、底径14.2、高16厘米，釜口径16.8、腹径29.6、底径13.6厘米，通高36厘米（图一一九，7）。

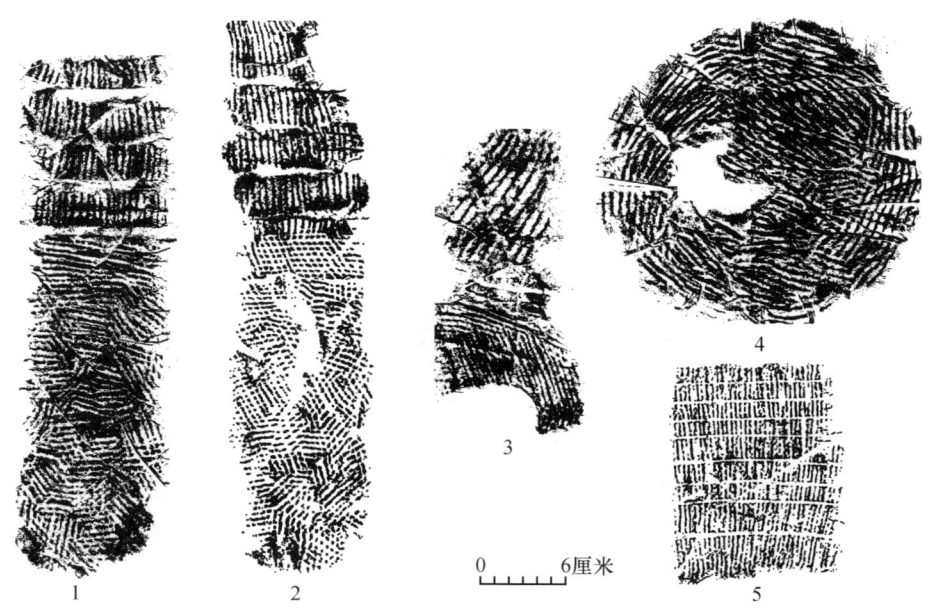

图一二〇　M45出土陶器纹饰拓片

1. Aa型陶罐腹部（M45：3）　2. Ab型陶罐腹部（M45：8）　3. B型陶罐腹部（M45：4）　4. C型陶罐底部（M45：7）
5. D型陶罐腹部（M45：5）

（2）铜器

带钩　1件（M45：1），锈残。平面琵琶状，侧面呈"S"形，形体似龙，断面呈圆形。带舌刻有嘴、眼。带扣圆形。长5.6厘米（图一一九，8；彩版一一，4；图版二六，6）。

（3）铁器

环首刀　1件（M45：1），锈残。环首近圆形，多残。体较长，末端尖。削体断面近三角形。残长21.25厘米（图一一九，9；图版二八，4）。

四一、M46

位于Ⅰ区B组西南部，所在位置为山坡台地，海拔较低。地表积土较厚，不见岩石，有较多碎石和卵石，长满杂草，较为茂盛。东侧为逐层升高的台地，南侧不远为Ⅰ区A组，西侧与西北侧为断崖。南侧稍远偏东为Ⅰ区A组中的M26，偏西为Ⅰ区A组中的M27，较远为Ⅰ区A组中的M43。东侧较远的较高台地有M16、M18、M19。北侧较远稍高海拔的台地上为M48。

1. 墓葬形制与结构

M46为长方形土坑竖穴墓，封土不存，上部土坑残无。残存墓圹亦为土坑，基本依山势南高北低，坡度较大，东西断面较平，略有起伏。墓圹北侧大部因水土流失及其他破坏，已不存。南北残长1.22、东西宽1.82、残深0~0.91米，方向160°（图一二一）。竖穴填土表层土质松软，有较多卵石，长满杂草，较为茂盛。其下为灰褐色花土，扰乱极为严重。

竖穴底部有灰褐色花土筑砌的熟土二层台，残高4~51厘米，宽度不一，南侧二层台宽20.5、东侧二层台宽16、西侧二层台宽15.5厘米，北侧不详。墓圹底部二层台内东侧发现有红色漆皮残块等，棺的痕迹局部较为明显，未见椁的痕迹。棺为髹饰红漆的木棺，南北残长1.02、东西宽0.88米，内未见骨骸，根据山势等推测，墓主头南向，方向160°。

棺西侧，墓主左侧置放陪葬品，因盗扰严重，仅有少量残陶片出土，可辨器形为罐1件，极残。

2. 出土遗物

由于遭盗扰严重，仅在墓葬西部偏北出土有少量陶器残片，推测早年被盗，后又被扰乱，加之水土流失等原因，陪葬品多数不见。陶器极残，为泥质灰陶，质地坚硬。可辨器形为罐，有相关纹饰。

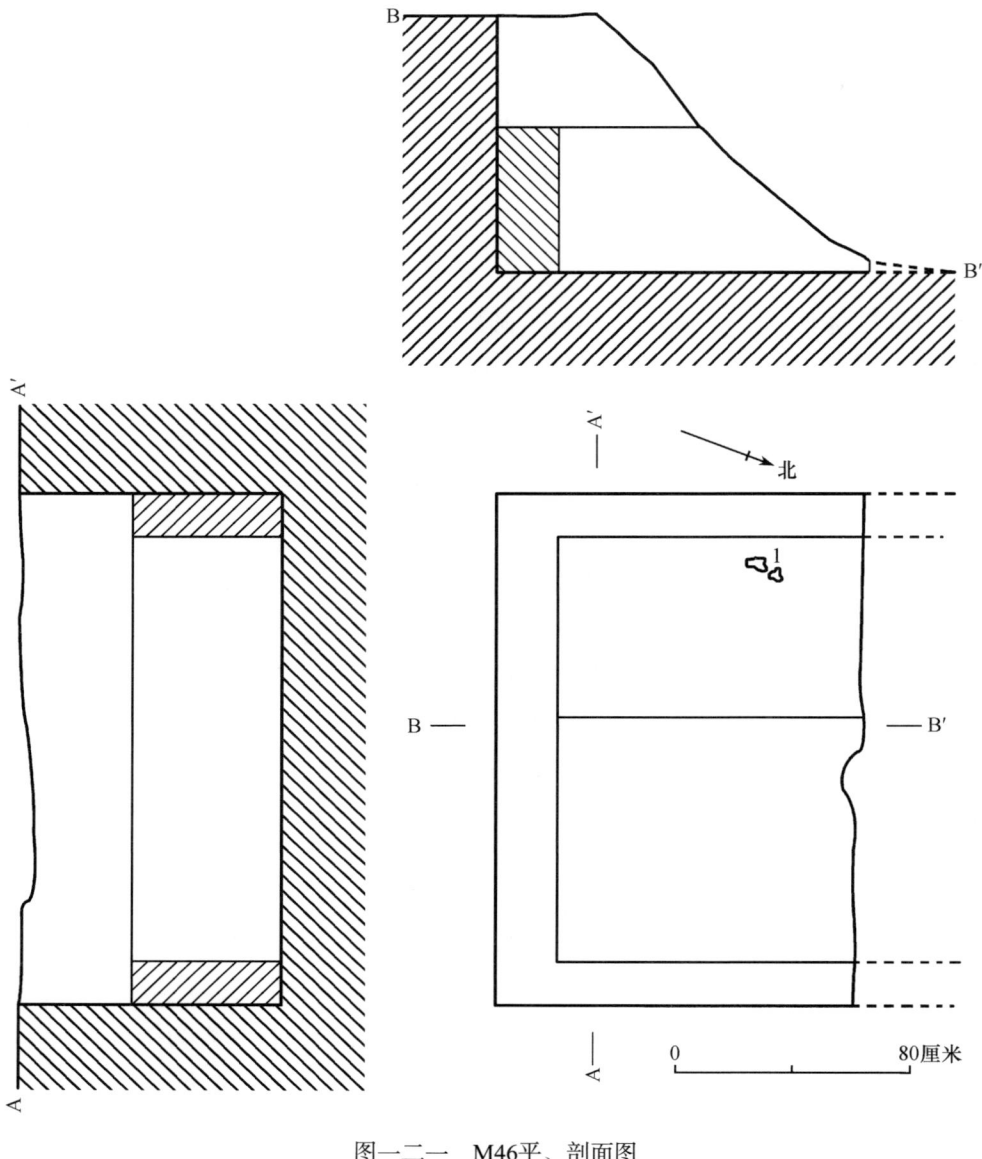

图一二一 M46平、剖面图
1. 陶罐

罐 1件（M46∶1），残，泥质灰陶。余口、颈及系部残片。敞口，沿斜向下侈。弧颈，有一周凸线纹。系呈弧形，两端宽，中部略窄，与腹部结合处有圆形孔。口径25.2、残高4.8厘米，系部残高4.7、厚0.4厘米（图一二二）。

四二、M47

位于Ⅰ区B组西部，所在位置为山坡台地，其下一层台地有相关墓葬。地表积土较厚，不

第二章　战国秦汉墓葬

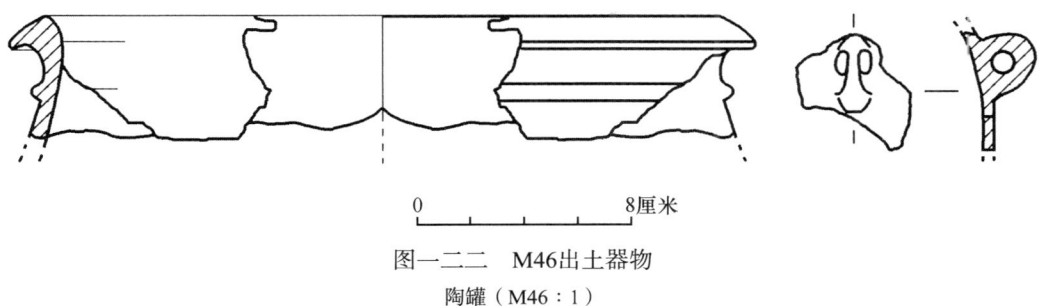

图一二二　M46出土器物
陶罐（M46：1）

见岩石，有较多碎石和卵石，长满杂草，较为茂盛。东侧为逐层升高的台地，南侧较近距离为M48，二者海拔相同，距离较近，南北并列存在，墓向大体一致，当为夫妻异穴合葬墓。西北侧为M40，位于海拔高度低于M47的一层台地上，东北部的M36则位于海拔高度高于M47的另层一台地上。东侧较远的较高台地有M14、M15等。

1. 墓葬形制与结构

M47为长方形土坑竖穴墓，封土不存，上部土坑残无。残存墓圹亦为土坑，基本依山势东高西低，坡度较大，南北断面较平，略有起伏。墓圹西侧大部因水土流失及其他破坏，已不存。南北长2.83、东西残宽1.22、残深0～0.31米，方向0°（图一二三）。竖穴填二表层土质松

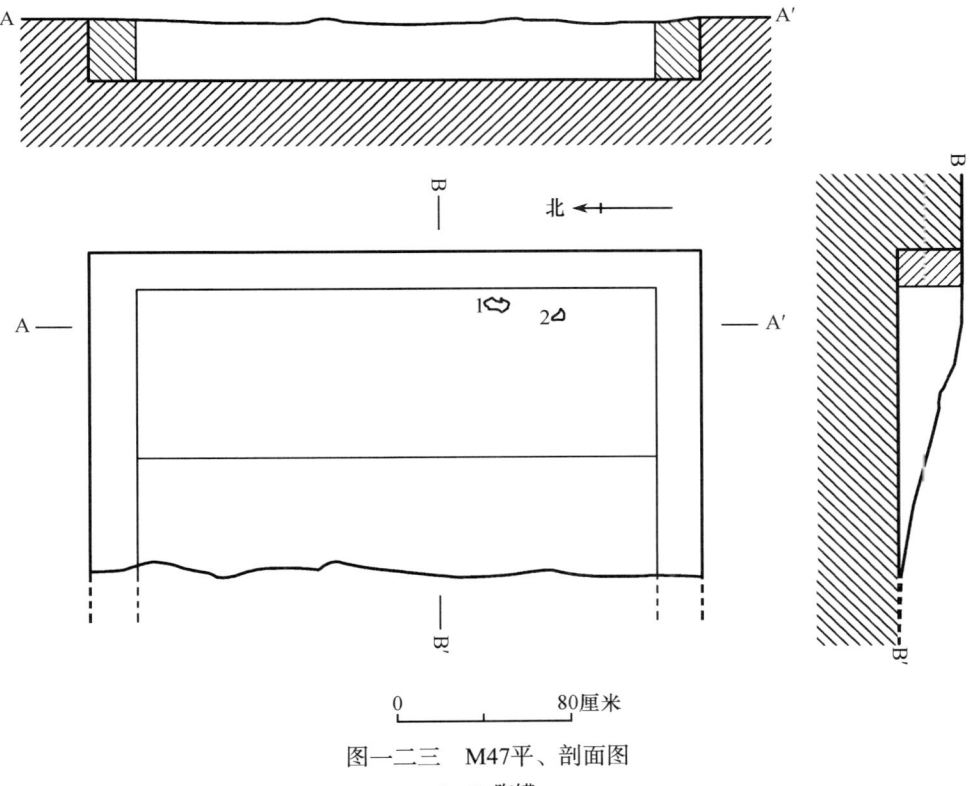

图一二三　M47平、剖面图
1、2.陶罐

软，有较多卵石和积沙，长满杂草，较为茂盛。其下为灰褐色花土，扰乱极为严重。

竖穴底部有灰褐色花土筑砌的熟土二层台，残高1～30厘米，宽度不一，北侧二层台宽22、东侧二层台宽18、南侧二层台宽20厘米，西侧不详。墓圹底部二层台内西侧发现有红色漆皮残块等，棺的痕迹局部较为明显，未见椁的痕迹。棺为髹饰红漆的木棺，南北长2.32、东西残宽0.57米，内未见骨骼，根据山势等推测，墓主头北向，方向0°。

棺东侧，墓主左侧置放陪葬品，因盗扰严重，仅有少量残陶片出土，可辨器形为罐2件，极残。

2. 出土遗物

由于遭盗扰严重，仅在墓圹内东侧中偏南部出土有少量陶器残片，推测早年被盗，后又被扰乱，加之水土流失等原因，陪葬品多数不见。陶器极残，为泥质灰陶，质地坚硬。可辨器形为罐，有相关纹饰。

罐 2件，仅余残片。标本M47∶1，仅余腹部残片。外壁微折，内壁弧。残余一组细密的竖向绳纹。残高6.6、残宽12.1、厚0.8厘米（图一二四，1）。标本M47∶2，仅余底部残片。腹壁近底部弧内收。平底。素面无纹。底径7、残高2.2厘米（图一二四，2）。

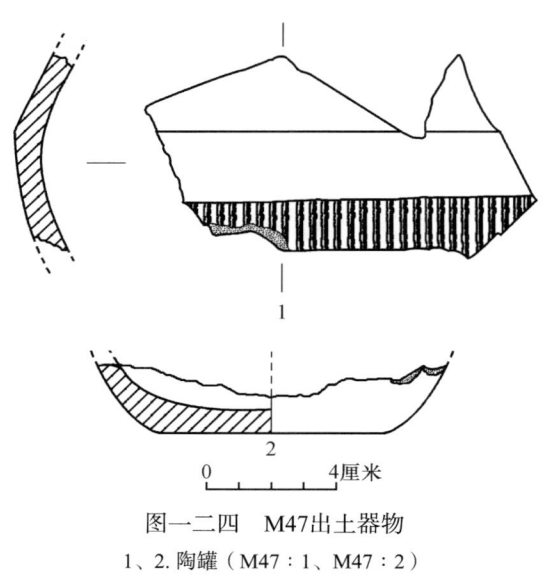

图一二四　M47出土器物
1、2.陶罐（M47∶1、M47∶2）

四三、M48

位于Ⅰ区B组西部，所在位置为山坡台地，其下一层台地有相关墓葬。地表积土较厚，不见岩石，有较多碎石和卵石，长满杂草，较为茂盛。东侧为逐层升高的台地，北侧较近距离为M47，二者海拔相同，距离较近，南北并列存在，墓向大体一致，当为夫妻异穴合葬墓。西北侧为M40，位于海拔高度低于M47、M48的一层台地上，东北部的M36则位于海拔高度高于M47、M48的另层一台地上。东侧较远的较高台地有M14、M15等。

1. 墓葬形制与结构

M48为长方形土坑竖穴墓，封土不存，上部土坑残无。残存墓圹亦为土坑，基本依山势东高西低，坡度较大，南北断面较平，略有起伏。墓圹西侧大部因水土流失及其他破坏，已不存。南北长2.85、东西残宽2.18、残深0～0.3米，方向330°（图一二五）。竖穴填土表层土质

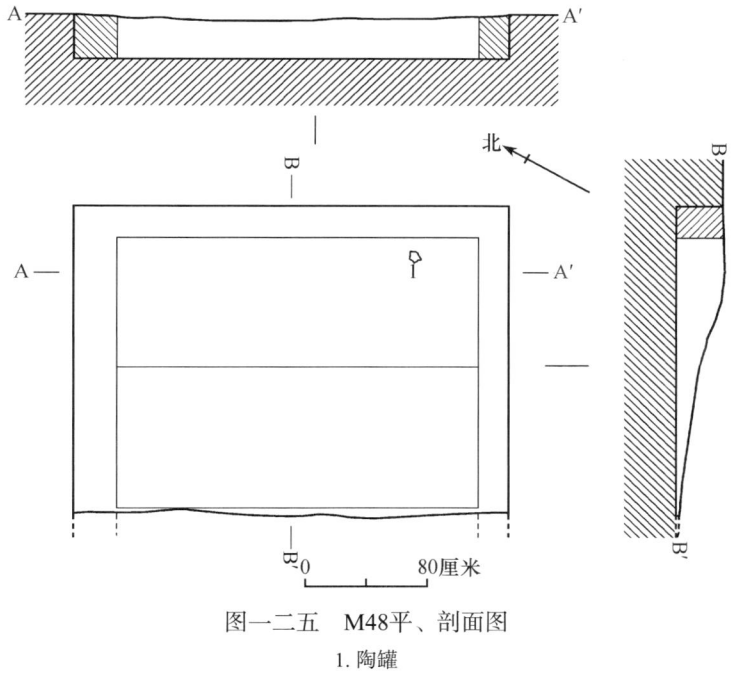

图一二五　M48平、剖面图
1. 陶罐

松软，有较多卵石和积沙，长满杂草，较为茂盛。其下为灰褐色花土，扰乱极为严重。

竖穴底部有"回填土台"，为灰褐色花土，稍坚硬。残高2～31厘米，宽度不一，北侧"回填土台"宽28.5、东侧"回填土台"宽21.5、南侧"回填土台"宽20厘米，西侧不详。墓圹底部"回填土台"内发现有不连续的板灰痕迹，西侧局部位置板灰略厚，并有红色漆皮残块等发现，推测该墓为一椁一棺。椁南北长2.36、宽1.9米，高度不详，内置棺及陪葬品等。棺为髹饰红漆的木棺，位于西侧，长度与椁接近，残宽1.06米。内未见骨骸，根据山势等推测，墓主头北向，方向330°。

棺东侧，墓主左侧可能有边厢，内置放陪葬品，因盗扰严重，仅有少量残陶片出土，可辨器形为罐1件，极残。

2. 出土遗物

仅在墓葬东侧中偏南部出土有少量陶器残片，推测早年被盗，后又被扰乱，加之水土流失等原因，陪葬品多数不见。陶器极残，为泥质灰陶，质地坚硬。可辨器形为罐，有相关纹饰。

罐　1件（M48∶1），泥质灰陶，残，仅余腹部残片。残片近梯形，断面弧形。正面饰弦纹及折线纹。残高5.4、残宽8、厚0.45厘米（图一二六）。

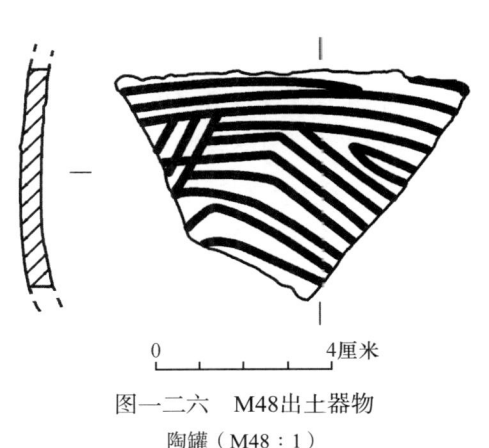

图一二六　M48出土器物
陶罐（M48∶1）

第三节　墓葬形制分析

淅川仓房新四队发现、发掘的43座东周秦汉墓基本位于相邻的山坡台地、山丘顶部及山脊地带，分布较为集中。总的来看，这43座墓葬均为土坑竖穴墓。其中5座墓葬遭盗扰与破坏极为严重，相关葬具及结构不清，其余38座均有棺，木质，髹饰有红漆，相当数量的墓葬还有椁，有木椁和砖椁[①]之分，使用木椁的墓葬数量多（表一）。

下文试对这43座墓葬的类型进行相关分析。

除5座破坏极为严重的墓葬外，其余38座墓葬可根据有无椁及椁的建筑材料的差异，分为土（石）坑竖穴木棺墓、土（石）坑竖穴木椁木棺墓、土（石）坑竖穴砖椁木棺墓三种类型。

一、土（石）坑竖穴木棺墓

计13座，均位于Ⅰ区，A、B两组皆有发现（表二）。墓圹或挖土坑，或凿挖山体而成，竖穴底部置放漆木棺，髹饰有红漆，有灰色板灰及红色漆皮等发现，棺外不见椁的痕迹。棺的一侧置放陪葬品，以陶器为主，另有少量其他质地的器物。

根据棺的数量及棺与墓圹相对位置的不同分为三型。

A型　1座（M7）。漆木棺一具，位于墓圹底的中部，不见二层台。M7墓圹南北长3.33、东西宽2.23、残深0.4～0.75米，方向150°。棺内葬1人，头南向，陪葬品位于棺外西侧偏南（图一二七，1）。

B型　11座，分别为M8、M9、M10、M13、M14、M18、M27、M30、M35、M46、M47。漆木棺一具，位于墓圹底部一侧，多有熟土二层台，个别不见。

M8　东西长2.99、南北宽1.85、残深0.45～0.85米，方向122°。竖穴底部四周用灰褐土夯筑砌成二层台，较坚实。二层台内北侧偏东置一漆木棺，棺内葬一人，男性，头东向。陪葬品位于墓主左侧，以泥质灰陶器为主（图一二七，2）。

M9　南北长2.8、东西宽1.74、残深0.4～0.63米，方向30°。墓圹底部四周以土筑砌二层台，较坚实。二层台内西侧置一漆木棺，内葬一人，女性，头北向。陪葬品位于墓主左侧，多为陶器，另出土有铁器等（图一二七，3）。

M13　南北残长1.25、宽1.62、残深0～0.59米，方向26°。竖穴下部以灰褐色花土筑砌二层台，较坚实。二层台内西侧置一漆木棺，棺内葬1人，性别不详，头北向。陪葬品位于墓主左侧，多为陶器（图一二七，4）。

---

① 该类墓葬为竖穴土坑，椁室用砖垒砌而成，内置木棺，无墓道，有学者称之为砖椁墓。见郑同修、杨爱国：《山东汉代墓葬形制初论》，《华夏考古》1996年第4期。

第二章 战国秦汉墓葬

表一 新四队东周秦汉墓登记表

墓号名称	形制	墓向	竖穴尺寸（长×宽—残深）	墓室尺寸（长×宽—残高） 椁	墓室尺寸（长×宽—残高） 棺	出土遗物	时代	备注
M1	长方形土（石）坑竖穴木椁木棺，葬1人	335°	2.94×1.85—（0.21~0.68）	2.57×1.56—？①	2.53×0.95—？②	陶器：罐2	三期Ⅰ段	盗扰
M2	长方形土坑竖穴木椁木棺，葬1人	17.5°	3.67×2.42—（0.02~0.11）	残（0.18-0.24）×1.97—？	残（0.15-0.2）×1—？	陶器：罐1	四期Ⅰ段	盗扰
M3	长方形土（石）坑竖穴木椁木棺，葬1人	120°	3.05×2.32—（0.22~0.82）	2.6×1.86—？	2.08×0.78—？	陶罐2、壶1、钵1 铁器：削2	二期	盗扰
M4	长方形土（石）坑竖穴砖椁木棺，葬1人	56.5°	3.18×2.3—（0.23~0.6）	不详	2.48×1.39—？	陶器：罐2、盆1 五铢钱币1组	五期	盗扰
M5	长方形土（石）坑竖穴砖椁木棺，葬1人	90°	2.5×2.72—（0~0.67）	破坏，具体尺寸不详	不详	无	五期	盗扰
M6	长方形土（石）坑竖穴砖椁木棺，葬1人	90°	1.06×2.08—（0~0.2）	破坏，具体尺寸不详	不详	无	五期	盗扰
M7	长方形土（石）坑竖穴木棺，葬1人	150°	3.33×2.23—（0.4~0.75）	/	2.69×1.51—？	陶罐2、鼎1 铁器：镬1	三期Ⅱ段	盗扰
M8	长方形土（石）坑竖穴木棺，葬1人	122°	2.99×1.85—（0.45~0.85）	/	2.13×0.82—？	陶器：鼎2、盒2、壶2、豆2、罐1 铁器：钓2、釜1 果核1	三期Ⅰ段	未盗
M9	长方形土坑竖穴木棺，葬1人	30°	2.8×1.74—（0.4~0.63）	/	2.37×0.84-0.08	陶器：鼎4、盒2、壶1、罐2 铁器：削1	一期Ⅱ段	盗扰
M10	长方形土坑竖穴木棺，葬1人	40°	2.6×1.65—（0.05~0.25）	/	2.14×0.8—？	陶器：鼎1、罐2、盒2、盘2、罐4 铜器：镂1、釜1	三期Ⅰ段	盗扰
M11	长方形土坑竖穴木棺，2棺，葬2人	276°	3×2.48—（0.1~0.41）	/	北：2.24×0.75—？ 南：2.2×0.6—？	陶器：鼎1、盒1、盆2、盘2、灶2、罐2、井4、釜1、金10 铁器：削2、环首刀1 铜器：镂1、井1、釜1 动物骨骼1	五期	盗扰

续表

墓号	墓向	形制	竖穴尺寸 (长×宽—残深)	墓室尺寸（长×宽—残高）椁	墓室尺寸（长×宽—残高）棺	出土遗物	时代	备注
M12	40°	长方形土（石）坑竖穴	3.07×1.9—(0.4~0.72)	不详	不详	无	战国秦汉	盗扰
M13	26°	长方形土坑竖穴木棺，葬1人	1.25(残)×1.62—(0~0.59)	/	0.85(残)×0.6—?	陶器：鼎1、盒1、豆1、罐2	一期Ⅱ段	盗扰
M14	25°	长方形土（石）坑竖穴木棺，葬1人	2.88×1.97—(0.46~0.88)	/	2.35×0.73—?	陶器：鼎2、壶2、削1铁器：削1动物骨骼1	三期Ⅱ段	未盗
M15	30°	长方形土（石）坑竖穴砖椁木棺	3.77×3.11—(0.45~0.75)	不详	不详	陶器：罐2	五期	盗扰
M16	126°	长方形土（石）坑竖穴木椁木棺，葬1人	3.1×2.21—(0.4~1.02)	2.84×1.88—?	2.69×0.935—?	陶器：鼎2、盒2、壶2、罐4、釜2、钵1、瓶2铜器：带钩1铁器：环首刀1	二期	未盗
M17	130°	长方形土（石）坑竖穴木棺，葬1人	2.47×1.42—(0.2~0.44)	2.15×1.19—?	1.77×0.63—?	陶器：罐3、釜甑1套动物骨骼1另有漆器痕迹	二期	盗扰
M18	125°	长方形土（石）坑竖穴木棺，葬1人	2.5×1.54—(0.45~0.95)	/	2.12×0.75—?	漆器：鼎2、罐3、盘3、耳杯2铁器：扒钉1组、釜甑1套	四期Ⅰ段	未盗
M19	40°	长方形土（石）坑竖穴	2.78×1.38—(0.25~0.55)	不详	不详	无	战国秦汉	盗扰
M21	150°	长方形土（石）坑竖穴木椁木棺，葬2人	3.12×1.93—(0.71~1.06)	2.82×1.63—?	东：2.22×0.66—?西：2.06×0.6—?	陶器：罐2、铁器：环首刀1五铢钱币1组	四期Ⅱ段	盗扰
M22	150°	长方形土（石）坑竖穴	3.1×1.9—(0.84~1.15)	不详	不详	无	战国秦汉	盗扰
M23	40°	长方形土（石）坑竖穴木椁木棺，葬1人	3.5×2.42—(1~1.45)	3.18×1.52—?	2.79×0.68—?	陶器：鼎2、盒2、壶2、罐1、瓶1、釜甑1漆器：1	二期	未盗

续表

墓号	墓向	形制	竖穴尺寸（长×宽－残深）	墓室尺寸（长×宽－残高） 椁	墓室尺寸（长×宽－残高） 棺	出土遗物	时代	备注
M24	40°	长方形土坑竖穴木椁木棺，葬1人	2.88×1.62－（0.58~1.02）	2.54×1.32－?	2.23×（0.78-0.84）－?	陶器：鼎2、盒2、豆2、壶2、盆2、杯2、匜1、镜1、带钩1、环4；铜器：镜1、带钩各1、料珠1组；漆器：耳杯1	一期Ⅰ段	未盗
M26	240°	长方形土坑竖穴，葬1人	3.16×2.15－（0.69~1.15）	不详	不详	无	战国秦汉	盗扰
M27	210°	长方形土（石）坑竖穴木棺，葬1人	2.82×1.93－（0.33~0.61）	/	2.4×0.85－?	陶器：罐1	三期Ⅰ段	盗扰
M28	48°	长方形土（石）坑竖穴	2.84×1.85－（0.42~0.73）	不详	不详	无	战国秦汉	盗扰
M30	20°	长方形土（石）坑竖穴	1.34×0.68－（0.6~0.82）	/	/	陶器：罐1	四期Ⅰ段	盗扰
M31	20°	长方形土（石）坑竖穴木椁木棺，葬1人	2.62×1.9－（0.1~0.6）	2.28×1.6－?	2.28×0.9－?	陶器：壶1、罐1；铁器：釜1	二期	盗扰
M32	44°	长方形土（石）坑竖穴木椁木棺，葬1人	2.82×2.3－（0~0.3）	2.24×1.65－?	2.24×1.03－?	陶器：罐2；铜器：镜1；铁器：釜1	三期Ⅰ段	盗扰
M33	45°	长方形土（石）坑竖穴木椁木棺，葬1人	2.43×1.9－（0~0.13）	1.49×1.13－?	1.49×0.67－?	陶器：壶1、罐1	二期	盗扰
M34	40°	长方形土（石）坑竖穴木椁木棺，葬1人	3.3×2.7－（0.04~0.52）	2.87×2.06－?	2.87×1.23－?	陶器：壶1、罐1、釜甑1套；铁器：釜1	三期Ⅰ段	盗扰
M35	25°	长方形土坑竖穴木棺，葬1人	2.62×1.4－（0.53~0.73）	/	2.42×079－?	陶器：罐1、甑1；铜器：带钩1	三期Ⅰ段	盗扰
M36	10°	长方形土（石）坑竖穴木椁木棺，葬2人	3.6×2.27－（0.65~1.5）	3.25×2－?	东：2.65×0.64－?；西：2.65×0.9－?	陶器：罐2；铁器：环首刀2	四期Ⅰ段	盗扰

续表

名称\墓号	墓向	形制	竖穴尺寸（长×宽—残深）	墓室尺寸（长×宽—残高）椁	墓室尺寸（长×宽—残高）棺	出土遗物	时代	备注
M37	180°	长方形土（石）坑竖穴木椁木棺，葬1人	3×1.75—（0.5~0.92）	2.35×1.68—?	2.17×0.93—?	陶器：罐5、钵2；铁器：勺1；漆器：耳杯2；动物骨骼1	三期Ⅱ段	未盗
M38	180°	长方形土（石）坑竖穴木椁木棺，葬1人	2.8×1.87—（0.32~0.7）	2.3×1.6—?	2.3×0.92—?	陶器：罐2、钵1、釜甑1组（釜为铁质）；半两钱币1组；动物骨骼1	三期Ⅱ段	未盗
M39	0°	长方形土（石）坑竖穴木椁木棺，葬1人	2.6×1.76—（0.03~0.33）	1.91×1.31—?	2.25×0.95—?	陶器：罐2	三期Ⅰ段	盗扰
M40	350°	长方形土（石）坑竖穴木椁木棺，葬1人	2.6×1.95—（0.03~0.15）	(2.32-2.36)×(1.65-1.7)—?	(2.32-2.36)×0.95—?	陶器：罐2	三期Ⅰ段	盗扰
M43	205°	长方形土坑竖穴木椁木棺，葬1人	2.98×2.26—（0.05~0.31）	2.48×1.78—?	2.48×0.95—?	陶器：鼎1、壶1、罐1	二期	盗扰
M44	35°	长方形土（石）坑竖穴砖椁木棺，葬1人	3.22×2.57—（1.45~1.9）	2.6×2.1—0.87	1.73×1.05—0.19	陶器：罐4、仓2、灶1、井1、盆1、盘1、甑1、瓶1；铜器：釜1；五铢钱币1组	五期	盗扰
M45	195°	长方形土坑竖穴木椁木棺，葬1人	3.02×1.68—（0.4~0.56）	2.62×1.46—?	2.62×0.65—?	陶器：罐6、釜甑1；铜器：带钩1；铁器：环首刀1	三期Ⅰ段	未盗
M46	160°	长方形土坑竖穴木棺，葬1人	1.22（残）×1.82—（0~0.91）	/	1.02（残）×0.88—?	陶器：罐1	三期Ⅰ段	盗扰
M47	0°	长方形土坑竖穴木棺，葬1人	2.83×1.22（残）—（0~0.31）	/	2.32×0.57（残）—?	陶器：罐2	二期	盗扰

续表

名称墓号	墓向	形制	竖穴尺寸（长×宽-残深）	墓室尺寸（长×宽-残高）椁	墓室尺寸（长×宽-残高）棺	出土遗物	时代	备注
M48	330°	长方形土坑竖穴木椁木棺，葬1人	2.85×2.18（残）-（0~0.3）	2.36×1.9-？	2.36×1.06（残）-？	陶器：罐1	二期	盗扰

注：① 椁的高度大多不详，此处用"?"表示，特说明
② 棺的高度大多不详，此处用"?"表示，特说明

表二　新四队东周秦汉土（石）坑竖穴木棺墓统计表

名称型	墓号	所属区域	墓葬尺寸（单位：米）	墓向	墓坑	棺 位置	棺 数量	棺 尺寸（单位：米）	相关设施	陪葬品位置	时代	备注
A型	M7	Ⅰ区A组	3.33×2.23-（0.4-0.75）①	150°	长方形土（石）坑	竖穴底中部	1	2.69×1.51-？②	无二层台	西侧偏南，墓主左侧	西汉	盗扰
	M8		2.99×1.85-（0.45-0.85）	122°	长方形土（石）坑	墓底北侧偏东	1	2.13×0.82-？		南侧偏东，墓主左侧	西汉	未扰
	M9		2.8×1.74-（0.4-0.63）	30°	长方形土坑	墓底中部偏西	1	2.37×0.84-0.08	有二层台	东侧，墓主左侧	战国	盗扰
	M10		2.6×1.65-（0.05-0.25）	40°		墓底东侧	1	2.14×0.8-？		西侧，墓主左侧	西汉	盗扰
	M13		1.25（残）×1.62-（0-0.59）	26°	长方形土坑	墓底西侧	1	0.85（残）×0.6-？		东侧，墓主左侧	战国	盗扰
	M14	Ⅰ区B组	2.88×1.97-（0.46-0.88）	25°	长方形土（石）坑	墓底中部偏东	1	2.35×0.73-？	有二层台	西侧，墓主左侧	西汉	未扰
B型	M18		2.5×1.54-（0.45-0.95）	125°	长方形土坑	墓底偏北部	1	2.12×0.75-？	无二层台	南侧，墓主左侧	西汉	未扰
	M27		2.82×1.93-（0.33-0.61）	210°	长方形土（石）坑	墓底东侧	1	2.4×0.85-？	有二层台	西侧，墓主左侧	西汉	盗扰
	M30	Ⅰ区A组	1.34×0.68-（0.6-0.82）	20°	长方形土坑	墓底	1	不详	无二层台	西南侧	西汉	盗扰
	M35		2.62×1.4-（0.53-0.73）	25°		墓底中部偏西	1	2.42×079-？		东侧，墓主左侧	西汉	盗扰
	M46	Ⅰ区B组	1.22（残）×1.82-（0-0.91）	160°	长方形土（石）坑	墓底东侧	1	1.02（残）×0.88-？	有二层台	西侧，墓主左侧	西汉	盗扰
	M47		2.83×1.22（残）-（0-0.31）	0°		墓底西侧	1	2.32×0.57（残）-？		东侧，墓主左侧	秦	盗扰
C型	M11	Ⅰ区A组	3×2.48-（0.1-0.41）	276°	长方形土坑	墓底南北两侧	2	北：2.24×0.75-？ 南：2.2×0.6-？		中部，二棺之间，主头部各有1件	西汉	盗扰

注：①墓葬深度均为残深，特说明
②棺的高度大多不详，此处用"?"表示，有尺寸者为残高，特说明

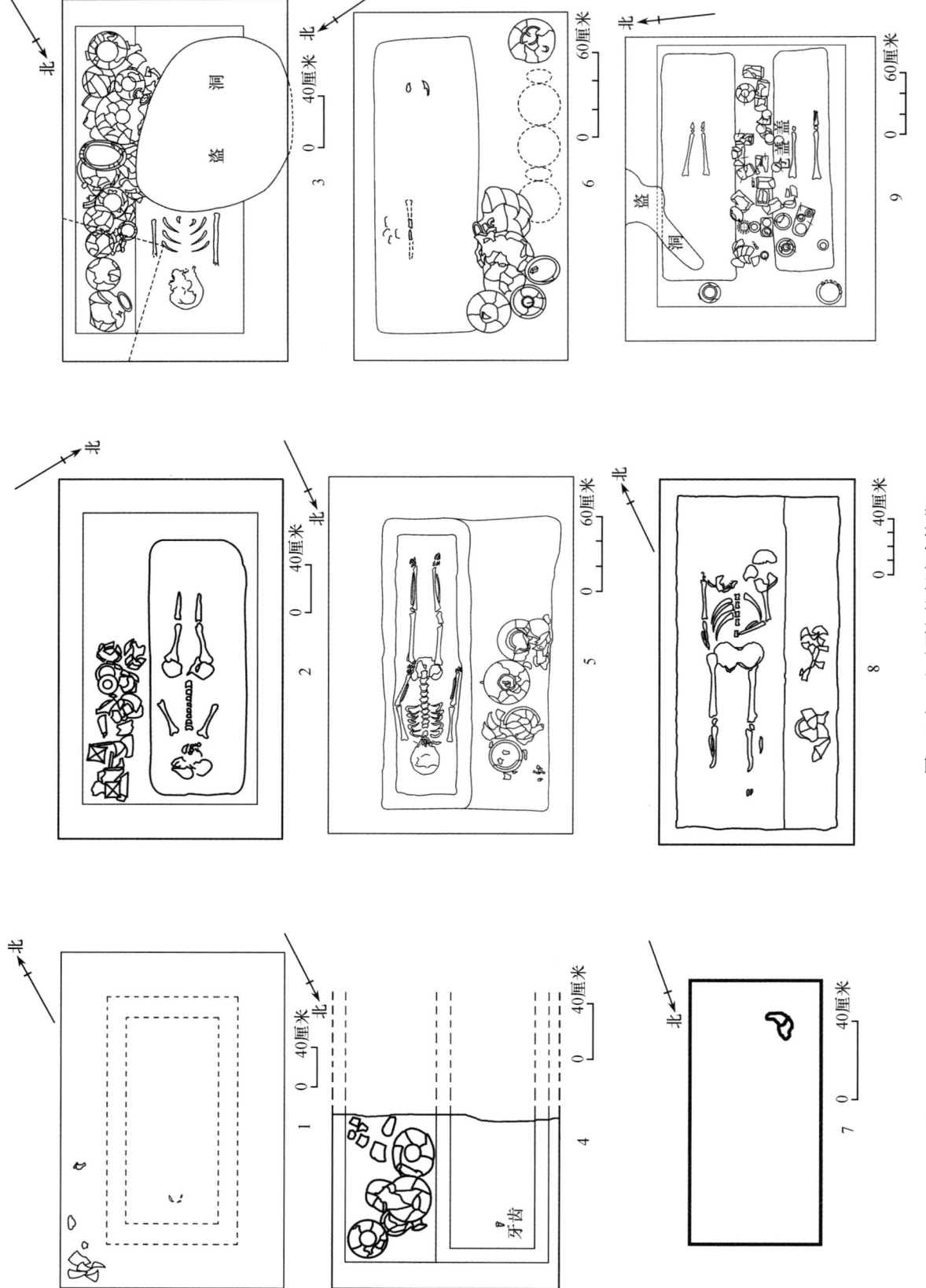

图一二七 土（石）坑竖穴木棺墓
1. A型（M7） 2～8. B型（M8、M9、M13、M14、M18、M30、M35） 9. C型（M11）

M14　南北长2.88、宽1.97、残深0.46～0.88米，方向25°。竖穴下部以黑褐色花土筑砌二层台，土质坚硬。二层台内东侧置一漆木棺，内葬1人，男性，头北向。陪葬品位于墓主右侧，多为陶器，另出土有铁器等（图一二七，5）。

M18　东西长2.5、南北宽1.54、残深0.45～0.95米，方向125°。竖穴底部四周无熟土二层台，偏北部有一漆木棺，内葬1人，男性，头向东南。陪葬品位于墓主左侧，多为陶器，另有铁器、漆器等（图一二七，6）。

M30　尺寸相对较小，南北长1.34、东西宽0.68、残深0.6～0.82米，方向20°。竖穴底部四周无熟土二层台，墓主头北向，性别不详，陪葬品位于墓主右侧。出土有陶器残片等（图一二七，7）。

M35　南北长2.62、东西宽1.4、残深0.53～0.73米，方向25°。竖穴下部以黑褐色花土筑砌二层台，土质坚硬。二层台内西侧置一漆木棺，内葬1人，男性，头向东北。陪葬品位于墓主左侧，多为陶器残片（图一二七，8）。

C型　1座（M11）。墓圹底部置并列2漆木棺，分列于墓圹底部两侧，两棺之间置放陪葬品。墓圹底部四周有土砌二层台，夯筑较为坚硬。M11墓圹东西长3、南北宽2.48、残深0.1～0.41米，方向276°。墓圹内南北并列摆放2个漆木棺，均为长方形。由于受挤压程度不同，北棺略大于南棺，北棺内葬1人，女性，南棺内葬1人，男性，两棺之间间隔38厘米，陪葬品多数置于其间，少量分置于墓主头部，其中北棺墓主头部置1件陶鼎，南棺墓主头部置1件铜釜（图一二七，9）。

二、土（石）坑竖穴木椁木棺墓

计19座，均位于Ⅰ区，A、B两组皆有发现（表三）。墓圹或挖土坑，或凿挖山体而成，竖穴底部四周有"回填土台"，较为坚硬。"回填土台"内置椁及棺，均漆木质，已朽。椁未髹饰红漆。棺髹饰有红漆，有灰色板灰及红色漆皮等发现。椁内棺外大多有边厢，个别可能还有脚厢，边厢或脚厢内置陪葬品，以陶器为主，另有少量其他质地的器物。

除"回填土台"、边厢、脚厢外，一些墓葬还有其他设施。根据其他设施的有无可分为两型。

A型　无其他相关设施。计14座，分别为M1、M2、M17、M23、M31、M33、M36、M37、M38、M39、M40、M43、M45、M48。均为一椁，椁内置棺，多为一棺，个别二棺。根据棺的数量及相关设施的不同又可分为两亚型。

Aa型　计13座，分别为M1、M2、M17、M23、M31、M33、M37、M38、M39、M40、M43、M45、M48。椁内置一棺，位于一侧，棺的一侧为边厢，边厢内置放陪葬品。由于填土夯实或坍塌、挤压，一些墓葬的椁已变形，部分棺亦变形。

M17　东西长2.47、南北宽1.42、残深0.2～0.44米，方向130°。竖穴底部有"回填土

表三 新四队东周秦汉土（石）坑竖穴木椁木棺墓统计表

墓葬型式		名称 墓号	所属区域	墓葬尺寸	墓向	墓坑	椁 尺寸	椁 位置	棺 数量	棺 尺寸	相关设施	陪葬品位置	时代	备注
A	Aa	M1	Ⅰ区A组	2.94×1.85—（0.21-0.68）①	335°	长方形土（石）坑	2.57×1.56—？②	竖穴底西侧	1	2.53×0.95—？③		椁东，墓主左侧	西汉	盗扰
		M2		3.67×2.42—（0.02-0.11）	17.5°	长方形土坑	残（0.18-0.24）×1.97—？		1	残（0.15-0.2）×1—？		椁西，墓主右侧		盗扰
		M17	Ⅰ区B组	2.47×1.42—（0.2-0.44）	130°		2.15×1.19—？	竖穴底北侧	1	1.765×0.625—？		椁南，墓主左侧	秦	未盗
		M23		3.5×2.42—（1-1.45）	40°		3.18×1.515—？	竖穴底东侧	1	2.79×0.68—？		椁东，墓主右侧		盗扰
		M31	Ⅰ区A组	2.62×1.9—（0.1-0.6）	20°		2.28×1.6—？	竖穴底西侧	1	2.28×0.9—？		椁西，墓主右侧		盗扰
		M33		2.43×1.9—（0-0.13）	45°	长方形土（石）坑	1.49×1.13—？	竖穴底东侧	1	1.49×0.67—？	"回填土台"，边厢	椁东，墓主左侧	西汉	未盗
		M37		3×1.75—（0.5-0.92）	180°		2.35×1.68—？	竖穴底西侧	1	2.17×0.93—？		椁西，墓主右侧		盗扰
		M38	Ⅰ区B组	2.8×1.87—（0.32-0.7）	180°		2.3×1.6—？		1	2.3×0.92—？		椁西，墓主左侧		未盗
		M39		2.6×1.76—（0.03-0.33）	0°		1.91×1.31—？	竖穴底东侧	1	2.25×0.95—？		椁西，墓主右侧		盗扰
		M40		2.6×1.95—（0.03-0.15）	350°		2.36×1.7—？		1	2.36×0.95—？		椁东，墓主左侧		未盗
		M45	Ⅰ区A组	3.02×1.68—（0.4-0.56）	195°	长方形土坑	2.62×1.46—？	竖穴底西侧	1	2.62×0.65—？		椁东，墓主左侧		
		M43		2.98×2.26—（0.05-0.31）	205°		2.48×1.78—？	竖穴底东侧	1	2.48×0.95—？		椁西，墓主左侧	秦	盗扰
		M48		2.85×2.18—（残）—（0-0.3）	330°		2.36×1.9—？	竖穴底西侧	1	2.36×1.06（残）—？	"回填土台"，边厢与脚厢	椁西，墓主右侧及脚厢		
	Ab	M36	Ⅰ区B组	3.6×2.27—（0.65-1.5）	10°		3.25×2—？	竖穴底中东部偏北	2 并列	东：2.65×0.64—？ 西：2.65×0.9—？			西汉	盗扰

续表

名称\墓葬型式		墓号	所属区域	墓葬尺寸	墓向	墓坑	椁尺寸	位置	棺数量	棺尺寸	相关设施	陪葬品位置	时代	备注
B	Ⅰ	M24	Ⅰ区A组	2.88×1.62—(0.58-1.02)	40°	长方形土坑	2.54×1.32—? 椁板宽0.05-0.1	竖穴底中部，椁内偏西侧	1	2.23×(0.78-0.84)—?	"回填土台"、边厢，椁底墓主头下有一东西向长方形凹槽	棺东侧，墓主左侧	战国	未盗
	Ⅱ	M3		3.05×2.32—(0.22-0.82)	120°	长方形土（石）坑	2.6×1.86—?	竖穴底中部偏北侧	1	2.08×0.78—?	"回填土台"、边厢，椁底墓主头下有一长条形凹槽，四角各1弧形凹槽	棺南，有一定距离，墓主左侧	秦	盗扰
		M16	Ⅰ区B组	3.1×2.21—(0.4-1.02)	126°		2.835×1.88—?	竖穴底南侧	1	2.69×0.935—?		棺北，墓主左侧		未盗
	Ⅲ	M32	Ⅰ区A组	2.82×2.3—(0-0.3)	44°		2.24×1.65—?	竖穴底东侧	1	2.24×1.03—?	"回填土台"、边厢，椁底墓南北两侧有2道平行沟槽	棺西，墓主右侧	西汉	盗扰
		M34		3.3×2.7—(0.04-0.52)	40°		2.87×2.06—?	竖穴底西侧	1	2.87×1.23—?		棺东，墓主左侧		

注：①墓葬深度均为残深。
②椁的高度大多不详，此处用"?"表示，特说明
③棺的高度大多不详，此处用"?"表示，特说明

台"，为灰褐土，较坚实。椁壁紧贴"回填土台"壁，呈东西向的长方形，东西长2.15、南北宽1.19米，高度不详。椁的北部置漆木质棺，内葬1人，墓主女性，头东南向。椁内棺的南侧，墓主左侧为边厢，其内摆放陪葬品，以陶器为主，另有动物骨骼等（图一二八，1）。

M23　南北长3.5、南北宽2.42、残深1～1.45米，方向40°。竖穴底部有"回填土台"，内置一椁一棺，漆木质。椁呈长方形，贴下层"回填土台"四壁。棺位于椁内西侧，内葬一人，头北向，性别不详。椁内棺东侧，墓主左侧为边厢，内置陪葬品，以陶器为主（图一二八，2）。

M37　南北长3、东西宽1.75、残深0.5～0.92米，方向180°。竖穴底部有"回填土台"，为红褐色花土，较坚硬。"回填土台"内置放一椁一棺，木质，已朽。棺位于椁内西侧，内葬一人，偏西侧，头南向，男性。椁内棺的东侧，墓主右侧为边厢，其内中南部置放陪葬品，以陶器为主，另有铁、漆器及动物骨骼等（图一二八，3）。

M38　南北长2.8、东西宽1.87、残深0.32～0.7米，方向180°。竖穴底部有"回填土台"，为灰褐色花土，较坚硬。"回填土台"内置放一椁一棺，木质，已朽。椁长约2.24～2.3、宽约1.55～1.6米。棺位于椁内东侧，内葬一人，偏东侧，头南向，女性。椁内棺的西侧，墓主左侧为边厢，内置陪葬品，以陶器为主，另有动物骨骼等，墓主脚部还出土一组钱币，已锈残（图一二八，4）。

M39　南北长2.6、东西宽1.76、残深0.03～0.33米，方向0°。竖穴底部有"回填土台"，为灰褐色花土，较坚硬。内置一棺一椁，木质，已朽。椁南北长1.91、东西宽1.31米。椁东侧为棺，内葬1人，头北向，男性。椁内棺的西侧，墓主右侧为边厢，内置陪葬品，以陶器为主（图一二八，5）。

M40　南北长2.6、东西宽1.95、残深0.03～0.15米，方向350°。竖穴底部有"回填土台"，为灰褐色花土，较坚硬。内置一棺一椁，均木质，皆朽。椁南北长1.94～1.96米，东西宽1.4～1.43米。东侧为棺，内葬1人，头北向，女性。椁内棺的西侧，墓主右侧为边厢，内置陪葬品，以陶器为主（图一二八，6）。

M45　南北长3.02、东西宽1.68、残深0.4～0.56米，方向195°。竖穴底部有"回填土台"，为黄褐色花土，较坚硬。内置一椁一棺。椁呈长方形，南北长约2.62、东西宽约1.46米。棺位于椁西部，内葬1人，头南向，女性。椁内棺的东侧，墓主右侧为边厢，边厢南部置放陪葬品，以陶器为主，另在棺内还有铜、铁器出土，均残（图一二八，7）。

Ab型　1座（M36）。椁内置二棺，二棺并列，略偏于一侧，二棺的右侧为边厢，脚挡处有脚厢，边厢和脚厢内置放陪葬品。M36南北长3.6、东西宽2.27、残深0.65～1.5米，方向10°。竖穴底部有"回填土台"，为灰褐色花土，较坚实。"回填土台"内置放一椁二棺，在南部及西部形成脚厢和边厢。两棺内各葬1人，头北向，东侧棺略窄，内葬女性，西侧棺略宽，内葬男性。脚厢与边厢底部铺满石灰，内置陪葬品，棺内亦随葬有相关遗物（图一二八，8）。

B型　墓圹底部有长方形凹槽或墓底四角有弧形的凹槽，或二者均有，可能是为了方便下葬、构筑相关设施或固定棺椁时使用。计5座，分别为M3、M16、M24、M32、M34。根据相关设施的增损及变化可分为三式。

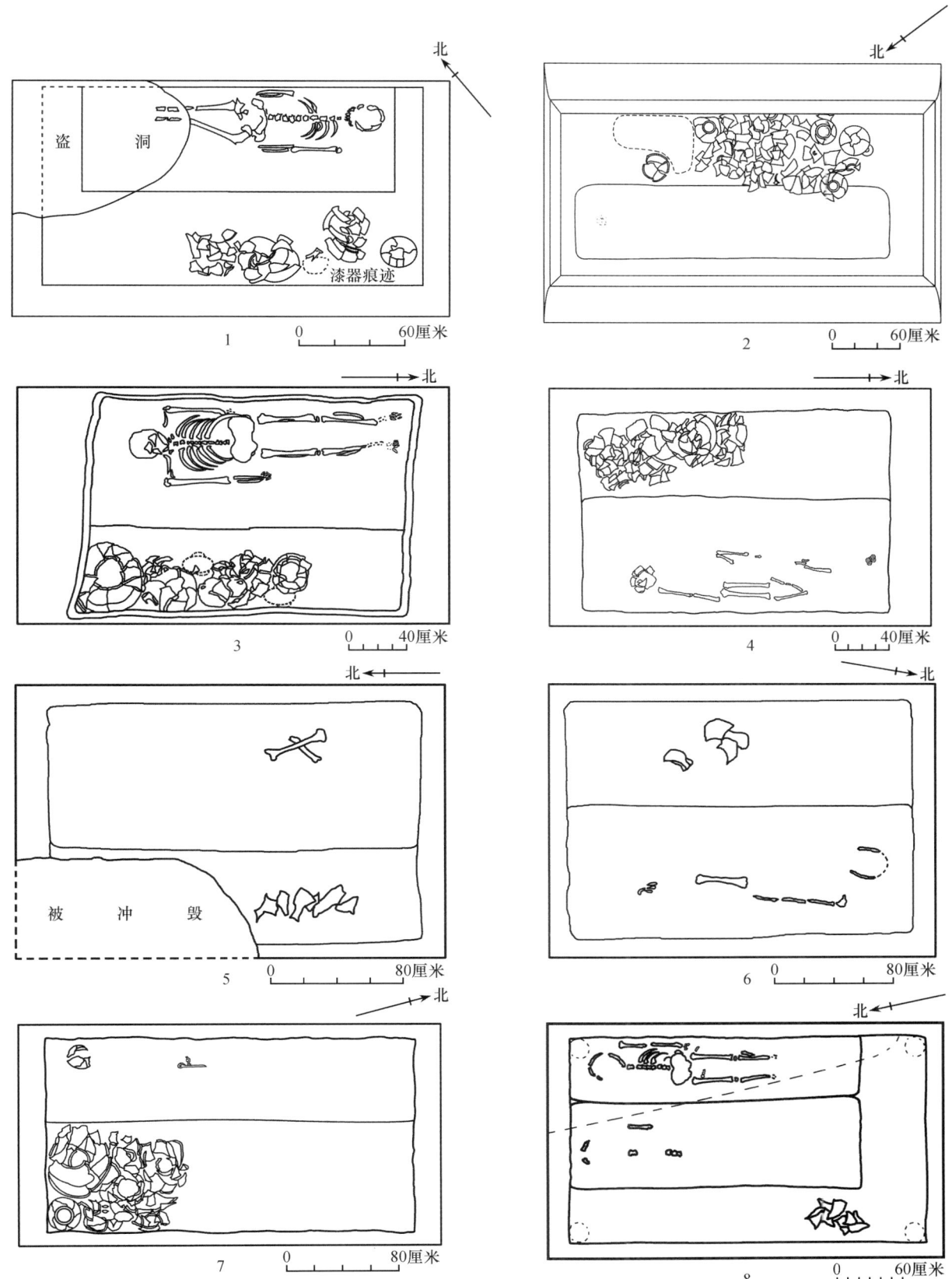

图一二八　A型土（石）坑竖穴木椁木棺墓
1~7.Aa型（M17、M23、M37、M38、M39、M40、M45）　8.Ab型（M36）

Ⅰ式：1座（M24）。竖穴底部墓主头部之下有一横向的长方形凹槽。M24南北长2.88、东西宽1.62、残深0.58～1.02米，方向40°。竖穴底部有"回填土台"，为黄褐色花土，较坚实。"回填土台"内置放一椁一棺，漆木质，已朽。由于填土坍塌、夯实等原因，棺椁呈不规则的抹角长方形，椁南北长2.51～2.54、宽1.18～1.32米。棺位于椁的偏西侧，内葬1人，头北向，男性。墓室底部北侧，墓主头骨下部偏北有一东西向的长方形凹槽，整体较规整，东西长1.62、南北宽0.1米，断面弧形，深0.07米。椁内棺东侧，墓主左侧为边厢，内置陪葬品，以陶器为主，另有铜、漆器及料珠等，均残（图一二九，1）。

Ⅱ式：2座，分别为M3、M16。竖穴底部墓主头部之下有一横向的凹槽，四角有四弧形的凹槽。

M3 南北长3.05、东西宽2.32、残深0.22～0.82米，方向120°。竖穴底部有"回填土台"，为灰褐土，较坚实。内置一棺一椁，偏于东侧，漆木质，已朽。椁南北长2.56、东西宽1.28米。棺内葬1人，头南向，性别不详。棺外椁内有积炭。墓底距北壁50.5厘米处有一东西向凹槽，较规整，断面呈倒梯形，东西长2.32、上口南北宽0.31、下口南北宽0.28、深0.1厘米。墓圹底部四角亦各有一弧形凹槽，形状不一，个别近圆形，大小不等，深12厘米。椁内棺西侧，墓主左侧为边厢，内置陪葬品，以陶器为主，因盗扰，多残（图一二九，2）。

M16 东西长3.1、南北宽2.21、残深0.4～1.02米，方向126°。竖穴底部有"回填土台"，为灰褐土，较坚实。内置一棺一椁，漆木质，已朽。椁东西长2.835、南北宽1.88米。椁内北侧置长方形漆木棺，棺内葬1人，头东南向，男性。椁内棺南侧，墓主左侧为边厢，其内摆放陪葬品，以陶器为主，另有铜、铁器等，均残。墓圹底部墓主头骨之下有一"凸"字形凹槽，较规整，南侧窄，宽21厘米，北侧略宽，宽40厘米，断面呈长方形，深7.5厘米。墓圹底部四角亦各有一弧形凹槽，形状不一，个别近圆形，大小不等，剖面呈弧形，深度略有差别，5～6.5厘米（图一二九，3）。

Ⅲ式：2座，分别为M32、M34。竖穴底部有两平行的横向凹槽，一处大致位于墓主头部以下，一处大致位于脚部以下，基本呈长方形，部分稍不规整。

M32 南北长2.82、东西宽2.3、残深0～0.3米，方向44°。竖穴底部有"回填土台"，为黄褐色花土。内置放一椁一棺，漆木质，已朽。椁东侧为棺，棺南北长2.24、东西宽1.03米，内葬1人，头北向，墓主性别不详。椁内西侧，墓主右侧为边厢，内置陪葬品，以陶器为主，另有铁器等，遭盗扰，均残。墓底有两道平行的长方形沟槽，分别位于南北两侧，南侧沟槽紧靠墓壁，断面呈梯形，宽22、深6～7厘米，北侧沟槽位于墓主头骨之下，较规整，断面长方形，宽25、深6厘米（图一二九，4）。

M34 南北长3.3、东西宽2.7、残深0.04～0.52米，方向40°。竖穴底部有"回填土台"，为灰褐色花土。内置一椁一棺，漆木质，已朽。棺位于椁西侧，长度与椁基本相近，宽1.23米，内葬1人，头北向，性别不详。椁内东侧，墓主左侧为边厢，内置陪葬品，以陶器为主，另有铁器等，遭盗扰，均残。墓底有两道平行的长方形沟槽，分别位于南北两侧，沟槽平面呈长方形，但不甚规整，局部有曲折。北侧沟槽略宽，断面呈倒梯形，北侧壁略斜收，上

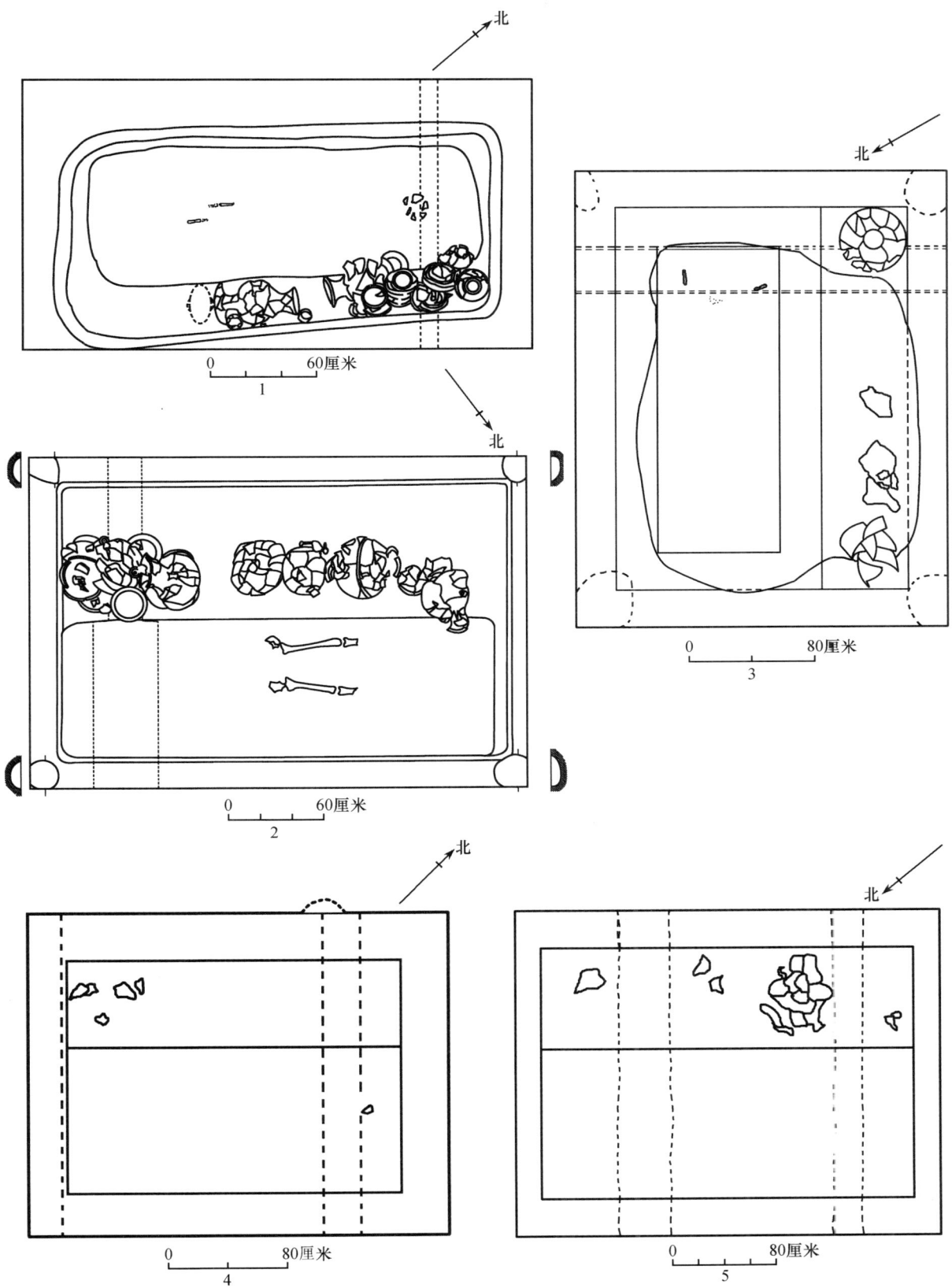

图一二九　B型土（石）坑竖穴木椁木棺墓
1、2. B型Ⅱ式（M3、M16）　3. B型Ⅰ式（M24）　4、5. B型Ⅲ式（M32、M34）

宽39~42、下宽37~39、深16厘米，南侧沟槽稍窄，断面为长方形，相对规整，较浅，宽21~25、深3厘米（图一二九，5）。

三、土（石）坑竖穴砖椁木棺墓

计6座，位于Ⅰ区，A、B两组皆有发现（表四）。均是先挖凿好竖穴墓坑，再在墓坑下部沿竖穴四壁用砖筑砌椁室，椁室内置放漆木棺及其他相关设施。均遭盗扰，有无顶部不可知。根据筑砌方式及用材的变化等可分为四式（图一三〇）。

Ⅰ式：1座，为M21。墓圹相对较窄，南北长3.12、东西宽1.93、残深0.71~1.06米，方向150°。仅在墓坑下部沿竖穴四壁用长方形带榫卯的长方形砖筑砌椁室，不见其他形制的砖。墓底不铺砖，有一定厚度的垫土，砖墙砌在垫土之上。砖略薄，厚7.5厘米，朝向墓内的一侧模印有相关纹饰，仅一组，不见上下两组。均是外为边框，内饰三角纹和菱形纹，大的三角形内有一小的三角形，而大的菱形纹内则有四个对称的小菱形纹等。M21椁内并列葬二人，均有漆木棺，两棺之间放置陪葬品，为男女墓主共有（图一三〇，1）。

Ⅱ式：2座，分别为M5与M6。墓圹宽，其中M5东西残长2.5、南北宽2.72、残深0~0.67米，方向90°；M6较M5窄，东西残长1.06、南北宽2.08、残深0~0.2米，方向90°。墓坑下部用长方形带榫卯的长方形砖筑砌椁室，不见其他形制的砖，沿竖穴四壁砌墙，墓底铺砖，下无垫土。砖略厚，约8厘米，朝向墓内的一侧模印有相关纹饰，仅一组，不见上下两组，基本是长方形框内为多组菱形纹与三角纹。二墓砖椁内均为一漆木棺，葬一人。二墓遭破坏严重，特别是M6，仅在墓坑东北角发现相关痕迹，陪葬品残无，位置不详。另外，二墓海拔相同，平行并列，墓向一致，推测可能为夫妻异穴合葬墓（图一三〇，2）。

Ⅲ式：1座，为M4。墓圹稍宽，南北长3.18、东西宽2.3、残深0.23~0.6米，方向56.5°。墓坑下部以砖筑砌椁室。四面围墙，砌墙砖有较宽的长方形砖、窄砖、带榫卯的长方形条砖，均平铺，一排。带榫卯的长方形条砖厚8厘米，朝向墓室的一侧面模印有纹饰，分上下两层，中部以宽带状纹间隔，宽带状纹内凹，中有凸起的密集短竖线纹。上下两组纹饰相同，顺序一致，略有错位，均是在双线边框纹内饰相连的双线菱形纹及三角纹、短竖线纹、卷云纹、圆圈纹等纹饰。底部铺砖，以较宽的长方形砖平行铺成，下无垫土。较宽的长方形砖长48.5、宽45.5、厚8厘米，朝上一面模印有纹饰，基本以多组宽带状纹分成多组相同的图案，宽带状纹微内凹，中有凸起的密集短竖线纹。主题图案以双线菱形纹及三角纹、圆圈纹、云纹等为主，分布较为对称。漆木棺位于椁内中部，已朽，墓葬遭盗扰严重，痕迹基本不存，内葬1人，头东向，性别不详。陪葬品位于北侧，墓主右侧，遭扰乱，余残片，以陶器为主，另有钱币等（图一三〇，3）。

Ⅳ式：2座，分别为M15与M44。墓圹宽，其中M15南北长3.77、东西宽3.11、残深0.45~0.75米，方向30°；M44南北长3.22、东西宽2.57、残深1.45~1.9米，方向35°。墓坑下

表四 新四队西汉土（石）坑竖穴砖木椁墓统计表

墓葬形制与尺寸

名称 墓号	所属 区域	墓坑	砌砖情况	用砖类型	棺	陪葬品位置	墓葬尺寸 尺寸（长×宽×深），单位：米	墓向	所属 式别	时代	备注
M4	Ⅰ区 A组	长方形土（石）坑竖穴，稍宽	墓坑下部以3种长方形砖砌墙，砖均平铺，一排底部以1种砖平行铺成，下无垫土	1.长方形带榫卯砖，一侧模印有2组纹饰 2.长方形窄砖，形体较小，素面无纹 3.较宽长方形砖，一面模印纹饰	椁内中部	棺北侧，墓主右侧	3.18×2.3—（0.23~0.6）①	56.5°	Ⅲ式	西汉晚期	
M5	Ⅰ区 B组	长方形土（石）坑竖穴，宽	墓坑下部沿四壁用1种长方形带榫卯的长方形砖砌墙，墓底铺砖，下无垫土	长方形带榫卯砖，一侧模印有1组纹饰	椁内，位置不详	遭盗扰，位置不详	2.5×2.72—（0~0.67）	90°	Ⅱ式		被盗，未发现椁顶
M6	Ⅰ区 B组	长方形土（石）坑竖穴，稍宽	墓坑下部沿四壁用1种长方形带榫卯的长方形砖砌墙，墓底铺砖，下无垫土	长方形带榫卯砖，一侧模印有1组纹饰	椁内，位置不详	遭盗扰，位置不详	1.06×2.08—（0~0.2）	90°	Ⅱ式	西汉晚期偏早	

续表

名称墓号	所属区域	墓葬形制与尺寸					墓葬尺寸 尺寸（长×宽—深），单位：米	墓向	所属式别	时代	备注
		墓坑	砌砖情况	用砖类型	椁	陪葬品位置					
M15	Ⅰ区B组	长方形土（石）坑竖穴，宽	墓坑下部以2种长方形砖平铺砌墙，一排。底部铺砖，多残无，下无垫土，砌椁室砖中有空心砖	1.长方形带榫卯砖，一侧模印有2组纹饰 2.长方形窄砖，形体较小，素面无纹 3.空心砖，两面模印纹饰	椁内，有长方形实心、空心砖砌筑的椁室，位置不详	遭盗扰，推测有边厢和脚厢，位置不详	3.77×3.11—（0.45~0.75）	30°	Ⅳ式	西汉晚期	
M21	Ⅰ区A组	长方形土（石）坑竖穴，较窄	墓坑下部用1种砖砌椁墙，墓底不铺砖，有垫土，垫土上	长方形带榫卯砖，一侧模印有1组纹饰	并列二椁，中有间隔	两椁之间	3.12×1.93—（0.71~1.06）	150°	Ⅰ式	西汉中期偏晚	被盗，未发现椁顶
M44	Ⅰ区B组	长方形土（石）坑竖穴，宽	墓坑下部以1种砖平铺砌墙，北、东、西三壁一排，南壁两排。底部铺另1种砖，下无垫土，以上2种砖及空心砖砌椁室	1.长方形带榫卯砖，一侧模印有2组纹饰 2.较宽长方形砖，一面模印纹饰 3.空心砖，两面模印纹饰	椁内西北部有长方形实心、空心砖砌筑的椁室	位于椁室北东侧，墓主左边的边厢、脚部的脚厢内	3.22×2.57—（1.45~1.9）	35°	Ⅳ式	西汉晚期	

注：① 墓葬深度均为残深，特说明。

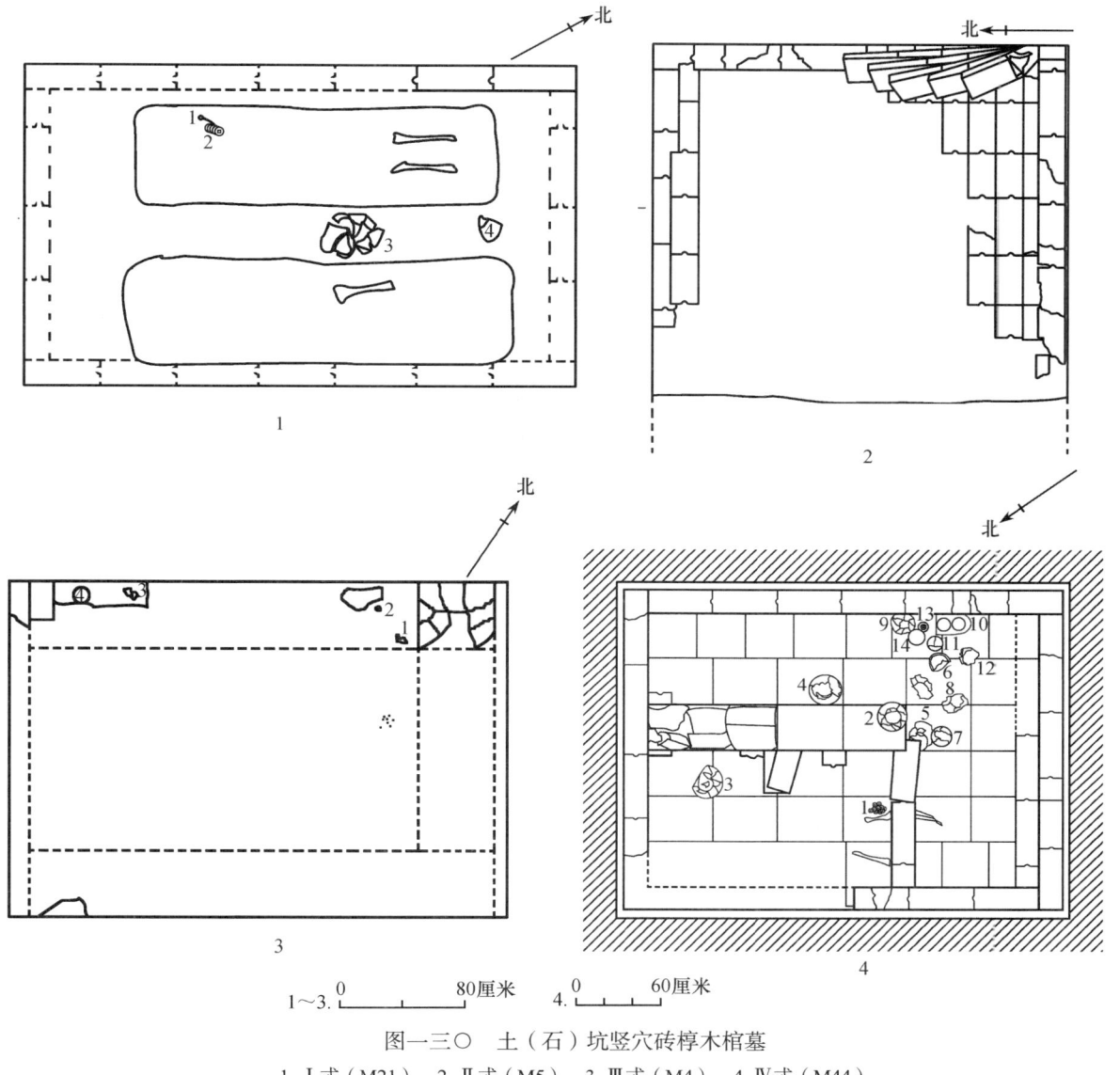

图一三〇 土（石）坑竖穴砖椁木棺墓
1. Ⅰ式（M21） 2. Ⅱ式（M5） 3. Ⅲ式（M4） 4. Ⅳ式（M44）

部以砖筑砌椁室。四面围墙，均用长方形砖平铺。M15的砌墙砖既有稍小的长方形砖，长32、宽17、厚8厘米，素面无纹，也有略大的带榫卯的长方形子母砖，长50（不含榫）、宽17、厚8厘米。M44四壁砖墙均为长方形砖榫卯相扣平铺，西、北、东三面为单排砖墙，南面为双排砖墙，砖长45、宽16、厚9~10.2厘米。带榫卯的长方形子母砖均是朝向墓室的一侧面饰有纹饰，其余各面均素面无纹。纹饰与M4带榫卯的长方形砖的纹饰大致相同，在一些细部上表现形式更为丰富，如主题纹饰之间的间隔有的仅为双横线，有的则在双横线内饰多条短竖线纹。底部铺砖，无垫土，用砖均为较宽的长方形砖，M44使用的此类砖长46、宽34、厚约11厘米。朝上一面模印有纹饰，与M4铺地的较宽的长方形砖接近，亦是细部上表现形式较为丰富。在铺地砖之上，两墓还以带榫卯的长方形砖及较宽的长方形砖等修砌棺室，并形成置放陪葬品的位置。较为突出特征的是二墓均使用了空心砖。M15出土空心砖一面的主题纹饰为双线正方形方格乳丁纹及双线圆圈乳丁纹，边饰既有相连的菱形纹及三角纹、乳丁纹等，也有龙纹等。M44出土空心砖一面的主题纹饰为双线正方形方格乳丁纹及云纹等，边饰斜线纹等，另一面的主题纹饰则有山峦、树木、奔兽、飞鸟、狩猎等内容，十分生动。M15遭盗扰严重，棺室位置不详，陪葬品较散乱，位置亦不详。M44棺室位于椁内西北部，陪葬品基本位于棺室北侧、东侧，墓主左侧、脚部的边厢和脚厢内，虽遭盗扰，有所存留，以陶器为主，另有铜器等，棺室内还有钱币出土，均残（图一三〇，4）。

四、墓葬形制所体现的时代

土（石）坑竖穴木棺墓中，A、C型数量少，仅1座，B型则多达11座。A、B型墓葬中均未见有模型明器出土，参考淅川一带、南阳周边及湖北襄阳、丹江口一带的东周秦汉墓葬，时代应在西汉晚期之前，而B型墓葬数量多，时代的跨度也相对较长。C型为夫妻同穴合葬墓，参照上述地区的东周秦汉墓葬，时代一般在西汉中晚期，而结合墓内出土有模型明器等来看，其时代应为西汉晚期。

土（石）坑竖穴木椁木棺墓计19座，有"回填土台"，大多有边厢，个别有脚厢。该类墓葬亦无模型明器出土，时代大致在西汉晚期之前。A型无其他设施，Aa型为单人葬，数量多，时代跨度长；Ab型为夫妻同穴合葬，根据上文论述，时代大致在西汉中晚期，而该型所属墓葬未见有模型明器，推测时代可能为西汉中期。B型墓葬有凹槽等设施，根据上述地区东周秦汉墓葬来看，时代基本为西汉早期之前（含西汉早期）。墓葬发展序列明确，Ⅰ式仅在竖穴底部墓主头部之下有一横长方形凹槽，体现出时代较早的特征；Ⅱ式是在Ⅰ式基础上的发展，凹槽仍为墓主头部之下一条，但在四角增加了弧形凹槽，类似的情况在周边地区并不多见，这可能与其所处历史时期较短，未来得及推广普及有关；Ⅲ式是在竖穴底部，墓主的头、脚部之下各有一长方形凹槽，这应是发展完善的体现，类似的情况在湖北襄阳老河口秦统一之前至西汉早期的墓葬中占有一定比例[1]，其他地区西汉早期墓葬中也有发现，如徐州地区的韩山M1[2]、东甸子M3[3]等西汉早期墓葬等。综合判断，该式墓葬的时代应为西汉早期，Ⅱ式较之时代早，可能为秦代，而Ⅰ式则更早，大致在秦统一之前。

土（石）坑竖穴砖椁木棺墓涉及墓葬6座，墓坑下部竖穴四壁用砖筑砌椁室，分四式。Ⅰ式相对简单，下有垫土，其上四壁砌砖，底不铺砖。用砖单一，砖纹简单，体现出初期形态。结合墓内葬夫妻二人，无模型明器发现等来看，墓葬时代可能为西汉中期，而从出土的钱币等分析，应为西汉中期偏晚阶段。Ⅱ式较之Ⅰ式复杂，下无垫土，四壁及底均铺砖，但用砖仍较

---

[1] 襄樊市文物考古研究所、武安铁路复线九里山考古队编著：《老河口九里山秦汉墓》，文物出版社，2009年。
[2] 徐州博物馆：《徐州韩山西汉墓》，《文物》1997年第2期。
[3] 徐州博物馆：《徐州东甸子西汉墓》，《文物》1999年第12期。

为单一，砖纹简单，所属墓葬均遭盗扰严重，无出土物，推测其时代为西汉中期偏晚至晚期偏早阶段。Ⅲ式在Ⅱ式基础上又得到新的发展，用砖多样，开始使用较宽的长方形砖，砖纹复杂，所属墓葬遭盗扰严重，有无模型明器已不可知，从出土的钱币来看，墓葬时代当为西汉晚期，可能早至西汉晚期偏早阶段。Ⅳ式又是在Ⅲ式基础上的发展，墓圹宽，结构复杂，用砖式样多，纹饰复杂，而且使用了空心砖。结合出土的钱币、模型明器等来看，墓葬时代为西汉晚期，下限可至西汉晚期偏晚阶段。

本次该处发现发掘的墓葬中，有2座之间存在着打破关系，即M10局部打破M9，这说明M9在时代上要早于M10，而就某一墓地来讲，墓葬之间存在打破关系，一般要相隔较长的时间，结合相关出土器物来看，M9的时代大致在秦统一之前，而M10的时代则为西汉早期偏早阶段。

五、破坏严重的墓葬分析

除上述三类墓葬外，还有5座墓葬破坏极为严重，葬具形制不详，陪葬品基本不见，5座墓葬分别是M12、M19、M22、M26、M28（表五）。墓坑遭大面积的翻动，填土基本为扰土，其内有大量植物根系。根据墓葬的位置、形制、大小等综合判断，墓葬的时代上限为战国晚期，下限最晚可至西汉晚期。

表五　新四队破坏严重的东周秦汉墓统计表

名称 墓号	所属区域	墓葬形制与尺寸			时代	备注
		形制	墓向	尺寸（长×宽—残深），单位：米		
M12	Ⅰ区A组	长方形土（石）坑竖穴	40°	3.07×1.9—（0.4~0.72）①	战国至西汉	破坏严重，葬具及葬人情况不详，无出土物
M19	Ⅰ区B组		40°	2.78×1.38—（0.25~0.55）		
M22	Ⅰ区A组		150°	3.1×1.9—（0.84~1.15）		
M26			240°	3.16×2.15—（0.69~1.15）		
M28			48°	2.84×1.85—（0.42~0.73）		

第四节　出土主要陪葬品的类型分析

新四队东周秦汉墓葬出土有一定数量的陪葬品，质地包括陶、铜、铁、漆、料器、动物骨骼等（表六），种类复杂多样，既有仿铜陶礼器，也有生活用具等，反映出相应的丧葬习俗、制度及等级差别等。出土器物具有时代的特征，并组成较多具有时代特点和相应用途的组合，对墓葬的分期及相关内容的研究提供了实物资料。

---

① 墓葬深度均为残深，特说明。

表六 新四队东周秦汉墓出土器物种类、数量登记表

质地	名称	墓葬与出土数量——M（数量）	墓葬	器物
质地	名称		合计	合计
陶器	鼎	M7（1）、M8（2）、M9（4）、M10（1）、M11（1）、M13（1）、M14（2）、M16（2）、M18（2）、M23（2）、M24（2）、M43（1）	12	21
	盒	M8（2）、M9（2）、M13（2）、M16（2）、M23（2）、M24（2）	6	12
	壶	M3（1）、M9（2）、M14（2）、M16（2）、M23（2）、M24（2）、M31（1）、M33（1）、M34（1）、M43（1）	10	15
	纺	M8（2）、M10（1）	2	3
	豆	M9（2）、M13（1）、M24（2）	3	5
	罐	M1（2）、M2（1）、M3（2）、M4（2）、M7（2）、M8（1）、M9（2）、M10（4）、M11（2）、M13（2）、M15（2）、M16（4）、M17（3）、M18（3）、M21（2）、M23（1）、M27（1）、M30（1）、M31（1）、M32（2）、M33（1）、M34（1）、M35（1）、M36（2）、M37（5）、M38（2）、M39（2）、M40（2）、M43（1）、M44（4）、M45（6）、M46（1）、M47（2）、M48（1）	34	71
	釜甑	M14（1）、M16（2）①、M17（1）、M18（1）、M24（1）、M34（1）、M35（1）②、M38（1）③、M44（1）④、M45（1）	11	12
	盆	M4（1）、M11（2）、M24（2）、M44（1）	4	6
	盘	M11（10）、M44（2）⑤	2	2
	匜	M24（1）	1	1
	钵	M3（1）、M16（1）、M37（2）、M38（1）	4	5
	杯	M24（2）	1	2
	瓶	M16（2）、M23（1）、M44（1）	3	4
	仓	M11（2）、M44（1）	2	12
	灶	M24（1）	2	3
	井	M11（4）、M44（1）	2	5
	磨	M11（1）	1	1
	环	M24（4）	1	4
铜器	釜	M10（1）、M11（1）、M44（1）	3	3
	镜	M24（1）、M32（1）	2	2
	带钩	M16（1）、M24（1）、M35（1）、M45（1）	4	4

续表

质地与名称		墓葬与出土数量——M（数量）	合计	
质地	名称		墓葬	器物
钱币	半两钱	M38（1组）	1	1组5枚
	五铢钱	M4（1组）、M21（1组）、M44（1组）	3	3组52枚
	釜	M31（1）、M32（1）、M34（1）	3	3
	勺	M37（1）	1	1
	陶	M7（1）	1	1
铁器	环首刀	M11（1）、M14（1）、M16（1）、M21（1）、M36（2）、M45（1）	6	7
	削	M3（2）、M9（1）、M11（2）	3	4
	扒钉	M18（1组）	1	1组4枚
	盘	M18（3）	1	3
漆器	耳杯	M18（2）、M24（1）、M37（2）	3	5
	其他	M17（1，漆器痕迹）、M23（1，器物不详）	3	2
料器	料珠	M24（1）	1	1组2枚
动物骨骸	猪骨	M11（1）、M14（1）、M17（1）、M37（1）	4	4
	果核	M8（1）	1	1

注：①M16出土的1为陶釜（M16:14）；1为釜甑组合（M16:15），甑极残，难修复
②M35出土的为铁釜陶甑，釜残无
③M38出土的为铁釜陶甑
④M44出土的为陶釜甑
⑤M45出土的为铁釜陶甑

一、陶　　器

数量最多，多残。质地以泥质灰陶为主，另有少量泥质红陶。多数烧造火候高，较坚硬。器表多有纹饰，或模印，或拍印，或施以彩绘，既复杂多样，又具有相应的时代特征。器物种类繁杂，形成相应的组合，不同的组合反映出不同的用途和时代特点。

1. 鼎

21件，M7、M10、M11、M13、M43各1件，M8、M14、M16、M18、M23、M24各2件，M9出土4件。其中M9出土的4件陶鼎极残，难修复。弧形盖，部分有三对称的桥形纽。鼎身子母口，有两个长方形附耳，中有孔。弧腹，下承三足。鼎身及盖原有红色等彩绘，已剥落。部分器物残损严重，不可修复；部分仅余局部，可知相关形制；部分可修复。根据底部的不同将可修复及仅余局部、可知相关形制的14件器物分为两型。

A型　7件。平底。根据整体形状、盖及器身的口、附耳、腹、足等的变化可分为七式。

Ⅰ式：1件（M24：4）。整体扁鼓。盖浅，顶部宽平，有三周凹线纹。器身子母口内敛，较高。腹扁鼓，中部有一道凸棱纹。附耳与器身之间有曲折，略宽。耳高，近直，顶端斜外侈。腹下承三蹄形足，瘦高，较直，断面半圆形，中部内凹（图一三一，1）。

Ⅱ式：1件（M23：10）。整体扁鼓。盖稍深，顶部宽平。器身子母口内敛，稍低。腹略鼓，中部微折。附耳与器身之间有曲折，略宽。耳稍高，较直，顶端斜外侈。腹下承三蹄形足，稍高，断面半圆形（图一三一，2）。

Ⅲ式：1件（M16：9）。整体扁鼓。盖浅，顶中部平。器身子母口微内敛。附耳与器身之间有曲折，稍宽。耳稍高，略直，弧度小，顶端微弧凸，近平。腹中部偏上有一周凹弦纹，下为一周凸弦纹，不甚明显。腹下承三蹄形足，稍高，较粗壮，断面呈半圆形，斜向外撇（图一三一，3）。

Ⅳ式：1件（M8：1）。整体稍鼓，上部略圆弧，下部较平。盖稍浅，顶中心微弧，近平。器身子母口斜倾内敛。附耳与器身之间有曲折，略窄。耳略高，微斜外倾，弧度较小，顶微斜向上，末端微外凸。腹上部略直，下部弧内收。宽平底。腹下承三蹄形足，略矮短，断面呈半圆形，内倾（图一三一，4）。

Ⅴ式：1件（M14：4）。整体略圆鼓，形体略大。盖稍深，顶中心微弧，近平，中部有三对称带长方形帽的桥形纽。器身子母口内敛。附耳与器身之间有曲折，较短。耳较高，下部外凸，中部弧内凹，上部外侈，弧度大，顶端向内斜弧，末端呈尖状外凸明显。腹中部有一道凸弦纹。腹下承三蹄形足，稍高，较粗壮，断面半圆形，斜向外撇（图一三一，5）。

Ⅵ式：1件（M18：5）。整体较圆鼓，形体较大。盖浅，顶中心微弧，近平。器身子母口外敞。附耳与器身之间无曲折，耳矮短，下部外凸，上部外侈，弧度稍大，顶端平，末端有宽

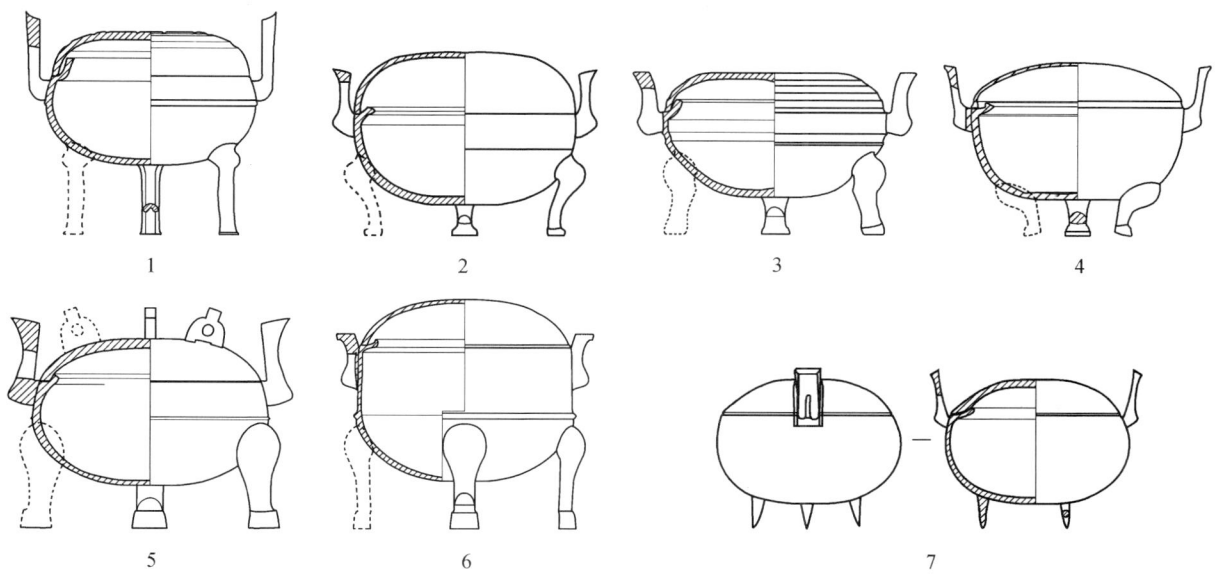

图一三一　东周秦汉墓出土A型陶鼎

1. Ⅰ式（M24∶4）　2. Ⅱ式（M23∶10）　3. Ⅲ式（M16∶9）　4. Ⅳ式（M8∶1）　5. Ⅴ式（M14∶4）　6. Ⅵ式（M18∶5）
7. Ⅶ式（M11∶2）

带状外凸。腹上部直，下部弧内收，中部有一周凸弦纹。腹下承三蹄形足，稍高，断面半圆形，较直（图一三一，6）。

Ⅶ式：1件（M11∶2）。整体较圆鼓，上部略平。盖浅，顶中部略平。器身子母口内敛，附耳与器身之间无曲折。耳窄，略矮，斜外倾，弧度较小，顶斜向下。腹上部圆鼓，下部弧内收。腹下承三锥状足，较矮，断面圆形，末端尖（图一三一，7）。

B型　7件。圜底，腹下承三蹄形足。根据整体形状、盖及器身的口、附耳、腹、足等的变化可分为六式。

Ⅰ式：1件（M24∶2）。整体扁鼓。盖浅，顶部平，有三周凸线纹。器身子母口内敛，较高。腹扁鼓，中部有一道凸棱纹。附耳与器身之间有曲折，略宽。耳高，近直，顶端斜外侈。足瘦高，较直，断面半圆形，中部内凹（图一三二，1）。

Ⅱ式：2件。标本M23∶7，整体扁鼓。盖浅，顶部宽平。器身子母口内敛，稍低。腹略鼓，上部直，中部微折，其下弧内收。附耳与器身之间有曲折，稍宽。耳稍高，较直，顶端斜外侈。足稍矮短，断面半圆形，微内倾，侧视上部内凹（图一三二，2）。标本M43∶3，余腹壁及部分鼎足。腹部有一道凹弦纹，下承三蹄形足，微内倾，侧视上部内凹（图一三二，3）。

Ⅲ式：1件（M16∶17）。整体略圆鼓。盖略深，顶中部平。器身子母口微内敛，稍低。腹鼓，上部直，中下部弧内收。附耳与器身之间有曲折，稍宽。耳稍高，微弧内倾，弧度小，顶端平。足稍矮短，较粗壮，断面半圆形，微斜向外撇（图一三二，4）。

Ⅳ式：1件（M8∶2）。整体略圆鼓。盖略深，顶中心微弧，近平。器身子母口斜倾内敛。附耳与器身之间有曲折，稍窄。耳略高，微斜外倾，弧度较小，顶微斜向上。腹部渐弧内

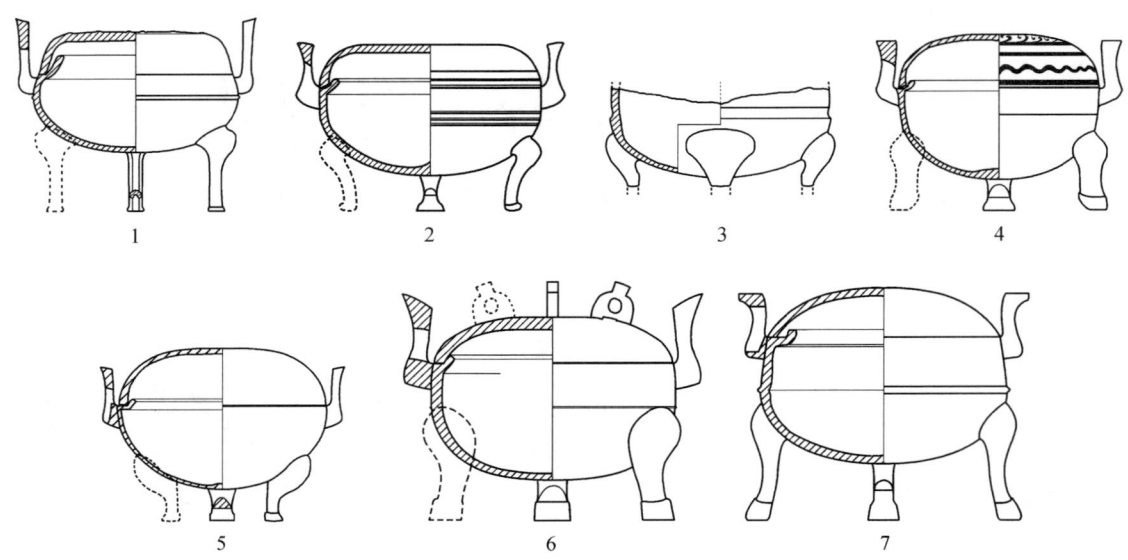

图一三二　东周秦汉墓出土B型陶鼎
1. Ⅰ式（M24∶2）　2、3. Ⅱ式（M23∶7、M43∶3）　4. Ⅲ式（M16∶7）　5. Ⅳ式（M8∶2）　6. Ⅴ式（M14∶3）
7. Ⅵ式（M18∶4）

收。足略矮短，断面呈半圆形，微内倾（图一三二，5）。

Ⅴ式：1件（M14∶3）。整体稍圆鼓，形体略大。盖稍浅，顶中心微弧，近平。中部有三对称带长方形帽的桥形纽。器身子母口内敛，稍低。腹略鼓，上部弧，近直，中下部弧内收，中部有一道较细凸弦纹。附耳与器身之间有曲折，较窄。耳较高，下端外凸，上端外侈，弧度大，顶端向外斜弧，末端呈尖状外凸。足稍高，较粗壮，断面半圆形，斜向外撇（图一三二，6）。

Ⅵ式：1件（M18∶4）。整体较圆鼓，形体较大。盖浅，顶中心微弧。器身子母口微外敞。附耳与器身之间几乎无曲折。耳较矮短，下部外凸，上部外侈，弧度稍大，顶端平，末端呈宽带状外凸。腹上部向内斜弧，下部弧内收，中部有一周凸弦纹。足稍高，断面半圆形，斜向外撇（图一三二，7）。

2. 盒

12件，M8、M9、M13、M16、M23、M24各2件，M9出土的2件陶盒极残，难修复。弧形盖，呈覆碗形，有圈足形捉手，部分与盒身扣合不紧密。盒身子母口，内敛。弧腹，平底。盖与盒身均有彩绘，多剥落。除M9出土的2件极残外，其余10件均可修复。根据盒身有无圈足或假圈足将可修复器物分为两型。

A型　4件。盒身有圈足或假圈足，盖部捉手为圈足或假圈足。根据盖部捉手、盒身子母口及足部的变化可分为两式。

Ⅰ式：2件，M24出土。整体稍高鼓。盖部捉手为圈足，较高，外侈明显，口部为敞口。

盒身子母口较高，圈足略高。标本M24：1，盖较深，与盒身扣合不紧密，捉手斜外侈，底微弧凸。器身上部较直，垂腹，内底微凹。圈足壁略直（图一三三，1）。标本M24：3，整体略矮。盖略浅，与盒身扣合紧密，捉手外卷，底内凹。器身腹部斜弧内收，内底较平。圈足壁斜外侈（图一三三，2）。

Ⅱ式：2件，M8出土。整体略矮扁。盖部捉手为假圈足，略矮，斜弧内收，口部内敛，与盒身扣合紧密。盒身子母口矮，弧腹，假圈足，略矮（图一三三，3）。标本M8：3，盒身上部略直，底稍内凹。标本M8：4，底无内凹（图一三三，4）。

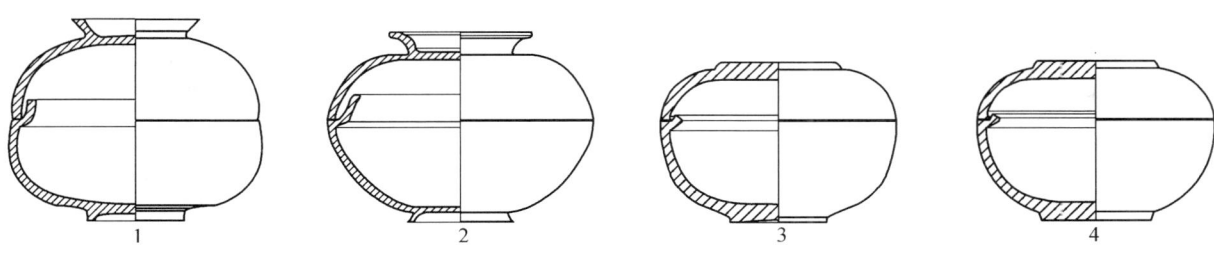

图一三三　东周秦汉墓出土A型陶盒
1、2. Ⅰ式（M24：1、M24：3）　3、4. Ⅱ式（M8：3、M8：4）

B型　8件。盒身无圈足或假圈足，盖部捉手为圈足。根据底部的不同可分为二亚型。

Ba型　4件。底部外侧内凹，近中心微凸，部分形成外侧一周内凹。根据形体及盖部捉手等的变化可分为三式。

Ⅰ式：2件，M9、M13各1件。形体较扁鼓，盖及盒身均较浅。盖上部较宽平。敞口，与盒身扣合不紧密。捉手高，呈弧形，平底。盒身子母口不明显，腹壁斜弧。标本M13：4，内壁有两周凸弦纹（图一三四，1）。

Ⅱ式：1件（M23：9）。形体略圆鼓，盖及盒身均稍深。盖上捉手稍矮，近直，上部弧内收。盖底微外凸，壁弧，口微敛，与盒身扣合不甚紧密。盒身子母口斜直，较明显，腹壁弧，上部略直，近底部弧内收。内底中心凸起较高。盖的中上部及器身中下部均有3组双线弦纹，部分弦纹间绘有云气纹，多剥落不存（图一三四，2）。

Ⅲ式：1件（M16：8）。形体较圆鼓，盖及盒身均较深。盖上捉手较矮，外侈，上部微弧内收。盖底为圜底，上凸，中部与圈足平。盖壁弧。敛口，与盒身扣合紧密。盒身子母口弧上翘，较明显，腹壁上部直，下部圆弧。盖及器身饰有红色弦纹及云纹等（图一三四，3）。

Bb型　4件。底部无内凹。根据形体及盖部捉手等的变化可分为三式。

Ⅰ式：2件，M9、M13各1件。形体较扁鼓，盖及盒身均较浅。盖上部平。敞口，与盒身扣合不紧密。捉手高，呈弧形，平底。盒身子母口不明显，腹壁斜弧。标本M13：1，内壁有两周凸弦纹（图一三四，4）。

Ⅱ式：1件（M23：8）。形体稍扁鼓，盖及盒身均稍深。捉手略矮，微外侈。上部弧内收。盖底微外凸，壁弧，敞口，与盒身扣合不甚紧密。盒身子母口斜直，较明显，腹壁斜弧，

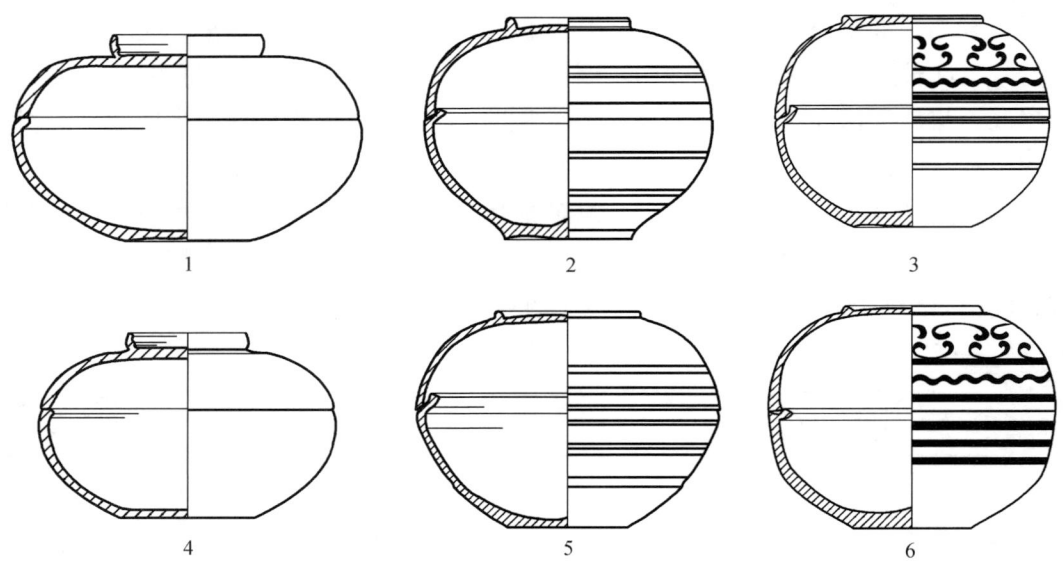

图一三四　东周秦汉墓出土B型陶盒

1. Ba型Ⅰ式（M13:4）　2. Ba型Ⅱ式（M23:9）　3. Ba型Ⅲ式（M16:8）　4. Bb型Ⅰ式（M13:1）　5. Bb型Ⅱ式（M23:8）
6. Bb型Ⅲ式（M16:13）

内底中心微凸。盖的中下部及器身中上部均有三组双线弦纹，部分弦纹间绘有云气纹，多剥落不存（图一三四，5）。

Ⅲ式：1件（M16:13）。形体较圆鼓，盖及盒身均较深。盖上捉手较矮，外侈，上部微弧内收。盖底微上凸。盖壁弧，敛口，与盒身扣合紧密。盒身子母口略平，腹壁上部直，下部斜弧。盖及器身饰有红色弦纹及云纹等（图一三四，6）。

3. 壶

15件，M3、M31、M33、M34、M43各1件，M9、M14、M16、M23、M24各2件。敞口。弧颈。鼓腹，上部有两对称的铺首衔环。高圈足。原有红色等彩绘，多已剥落。部分器物残损严重，不可修复，部分仅余局部，可知相关形制，部分可修复。根据口部的不同将可修复及仅余局部、可知相关形制的13件器物分为两型。

A型　6件。盘口壶。口部呈盘状，有带企口的弧形盖，部分残无。圜底。根据盖、口、颈、肩、腹、足等的变化可分为三式。

Ⅰ式：1件（M24:10）。盖较浅，边缘圆弧，企口略矮短，与口部距离较远。盘状口较浅，微弧外敞。颈长且粗。溜肩略圆鼓，与颈结合处折痕明显。腹较圆鼓，铺首呈倒三角形，环略大。圈足高，呈倒喇叭口形外敞，弧度较大，边缘圆弧（图一三五，1）。

Ⅱ式：3件。标本M34:1，盖较浅，边缘圆弧，中部有三对称的"S"形纽。企口矮短，与口部相扣。盘状口深，微弧外敞。颈短粗。溜肩明显，与颈结合处无折痕。腹圆鼓，微垂，

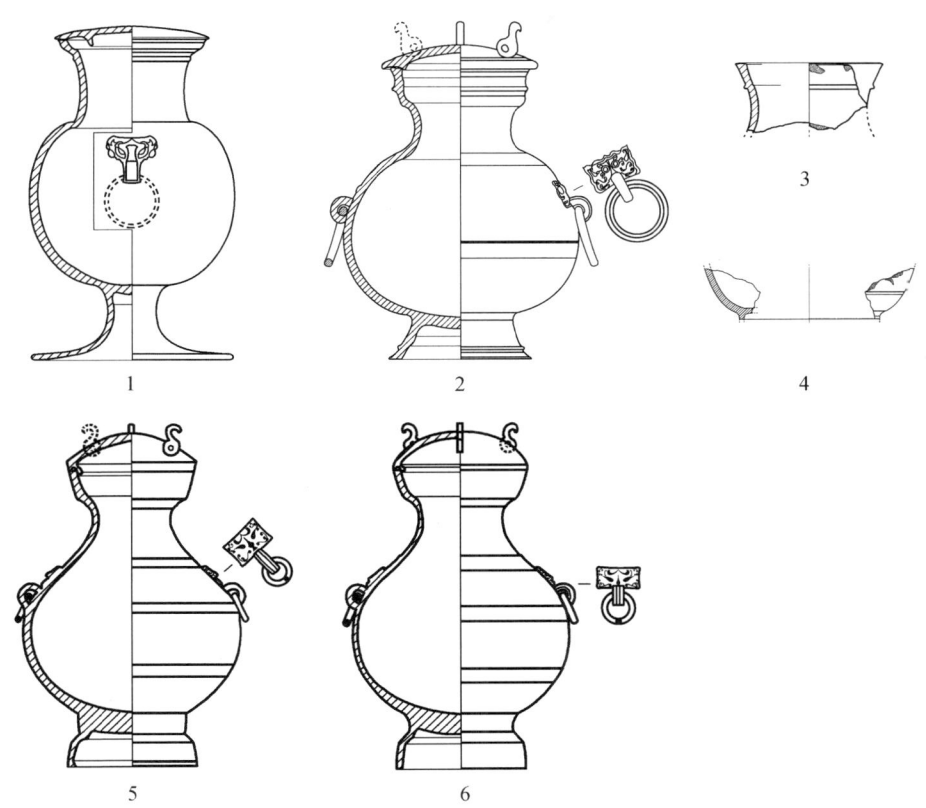

图一三五　东周秦汉墓出土A型陶壶
1. Ⅰ式（M24：10）　2~4. Ⅱ式（M34：1、M3：3、M43：2）　5、6. Ⅲ式（M14：1、M14：2）

铺首近呈长方形，环略大。圈足略矮，呈倒喇叭口形外敞，弧度稍小，边缘稍尖（图一三五，2）。标本M3：3，余部分残片，口微敞，斜沿，口下有一周凸弦纹（图一三五，3）。标本M43：2，余部分残片，腹部有一周凸起的宽带纹（图一三五，4）。

Ⅲ式：2件。盖稍深，边缘方折，中部有三对称的"S"形纽。企口矮短，与口部相扣。盘状口深，斜弧外敞。束颈，较短。溜肩明显，与颈结合处无折痕。腹圆鼓，微垂，铺首呈长方形，环稍小。腹与圈足之间有弧形过渡。圈足矮，壁微弧外侈。标本M14：1，盖顶略尖，器身圜底近平，圈足底微内收（图一三五，5）。标本M14：2，盖顶圆弧，器身圜底明显，壶身足底平（图一三五，6）。

B型　7件。敞口壶。口部外敞，部分有弧形盖，部分无盖。根据盖、口、颈、肩、腹、足等的变化可分为三式。

Ⅰ式：1件（M24：12）。有盖，较浅，边缘圆弧微上翘，无企口。口斜向外敞，口部下有一周凸线纹。弧颈，略细长。肩圆鼓，与颈结合处折痕明显。腹较圆鼓，铺首呈倒三角形，环略大。圜底。圈足高，呈倒喇叭口形外敞，弧度较大，边缘圆弧（图一三六，1）。

Ⅱ式：4件。弧形盖较深，顶部圆鼓，盖壁近沿处方折。有企口，略短，与口部距离较远。口斜弧外敞，沿稍宽平，内壁有一周凹弦纹。弧颈，略短。溜肩，与颈结合处无折痕。鼓

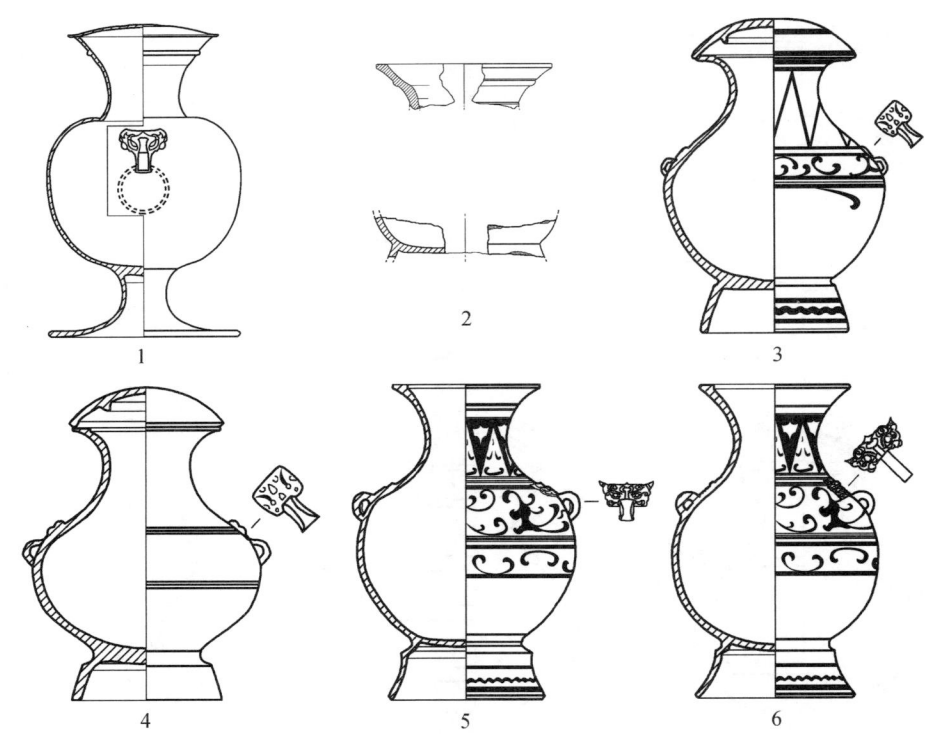

图一三六　东周秦汉墓出土B型陶壶
1. Ⅰ式（M24∶12）　2~4. Ⅱ式（M33∶1、M23∶4、M23∶5）　5、6. Ⅲ式（M16∶1、M16∶2）

腹，铺首近方形。腹与圈足之间有弧形过渡。圈足稍矮，足壁斜向外侈。标本M23∶4，腹圆鼓，腹与圈足之间的弧形过渡较矮短，圈足边缘圆弧。平底。器表彩绘有弦纹、云纹、波浪纹等（图一三六，3）。标本M23∶5，腹扁鼓，腹与圈足之间的弧形过渡稍高，圈足底平。圜底（图一三六，4）。标本M33∶1，余部分残片，盖残无。口部微斜向外敞，口部下外壁有一周凸线纹。铺首衔环较大。圜底。圈足斜外侈（图一三六，2）。标本M31∶1，圈足矮，斜向外侈。

Ⅲ式：2件。无盖。口外壁斜弧外敞，沿宽平，内壁上直下弧折。弧颈，略短。溜肩，与颈结合处无折痕。铺首呈倒梯形。腹与圈足之间有弧形过渡。圈足稍矮，足壁弧向外侈，边缘圆弧。圜底。标本M16∶1，溜肩略鼓（图一三六，5）。标本M16∶2，溜肩较甚（图一三六，6）。二器器表彩绘有弦纹、蕉叶纹、云纹、波浪纹等。

4. 钫

3件，M8出土2件，M10出土1件。鼓腹。高圈足，足壁外侈。平底。有彩绘纹饰，多剥落。M10出土的1件仅余局部，可知相关形制。根据腹部及内底的不同可分为两型。

A型　1件（M8∶6）。腹壁近底部斜内收，内底中心微凸。覆斗形盖，顶端较尖，有企口。盖上四楞近口处对称位置有四长方形斜向凹槽，未穿通。钫身长宽不等。盘状口，外敞。束颈。溜肩。彩绘多剥落，盖沿、盘口及圈足下部留有白色带纹等（图一三七，1）。

B型　2件，M8、M10各1件。腹壁近底部斜弧内收，内底中心无微凸。根据腹底部的变化可分为两式。

Ⅰ式：1件（M10：1）。腹下部较圆鼓。上半部残无，器表彩绘剥落不见（图一三七，2）。

Ⅱ式：1件（M8：7）。腹下部略扁鼓。覆斗形盖，顶端较尖，有企口。盖上四楞近口处对称位置有四长方形斜向凹槽，未穿通。钫身长宽不等。盘状口，外敞。束颈。溜肩。彩绘多剥落，盖沿、盘口及圈足下部留有白色带纹等（图一三七，3）。

5. 豆

5件，M9、M24各2件，M13出土1件。盘敞口，圆唇，弧腹，内底弧内凹。柄呈柱状，中空，外壁中部有两道凸楞纹，下呈倒喇叭口形外敞，沿微上卷。原有彩绘，多剥落。M9出土的2件仅余局部，可知相关形制。根据盘、柄的不同可分为两型。

A型　1件（M24：6）。盘大且深，腹上部略直，下部弧折，柄较矮短（图一三八，1）。

B型　3件。盘小略浅，腹上部斜弧，高柄。根据盘及腹壁、柄部等的变化可分为两式。

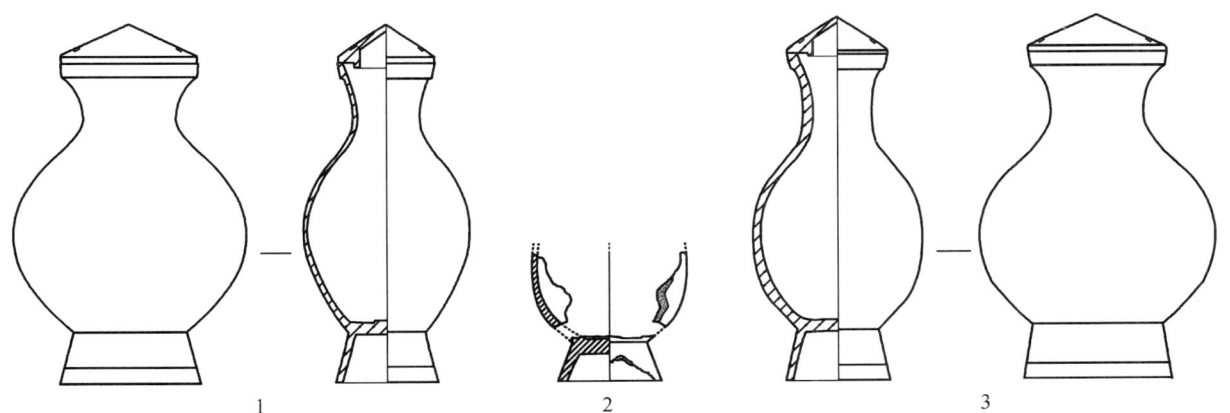

图一三七　东周秦汉墓出土陶钫
1. A型（M8：6）　2. B型Ⅰ式（M10：1）　3. B型Ⅱ式（M8：7）

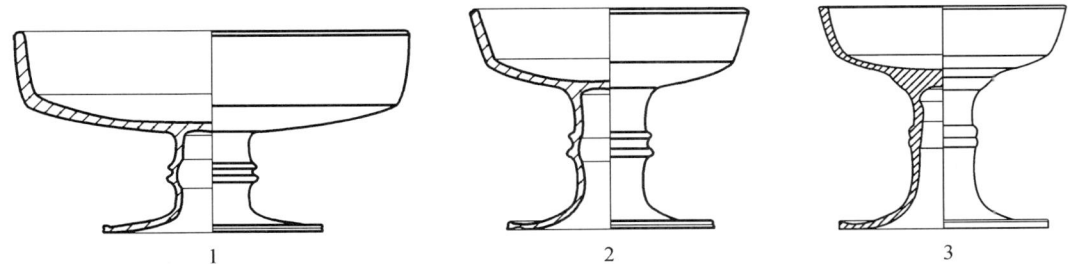

图一三八　东周秦汉墓出土陶豆
1. A型（M24：6）　2. B型Ⅰ式（M24：5）　3. B型Ⅱ式（M13：5）

Ⅰ式：1件（M24：5）。盘略深，沿斜外侈。腹壁下部弧折内收。柄部略粗（图一三八，2）。

Ⅱ式：3件。盘略浅，沿斜内收。腹壁下部弧内收。柄部略细高。标本M13：5，盘底部有一周弧内凹（图一三八，3）。标本M9：3、M9：5，残余部分。

6. 罐

71件。除少量墓葬外[①]多有发现，数量不等，1件或2件[②]居多，部分为3件，如M17、M18，部分为4件，如M10、M16、M44，个别有5件（如M37）或6件（如M45）。泥质灰陶所占比例较大，另有少量泥质红陶。器物多残，部分可修复，部分仅余残片。器物大多为鼓腹，个别稍扁或烧造变形。多有拍印或模印的纹饰，个别可能有彩绘，另有一部分素面无纹，个别器物还刻有文字。器物大小、高度等不一，极个别器物还有使用痕迹。因一些墓葬仅出土有残片，难修复，相关形制及其他信息不详，下文仅就可修复及留有口部或底部的器物（计54件）进行分析，其他残片（计17件）在这些器物分析之后，对相关纹饰进行介绍。根据器物造型、相关部位及纹饰等的差别，可分为四型。

A型　33件，相关墓葬数量较多。基本为敞口，少量微内敛。部分有沿，卷沿居多，个别不明显，少量平沿；部分为高领，唇部外侈，形制不一。颈、领多为弧形，大部分弧内凹，部分弧内斜或外斜，部分略直。或溜肩或较鼓，部分与颈（领）部折痕明显。鼓腹，部分略扁，少量竖向扁鼓，部分不甚规整。平底，整体较小，多数内凹，个别不内凹。腹的上部有两对称的弧形系，有内凹的圆形孔，部分不规整或近椭圆形。鼓腹，外壁饰有拍印或模印的纹饰，中上部多饰数组相近的竖线纹，个别为不规整的网格纹，中下部饰席纹、网格纹或者其他纹饰。根据形体及口、颈等部位的差异可分为四亚型。

Aa型　6件，M2、M18、M30、M35、M44、M45各1件。短沿外卷。颈略弧，近斜直，与肩部折痕明显。底部内凹。根据口、颈及腹部等的变化可分为三式。

Ⅰ式：2件，M35、M45各1件。口微敛，近直，沿朝外斜向上侈。颈部由上至下斜向外侈，上窄下宽，与肩部折痕角度较大。肩较鼓，近平。腹部较圆，最大径位于中部偏上。底小，微内凹。标本M45：3，二弧形系内部的孔近呈圆形，内凹较浅。腹上部饰4组密集的竖向细绳纹，中部偏下为1组密集的横向细绳纹，下部为席纹（图一三九，1）。标本M35：1，余部分口、颈及腹部等。颈部微向外弧，有一道凸棱纹。残余部分有两组较细的竖线纹（图一三九，2）。

Ⅱ式：3件，M2、M18、M30各1件。敞口，较明显，沿末端外卷，唇部略尖或稍弧。颈部由上至下斜向外侈，上窄下宽，下部外侈明显，与肩部折痕角度稍小。溜肩略鼓，呈弧形。

[①] 一些墓葬因盗扰严重，无出土物，有无陶罐陪葬已不可知，如M5、M6、M12、M19、M22、M28等；部分墓葬保存较好，但没有陶罐陪葬，如M14、M24等，这应与墓葬时代及其他因素有关。

[②] 一些墓葬因盗扰严重，仅余器物残片，从统计上来看，为1~2件，但存在实际陪葬数量较多的可能。

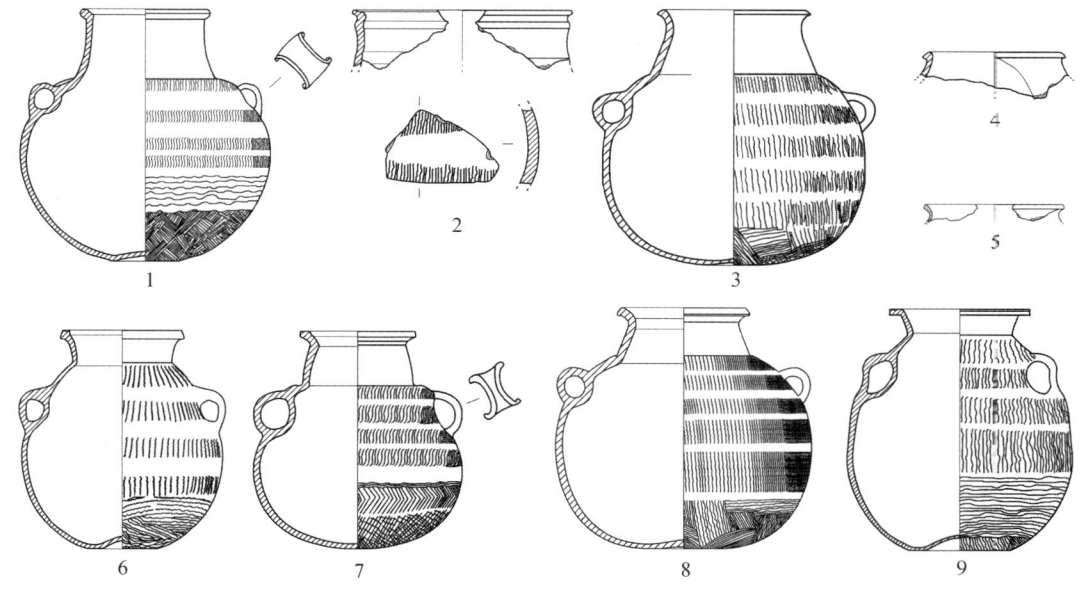

图一三九　东周秦汉墓出土Aa、Ab型陶罐

1、2. Aa型Ⅰ式（M45：3、M35：1）　3~5. Aa型Ⅱ式（M18：2、M2：1、M30：1）　6. Aa型Ⅲ式（M44：5）
7. Ab型Ⅰ式（M45：4）　8. Ab型Ⅱ式（M37：6）　9. Ab型Ⅲ式（M44：3）

腹部扁鼓，中部偏下略直，近底部较宽，最大径位于中部稍偏下，略垂腹。底稍大，微内凹。标本M18：2，口沿微卷。弧形系外端微下弧，内有椭圆形孔，近圆形，内凹稍深。腹中上部饰五组密集的竖向细绳纹，下部为交错排列的细绳纹（图一三九，3）。标本M2：1，余口、颈及腹部残片。卷沿明显。腹断面弧形。上腹部外侧残存两周密集的竖向绳纹（图一三九，4）。标本M30：1，余口、腹部残片。颈上部弧内凹，下部斜直。腹部残片断面弧形，外壁残余两组竖向绳纹（图一三九，5）。

Ⅲ式：1件（M44：5）。口微敞，内壁微折，口沿微外卷，上部有一周内凹。颈微弧斜向内收，略短，与肩部折痕角度略小。溜肩，呈弧形。腹部竖向扁鼓，壁较圆弧，最大径位于中下部，垂腹明显。底略大，内凹稍深。弧形系外凸明显，系内孔呈不规则圆形，内凹稍深。腹中上部饰四组密集的竖向绳纹，下部为密集的横向及交错绳纹（图一三九，6）。

Ab型　3件，M37、M44、M45各1件。宽沿。颈略弧，近斜直，与肩部折痕明显。底部平或内凹。弧形系的圆形孔径略大。根据口、颈及腹部等的变化可分为三式。

Ⅰ式：1件（M45：4）。口微敛，近直，沿朝外斜向上侈，微卷。颈部由上至下向外微弧鼓，斜外侈，上窄下宽，与肩部折痕角度近90°。肩较鼓，近平。腹部呈上小下大的"凸"字形，中部较圆鼓，最大径位于中部。小平底，不内凹。弧形系的圆形孔成不规则圆形，内凹较深。腹的中上部饰五组密集的竖向绳纹，下部上为横向绳纹，下为折线纹和网格纹（图一三九，7）。

Ⅱ式：1件（M37：6）。敞口，较明显，沿末端外卷，唇部略尖。沿与颈部弧折，颈部由上至下斜向外侈，上窄下宽，下部外侈明显，与肩部折痕角度大于90°。腹部扁鼓，中部偏下略直，近底部较宽，最大径位于中部稍偏下，略垂腹。底稍大，微内凹。弧形系内的圆形孔相对规整，内凹稍浅。腹上、中部为五组细密的竖向斜绳纹，下为交错绳纹。溜肩略鼓，呈弧形（图一三九，8）。

Ⅲ式：1件（M44：3）。敞口，外侈较甚。平沿，下部平，上部及外缘有一周内凹。颈微弧斜向内收，略短，与肩部折痕角度大于90°。斜肩，略直。腹部竖向扁鼓，中部腹壁微弧，近直，腹下部斜弧内收，与腹中部弧折。腹最大径位于中部偏下，垂腹。底大，内凹明显。弧形系内孔不甚规整，内凹稍浅。腹中上部饰四组密集的竖向绳纹，下部偏上为密集的横向绳纹，最下又为密集的竖向绳纹（图一三九，9）。

Ac型：8件，M7、M8、M37各1件，M13出土2件，M16出土3件。口部外敞。高领外侈，均弧内凹，与肩部有折痕。小平底，微内凹。弧形系内孔多不甚规整，内凹程度不一。根据口部、腹部及底部等的变化可分为四式。

Ⅰ式：2件，M13出土。口外侈明显，尖唇，上部较平。领略短，上部斜弧，中下部弧曲较甚。鼓肩，与领接合处折痕不明显。腹圆鼓，最大径位于中部偏上。小平底，微内凹。弧形系较扁，有椭圆形孔，内凹较甚。标本M13：3，腹中下部残无，难修复。颈部有多道弦纹。腹上部为三组密集的竖向绳纹，中下部为横向绳纹，最下为席纹（图一四〇，1）。标本M13：2，余底部残片，断面弧形。外壁饰密集的横向细绳纹。

Ⅱ式：4件，M7出土1件，M16出土3件。口外侈，末端斜外弧，方唇，个别略尖。领稍高，弧曲内凹。有鼓肩，亦有溜肩，鼓肩与领接合处折痕明显，溜肩与领接合处折痕不明显。腹较鼓，最大径位于中下部，垂腹明显。底稍宽，微内凹。弧形系外凸，有不规则圆形或椭圆形孔，内凹较浅。标本M16：4，方唇，领弧曲。鼓肩，与领部结合处折痕明显。腹稍圆鼓。弧形系外端稍尖，中部略平，系孔近呈椭圆形。腹中上部饰六组横向排列的网格纹，下部为一组交错的网格纹（图一四〇，2）。标本M16：6，方唇，领弧曲较甚。溜肩，与领接合处折痕不明显。腹整体略扁鼓，局部外凸，不甚对称，垂腹较甚。弧形系外端圆弧，系孔近呈椭圆形。领下部一侧阴刻有字，腹中上部饰五组密集的竖向绳纹，其下为一组横向绳纹，最下部为交错的网格纹（图一四〇，3）。标本M16：7，口内壁有凹弦纹，唇尖，上部较平。领上部略斜直，中下部弧曲。溜肩，与领接合处折痕不明显。腹较圆鼓，垂腹。弧形系上部微折，系孔近呈圆形。腹中上部饰四组密集的竖向绳纹，下部为交错的绳纹（图一四〇，4）。标本M7：3，残余部分口及领部。口内壁有一道凹弦纹。方唇，边缘斜向下侈。领部亦有凹弦纹。

Ⅲ式：1件（M8：5）。口外侈，方唇，末端较直。领略矮，弧曲内凹。溜肩，微弧凸，与颈部结合处折痕明显。圆鼓腹，下垂，最大径位于中下部。底稍宽，微内凹。弧形系外端圆弧，外凸较甚，有圆形孔，内凹稍深。腹中上部有六组密集的竖向绳纹，中部偏下为横向绳纹，最下为斜向绳纹（图一四〇，5）。

Ⅳ式：1件（M37：2）。口微外侈，方唇，末端弧向外斜。高领，微弧曲内凹。溜肩，微弧凸，与颈部结合处折痕明显。腹扁鼓，最大径位于中下部，垂腹明显。底部较宽，内凹稍

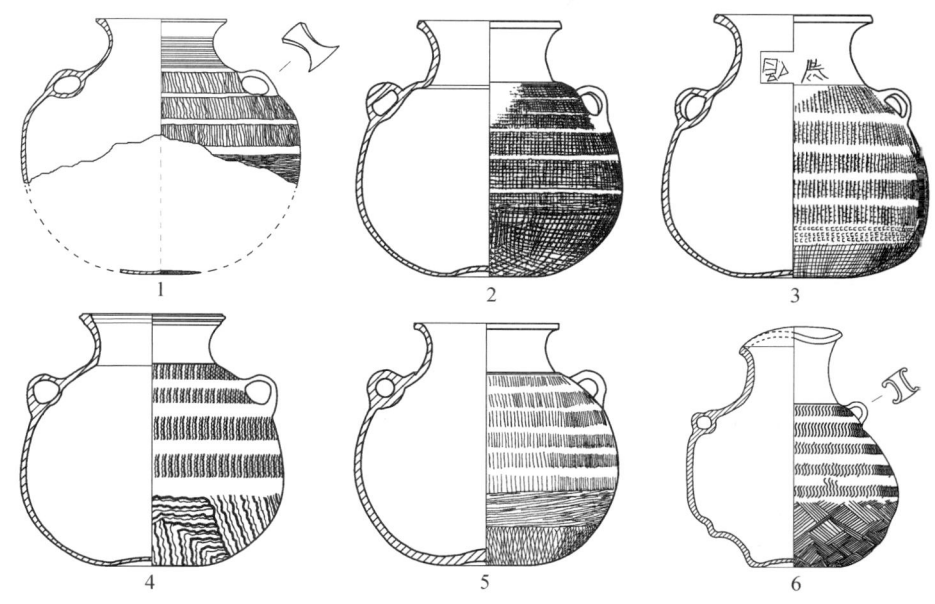

图一四〇　东周秦汉墓出土Ac型陶罐

1. Ⅰ式（M13∶3）　2~4. Ⅱ式（M16∶4、M16∶6、M16∶7）　5. Ⅲ式（M8∶5）　6. Ⅳ式（M37∶2）

深。弧形系外端圆弧，外凸较甚，有不规则圆形孔，内凹稍深。因烧造原因变形，形体不规整。口平面呈椭圆形，一端高，一端略低。一侧溜肩较甚，一侧略平弧。腹上部饰五组细密的竖向绳纹，下部为席纹（图一四〇，5）。

Ad型　16件，M4、M7、M11、M17、M18、M23、M32、M33、M37、M43、M44、M45各1件，M9、M38各2件。敞口，短沿外卷。颈部弧曲，个别稍直，多与肩部的折痕明显，部分不明显。腹部鼓，底内凹。根据口部、腹部、底部等的变化可分为六式。

Ⅰ式：3件，M9出土2件，M32出土1件。口部外侈明显。圆鼓腹，最大径位于中部或偏上。小平底，微内凹。短颈，外有多道弦纹。溜肩。弧形系外凸明显，有圆形孔，内凹较甚。标本M9∶11，腹部较圆鼓，最大径位于中部偏上。口沿略平，末端弧向外斜，下部弧内凹，与颈部弧曲内凹相连。颈下部斜弧。腹中上部饰四组密集的竖向细绳纹，其下为密集的横向细绳纹，最下为交错的细绳纹（图一四一，1）。标本M9∶12，底部残无。腹略扁，最大径位于中部。口沿略平，末端弧向外斜，略圆弧。颈上部略直，下部弧外侈。腹部所饰纹饰与标本M9∶11同（图一四一，2）。标本M32∶1，余部分口、腹部残片。沿上部向外斜弧。颈部略直，微弧，外壁有多道微凸的弦纹。腹部残片断面弧形，外壁饰密集的竖向绳纹（图一四一，3）。

Ⅱ式：5件，M17、M23、M33、M43、M45各1件。口部外侈明显。腹略扁鼓，最大径位于中部微偏上，底稍大，微内凹。颈略高，素面，弧曲明显。肩微鼓，与颈部结合处有折痕。弧形系外凸明显，有圆形或不规则圆形孔，内凹较甚。标本M23∶2，口斜外敞。沿较短。颈上部斜弧内收，中下部弧曲。肩弧鼓。弧形系断面近呈椭圆形，孔近圆形，不规整，内凹略浅。腹中上部饰五组密集的竖向绳纹，中部偏下为横向绳纹，最下为交错绳纹（图

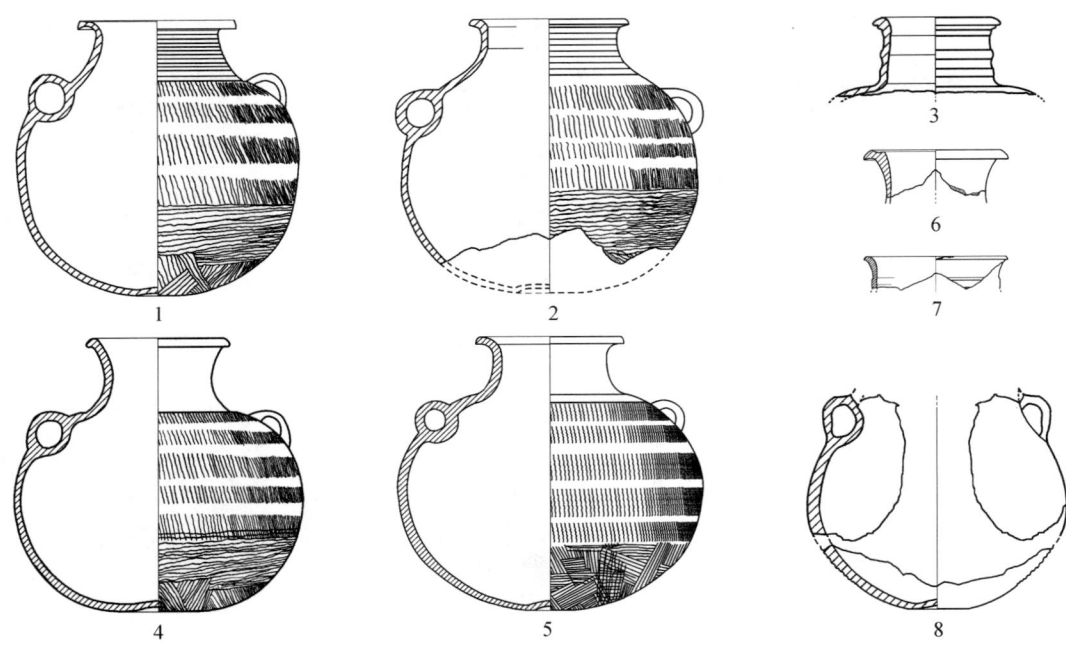

图一四一　东周秦汉墓出土Ad型Ⅰ式与Ⅱ式陶罐
1~3. Ⅰ式（M9∶11、M9∶12、M32∶1）　4~8. Ⅱ式（M23∶2、M45∶8、M33∶2、M43∶1、M17∶5）

一四一，4）。标本M45∶8，口略直外敞，沿略长。颈中部微内弧，近直。肩微鼓。弧形系断面呈圆形，孔亦呈圆形，内凹较深。腹中上部饰五组密集的竖向绳纹，下部为不规则的绳纹（图一四一，5）。标本M17∶5，口颈多残无。肩微鼓。弧形系断面及孔均呈不规则椭圆形，孔内凹明显。腹上部饰密集的竖向绳纹，其下为横向绳纹，再下为席纹（图一四一，8）。标本M33∶2，余口、颈部残片。沿上部有一周内凹，下部微内凹（图一四一，6）。标本M43∶1，余部分口、颈及腹部等。颈中部偏下有一周凸棱纹。腹壁近底部壁较薄。腹部有五组密集的竖向粗绳纹和横向细绳纹等（图一四一，7）。

Ⅲ式：2件，M37、M38各1件。口部外侈明显。腹稍扁鼓，最大径位于中部微偏上。底略宽，内凹明显。口沿小，外端斜外弧，有一周内凹，下部平。颈稍高，弧曲明显。溜肩，与颈部折痕不明显。弧形系略扁鼓，断面近椭圆形，两端略尖，孔圆形，内凹略浅。标本M38∶4腹中上部饰五组密集的竖向绳纹，下为斜向绳纹（图一四二，1）。标本M37∶4，与M38∶4相同。

Ⅳ式：1件（M38∶3）。口部外侈明显。腹圆鼓，微扁，最大径位于中部偏上，底略宽，稍内凹。沿窄小，口部斜向外侈，外端较直，下部平。颈稍高，上部略直，中下部弧曲明显。溜肩，与颈部折痕不明显。弧形系近圆形，略小，内有圆形孔，较为规整，内凹略浅。腹中上部饰七组密集的竖向细绳纹，下有横向的绳纹（图一四二，2）。

Ⅴ式：2件，M7、M18各1件。口部外侈。腹较扁鼓，最大径位于中部偏下，垂腹明显。底较宽，内凹稍明显。口沿略宽。颈稍高，中部略直，上、下弧曲明显。溜肩，与颈部折痕明

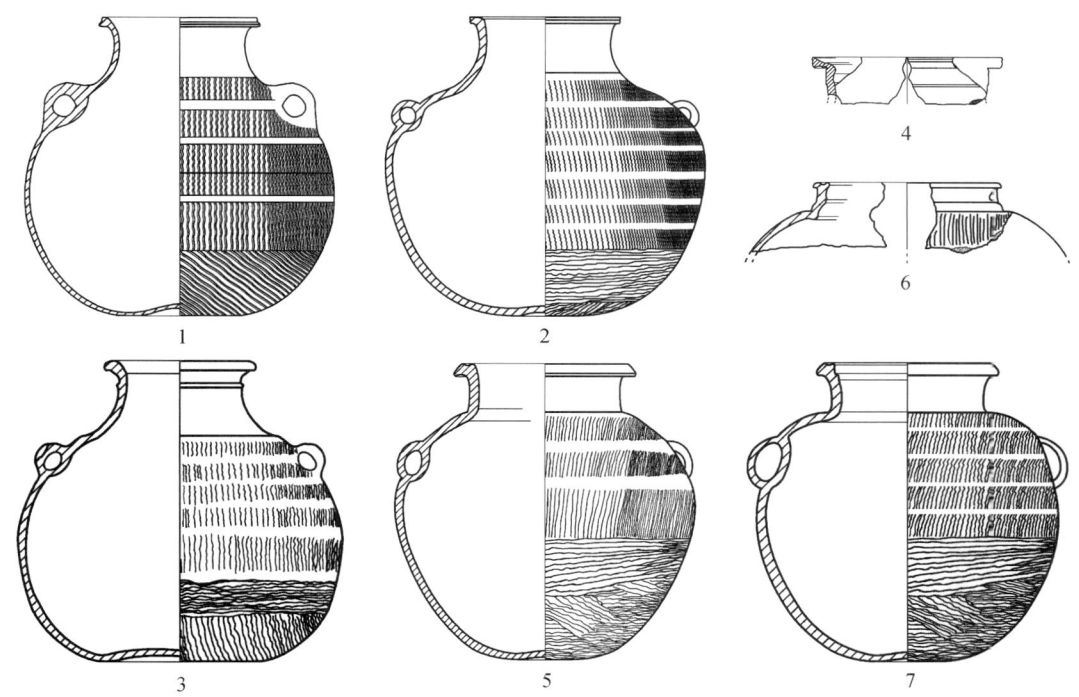

图一四二　东周秦汉墓出土Ad型Ⅲ式~Ⅶ式陶罐
1. Ⅲ式（M38:4）　2. Ⅳ式（M38:3）　3、4. Ⅴ式（M18:6、M7:2）　5、6. Ⅵ式（M44:2、M4:3）　7. Ⅶ式（M11:3）

显。弧形系略小，断面呈不规则圆形，孔呈不规则椭圆形，内凹浅。标本M18:6，颈中部有一周凸弦纹。弧形系外沿略弧内凹。腹中上部饰五组密集的竖向细绳纹，下部依次为横向细绳纹和竖向细绳纹（图一四二，3）。标本M7:2，口内壁有一道凹弦纹。口沿斜向上侈，末端微卷，沿上壁有凹凸，下部有两周内凹（图一四二，4）。

Ⅵ式：2件，M4、M44各1件。口部稍外侈。腹较深，上部鼓，中下部弧内收，最大径位于中部偏上，宽底，稍内凹。口沿短窄，上部有一周内凹，外端向外斜弧。短颈略弧，微外斜。溜肩，稍鼓，与颈部折痕明显。弧形系较扁弧，略小，断面呈椭圆形，内有不规则椭圆形孔，内凹略浅。标本M44:2，口沿下部微弧内凹。腹高度与直径接近。腹中上部饰3组密集的竖向绳纹，下部偏上为密集的横向绳纹，中下部又为密集的交错绳纹（图一四二，5）。标本M4:3，余口及腹部片。口沿略宽。颈下部微外凸。肩上端略弧。腹壁下部较薄。腹上部饰多组密集的竖向绳纹，下部为密集的横向绳纹（图一四二，6）。

Ⅶ式：1件（M11:3）。口微外敞，内壁有一周凹弦纹。腹较深，高度与腹径接近，上部鼓，中下部弧内收，最大径位于中部，宽底，微内凹。口沿短窄，上部有一周凹弦纹。颈弧内收，略短。鼓肩。系扁弧，近椭圆形，中有椭圆形孔，内凹略浅。腹中上部饰五组密集的竖向细绳纹，其下为横向细绳纹，最下为交错的细绳纹（图一四二，7）。

B型　6件。敞口，弧颈较长。溜肩，鼓腹，圜底。腹上部或肩部有两对称桥形系，系内有规则的圆形孔，孔径较小，不内凹。腹部饰有纹饰，下部为绳纹或席纹、波浪纹，较稀疏。根据腹部深浅、最大径位置及口、颈、系等的变化分为四式。

Ⅰ式：1件（M17：1）。口上部平，末端微折，方唇。颈内凹较甚，曲折大，近束颈。肩与颈部结合处折痕明显。腹扁鼓，较浅，最大径位于中部偏上，底部弧度小。肩部偏上有2系，局布至颈下部。腹上部饰三道弦纹，中下部饰粗细交错的绳纹，略稀疏（图一四三，1）。

Ⅱ式：1件（M16：10）。口上部弧，圆唇。颈内凹明显，曲折稍小。肩微鼓，与颈结合处折痕明显。腹扁鼓，稍深，最大径位于中部略偏上，底部弧度小。肩部有两对称系。腹上部有两组弦纹，下部饰多道横向细绳纹（图一四三，2）。

Ⅲ式：3件，M45出土2件，M46出土1件。口沿略厚，斜向下侈，中部微凹折，接近卷沿。颈微弧内凹，曲折小，近直。肩与颈部无折痕。腹扁矮，略深，最大径位于中部，底部弧度小。底近平。腹上部肩下有两系。标本M45：7，口内壁微折，颈内壁略直。腹下部饰纹饰，上为四道横弦纹，下为席纹（图一四三，3）。标本M45：9，口内壁微凹，颈内壁弧曲明显。腹外壁下部饰稀疏的横向绳纹（图一四三，4）。标本M46：1，残余口、颈及系部残片。沿下侈明显。颈部有一周凸线纹。系呈弧形，两端宽，中部略窄。

Ⅳ式：1件（M37：3）。口沿稍薄，斜向下侈，有一周凸线纹。颈微弧内凹，曲折小，略直。溜肩较甚。鼓腹较深，中部偏下微折，最大径位于中部偏下，底部弧度明显。腹中部偏上对称两弧形系，中部有规则的圆形孔。腹下部饰横向波浪纹（图一四三，5）。

C型 1件（M11：13）。领较矮短，微外弧，近直。溜肩，鼓腹略扁，大平底。腹中部偏上有两对称的桥形系，系内有规则的圆形孔，孔径较小，不内凹。腹壁近底部微弧内凹。内底有两道凸线。器身未见纹饰（图一四三，6）。

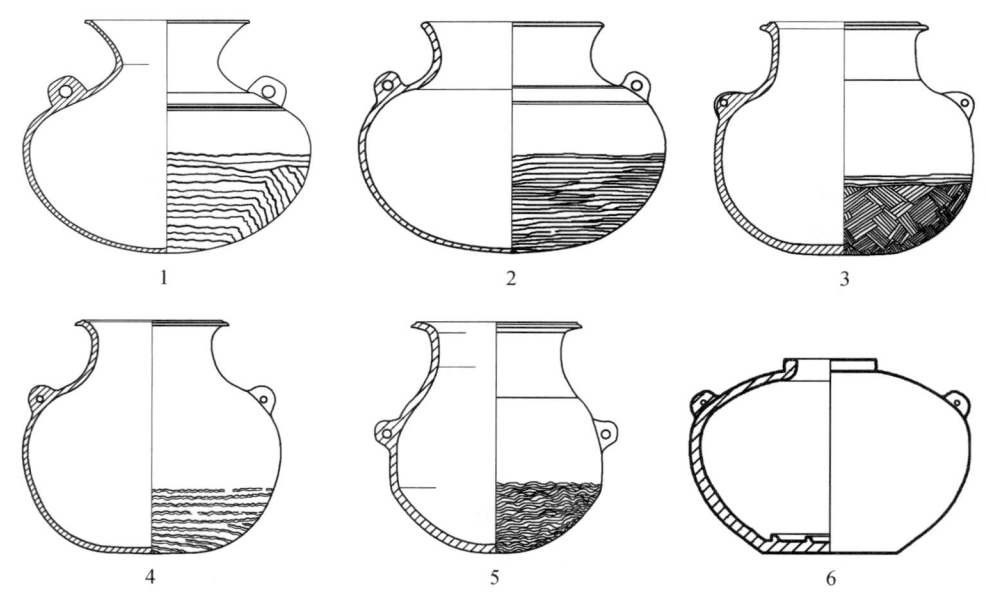

图一四三 东周秦汉墓出土B、C型陶罐
1. B型Ⅰ式（M17：1） 2. B型Ⅱ式（M16：10） 3、4. B型Ⅲ式（M45：7、M45：9） 5. B型Ⅳ式（M37：3）
6. C型（M11：13）

D型：14件，M3、M4、M10、M15、M17、M18、M21、M32、M36、M37、M40、M45各1件，M47出土2件，部分仅余残片。领（颈）较矮短，微弧或近直。鼓腹。无系。大平底，个别内凹。多数形体较大，似瓮，个别稍小。部分有纹饰，部分素面。根据肩部的不同又可分为三亚型。

Da型 9件，敞口，溜肩。部分饰有弦纹或稀疏的斜线纹。根据口及腹部等的变化可分为四式。

Ⅰ式：2件，M17、M47各1件。敞口明显，沿上部平，唇略尖。腹部圆鼓，较深，腹壁近底部较圆弧。标本M17∶4，腹上部饰两周凸弦纹，内夹一道凹弦纹，中部偏下为两周相连的凸弦纹，下部为数道细密的弦纹（图一四四，1）。标本M47∶2，仅余底部残片，残存部分素面无纹。

Ⅱ式：4件，M10、M32、M36、M37各1件。口微敞。腹稍浅，上部圆鼓，腹壁近底部斜收。标本M37∶8，沿上部弧外斜，唇略尖，口内壁内凹。内底中心稍凸。腹上部有一道粗弦纹，下部有一周细密的竖向斜线纹（图一四四，2）。标本M10∶3，余口、领及底部残片。口沿上部较平。领微弧，外壁中部有一周凸线纹，内壁有两周凹弦纹。标本M32∶2，余部分口、腹部残片。唇圆。标本M36∶4，余部分口、腹及底部。沿部有一周凸棱。肩部有一周凹弦纹。

Ⅲ式：1件（M21∶4）。口微敞，方唇。领内壁微外侈。腹稍浅，稍扁，上部圆鼓，下部弧内收。腹上部饰三组双线弦纹（图一四四，3）。

Ⅳ式：2件，M4、M15各1件。口微敞。领内壁略直。腹浅，较扁，上部圆鼓，下部弧内收较为明显。标本M4∶1，余部分口、腹部残片。圆唇。领内壁有一周内凹。标本M15∶1，唇较厚，沿外端斜。领内壁中部弧内凹。素面无纹（图一四四，4）。

Db型 3件，直领。肩稍鼓，与腹部接合处弧折，较明显。弧形腹，较圆鼓。腹壁上部略直，下部弧内收。根据口、腹及底部等的不同可分为两式。

Ⅰ式：1件（M3∶1）。口微敞，领较直，方唇。肩部与腹部接合处折痕明显。腹略浅，最大径位于上部。腹壁上部向内斜弧。素面无纹（图一四五，1）。

Ⅱ式：2件，M18、M47各1件。敛口，领内壁微内斜，沿末端微凸外卷。肩部与腹部接合处折痕略弧。腹稍深，最大径位于中下部。腹壁中上部向外斜弧。标本M18∶3，底微内凹，中心内凹较甚。腹的中、上部有数道凹弦纹，部分排列密集。中下部从上至下依次饰有斜线纹、席纹和横向波浪纹（图一四五，2）。标本M47∶1，仅余腹部残片。外壁微折，内壁弧。残余1组细密的竖向绳纹。

Dc型 2件，M40、M45各1件。直领，鼓肩。口微敛。沿平略宽，内外均微凸，领内壁有一周内凹。腹较圆鼓。底无内凹。标本M40∶1，残余器物部分均素面（图一四五，4）。标本M45∶5，沿上有两周凹弦纹。腹近底部弧内收。腹中下部饰弦纹及九组密集的竖向绳纹（图一四五，3）。

新四队东周秦汉墓出土的陶罐中，有一些仅为残片，这些残片中，腹部残片多有纹饰，

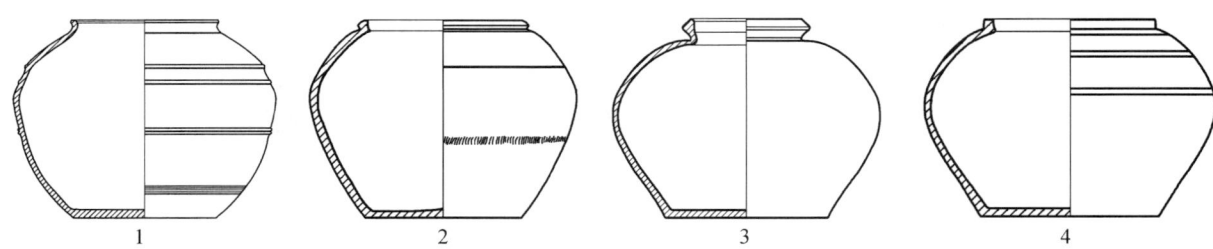

图一四四　东周秦汉墓出土Da型陶罐
1. Ⅰ式（M17：4）　2. Ⅱ式（M37：8）　3. Ⅲ式（M21：4）　4. Ⅳ式（M15：1）

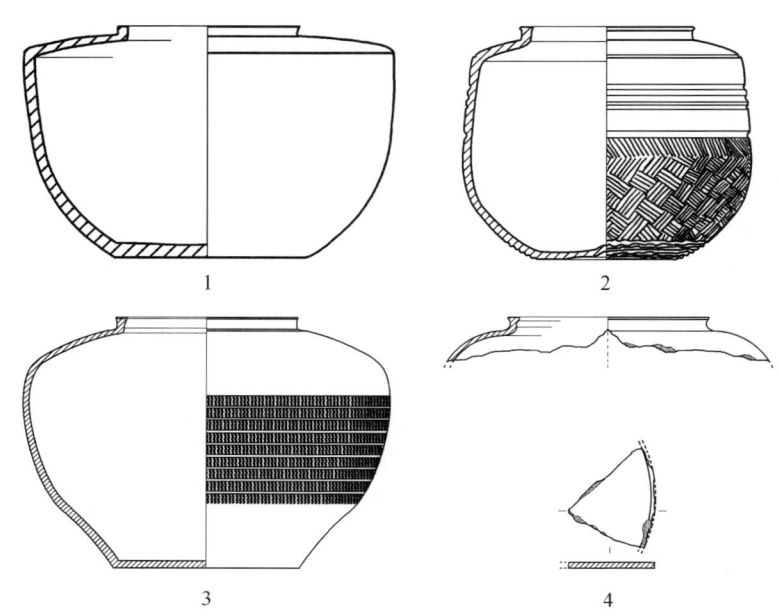

图一四五　东周秦汉墓出土Db、Dc型陶罐
1. Db型Ⅰ式（M3：1）　2. Db型Ⅱ式（M18：3）　3、4. Dc型（M40：1、M45：5）

基本为拍印或模印的纹饰（图一四六、图一四七①）。相关残片中，M36：3与Ad型Ⅲ式中M37：4、M38：4腹的中上部纹饰相似，时代或稍早或稍晚，大致相近；M48：1与B型Ⅰ式中M17：1的腹部纹饰相近，时代可能相近；M10：4与Ab型Ⅱ式中M16：7腹下部纹饰，M39：1、M34：2与M16：7上部相似，时代当较接近。残片中，M10：6与M1：1、M27：1、M31：2、M40：2、M43：1等基本相同，时代或稍早或稍晚，相差不远，对照来看，这些器物又与M16：7、M39：1、M34：2等的时代大致接近或相差不远。

7. 釜甑

12件，M14、M17、M18、M23、M24、M34、M35、M38、M44、M45各1件，M16出土2

---

①　图中一些残片所属器物在上文已有分析，但一些纹饰未能在类型分析图中体现出来，故在此处列出。

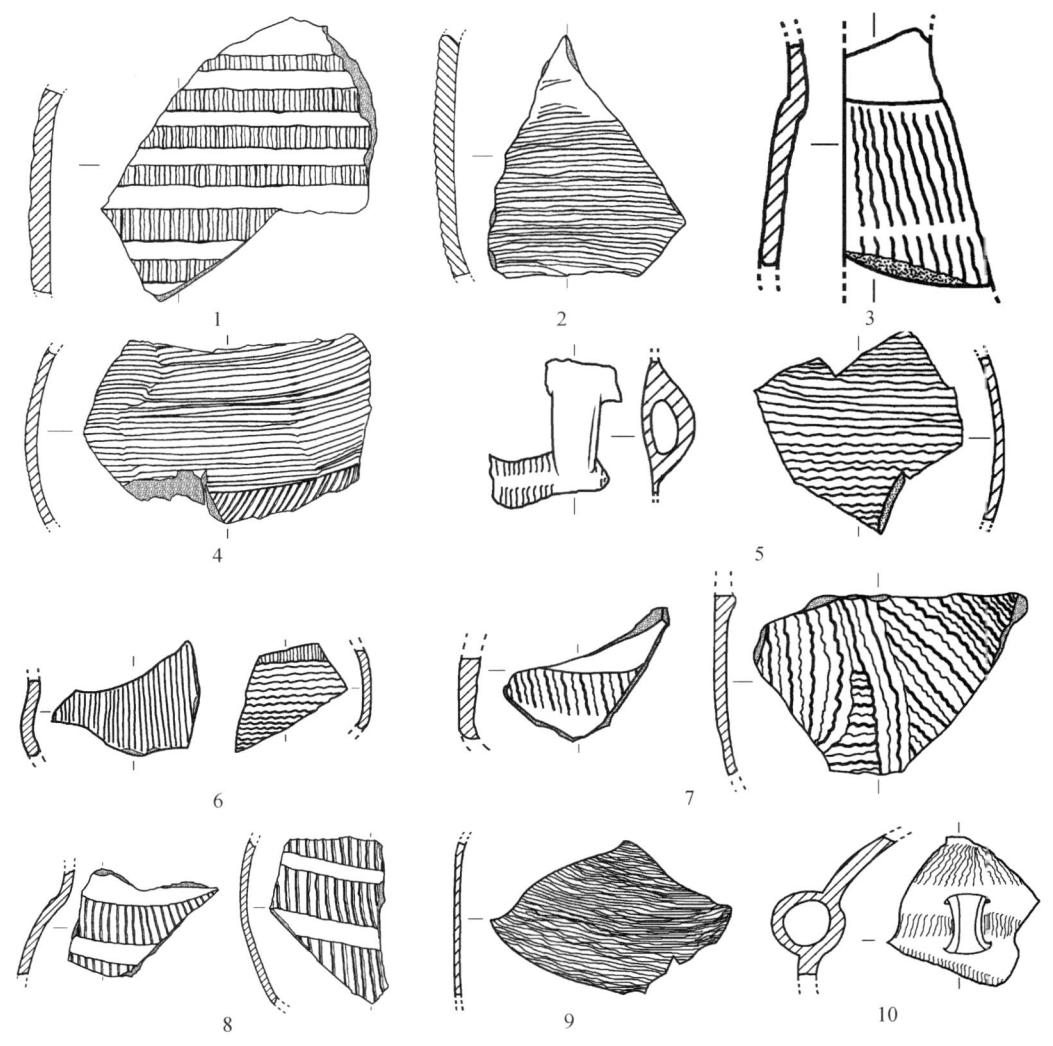

图一四六　东周秦汉墓出土陶罐残片（一）

1. M1∶1　2. M1∶2　3. M2∶1　4. M3∶2　5. M4∶3　6. M10∶2　7. M10∶6　8. M10∶4　9. M13∶2　10. M15∶2

件。基本为上甑下釜的组合，或甑足套合釜的口、颈，或釜的口部套合甑的底部，部分器物下为铁釜，上为陶甑。甑多呈盆形，弧腹，平底居多，有箅孔。釜呈罐状，多敞口，颈或领较矮短，鼓腹，平底居多。部分仅有釜无甑，部分仅有甑无釜，个别残余甑。根据釜甑组合方式的不同可分为四型。

A型　1件（M16∶14）。仅有釜，无甑。平沿。溜肩。腹中部弧折。圜底。腹部饰有竖向绳纹、横向绳纹、网格纹等。器底有灰垢遗留，局部颜色较黑（图一四八，1）。

B型　1件（M44∶12）。仅有甑，无釜。敞口。卷沿，上部微内凹，末端上翘，下部近腹壁处亦内凹。弧腹，上部微弧外凸，近沿处有一周凹弦纹，下部弧内收，中部偏上有3周凹弦纹。平底，有对称五个圆形箅孔（图一四八，2）。

C型　4套。甑底部有高圈足，足径较大，套合釜的口、领。甑均呈盆形，有沿。釜均有

图一四七　东周秦汉墓出土陶罐残片（二）

1. M21:3　2. M27:1　3. M30:1　4. M31:2　5. M32:1　6. M34:2　7. M35:1　8. M36:3　9. M39:1　10. M39:2
11. M40:2　12. M43:1　13. M44:4　14. M47:1　15. M48:1

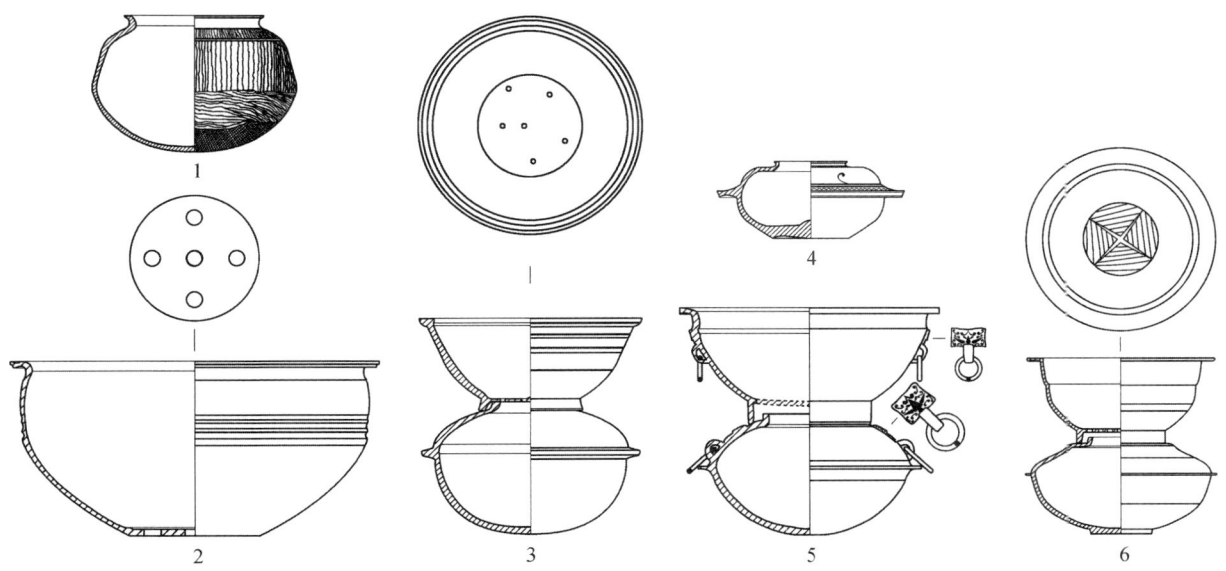

图一四八　东周秦汉墓出土A～C型陶釜甑
1. A型（M16∶14）　2. B型（M44∶12）　3. C型Ⅰ式（M23∶1）　4. C型Ⅱ式（M16∶15）　5. C型Ⅲ式（M14∶6）
6. C型Ⅳ式（M18∶7）

矮直领，腹的中部有一周凸棱。釜、甑外壁原有红色弦纹及其他纹饰，已剥落。根据釜的口、腹、底及甑的口、腹、圈足等的变化可分为四式。

Ⅰ式：1套（M23∶1）。甑，口微敛，平沿，略窄，稍厚，下部弧内收。斜弧腹。圈足外侈。平底较薄，有箅孔六个，不对称分布。釜身略圆鼓。口微敛，方唇。溜肩。圜底。腹的中部偏上有一周稍宽凸棱，上下两侧斜向衔接腹壁，边缘弧，断面较厚（图一四八，3）。

Ⅱ式：1套（M16∶15）。甑极残，难修复。釜身扁鼓，较圆弧。口敞，沿微外卷。平肩。腹中部较鼓，近底部斜弧内收。宽平底，边缘稍内凹，内底中心微凸。腹中部稍偏上有一周较宽的凸棱，上部微下凹，下部微内凹，边缘斜向上翘，断面稍厚。腹上部饰有红色弦纹，弦纹内夹饰红色卷云纹和波浪纹，多剥落（图一四八，4）。

Ⅲ式：1套（M14∶6）。甑，敞口。沿上斜，下部微卷。沿下腹上部略直，微弧内凹。斜弧腹，上部有2对称的铺首衔环。圈足高且直。平底，有镂空的箅孔。釜身稍扁鼓。口微敞，方唇。溜肩。小平底。腹上部有2对称的铺首衔环，中部稍偏上有一周较窄的扁平凸棱，上下两侧斜弧连接腹壁，不明显，边缘直，断面较窄（图一四八，5）。

Ⅳ式：1套（M18∶7）。甑，口微敛，近直，方唇。沿较宽，上平，下部微内凹。弧腹，较深，中部内折。圈足高且直。平底，以"十"字形箅孔分为对称4部分，每组又有3道长条形箅孔。釜身略扁鼓，腹壁上部不圆弧。口微敛。肩平弧，与腹部折痕明显，腹上部还有一周不明显的凹弦纹，下部弧内收。假圈足，较低矮，平底，内底弧内凹。腹中部偏上有一道较窄的凸棱纹，较平，边缘直，断面较窄（图一四八，6）。

D型　6件（套）。甑无足，釜的口部套合甑的底部。甑，弧腹，底部有箅孔，多为梅花形的五个对称孔。釜，敞口，鼓腹，平底。根据甑、釜形制的差异可分为两亚型。

Da型　1套（M17：2）。甑呈钵形，釜呈罐状，有口沿，短领。甑，敛口，圆唇，圜底，中部为五个圆形箅孔，不甚对称，大小也不相等。釜，敞口，内壁微内凹。弧沿，微外卷。鼓肩，与颈部折痕明显。圆鼓腹，下部弧内收。小平底。腹上部饰密集的竖向绳纹，中部偏下为横向绳纹，最下为绳纹（图一四九，1）。

Db型　5件。甑呈盆形。底宽平。釜呈罐状，口微敞，无口沿，短领，腹上部近直，下部弧内收，底较宽平。根据釜、甑形制的变化可分为三式。

Ⅰ式：2套。甑较深，敞口。沿微外卷，末端平，下部不内凹。腹壁下部略鼓，近底部弧内凹。釜，口部圆唇。鼓肩。圆鼓腹，最大径位于上部，腹壁近底处斜内收。标本M24：9，甑的腹外壁上部有数道凸弦纹，偏下部有一道凹弦纹。底部有梅花形的五个对称圆形箅孔（图一四九，2）。标本M34：4，釜甑均余腹与底部片。甑的内底有横向和竖向的箅纹，残余2个较小的椭圆形箅孔。釜的内底有较细凸线纹。

Ⅱ式：2件。甑较深，敛口。沿外卷，下部内凹。腹壁下部斜弧，近底部无弧内凹。底部有梅花形的五个对称圆形箅孔。釜，口部圆唇。鼓肩，略低。圆鼓腹，最大径位于中部偏上，腹壁近底处弧内收。标本M45：6，釜为铁质，甑为陶质。甑，口沿上部外端内凹，外端微翘，末端不平，下部内凹明显。腹中部有一道折痕。釜，腹的中部偏上部有对称2弧形系（图一四九，3）。标本M35：3，仅余甑，稍浅。卷沿明显，上部无弧内凹，沿末端斜向内收（图一四九，4）。

Ⅲ式：1套（M38：5）。釜为铁质，甑为陶质，釜锈残严重。甑较浅，口沿上部平，下部内卷。腹壁下部斜弧，近底部无弧内凹。底部有梅花形的五个对称圆形箅孔。釜，口部唇略尖。溜肩。腹部扁鼓，最大径位于中部，腹壁近底处弧内收，肩部之下有两对称弧形系，一弧形提梁与系相扣。提梁局部呈麻花状，并有钉形器等配套物品。底部较宽（图一四九，5）。

8. 盆

6件，M4、M44各1件，M11、M24各2件。有沿。弧腹。平底。根据腹的深浅程度不一可分为三型。

A型　2件。腹较深。口与沿接合处有折痕。内底内凹。根据口、沿及腹部等的不同可分为两式。

Ⅰ式：1件（M24：8）。敞口，窄平沿，口与沿接合处折痕不明显。腹壁上部斜弧，下部弧凹内收。内底内凹稍深（图一五〇，1）。

Ⅱ式：1件（M11：4）。口微内敛，沿斜向上侈，末端微卷，口与沿接合处折痕明显。腹部斜弧。内底中心微内凹（图一五〇，2）。

B型　2件。腹略浅。敞口，宽平沿。壁较厚。根据口沿、腹壁等的不同可分为两式。

Ⅰ式：1件（M4：4）。口沿外卷，腹外壁上部弧内凹，下部弧外凸内收（图一五〇，3）。

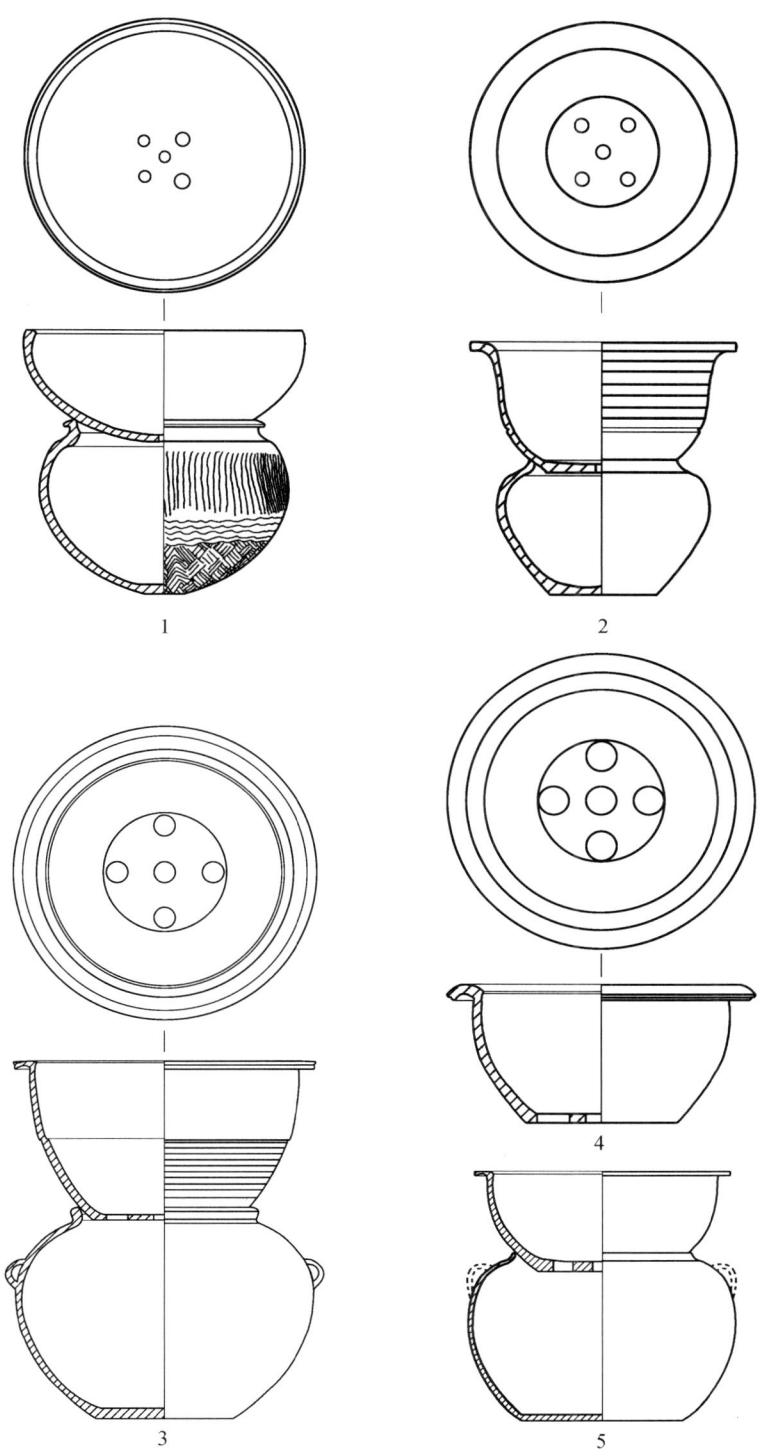

图一四九 东周秦汉墓出土D型陶釜甑
1. Da型（M17∶2） 2. Db型Ⅰ式（M24∶9） 3、4. Db型Ⅱ式（M45∶6、M35∶3） 5. Db型Ⅲ式（M38∶5）

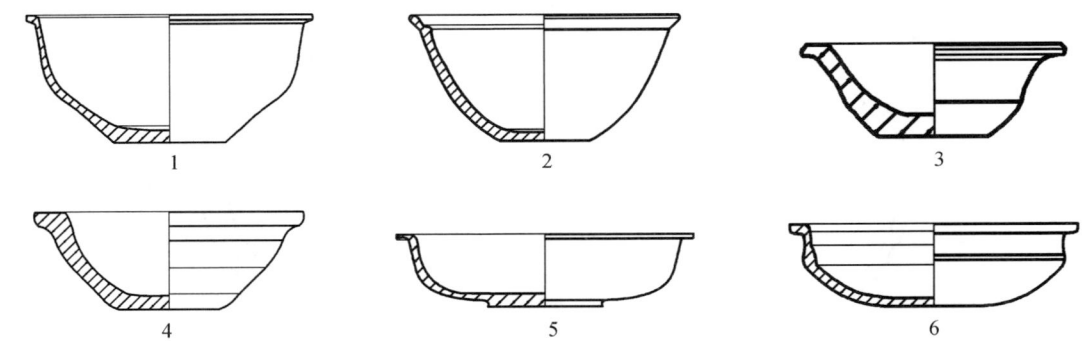

图一五〇 东周秦汉墓出土陶盆
1. A型Ⅰ式（M24∶8） 2. A型Ⅱ式（M11∶4） 3. B型Ⅰ式（M4∶4） 4. B型Ⅱ式（M11∶8） 5. C型Ⅰ式（M24∶7）
6. C型Ⅱ式（M44∶14）

Ⅱ式：1件（M11∶8）。口沿微外卷。腹部有两组四道凹凸纹（图一五〇，4）。

C型 2件。腹较浅。敞口，平沿。腹上部略直，下部弧内收。内底较平。根据口、沿、腹壁及底部等的不同可分为两式。

Ⅰ式：1件（M24∶7）。口部弧外敞，沿下部卷。腹上部斜弧，下部弧曲内收。有假圈足（图一五〇，5）。

Ⅱ式：1件（M44∶14）。口部斜外敞，沿下部略弧。折腹，上部较直，下部弧曲内收。无假圈足（图一五〇，6）。

9. 盘

3件，M11出土2件，M44出土1件。敞口，宽沿。弧腹。平底。根据口沿、腹壁等的不同可分为两式。

Ⅰ式：1件（M44∶11）。口沿较平。腹壁弧曲角度略小。内底较平（图一五一，1）。

Ⅱ式：2件。口沿斜向上侈，末端微卷。腹壁弧曲角度大。内底不平。标本M11∶11，内底内凹，中心微凸（图一五一，2）。标本M11∶25，内底内凹（图一五一，3）。

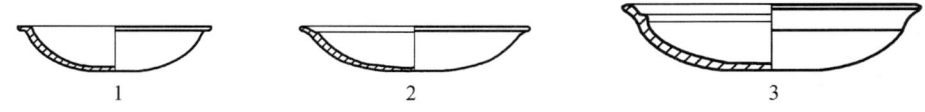

图一五一 东周秦汉墓出土陶盘
1. Ⅰ式（M44∶11） 2、3. Ⅱ式（M11∶11、M11∶25）

10. 匜

1件（M24∶21）。形体简单，似盘，平面呈橄榄形，一侧略高，一侧略低。敞口，一侧有流，口微外侈。弧腹。平底，稍内凹（图一五二，1）。

11. 杯

2件，M24出土。敞口，圆唇。腹较深，外壁近底有一周凹弦纹。平底。根据腹壁等的不同可分为两型。

A型　1件（M24∶20）。腹壁斜直。底较厚，内底内凹（图一五二，2）。

B型　1件（M24∶13）。腹壁弧内收，内壁近底有一周凸起（图一五二，3）。

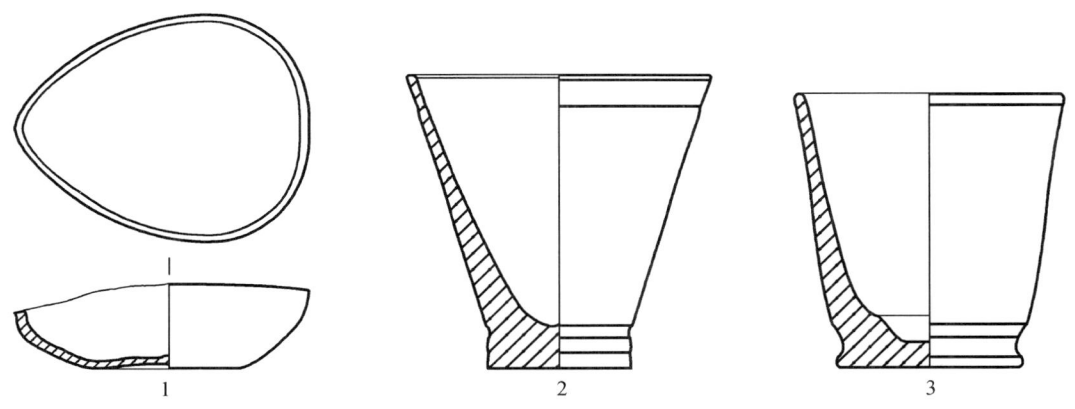

图一五二　东周秦汉墓出土陶匜、杯
1. 陶匜（M24∶21）　2. A型陶杯（M24∶20）　3. B型陶杯（M24∶13）

12. 钵

5件，M3、M16、M38各出土1件，M37出土2件。弧腹。平底。根据口、腹等的变化可分四式。

Ⅰ式：1件（M16∶11）。敞口，平沿，内壁沿下弧凸内折。腹壁斜弧，近底部弧内收（图一五三，1）。

Ⅱ式：1件（M3∶4）。敛口，内卷，圆唇。腹稍深，上部鼓，下部弧内收（图一五三，2）。

Ⅲ式：2件。敛口，内卷。深腹。标本M37∶1，腹较深，壁斜直。内底中心微凸（图一五三，3）。标本M37∶5，腹稍浅，壁上部略直，下部斜弧内收。内底微内凹（图一五三，4）。

Ⅳ式：1件（M38∶2）。敛口，微内卷。腹浅，壁弧，近底部弧内收。假圈足（图一五三，5）。

13. 瓶

4件，M16出土2件，M23、M44各出土1件。弧颈。溜肩。鼓腹。平底。根据口、沿、腹及底部等的不同可分为三式。

Ⅰ式：1件（M23∶3）。敛口，内壁有一周凹弦纹。沿弧外侈，尖唇。短颈。圆鼓腹。近

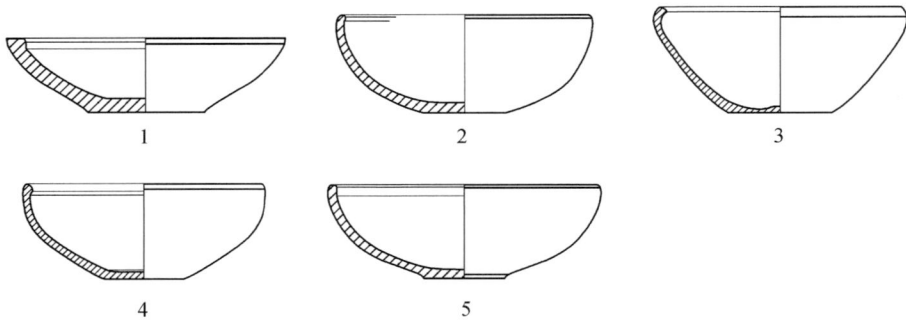

图一五三 东周秦汉墓出土陶钵
1. Ⅰ式（M16∶11） 2. Ⅱ式（M3∶4） 3、4. Ⅲ式（M37∶1、M37∶5） 5. Ⅳ式（M38∶2）

底部有一周宽带外凸。假圈足，弧外侈。底厚，内底中心微凸（图一五四，1）。

Ⅱ式：2件。敞口，近直。平沿。颈略高。腹扁鼓，近底部弧内收。假圈足，底薄而平。标本M16∶12，方唇。腹最大径处略尖。足呈倒喇叭口形外侈（图一五四，2）。标本M16∶16，尖唇。垂腹明显。足弧外侈，近底部斜内收（图一五四，3）。

Ⅲ式：1件（M44∶13）。敞口，尖唇。短颈。鼓肩，与颈部结合处微折。圆鼓腹。平底，无假圈足（图一五四，4）。该式瓶可能为井内的汲水瓶。

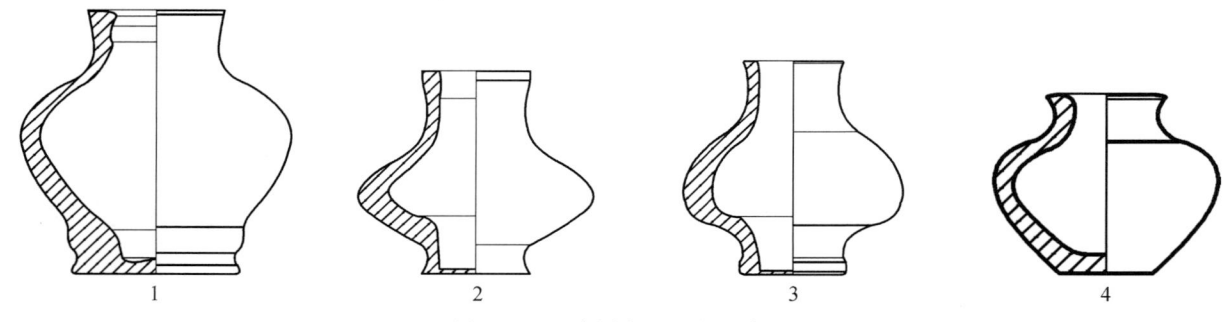

图一五四 东周秦汉墓出土陶瓶
1. Ⅰ式（M23∶3） 2、3. Ⅱ式（M16∶12、M16∶16） 4. Ⅲ式（M44∶13）

14. 仓

12件，M11出土10件，M44出土2件。仓体呈筒状。折肩，平底。根据腹壁的形状可分为两型。

A型 4件。弧壁。弧形盖，侈口，平底，或有假圈足，或无。仓体或敛口或敞口，部分腹壁近底部弧内收，部分较直。仓体多有凹凸纹及弦纹，部分底部有削痕。标本M11∶20，腹壁弧曲。盖口沿外卷。仓体敛口，方唇。底内壁微凸。腹壁下部有弧形削痕（图一五五，1）。标本M11∶22、M11∶26，腹壁斜弧，近底部弧内收，仓盖为假圈足。其中M11∶22，盖壁斜弧。仓体敛口，圆唇。腹内壁有数道凹凸纹。内底有数道凸弦纹。腹中部偏下有2道斜向的宽

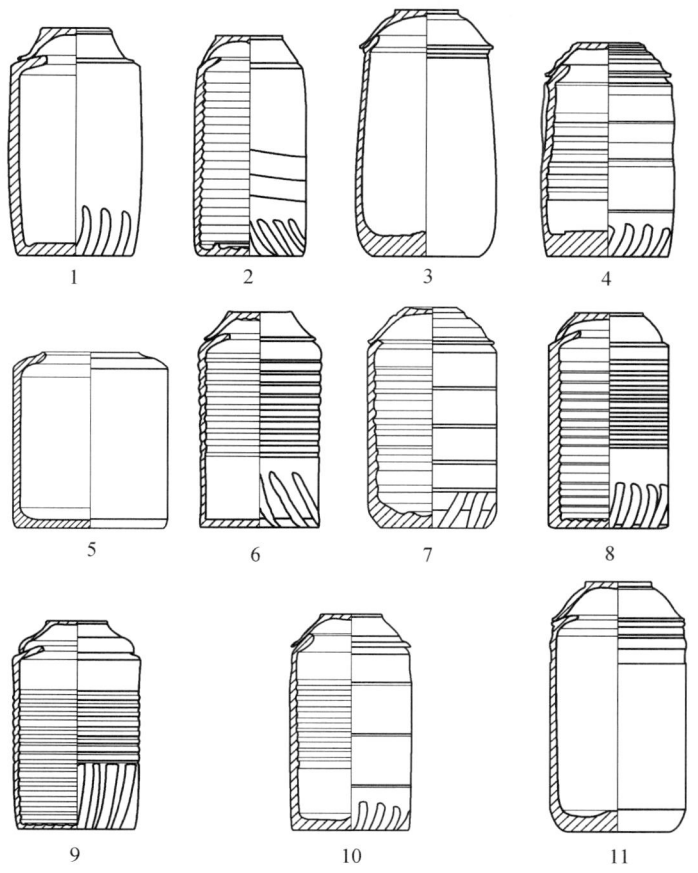

图一五五　东周秦汉墓出土陶仓
1~4.A型（M11∶20、M11∶22、M11∶26、M11∶28）　5.B型Ⅰ式（M44∶7）　6~11.B型Ⅱ式（M11∶15、M11∶14、M11∶21、M11∶23、M11∶24、M11∶27）

带纹，下部有弧形削痕（图一五五，2）。M11∶26，仓体敞口，圆唇。内底中心微凸。腹上部有一道凹弦纹（图一五五，3）。标本M11∶28，腹壁上部弧内收，中下部弧外凸。盖壁弧向外敞，外壁有多道凹弦纹。仓体敞口，卷唇。腹壁近底部弧内收，内壁有数道凹凸纹。内底中心外凸。腹中上部有三道双线弦纹，下部有弧形削痕（图一五五，4）。

B型　8件。直壁。盖或有或无。仓体或敞口或敛口。部分腹壁近底部弧内收，部分较直。部分有凹凸纹及弦纹，部分底部有削痕。根据有无盖及仓体的不同可分为两式。

Ⅰ式：2件，M44出土。无盖。仓体圆鼓，高度与横宽比例小。敞口。肩部略圆鼓。标本M44∶7、M44∶8，腹壁近底部弧内收（图一五五，5）。

Ⅱ式：6件，M11出土。有盖。仓体细高，高度与横宽比例大。标本M11∶16，盖口沿微外卷，内底有凹凸纹。仓体敛口，方唇。腹壁较直，内壁有数道凹凸纹，外壁中上部有数道凸线纹，下部有弧形削痕（图一五五，6）。标本M11∶14，盖口沿微外卷，壁偏上位置有一道凹弦纹，底稍内凹。仓体敛口，尖唇。腹内壁有数道凹凸纹。内底亦有凹凸纹。腹部有四组双线弦纹，下部有弧形削痕（图一五五，7）。标本M11：21，盖口微侈。仓体敛口，圆唇。腹壁近底部微弧内收，内壁有数道凹凸纹。内底有数道凸弦纹。腹中部有数道弦纹，下部有弧形削痕（图一五五，8）。标本M11：23，盖为假圈足，口微侈，壁近口部略直。仓体敛口，方唇。腹内壁有数道凹凸纹。内底有数道凸弦纹。腹中部有数道凸弦纹，下部有弧形削痕（图一五五，9）。标本M11：24，盖为假圈足，壁近口部有一周凹弦纹。仓体敞口，圆唇。腹壁上部有一周微凹，下部近底微弧内收，内壁中部有数道凹凸纹。内底中心微凸。腹部有三道双线弦纹，下部有弧形削痕（图一五五，10）。标本M11：27，盖为假圈足。仓体敛口，圆唇。底下有两周圆形纹，内底中心微凸。腹上部有三道凹弦纹，从上至下渐宽（图一五五，11）。

15. 灶

3件，M11出土2件，M44出土1件。无底。前壁置火门，边缘弧。后部有出烟孔，圆形。上部较平，开有火眼，数量不一，置有釜甑，套数不等，部分残无。根据所开火眼的不同，可分为两型。

A型　2件。开两火眼，大小接近，前后所置釜甑套数或组合不一。火门在前壁中部，出烟孔在后壁上部。根据平面形状及火门、出烟孔形状等的不同可分为两式。

Ⅰ式：1件（M44：10）。平面呈半椭圆形。火门呈半圆形，出烟孔呈圆形，均相对规整。火眼所置釜甑残无（图一五六，1）。

Ⅱ式：1件（M11：29）。平面呈抹角长方形，四壁微弧。火门呈不规则半圆形，出烟孔呈不规则圆形。前部火眼置一釜，后部火眼置釜甑一套（图一五六，2）。

B型　1件（M11：7）。开三火眼，前、中两火眼略大，后部火眼稍小。灶身为半椭圆形，四壁微外凸。前壁中部偏下有一火门，呈不规则三角形。出烟孔在后部抹角处，斜向。3火眼中，前部火眼置釜甑一套，中部火眼置一釜，极残，后部火眼置釜甑一套，釜甑一套者上甑下釜。制作不规整，釜多在火眼上，未嵌其内（图一五六，3）。

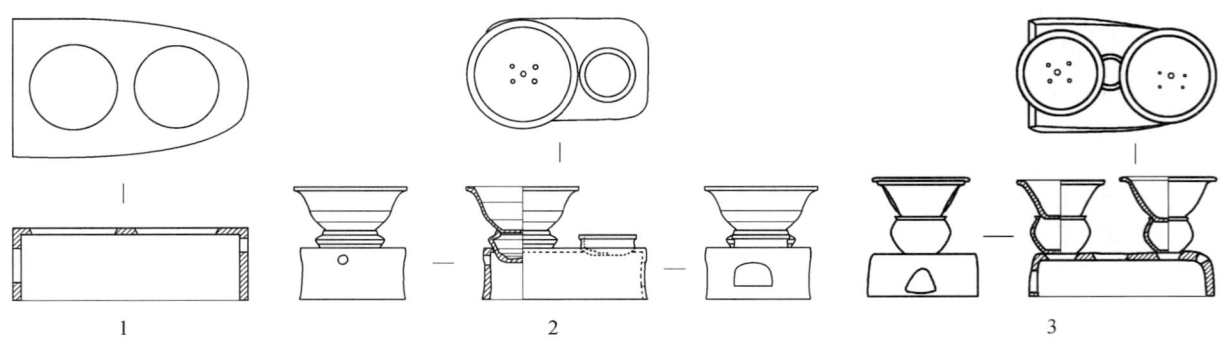

图一五六　东周秦汉墓出土陶灶
1. A型Ⅰ式（M44：10）　2. A型Ⅱ式（M11：29）　3. B型（M11：7）

16. 井

5件，M11出土4件，M44出土1件。井身平底。根据井身有无口沿可分为两型。

A型　2件，M11、M44各1件。敞口，有宽沿且上部较平。井身筒形。短颈。溜肩。弧腹。根据腹壁的变化可分为两式。

Ⅰ式：1件（M44：9）。敞口明显，口沿下部平。腹壁近直，近底部弧内收（图一五七，1）。井内可能置有一瓶，为M44：13（图一五八）。

Ⅱ式：腹壁弧曲明显。井内无瓶。标本M11：17，敞口明显，口沿下部微卷。腹壁上部略鼓，下部斜弧内收。内底有凹凸纹（图一五七，2）。标本M11：9，口微敞，近直，沿略窄，较厚。腹壁上部斜弧，下部略鼓，近底部弧内收。内底较平（图一五七，3）。

B型　2件，M11出土。井身无口沿，腹壁斜，内置1瓶。瓶敞口，圆唇，溜肩，鼓腹，下垂。根据井身形状及口部等的不同又可分为二亚型。

Ba型　1件（M11：15）。井身呈斗状，敞口，方唇。腹斜直。瓶为短颈，平底（图一五七，4）。

Bb型　1件（M11：10）。井身呈钵状，敛口，圆唇。折肩。腹壁斜弧，近底部弧内收。瓶领略高，圜底（图一五七，5）。

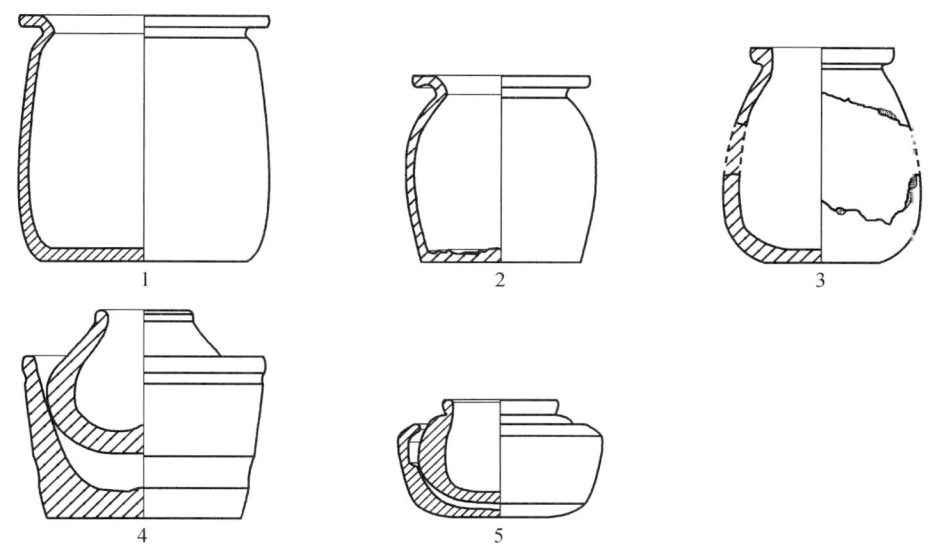

图一五七　东周秦汉墓出土陶井

1. A型Ⅰ式（M44：9）　2、3. A型Ⅱ式（M11：17、M11：9）　4. Ba型（M11：15）　5. Bb型（M11：10）

17. 磨

1件（M11：12）。由磨扇和磨盘、磨拐等组成。磨扇分上下两层。上层扇侧视覆斗状，中部凸起，平面呈圆形，一侧有梯形的磨拐。扇上部中心有二月牙形内凹，为放置谷物的漏

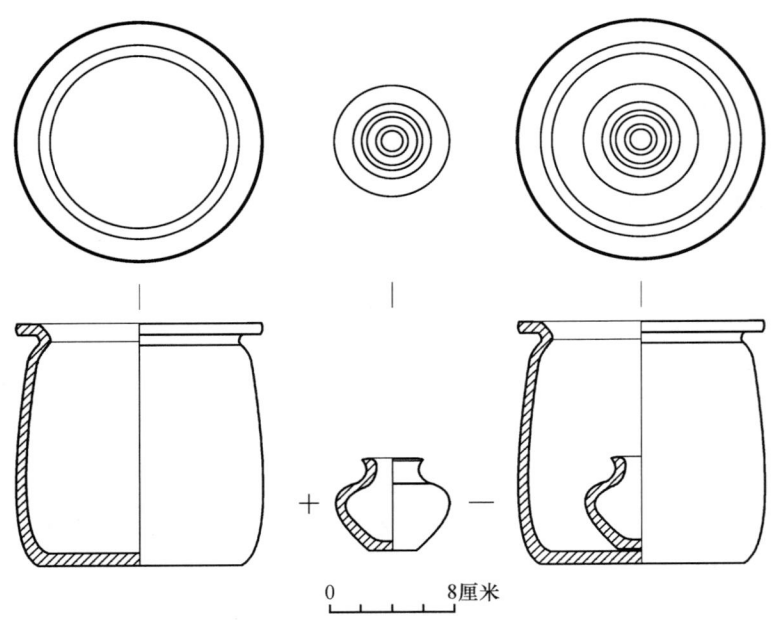

图一五八　M44出土陶井、瓶合并图
（M44：9与M44：13）

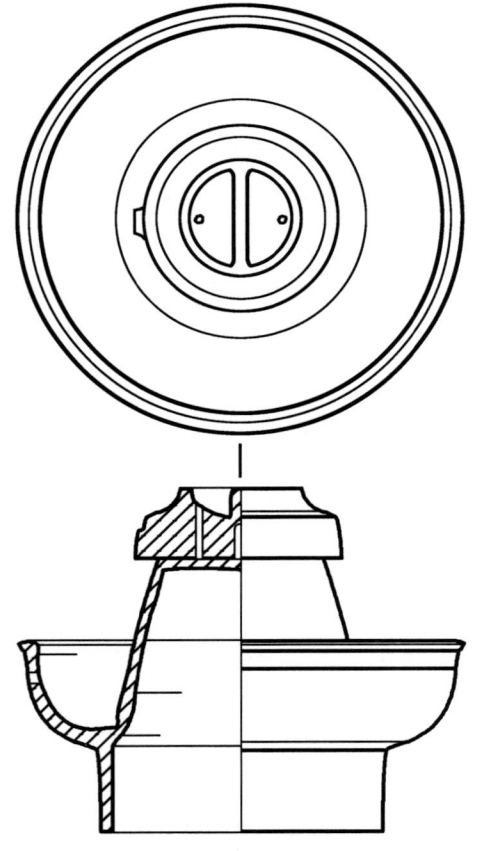

图一五九　东周秦汉墓出土陶磨
（M11：12）

斗，中部为一隔梁，每个漏斗均有一较细的漏孔直通上扇底部。上扇底部有交错的磨齿。底中心有一略细的柱形内凹，当是用来安置上下扇的固定物。下扇与磨盘相连，较高，上窄下宽，断面圆形，中空。上部较平，与上扇扣合，直径小于上扇直径。磨盘呈盘形，敞口，沿微卷，弧腹，高圈足，一侧有圆形漏孔（图一五九）。

18. 环

4件，M24出土。圆形，圆孔，较扁平。素面无纹。大小略有不同。

二、铜　器

淅川新四队东周秦汉墓葬共出土铜器9件，主要包括釜、镜、带钩等，均锈残，部分仅余残片。

1. 釜

3件，M10、M11、M44各出土1件。敛口，斜沿。

弧腹。平底。素面无纹。根据口、沿、腹、底等的变化可分为三式。

Ⅰ式：1件（M10∶7）。敛口明显，沿较窄。腹上部圆鼓，最大径超出口沿边，下部斜弧内收（图一六〇，1）。

Ⅱ式：1件（M44∶6）。敛口，沿略宽。腹中上部较圆鼓，最大径大于口径但小于口沿边，近底部弧内收。底径稍大（图一六〇，2）。

Ⅲ式：1件（M11∶1）。口微敛，沿较宽。腹上部略直，最大径与口径基本一致，下部弧收。底径较小（图一六〇，3）。

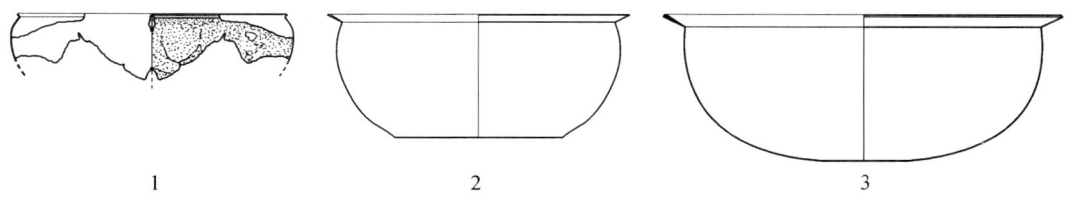

图一六〇　东周秦汉墓出土铜釜
1.Ⅰ式（M10∶7）　2.Ⅱ式（M44∶6）　3.Ⅲ式（M11∶1）

2. 镜

2面，M24、M32各1件。圆形，中部为镜纽。根据装饰的不同可分为两型。

A型：1件（M24∶16）。素面镜。三弦纽，纽外有两周弦纹。宽平缘（图一六一，1）。

B型：1件（M32∶3）。余局部片。镜身平，缘上翘。镜缘内为一周凸线纹，凸线纹内为镜纹。主纹为蟠螭纹，地纹为细密的云雷纹（图一六一，2）。

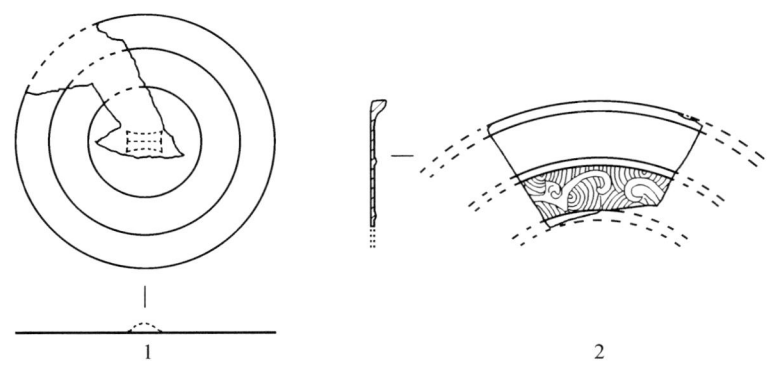

图一六一　东周秦汉墓出土铜镜
1.A型（M24∶16）　2.B型（M32∶3）

3. 带钩

4件，M16、M24、M35、M45各1件。体呈长条形，侧面呈"S"形，形体似龙。带扣圆形或椭圆形。根据平面形状的不同可分为两型。

A型　2件。平面呈上端略细，下端略粗的琵琶状。带舌刻有嘴、眼。带扣与带身有一定距离。根据形体的粗细及带扣的位置的变化可分为两式。

Ⅰ式：1件（M24：15）。体较细长，末端稍尖。带扣椭圆形，位于中部。带身残留少量布纹（图一六二，1）。

Ⅱ式：1件（M35：2）。体略宽，末端平。颈部刻细密的毛发和反"S"纹。带扣圆形，位置偏下（图一六二，2）。

B型　2件。平面呈两端细，中部较圆宽的"中"字形。带扣圆形。根据形体的粗细、形状及带扣与带身距离的变化可分为两式。

Ⅰ式：1件（M16：3）。体较细长，"S"形弧折明显。带扣与带身有一定距离（图一六二，3）。

Ⅱ式：1件（M45：1）。体略短粗，"S"形弧折不明显。带扣与带身距离较近。带舌刻有嘴、眼（图一六二，4）。

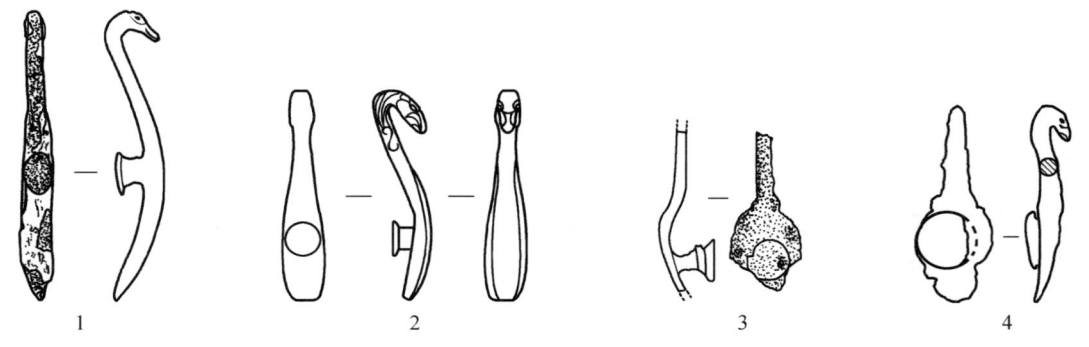

图一六二　东周秦汉墓出土铜带钩
1. A型Ⅰ式（M24：15）　2. A型Ⅱ式（M35：2）　3. B型Ⅰ式（M16：3）　4. B型Ⅱ式（M45：1）

三、钱　币

淅川新四队东周秦汉墓葬共出土钱币4组，57枚，主要有"半两"、"五铢"两种。均为铜质，皆锈残。圆形，方孔，部分有郭。正面有文字，背面无文字。根据钱文可分为两型。

A型　1组（M38：1），5枚。"半两"钱币，两面的内外均无郭。正面有阳文"半两"二字，右"半"左"两"。根据钱体、文字、直径等的差别又可分为二亚型。

Aa型　1枚（M38：1-4）。钱体较薄，边缘局部有残缺，中部方孔较大。"半两"二字，尤其是右侧的"两"字不全。直径2.2、方孔边长约1.1厘米，边缘厚不足1毫米。该类钱币当为高后时期的"荚钱"（图一六三，1）。

Ab型　4枚。钱体略厚，中部方孔相对较小。"半两"二字规整，字体较全。标本M38：1-3、M38：1-5，直径2.4～2.5、方孔边长0.9～1、厚0.1厘米。该类钱币当为文帝时期的

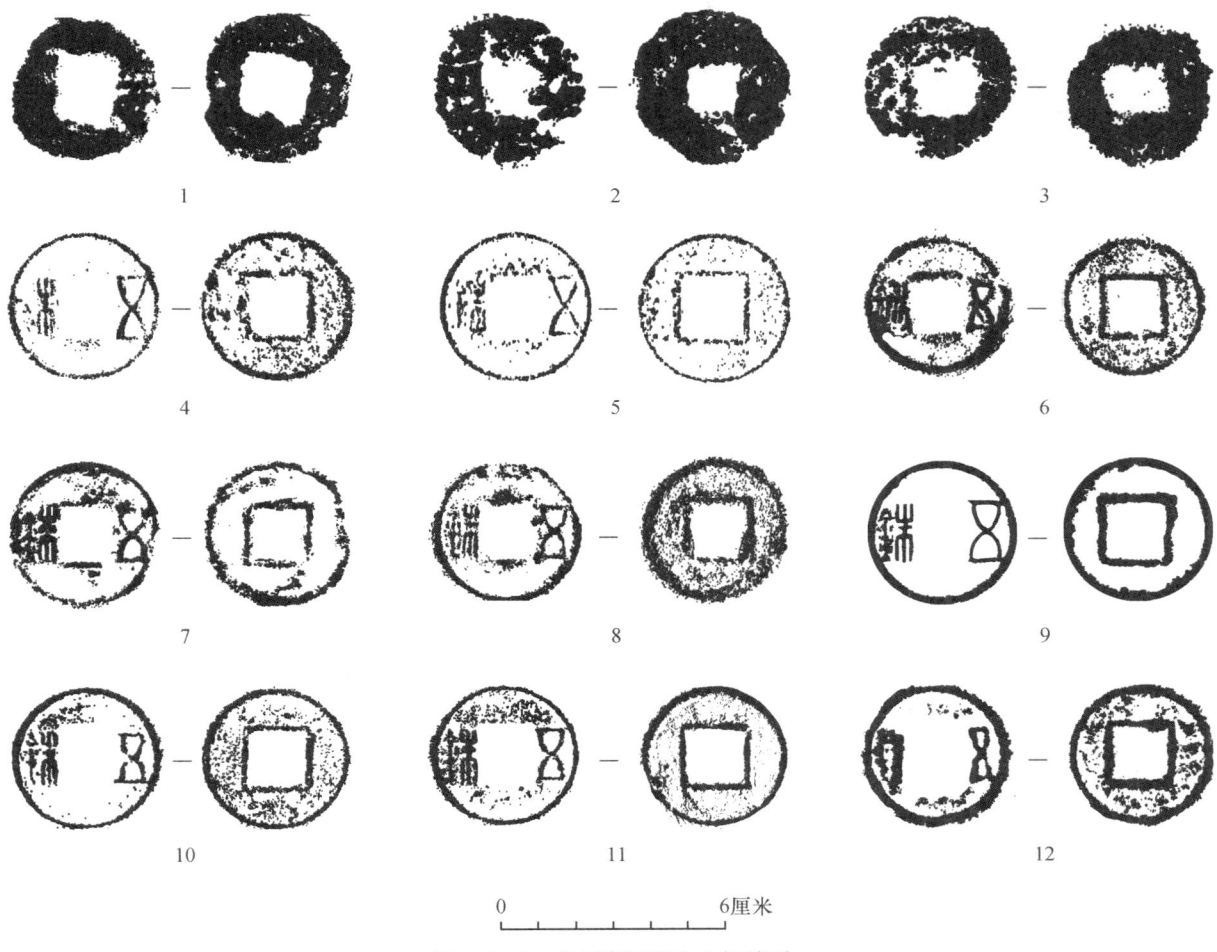

图一六三　东周秦汉墓出土铜钱币

1. Aa型（M38：1-4）　2、3. Ab型（M38：1-3、M38：1-5）　4、5. Ba型（M44：1-3、M44：1-4）　6~8. Bb型（M21：2-2、M21：2-1、M21：2-3）　9~12. Bc型（M4：2-2、M44：1-1、M44：1-2、M44：1-5）

私铸"四铢半两"（图一六三，2、3）。

B型　3组，M4、M21、M44各1组，共52枚。为"五铢钱币"。正面无内郭，有外郭，背面内外有郭。正面有阳文"五铢"二字，右"五"左"铢"。根据钱文等的差异可分为三亚型。

Ba型　3枚，M44出土。字体较为规整、纤细。"五"字上下两横较平，与方孔及外郭相连，不出头，中部交股缓曲呈上下两部分，交股处微曲略尖，上下近呈三角形，个别笔画近斜直。"铢"字左侧"金"字上部为"△"，"朱"字中横平，略短，上部为"山"字，下部呈倒"山"字形，上部方折，下圆折。标本M44：1-3，"五"字上端及下端右侧的笔画均较斜直，直径2.5、郭厚0.15厘米（图一六三，4）。标本M44：1-4，"五"字的左上至右下的笔画较斜直，直径2.4、郭厚0.15厘米（图一六三，5）。该类钱币为"郡国五铢"。

Bb型　1组（M21：2），23枚。字体纤细规整，"五"字两横较平，交股缓曲，上下两横出头接于外郭及内侧方孔；"铢"字"金"的上部为"△"较小，有的"金"字低于"朱"字。"朱"中横平，略长，上部为"山"字，下部呈倒"山"字形，上部方折，下部圆折。标本M21∶2-2，"五"字稍瘦，交股略斜弧。直径2.4、郭厚1.5厘米（图一六三，6）。标本M21∶2-1，"五"字略宽，交股弧曲明显，"铢"字"金"字低于"朱"字，直径2.4、郭厚1.5厘米（图一六三，7）。M21∶2-3，"五"字略宽，交股弧曲明显，"铢"字"金"字与"朱"字平，直径2.5、郭厚1.5厘米（图一六三，8）。该类钱币为昭帝"五铢"。

Bc型　26枚，其中M4出土1组4枚，M44出土22枚。字体多较规整。"五"字上下两横较平，出头，接于外郭与方孔边框，交股上下近横线处笔画较直，中部交股缓曲大，形成近呈漏斗状的上下两部分。"铢"字左侧"金"字上部为"△"，中间一横长，下横较之短，四点竖长；右侧"朱"字中横平，略长，上部为"山"字，下部呈倒"山"字形，上部方折，下圆折。部分字体丰满圆润，标本M4∶2-2，"五"字交股下部较上部圆弧，"铢"字"金"旁较"朱"旁略低。直径2.5、外郭厚0.1厘米（图一六三，9）；标本M44∶1-1，"五"字略矮，较内孔边长短。直径2.5、郭厚0.15厘米（图一六三，10）；标本M44∶1-2，"五"字略长，与内郭边基本平齐。直径2.5、郭厚0.15厘米（图一六三，11）。少量"五"字瘦，略矮，较内郭边长短，交股处弯曲略小，上下形状介于三角形与漏斗之间。标本M44∶1-5，直径2.5、郭厚0.15厘米（图一六三，12）。该类钱币为宣帝"五铢"。

四、铁　　器

淅川新四队东周秦汉墓葬共出土铁器17件（组），主要包括釜、勺、钁、环首刀、削、扒钉等，均锈残，部分仅余残片。出土有铁、陶组合的器物，如M38∶5、M45∶6，釜为铁质，甑为陶质，归入陶器中讨论，另外还有铜铁组合的器物，因其主体为铁质，虽多残朽，本书归入铁器中讨论，如M21出土的环首刀。

1. 釜

3件，M31、M32、M34各1件。均锈残严重，仅余残片。腹部断呈弧形。标本M31∶3，腹壁厚0.1厘米（图一六四，1）。标本M32∶4，腹壁厚0.5~0.9厘米（图一六四，2）。标本M34∶3，腹壁厚0.4~0.9厘米。

2. 勺

1件（M37∶7）。锈残严重。柄呈圆柱形，断面呈圆形，中空，内有少量木芯残留。勺体呈扇形张开，前端残无，近柄端内凹（图一六四，3）。

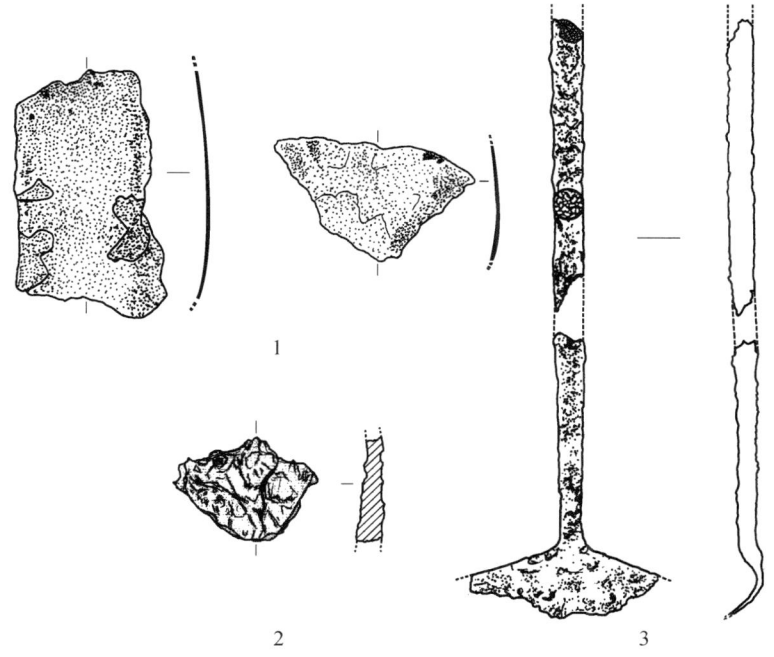

图一六四　东周秦汉墓出土铁釜、勺
1、2. 釜（M31:3、M32:4）　3. 勺（M37:7）

3. 钁

1件（M7:1）。极锈残。上端有銎，斜直腹，下有刃。

4. 环首刀

7件，M11、M14、M16、M21、M45各出土1件，M36出土2件。均残不甚完整。环首呈椭圆形，断面呈圆形，多铁质，部分为铜质。长条形刀身，一侧有刃，断面三角形，一侧无刃，为刀背。根据刀身断面的不同可分为三型。

A型　5件。刀身断面呈等腰三角形。如M11:5（图一六五，1）、M14:5（图一六五，2）、M16:5（图一六五，3）等。

B型　1件（M21:1）。刀身断面呈直角三角形。铜质环首，稍扁，上端弧，下端近平。刀身为铁质，多残无（图一六五，4）。

C型　1件（M45:1）。刀身断面呈弧边三角形。环首近圆形。刀身末端较尖（图一六五，5）。

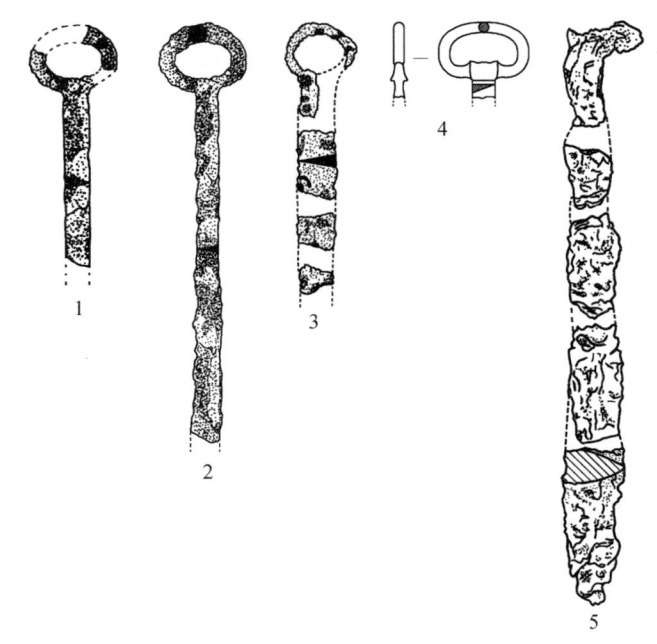

图一六五　东周秦汉墓出土铁环首刀
1～3.A型（M11∶5、M14∶5、M16∶5）　4.B型（M21∶1）　5.C型（M45∶1）

5. 削

5件，M3、M11各出土2件，M9出土1件。残余局部。长条形，一侧有刃，断面三角形一侧无刃，削背。标本M3∶5，一端略宽，一端略窄（图一六六，1）。微弧。标本M3∶6，较平直。二者背部略窄（图一六六，2）。标本M9∶13、M11∶18、M11∶19，背部略宽（图一六六，3～5）。

6. 扒钉

1组4枚（M18∶1）。呈"⌒"形，上部宽平，两侧末端较尖，部分变形。体薄，断面呈窄长方形（图一六七）。

五、漆　器

淅川新四队东周秦汉墓葬共出土漆器10件，主要包括盘、耳杯等，均朽残，胎质不详，留有相关痕迹和迹象。

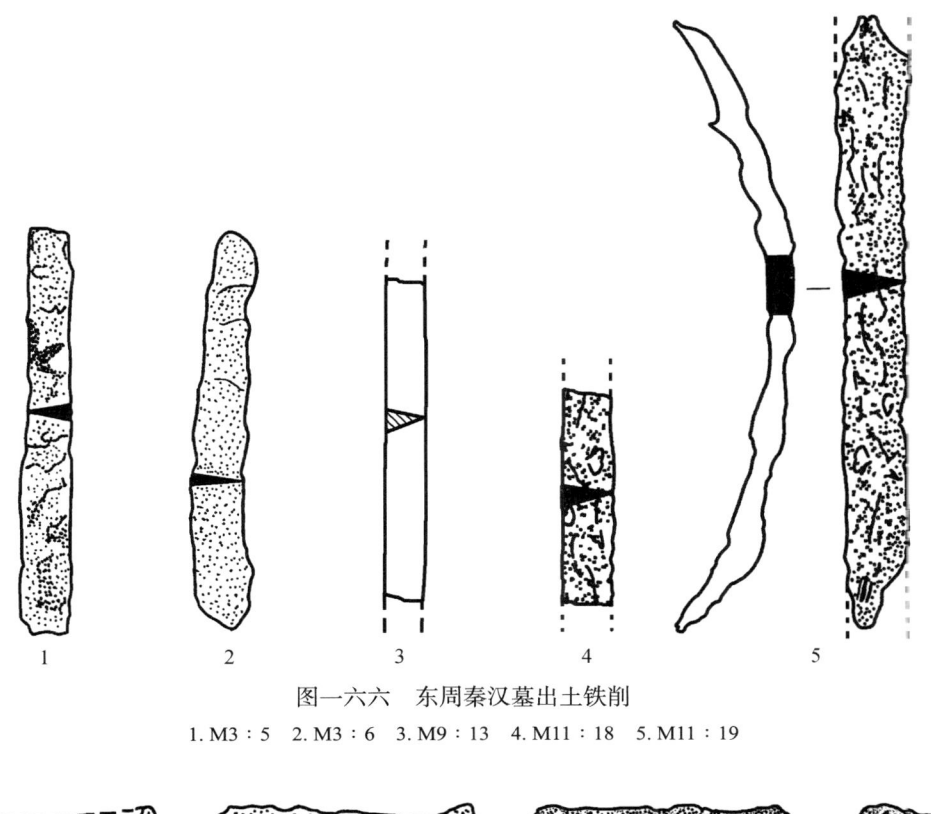

图一六六　东周秦汉墓出土铁削
1. M3∶5　2. M3∶6　3. M9∶13　4. M11∶18　5. M11∶19

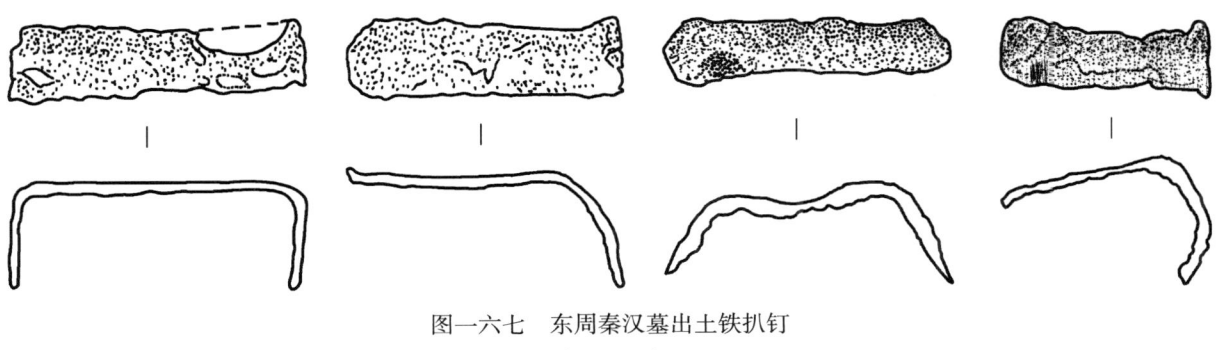

图一六七　东周秦汉墓出土铁扒钉
（M18∶1）

1. 盘

3件，M18出土。形制、大小相同。盘呈圆形，有沿。弧腹。

2. 耳杯

5件，M18、M37各出土2件，M24出土1件。形制相同。杯身呈椭圆形，内髹红漆。有对称两附耳。

3. 其他

M17、M23出土有痕迹，器形不详。

六、其他遗物

1. 料珠

1组2枚（M24∶14）。体圆鼓形，呈珠状。上下两端平，中有圆穿。珠黑色，每珠镶有六椭圆形内蓝外白的片状装饰，分上下两层（图一六八，1）。

2. 果核

1枚（M8∶8）。已碳化。两端尖，一端残无，中部圆弧。可能为桃核（图一六八，2）。

3. 猪骨

4件，M11、M14、M17、M37各出土1件。均朽。上窄下宽，整体呈扇形，为猪前腿肩胛骨。上端近圆形，边缘不甚整齐，中部内凹。下部成扇形张开，两侧微凸。一侧较平滑，一侧中部有凸起（图一六八，3）。

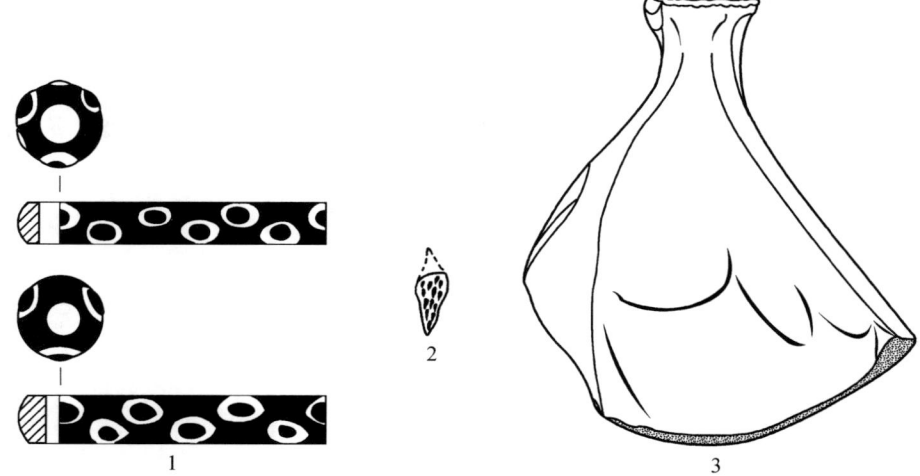

图一六八　东周秦汉墓出土料珠、果核、猪骨
1. 料珠（M24∶14）　2. 果核（M8∶8）　3. 猪骨（M38∶6）

第五节　出土陶器的组合与形制分析

淅川新四队东周秦汉墓葬群出土的器物以陶器为主，另有少量铜、铁质器物及料器、动物骨骼、果核等。就陶器而言，既有仿铜陶礼器，也有模型明器、日用陶器等。总体来看，三类器物的组合虽存在差别，但相对较为明确。

一、仿铜陶礼器

数量较多，在陶器中占有一定比例。涉及墓葬16座，其中M8、M11、M14、M16、M18、M23、M24等保存较为完整，M9出土的仿铜陶礼器为泥质红陶，均难修复，M13因墓坑大多陪破坏，仅见部分器物，其他如M3、M7、M10、M31、M33、M34、M43均遭盗扰严重，较多器物仅余残片，具体形制不详，且组合不全。总的来看，新四队东周秦汉墓陪葬陶礼器延续时间长，组合相对清晰，以鼎、盒、壶三者为核心，因时代等的不同，或有增补，或有欠缺，具体内容存在相应差异。就数量而言，鼎、盒、壶及其他相关器物一般为2件，个别墓葬的个别器物数量稍多或仅为1件。组合内容及数量的差异体现出相应发展变化的同时，也反映出这一地区的特点。

（一）组合关系

根据前文的类型分析，以保存较好的墓葬为主要参考，可将新四队东周秦汉墓出土的仿铜陶礼器细分为多种不同组合。

组合1为：A型Ⅰ式、B型Ⅰ式鼎，A型Ⅰ式盒，A型Ⅰ式、B型Ⅰ式壶，A型、B型Ⅰ式豆。代表性墓葬为M24。

组合2为：B型Ⅱ式鼎，Ba型Ⅰ式、Bb型Ⅰ式盒，B型Ⅱ式壶，B型Ⅱ式豆。主要墓葬为M9、M13，其中M9出土陶鼎4件、陶壶2件、陶盒2件、陶豆2件，极残，难修复，其中可能包含A型Ⅱ式鼎、A型Ⅱ式壶等；M13的墓坑大多陪破坏，仅见部分器物，从盒的数量看，大致为鼎2、盒2、壶2、豆2。

组合3为：A型Ⅱ式、B型Ⅱ式鼎，Ba型Ⅱ式、Bb型Ⅱ式盒，B型Ⅱ式壶。主要墓葬为M23。

组合4为：A型Ⅲ式、B型Ⅲ式鼎，Ba型Ⅲ式、Bb型Ⅲ式盒，B型Ⅲ式壶。主要墓葬为M16。

组合5为：A型Ⅳ式、B型Ⅳ式鼎，A型Ⅱ式盒，A型、B型钫。主要墓葬为M8、M10[①]。

组合6为：A型Ⅴ式、B型Ⅴ式鼎，A型Ⅲ式壶。主要墓葬为M14。

组合7为：A型Ⅵ式、B型Ⅵ式鼎。主要墓葬为M18。

组合8为：A型Ⅶ式鼎。主要墓葬为M11。

以上8个不同的仿铜陶礼器组合形态，涉及墓葬10座，其中多数组合为2套成组出现，单体器物基本为1件，如M24、M13、M23、M16、M8、M10、M14、M18。个别组合稍有不同，如M9，每套组合之中的陶鼎为2件，M11则仅有1件陶鼎。根据组合内容及形式，结合器物形态的演变和发展，可将上述8个组合分为五组，每组均存在相同的特点和器物种类，一些组内的器物形制也存在发展和演变。

A组：组合1、2，组合内容为鼎、盒、壶、豆，主要墓葬为M9、M13、M24，基本为2套成组出现，每套内单体器物基本为1件，M9稍特殊，每套内为2件陶鼎，可能与墓主身份有关。

B组：组合3、4，组合内容为鼎、盒、壶，主要墓葬为M16、M23，基本为2套成组出现，每套内单体器物基本为1件。

C组：组合5，组合内容为鼎、盒、钫，主要墓葬为M8、M10，基本为2套成组出现，每套内单体器物基本为1件，M10遭盗扰严重。

D组：组合6，组合内容为鼎、壶，主要墓葬为M14，为2套成组出现，每套内单体器物为1件。

E组：组合7、8，组合内容为鼎，根据鼎数量的不同又可分为两小组。

Ⅰ组：组合7，为2鼎，主要墓葬为M18。

Ⅱ组：组合8，为1鼎，主要墓葬为M11。

其他遭盗扰严重的墓葬中，M3、M31、M33、M34各出土陶壶1件，M7出土陶鼎1件，M43出土陶鼎、陶壶各1件，具体组合不详，需结合前文类型分析及相关内容进行判断，并大致确定其所属墓葬的年代。

（二）组合内容及组合内器物的发展演变

新四队东周秦汉墓出土的仿铜陶礼器组合内容及组合内的具体器物均存在相应的发展和演变，现将相关发展演变概述如下。

1. 仿铜陶礼器组合内容的发展演变

从新四队东周秦汉墓陪葬陶礼器的五组组合来看，其间存在着相应的发展和演变。

---

① M10被盗严重，出土有陶鼎、钫的残件，未见陶盒，推测其组合为鼎、盒、钫，至少为鼎和钫。

A组组合为鼎、盒、壶、豆，这在淅川及周边地区的东周秦汉墓葬中属于时代相对较早的仿铜陶礼器组合，上承鼎、敦、壶、豆的组合形式并逐渐流行。其出现时间大致在秦侵楚并占据相关楚地之后，这在河南南阳、湖北襄阳及相关地区的战国晚期墓葬中均有所反映。秦灭楚之前的相关楚墓中，敦较多见，如淅川东沟长岭楚墓①、刘家沟口楚墓②等，但在秦占这一地区后，盒取代敦成为仿铜陶礼器的主要品种，刘家沟口战国秦墓③有所体现，参考襄阳地区的战国秦墓，亦大致如此，如襄阳老河口九里山战国秦墓④、襄阳王坡战国秦墓⑤等。因此A组组合年代的上限当在秦国占领今淅川的相关地区之后。该组合至秦代及西汉初已趋于衰落，时代下限大致至西汉初期，但豆的出现频率降低，数量不多，如襄阳老河口九里山汉墓中的M56、M111、M124等墓葬⑥均有发现，西汉晚期的一些墓葬中还有豆陪葬，如南阳一中M367：3，时代为西汉晚期后段⑦，但极为少见，而且存在为灯或熏的可能。

B组组合与A组组合相比，无豆，为鼎、盒、壶三种器物，这是在A组组合基础上的发展，同时与豆的衰落和逐渐退出仿铜陶礼器有关。C组组合中增加了新的品种——陶钫，不见陶壶。就陶壶与陶钫而言，在仿铜陶礼器中虽器类不同，但作用有所接近，这可能是以钫代壶的一个原因。但钫在新四队东周秦汉墓中的使用有一定的阶段性，D类组合中，陶钫不见，而且盒也消失，体现出仿铜陶礼器已趋于衰落的特征。E类组合中，仿铜陶礼器陪葬更趋衰落，仅余鼎，其中的Ⅰ组为2件鼎，Ⅱ组仅有1件鼎，衰落的过程和特征均较为明显。

观察新四队东周秦汉墓葬陪葬仿铜陶礼器内容的发展演变，既与周边地区的一些墓葬群有相似之处，又存在一些自身特点。就周边地区的一些墓葬群如南阳丰泰小区墓地⑧、南阳一中战国秦汉墓群⑨、淅川刘家沟口战国秦汉墓地⑩、襄阳老河口九里山东周秦汉墓群⑪等来看，陪葬仿铜陶礼器的时代延续较长，组合内容在汉代，特别是西汉至东汉早期还较为丰富，新四队东周秦汉墓陪葬的仿铜陶礼器组合则变化较快，组合内容衰落步伐快，至一定时期仅为一鼎，而上述墓地的较多墓葬可能还保留有鼎、壶、盒的组合。这在一定程度上说明，新四队东周秦汉墓葬群与周边的一些墓地存在相同点的同时，又有着自身的一些鲜明特点。

---

① 河南省文物局编著：《淅川东沟长岭楚汉墓》，科学出版社，2011年。
② 河南省文物局编著：《淅川刘家沟口墓地》，科学出版社，2011年。
③ 河南省文物局编著：《淅川刘家沟口墓地》，科学出版社，2011年。
④ 襄樊市文物考古研究所、武安铁路复线九里山考古队编著：《老河口九里山秦汉墓》，文物出版社，2009年。
⑤ 湖北省文物考古研究所、襄樊市考古队、襄阳区文物管理处编著：《襄阳王坡东周秦汉墓》，科学出版社，2005年。
⑥ 襄樊市文物考古研究所、武安铁路复线九里山考古队编著：《老河口九里山秦汉墓》，文物出版社，2009年，第196-170、289-290、303-304、415、490页。
⑦ 南阳市文物考古研究所编著：《南阳一中战国秦汉墓》，文物出版社，2012年，第105、226页。
⑧ 河南省南阳市文物考古研究所、武汉大学历史学院考古系编著：《南阳丰泰墓地》，科学出版社，2011年。
⑨ 南阳市文物考古研究所编著：《南阳一中战国秦汉墓》，文物出版社，2012年。
⑩ 河南省文物局编著：《淅川刘家沟口墓地》，科学出版社，2011年。
⑪ 襄樊市文物考古研究所、武安铁路复线九里山考古队编著：《老河口九里山秦汉墓》，文物出版社，2009年。

2. 仿铜陶礼器组合内器物的发展演变

新四队东周秦汉墓葬群出土仿铜陶礼器组合内的器物主要包括鼎、盒、壶、豆、钫五种器物，每一种器物均存在自身的发展和演变。

鼎分为两型，一是平底鼎，一是圜底鼎，二者配套形成组合。两型鼎的数量接近，延续时间长，发展演变轨迹大致相同，具有代表性。二者在该墓葬群的较早形态是器型略小，宽平顶盖，扁鼓浅腹，附耳较高直并与器身之间有曲折，足较细高且直，中部内凹；后发展为器形略大，盖顶平，稍窄，腹部渐鼓，耳稍高直，渐有弧度，与器身之间的曲折变窄，足渐粗壮，稍高，中部无内凹；再到器形渐大，趋于圆鼓，弧顶盖，略深，一些有桥形纽装饰，耳稍高，弧度变大，与器身之间的曲折较窄或无，腹深，足较粗壮，足根粗大。A型鼎的延续时间相对更长，趋于衰落的特征更为明显，如器形变小，呈卵状，弧顶盖稍深，耳窄细，斜外侈，与器身之间无曲折，腹较深，足极矮，呈锥状，末端较尖。大致来看，该种形制应是在以上基础的发展演变。

盒的数量稍少，分为两型。A型数量少，盒身及盖的捉手均有圈足或假圈足。形体由高鼓趋向稍矮扁，腹部由垂腹变为鼓腹，盒身及盖捉手均由圈足变为假圈足，并渐趋矮。B型数量稍多，无圈足或假圈足，虽根据底部有无内凹分为二亚型，但整体变化轨迹一致，形体由扁鼓趋向圆鼓，盒身与盖渐深，整体也随之趋高，盖部捉手由高变矮，逐渐退化，盖底逐渐外凸，中部渐与圈足平。

壶的数量相对稍多，有盘口壶与敞口壶之分。部分二者并存，配套形成组合；部分同一种类出土于同一墓葬。盘口壶均有盖，由浅至略深，边缘由圆弧趋于方折，企口与壶身口部的距离渐近，扣合也渐紧密，盘状口由浅至深，颈由粗变细，由长变短，束颈的特征则由不明显变得较为明显，肩部与颈部的折痕渐无，腹部由圆鼓趋向垂腹，圈足由高变矮，外敞幅度也越来越小，并与腹部之间形成弧形过渡。敞口壶在发展演变上与盘口壶有相似之处，也有所不同，如盖由无企口发展为有企口，后又无盖，口沿由窄变宽，并在口部之下形成一周内凹等。

钫的数量较少，时代也相对集中，下腹部由较圆鼓演变为略扁鼓。

豆的数量少，有大盘、矮柄与小盘、长柄两种，基本变化是盘腹壁下部由弧折变为弧内收，柄由略粗变得略细高。

从类型分析结果结合上文分析可以看出，新四队东周秦汉墓陪葬陶礼器的逻辑演变序列较为清晰完整，而且前后衔接相对紧密。其中鼎的延续时间长，壶、盒次之，三者之中存在一定的减少和逐渐退出的发展特点，如鼎发展至最后仅为1件，盒在一定阶段退出，壶较之晚，但也逐渐退出。豆、钫数量少，使用时间也较短，豆较早退出仿铜陶礼器行列，钫在仿铜陶礼器的使用过程中有相应替换作用。就总体而言，器物形制不仅有对前代的继承，也表现出与所属时代特征结合更为紧密，形成相对完整的发展序列，展现出相应的发展轨迹。

（三）仿铜陶礼器的年代推断

以上仿铜陶礼器的组合形态多样，涉及墓葬也较多，基本为2套成组出现，在发展至一定阶段后趋于衰落，组合内容简化，数量减少。组合内各类器物均存在着相应的发展和演变，既有衔接性，又与所属时代紧密相关，体现出相应的时代特征。由于新四队东周秦汉墓中出土具有典型时代特征遗物如钱币、铜镜等的墓葬不多，而且大多与仿铜陶礼器陪葬无关，所以对于A—E组仿铜陶礼器组合的年代，需结合其他相关内容，并参考周边地区的墓葬进行推测和判断。

1. A组

组合内容为鼎、盒、壶、豆，未见伴出钱币。根据上文关于仿铜陶礼器组合内容的发展演变，大致推断该组合的上限在秦国占领今淅川的相关地区之后，下限应在西汉初期或稍早。该组内包含有组合1、2，两组合的相关器物存在着相应的发展和演变，如陶盒，虽在前文中未归入同一型，但相应的发展变化较为明显：器身由高变矮，盖及器身均由深变浅，器身由高鼓变得扁鼓，捉手趋矮趋直，器身不见圈足等。陶豆的变化虽不明显，但也有所体现，如柄由略粗变得略细高等。就伴出器物来看，1组合无双系陶罐，2组合所属墓葬则均有，体现出相应的发展。东周秦地的相关墓葬中少见双系陶罐陪葬，但其作为秦占楚地较为常见的器具①，随着发展，具有地方特色的器物又开始出现在墓葬之中，1组合当处在接受秦文化的早期阶段，不见该类陶罐较为正常，而2组合的时代则相对要晚，体现出相应的发展，也说明1、2组合之间存在前后时代关系。类似的情况在襄阳老河口九里山东周秦墓中也有反映，时代较早的M48、M146无双系罐，稍晚的M8、M145、M151则均有陪葬②。

1组合的伴出器物中，铜镜为素面，三弦纽，而料珠为淅川及周边地区东周秦墓中常见的器类，另外釜甑开始出现在1组合的伴出器物中，该类器物在战国楚墓极为少见，而在秦占楚地之后的墓葬中逐渐增多，这些均说明其所属墓葬时代在上述范围之内。1组合的伴出器物还包括陶盆2、杯2、匜1，这在该墓地其他墓葬中未见，但在淅川及周边地区东周秦墓中常见。参照襄阳老河口九里山东周秦墓，M48、M146无双系罐，有杯，特征与1组合所属墓葬部分相似，但缺少盆、匜等，二者在东周楚墓中常见，如襄阳余岗楚墓③、淅川东沟长岭楚墓④等，这又说明相互之间的时代有早有晚。

---

① 河南省文物局编著：《淅川刘家沟口墓地》，科学出版社，2011年，第159页。
② 襄樊市文物考古研究所、武安铁路复线九里山考古队编著：《老河口九里山秦汉墓》，文物出版社，2009年。
③ 襄樊市文物考古研究所编著、王志刚主编：《余岗楚墓》，科学出版社，2011年。
④ 河南省文物局编著：《淅川东沟长岭楚汉墓》，科学出版社，2011年。

具体而言，1组合中的陶鼎与长沙楚墓中战国中期后段M380出土陶鼎（M380∶8）[①]及湖北彭家山战国晚期楚墓M5出土的鼎[②]等有着较多相似之处，如盖顶平，耳、足细高且直，足中部内凹等。但对比来看，1组合中的陶鼎形制相对简化，没有盖纽等。以上说明该类鼎受战国晚期楚鼎的影响还较为明显，但也有了一些自身特征。陶盒在这一地区及周边地区的战国晚期楚墓中基本不见，它应是陶敦的替换器物，反映出相应文化因素影响的变化。盒的捉手较高，斜向外敞，圈足亦稍高，在时代特征上均早于襄阳老河口九里山东周秦墓出土的同类器物。陶壶的弧形盖较薄浅，敞口、粗颈，腹部圆鼓，与颈部有折痕，圈足细高，近底部外撇较甚，从形制上看与这一地区战国晚期楚墓中出土的盖豆相似，如淅川东沟长岭楚墓[③]等，但个体较大，形制也有所差别，壶的特征更为明显，结合组合内容来看，作为壶应无疑问，其也在一定程度上反映出受楚墓影响及逐渐形成自身特点的特征。陶豆的形制不同于该地区战国晚期楚墓中出土的同类器物，如柱状柄外壁有两道明显的凸棱纹等，但与东周秦墓出土的陶豆相似。因此，1组合所属墓葬时代接近秦占相关地区之前的战国晚期楚墓，但时代要晚一些。

结合上文所述内容，1组合所属墓葬的年代当在秦占领该地区之后，但与占领时间相差不远。据史料记载，公元前312年，秦楚丹阳会战，秦占今淅川一带。公元前304年，复归楚，秦昭王九年（公元前298年），再次归秦，其后一直延续至秦灭亡。从公元前312年至公元前304年，时间不足10年，秦文化的影响可能还未深入，公元前298年之后，秦文化开始扎根于此地，影响不断加强，墓葬中的楚文化因素逐渐削弱，秦文化的特点开始越来越多地展现出来。而将1组合中鼎、壶、盒的形制与襄阳老河口九里山东周秦墓中时代较早M48、M146出土的同类器物对比，其时代又明显要早。襄阳老河口九里山M48、M146的时代在秦昭王二十八年（公元前279年）攻楚，拔鄢、邓之后[④]。因此初步推测1组合所属墓葬的年代在公元前298年之后，但时代相差不会太远，下限可能在公元前279年前后。

组合2内陶鼎的足渐矮粗，已基本摆脱楚墓的影响，但盖与器身还有对前代的继承，如盖上部较宽平等。陶盒形体稍扁鼓，捉手的圈足变矮，微外斜，但圈足稍高，与1组内的陶盒比较接近。陶壶多残，壶身较对称，与颈部折痕不明显，形制亦与1组内的同类器物相似。豆柄稍细高，但整体与1组内的陶豆差别不大。以上说明，出土组合2的相关墓葬晚于出土1组合的相关墓葬，但在时代上具有延续性。伴出器物方面，两墓均新增了2件双系陶罐，但无其他器物类别。襄阳老河口九里山东周秦墓中，M8、M145、M151亦均有陶罐陪葬，时代较之无陶罐陪葬的东周秦墓M48、M146要晚[⑤]，因此新四队墓葬群中出土组合2的墓葬的时代可能与上述九里山M8、M145、M151相当或接近。从陶罐的形制看，Ac型Ⅰ式中的标本M13∶3与襄阳老

---

① 湖南省博物馆、湖南省文物考古研究所、长沙市博物馆、长沙市文物考古研究所：《长沙楚墓》，文物出版社，2000年，第100页。

② 湖北省文物考古研究所、天门市博物馆编著：《天门彭家山楚墓》，科学出版社，2012年，第133-134页。

③ 河南省文物局编著：《淅川东沟长岭楚汉墓》，科学出版社，2011年，第179页。

④ 襄樊市文物考古研究所、武安铁路复线九里山考古队编著：《老河口九里山秦汉墓》，文物出版社，2009年，第107页。

⑤ 襄樊市文物考古研究所、武安铁路复线九里山考古队编著：《老河口九里山秦汉墓》，文物出版社，2009年。

河口九里山东周秦墓M151出土的两件陶罐的颈部、系及纹饰等较为相似，Ad型Ⅰ式中的标本M9：11与襄阳老河口九里山东周秦墓M145：1的口沿、颈部、系及纹饰等较为相似[①]。初步判断，组合2所属墓葬的时代大致与襄阳老河口九里山东周秦墓的时代相当，大致在秦占今淅川一段时间之后至秦统一之前。

2. B组

组合内容为鼎、盒、壶，未见伴出钱币。包含有组合3、4，两组合的相关器物虽存在着相应的发展和演变，如鼎盖趋浅，顶部变窄，蹄足趋于粗壮，渐外撇；盒的捉手趋矮，腹壁也有所变化；壶由有盖到无盖，圈足的倾斜方式与程度也有所差别。但同类器物的整体较为接近和相似，如鼎，形体略扁鼓，附耳与器身之间有曲折间隔；盒，形体圆鼓，盖、身均较深，捉手略矮；壶，口沿宽平，短弧颈，溜肩，与颈部结合处无折痕，腹部饰铺首衔环，有圈足，与腹部之间有弧形过渡，器表有彩绘纹饰等。

组合3中陶鼎盖顶部稍宽平，足细直，足根稍外凸，还保留有战国晚期楚鼎的一些特点。组合4中的陶鼎顶部略窄，足粗壮，外侈，足根微外凸，具有更为明显的秦代墓陪葬陶鼎的特点，其与任家咀秦墓[②]中的陶鼎有相似之处，更与西安南郊秦统一之后墓葬[③]陪葬陶鼎相似。参照该地区附近秦墓，又与南阳丰泰墓地战国晚期后段秦墓出土陶鼎（M210：2等）相似。盒身均无圈足或假圈足，器身圆鼓，盖、身均较深，外壁饰有多道弦纹并有彩绘纹饰。组合3的陶盒捉手圈足稍高，盖顶微外凸，是前代延续发展的体现。组合4的陶盒捉手较矮，盖顶外凸明显，与南阳丰泰墓地战国晚期后段秦墓出土陶盒（M176：3等）[④]相似，也与西安南郊秦统一之后墓葬陪葬的部分陶盒形制接近。陶壶口外敞，沿宽平，溜肩，与颈部无折痕，鼓腹，有铺兽衔环装饰，圈足与腹部之间有弧形过渡，与南阳丰泰墓地、南阳一中秦汉墓地出土的秦至西汉早期的部分陶壶相似。

伴出器物方面，组合3、组合4基本都有陶釜甑、瓶[⑤]及双系罐等，组合4还有釜及钵等。组合3、4伴出的成套釜甑，与襄阳老河口九里山秦汉墓出土的同类器物相比，形制还处于初期状态。组合4伴出的有领扁鼓腹，饰有绳纹等的陶釜，在秦代墓葬中较为常见，其形制也与襄阳

---

① 襄樊市文物考古研究所、武安铁路复线九里山考古队编著：《老河口九里山秦汉墓》，文物出版社，2009年，第30、59-60页。

② 咸阳市文物考古研究所编著：《任家咀秦墓》，科学出版社，2005年。

③ 西安市文物保护考古所编著：《西安南郊秦墓》，陕西人民出版社，2004年。

④ 河南省南阳市文物考古研究所、武汉大学历史学院考古系编著：《南阳丰泰墓地》，科学出版社，2011年，第74页。

⑤ 该类器物形体较小，形体近瓶似壶，一些报告称之为陶瓶或陶汲水瓶，见襄樊市文物考古研究所、武安铁路复线九里山考古队编著：《老河口九里山秦汉墓》，文物出版社，2009年，第443页。一些发掘报告中称之为"陶模型壶"，见河南省南阳市文物考古研究所、武汉大学历史学院考古系编著：《南阳丰泰墓地》，科学出版社，2011年，第102页。

老河口九里山秦代墓M142∶2、M75∶1等①较为相似。瓶与南阳丰泰墓地西汉早期墓葬出土的同类器物相比，也略显原始，壶的形态并不明显。双系罐形制也渐趋多样，组合3伴出的Ad型Ⅱ式陶罐与襄阳老河口九里山秦代墓M70∶1②极为相似，组合4伴出的Ac型Ⅱ式陶罐与南阳丰泰墓地战国晚期秦墓如M209③等出土的陶罐较为相似，亦与襄阳老河口九里山秦代墓出土的陶罐有诸多相似之处。

大致看来，B组合中的组合3时代稍早，大致在秦统一前后或稍晚，组合4的时代则基本为秦统一之后至西汉建立。

3. C组

组合内容为鼎、盒、钫，未见伴出钱币。主要为组合5，涉及墓葬两座。陶钫为新出现的器物种类，未见壶，期间可能存在相应的替代关系。就陶钫而言，虽存在相应的发展演变，但特点不突出，这说明C组组合或组合5的时代较为集中。

组合5中的陶鼎整体稍鼓。盖顶中心近平。附耳与器身之间有曲折，略窄。耳略高，微斜外倾，弧度较小。腹上部略直，下部弧内收。蹄形足略矮短，断面呈半圆形。整体形制与南阳丰泰墓地西汉早期前端的M88、M207等出土陶鼎④极为相似。盒形体略矮扁。盖部捉手及器底均为稍矮的假圈足，盒身上部略直，下部弧内收。该类陶盒在淅川及周边地区东周秦汉墓中较为少见，但其整体形制与南阳牛王庙西汉初期墓葬如M69、M76等⑤出土的有较矮圈足形捉手、器身无假圈足的陶盒形制较为相似。钫有2宽2窄对称面，盘状口，长颈，鼓腹，高圈足，平底。覆斗形盖，有企口，顶部尖，盖上有凹槽以插相关装饰。类似的钫盖在淅川及周边地区东周秦汉墓中较为少见，器身形制则大致与这些地区西汉早期墓葬出土陶钫相似，如襄阳老河口九里山M124∶1⑥，除盖部稍有不同外，器身形制较为接近。丹江口市金陂墓群中西汉早期墓葬出土的陶钫中，M1甲∶5⑦与C组合中的钫形制也较为接近，唯盖顶稍平，腹部有两铺首衔环。另外，钫盖上的凹槽也说明其时代稍早。伴出器物中，双系陶罐多见，其中M8∶5与西汉早期前段的南阳丰泰墓地M36⑧、襄阳老河口九里山M139⑨等出土的陶罐较为相似。

初步推断，C组或组合5的时代在西汉早期前段或稍晚，大致为高祖至文帝时期。

---

① 襄樊市文物考古研究所、武安铁路复线九里山考古队编著：《老河口九里山秦汉墓》，文物出版社，2009年，第90页。
② 襄樊市文物考古研究所、武安铁路复线九里山考古队编著：《老河口九里山秦汉墓》，文物出版社，2009年，第56页。
③ 河南省南阳市文物考古研究所、武汉大学历史学院考古系编著：《南阳丰泰墓地》，科学出版社，2011年，第104页。
④ 河南省南阳市文物考古研究所、武汉大学历史学院考古系编著：《南阳丰泰墓地》，科学出版社，2011年，第74页。
⑤ 南阳市文物考古研究所：《南阳牛王庙汉墓考古发掘报告》，文物出版社，2011年，第148、159页。
⑥ 襄樊市文物考古研究所、武安铁路复线九里山考古队编著：《老河口九里山秦汉墓》，文物出版社，2009年，第304页。
⑦ 荆州市博物馆、湖北省文物局南水北调办公室：《湖北丹江口市金陂墓群的发掘》，《考古》2008年第4期。
⑧ 河南省南阳市文物考古研究所、武汉大学历史学院考古系编著：《南阳丰泰墓地》，科学出版社，2011年，第105页。
⑨ 襄樊市文物考古研究所、武安铁路复线九里山考古队编著：《老河口九里山秦汉墓》，文物出版社，2009年，第324、326页。

4. D组

组合内容为鼎、壶，未见伴出的钱币，主要为组合6，较之B、C组合内容更为简化，盒消失，钫亦不见，涉及墓葬少，时代集中。

组合中，鼎的形体稍大，略圆鼓，盖稍深，顶近平，中部有3对称的桥形纽。附耳弧度大，与器身之间的曲折较短。蹄形足稍高且粗壮，斜向外撇。南阳丰泰墓地西汉早期偏晚阶段的M179出土的陶鼎（M179：4）与之较为相似，但无桥形纽[1]。襄阳老河口九里山汉墓中，西汉中期前段的M28、M57、M58、M125、M143等出土陶鼎[2]与D组陶鼎形制较为接近，且多有桥形纽。丹江口市金陂墓群中西汉早期墓葬出土的陶鼎（M54：5）[3]与D组合中的圜底鼎较为接近。壶为盘状口，外敞，盖稍深，有对称的"S"形纽，企口矮短，与口部相扣，束颈，较短。溜肩明显，与颈结合处无折痕。腹圆鼓，微垂，腹与圈足之间有弧形过渡。圈足矮，壁微弧外侈。襄阳老河口九里山汉墓中，西汉早期后段的M134：2、M123：1与中期前段的M28：4等[4]与之较为相似。伴出器物主要为陶釜甑，形制与周边地区墓葬西汉早期偏晚至中期偏早墓葬出土的同类器物相似。

由上推测，D组合的年代大致为西汉早期偏晚至中期偏早阶段，即文景与武帝时期。

5. E组

组合内容为鼎，未见伴出的钱币，主要为组合7、8，与D组相比，该组仅有鼎，不见壶。组合7、8各涉及墓葬一座，相对应的时代也较为集中。组合7为2件陶鼎，就组合而言，与D组有前后继承关系，而组合8为1件陶鼎，又与组合7之间存在承继和沿袭关系。

组合7中的陶鼎体大且圆鼓，浅盖顶近平。附耳紧贴器身，较矮短，弧度稍大，顶端平微外凸，腹深，蹄形足稍高，断面半圆形，较直。器物形制在一定程度上与D组合中的陶鼎接近，并有继承和发展的因素，因此在时代上与D组组合有连续性，相差不会太远。西汉中期前段的湖北襄阳老河口九里山M53出土的1件陶鼎[5]与之有所相似，但九里山M53：6的形体稍扁，两耳上部向外尖凸较多，鼎足稍矮，形制上介于D组与E组的组合7之间更为恰当，因此组

---

[1] 河南省南阳市文物考古研究所、武汉大学历史学院考古系编著：《南阳丰泰墓地》，科学出版社，2011年，第74页。
[2] 襄樊市文物考古研究所、武安铁路复线九里山考古队编著：《老河口九里山秦汉墓》，文物出版社，2009年，第137-138、198-199、200-201、305-306、329-331、页。
[3] 荆州市博物馆、湖北省文物局南水北调办公室：《湖北丹江口市金陂墓群的发掘》，《考古》2008年第4期。
[4] 襄樊市文物考古研究所、武安铁路复线九里山考古队编著：《老河口九里山秦汉墓》，文物出版社，2009年，第408-411页。
[5] 襄樊市文物考古研究所、武安铁路复线九里山考古队编著：《老河口九里山秦汉墓》，文物出版社，2009年，第192-193页。

合7的时代较之九里山M53要晚。丹江口市金陵墓群中西汉早期墓葬出土的陶鼎（M59：3）[①]与组合7中的圜底鼎较为接近，但组合7中的鼎腹鼓，盖无纽，体现出相对较晚的特征。伴出的器物有陶釜甑及罐等。釜甑的形制较之D组合伴出的釜甑有所简单和粗糙。罐中的标本M18：2与淅川刘家沟口西汉中期早段的M14：1[②]较为相似，但M18：2垂腹明显，时代也可能要晚，而该器与襄阳老河口九里山西汉中期后段的M159、M169等出土的陶罐（M159：2、M169：2）[③]也较为接近。推测组合7的年代大致在西汉中期后段，即昭帝时期。

组合8中的陶鼎形体略小，不甚规整，盖浅，顶略平，附耳窄矮，斜外倾，弧度小，与器身之间无曲折，腹中部圆鼓，有3矮锥状足，末端尖。该类陶鼎在周边地区汉墓中有所发现，如淅川东沟长岭M55：6[④]，襄阳老河口九里山M73：2、M93：6、M96：3等[⑤]，相关墓葬的年代均为西汉晚期，相关器物的具体形制稍有差别，但整体上较为接近，特别是形体不规整，三锥形足等。伴出器物中，双系罐与南阳一中西汉晚期的M35：1[⑥]相似，而模型明器与淅川东沟长岭、南阳丰泰与一中墓地、襄阳老河口九里山墓地等的西汉晚期墓葬出土的同类器物有诸多相似之处。初步推测，组合8的年代大致在西汉晚期，即汉元帝至王莽新朝时期。

从形制上看，其他墓葬出土的鼎足可与相应型式的鼎大体对应。其中M7：4与B型Ⅵ式鼎足相似，M10：5与B型Ⅲ式鼎足相似，M13：6与B型Ⅱ式鼎足相似（图一六九）。就出土相关器物墓葬的时代而言，M7的时代与B型Ⅵ式标本M8：2所属墓葬的时代接近，大致为西汉早期。M10的时代与B型Ⅲ式M16：17所属墓葬的时代相差不远，大致为秦统一之后至西汉早期。M13的时代与B型Ⅱ式M23：7所属墓葬时代距离较近，这在陶盒形制分析组合中也有反映，初步推测其时代大致在秦统一之前。

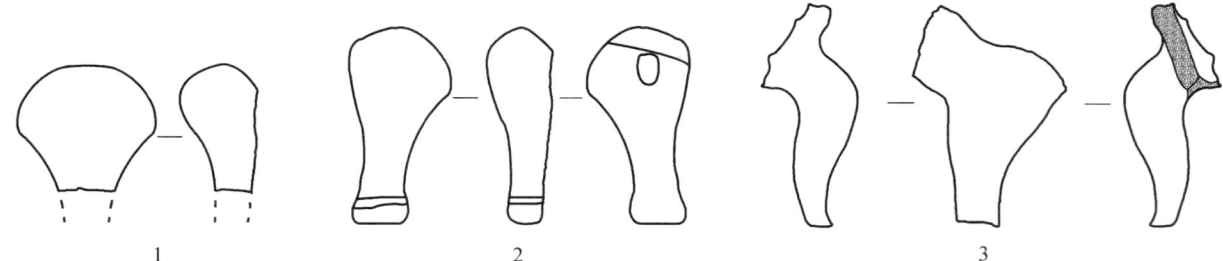

图一六九　东周秦汉墓出土陶鼎足
1. M13：6　2. M10：5　3. M7：4

---

① 荆州市博物馆、湖北省文物局南水北调办公室：《湖北丹江口市金陵墓群的发掘》，《考古》2008年第4期。
② 河南省文物局编著：《淅川刘家沟口墓地》，科学出版社，2011年，第85页。
③ 襄樊市文物考古研究所、武安铁路复线九里山考古队编著：《老河口九里山秦汉墓》，文物出版社，2009年，第425-426页。
④ 河南省文物局编著：《淅川东沟长岭楚汉墓》，科学出版社，2011年，第275页。
⑤ 襄樊市文物考古研究所、武安铁路复线九里山考古队编著：《老河口九里山秦汉墓》，文物出版社，2009年，第224、257、262页。
⑥ 南阳市文物考古研究所编著：《南阳一中战国秦汉墓》，文物出版社，2012年，第88页。

陶壶中也有部分残器，出土A型Ⅱ式壶的M3、M34、M43等，时代当在出土A型Ⅰ式壶与A型Ⅲ式壶的M24与M14之间，结合墓葬形制及伴出的其他器物，初步判断M3、M34、M43三墓的时代大致为西汉早期。出土B型Ⅱ式壶的墓葬有M23、M31、M33三座墓葬，三者的时代可能相差不远，M23的时代大致可定位秦统一前后，从形制分析来看，该式陶壶介于M24与M16出土陶壶之间，M16的时代为秦统一阶段，故推测M23、M31的时代大致为秦统一前后或稍晚。

陶钫数量少，所属墓葬集中。M10出土陶钫残余下腹部及圈足等，为Ⅰ式，较之Ⅱ式下腹部圆鼓，时代可能略早，根据上文分析，结合其他相关器物的特征，M10的时代可能为西汉早期偏早阶段。

二、模型明器

淅川新四队东周秦汉墓葬中，出土模型明器的墓葬不多，主要包括M11与M44两座。模型明器的组合较为明确，基本为仓、灶、井、磨的组合形式，具体组合内容的数量不等。加之个别墓葬遭盗扰，一些组合内容有所欠缺，如M44，仓、灶、井均有存留，但未见磨。大致看来，仓、灶、井的数量相对较多，磨的数量少，其中M11出土陶仓10件、陶磨仅1件。

组合内器物的形制在一些方面存在着前后关系和发展演变，其中B型仓从无盖到有盖，仓体由圆鼓变得细高等；A型灶（二火眼灶）的平面形状有所变化，火眼、出烟孔渐趋不规整；A型井的腹壁由近直到弧曲明显等。

对比来看，仓、灶、井与周边地区的淅川东沟长岭刘家沟口墓群、南阳丰泰与一中墓地、襄阳老河口九里山墓地等的西汉晚期墓葬出土的同类器物有诸多相似之处，如淅川东沟长岭M8出土的陶仓与新四队B型Ⅰ式仓相似，M55出土的陶仓与B型Ⅱ式仓相近①。M11出土的陶磨为高圈足盘形磨，这在周边地区较为少见，但周边地区的西汉晚期墓葬中无圈足的盘形磨较为常见，形制也较为接近，南阳丰泰墓地西汉晚期后段的M65、M330等出土的带足盘形陶磨②亦是如此。与新四队墓地距离较近的淅川仓房鳖盖山西汉晚期墓葬中，时代略晚的M9出土陶仓与新四队M11出土的部分陶仓接近，时代稍早的M16出土的仓、灶、井、瓶等均与M44出土的同类器物较为相似③。

由上来看，淅川新四队东周秦汉墓中出土模型明器的墓葬时代大致在西汉晚期，即汉元帝至王莽新朝时期。其中，M44的时代略早，M11的时代则略晚。

---

① 河南省文物局编著：《淅川东沟长岭楚汉墓》，科学出版社，2011年，第292-295页。
② 南阳市文物考古研究所编著：《南阳一中战国秦汉墓》，文物出版社，2012年，第148-150页。
③ 无锡市考古所、河南省文物考古研究所、河南省文物局南水北调文物保护办公室：《丹江口库区鳖盖山墓群发掘简报》，《中原文物》2009年第6期。

三、日 用 陶 器

新四队东周秦汉墓葬群出土的日用陶器种类较多，主要包括罐、釜甑、釜、甑、匜、盘、盆、杯、瓶、钵等。其中罐的比例最大，种类多，其他器物的数量少，品种单一，部分器物仅在个别墓葬中有所发现，部分器物虽出土于不同墓葬中，数量也是很少。

（一）日用品的组合及相关内容分析

根据功用可将上述器物分为三类。

1. 水器

主要包括匜、盘、盆、杯、瓶等。

2. 盛储器

主要包括钵、罐等。

3. 蒸煮器

主要包括釜甑及单体的釜或甑。

从新四队东周秦汉墓葬群的出土情况看，日用陶器大致可分为六个大的组合。

A组合，为1类+2类，1类中以盘、盆为主，2类中以罐为主，如M11。部分墓葬1类中仅有盆，如M4，但该墓被盗严重，有无其他器物还不可知。

B组合，为1类+3类，3类中为釜甑1套[①]，部分墓葬的1类器物多数具备，但数量不等，如M24。

C组合，为2类+3类，2类中，钵或有或无，罐为主体。其中M17、M18等为1套釜甑及数量不等的罐，M38为罐、钵及1套釜甑的组合。

D组合，为1类+2类+3类，1类中或为瓶，或为盘、盆，2类中以罐为主，部分钵、罐共有，3类中或釜甑1套，或在此基础上增加1釜，或仅有1甑。其中M23出土有1套釜甑及罐、瓶等，M16出土有1套釜甑、1釜及罐、钵、瓶等，M44出土有1甑及罐、盆、盘。

---

① 有报告称之为甗，见荆门市博物馆编著：《荆门子陵岗》，文物出版社，2008年，第142-143页。但多数报告称之为釜甑，见河南省文物局编著：《淅川刘家沟口墓地》，科学出版社，2011年，第146页等，本文基本沿用此说法。

E组合，2类器物，或仅有罐，如M8、M13等，或罐、钵均有，如M37等。

F组合，3类器物，仅有1套釜甑，如M14等。

根据发掘情况分析，A、B、F组合的墓葬数量均不多，C、D组合有一定数量，但受到1、3类器物的发展，并未有贯穿整个墓群的发展，E组合的数量较多，若考虑到有一定数量的墓葬遭到严重盗扰，有无其他器物还不可知，该组合还可能为其他组合。结合未遭盗扰或盗扰不甚严重的墓葬综合分析，C、D、E组合应是新四队东周秦汉墓葬群的生活用品组合的主要组成部分。大致来看，因时代的差异、墓主身份的不同，日常用品的组合及组合内容的数量体现出相应的发展和差别，这在一定程度上体现出墓葬的时代性和等级性。

结合前文关于仿铜陶礼器、模型明器的分析，根据上文日用陶器的分组，B组日用陶器中无陶罐，有1套釜甑，1类器物的种类较多，所搭配的仿铜陶礼器时代较早，故B组日用陶器组合的时代较早。其他各组中除F组外均有陶罐，釜甑也较常见。相应的时代较之B组要晚。这些组合在发展中又体现出不同的组合内容和组合方式，D组合包含1、2、3类器物，但1类器物的种类减少，C组为2、3类器物，1类器物不见，E组则是1、3类器物均不见，这些组合在时代上有相应交叉或重合，体现出陪葬品发展过程中的多样性，同时也是墓主等级差别的相应体现。不过，就D组合来讲，釜甑1套较为完备的墓葬时代明显要早，釜甑不完全的时代要晚，这和釜甑的发展也有着密切的关系。A组合中的器类包括罐及盘、盆，不见釜甑，说明至少成套的釜甑已开始从日用陶器组合中退出或逐渐不见。这也说明其时代在总体上晚于上述C、D、E组合，部分有重复。F组合较为特殊，可视为发展中的特例，其时代与C、D、E三组有所交叉。

（二）日用陶器的年代推断

新四队东周秦汉墓出土的日用陶器种类很多，涉及水器、盛储器与蒸煮器等，并组成不同的组合。日用陶器组合有着相应的时代特征，如B组合的时代特征即较为明显，但就其他组合的内容而言，时代上有交叉和重合，需根据具体的器物进行分析和推断。

1. 水器

①匜

B组合的内容之一，仅M24出土1件。形体似盘，平面呈橄榄形，敞口，一侧有流，弧腹，平底。类似器形在湖北当阳岱家山东周晚期楚墓[1]及南阳丰泰战国晚期的M348[2]等中有所发现，比较而言，M24∶21略显粗糙。以上说明M24出土陶匜还有楚墓同类器物的风格，但已趋于衰落，这也证明M24的时代当在秦占楚地之后不久。

---

[1] 湖北省宜昌博物馆：《当阳岱家山楚汉墓》，科学出版社，2006年，第168-170页。
[2] 河南省南阳市文物考古研究所、武汉大学历史学院考古系编著：《南阳丰泰墓地》，科学出版社，2011年，第131页。

②盘

出现在A、D组合中，数量不多。敞口，宽沿，弧腹，平底。整体形制差别不大，说明时代相对较为集中。所属墓葬均有模型明器出土，其中一座墓葬出土有"宣帝五铢"，说明其时代应在西汉晚期。另外，Ⅱ式盘的口沿宽，斜向上侈，末端微卷，体现出较为明显的晚期的特征。

③盆

出现于A、B、D三组合中，数量稍多，大致可分为深腹、略浅腹、较浅腹三型。

A型Ⅰ式形体略大，腹深，类似的器形在周边地区战国晚期楚墓中有所发现，但稍有差别，与西安南郊秦墓出土的陶盆进行对比，茅坡光华胶鞋厂战国晚期的M62∶3、战国末至秦代的M42∶8等①与之更为相似。丹江口市金陵秦墓出土器物中，M53∶2②与Ⅰ式也较接近。Ⅱ式的口沿宽，斜向上侈，末端微卷，具有晚期的特征。参照伴出的仿铜陶礼器及模型明器等来看，Ⅰ式时代早，在秦占楚地之后不久，Ⅱ式时代晚，属西汉晚期。B型陶盆为敞口，宽平沿，腹略浅，壁较厚，虽分为2式，但较为接近，说明所属墓葬的时代较为接近。南阳牛王庙西汉晚期墓葬出土器物中，M55∶2、M55∶3及M71∶1等与B型陶盆较为相似。C型陶盆中，Ⅰ式带有假圈足，在战国晚期的楚墓及秦墓中极为少见，但有一些无假圈足或圈足的平底盆与之相似，期间可能有相应的发展或反映出相应的时代特征。Ⅱ式盆与南阳丰泰墓地西汉末年的M293出土陶盆相似③，但腹稍深，器形也稍显规整，时代可能会稍早一些，大致为西汉晚期。

④杯

仅出现于B组合中，敞口，圆唇。腹较深，平底，较厚。与周边地区如湖北襄阳老河口九里山、南阳丰泰东周秦墓出土的陶杯相比，杯身与底相连，杯座还不甚明显，说明其时代可能略早。就其形制而言，与安徽潜山林新战国晚期的M76④出土陶杯十分相似，而该墓的时代早于战国末期。

⑤瓶

主要出现于D类组合中。鼓腹，平底，部分可能为陶井的配套器物。

Ⅰ式、Ⅱ式形制相近，时代相对较为集中。器物似壶，但形体不甚规整，类似的器物在周边地区秦汉墓葬中常有发现。南阳丰泰墓地M114∶4⑤等与Ⅰ式、Ⅱ式形制接近，墓葬时代为西汉早期前段。对比来看，新四队东周秦汉墓出土的Ⅰ、Ⅱ式陶瓶形制原始，南阳丰泰墓地M114∶4则相对规整，而从该墓地出土陶瓶的发展演变来看，越发展越接近于壶的形制。由此推断，新四队东周秦汉墓出土Ⅰ、Ⅱ式陶瓶的时代可能稍早，大致可至战国末—秦代。Ⅲ式陶瓶与Ⅰ、Ⅱ式差别较大，而其很可能为陶井内的汲水瓶，即与陶井为配套器物，类似的器物在

---

① 西安市文物保护考古所编著：《西安南郊秦墓》，陕西人民出版社，2004年，第125、122页。
② 荆州市博物馆、湖北省文物局南水北调办公室：《湖北丹江口市金陵墓群的发掘》，《考古》2008年第4期。
③ 河南省南阳市文物考古研究所、武汉大学历史学院考古系编著：《南阳丰泰墓地》，科学出版社，2011年，第130页。
④ 安徽省文物考古研究所编著：《潜山新林战国秦汉墓》，文物出版社，2013年，第67页。
⑤ 河南省南阳市文物考古研究所、武汉大学历史学院考古系编著：《南阳丰泰墓地》，科学出版社，2011年，第101-102页。

淅川及周边地区西汉晚期墓葬中较为常见。

2. 盛储器

主要包括钵、罐两类，钵的数量相对少，罐的数量多且形制多样。

①钵

C、D、E三类组合中均有，但数量不多。Ⅰ式钵较浅，斜弧腹，近底部弧内收，类似的器物在淅川及周边地区的秦墓中有所发现，但Ⅰ式钵口沿平，较为少见。Ⅱ式钵敛口，圆唇，腹较深，壁弧，在周边地区秦代至西汉初的墓葬中亦有所发现。由上初步推测，Ⅰ式钵的年代大致在秦统一前后至秦代，而Ⅱ式钵的年代可能会晚至西汉早期偏早。Ⅲ式、Ⅳ式钵所属墓葬为并列二墓，可能为夫妻合葬墓，时代当相差不远。对比来看，南阳牛王庙M24：1[①]的时代为西汉早期，形制与Ⅲ式钵相近，但Ⅲ式钵的腹较深，体现出时代相对稍晚的特征，推测Ⅲ式钵的时代可能在西汉早期偏晚阶段。Ⅳ式钵与襄阳老河口九里山西汉早期的M56：3[②]接近，亦有稍晚的特征，如底平无内凹等，其时代也可能在西汉早期偏晚阶段。

②罐

数量最多，形制与种类也较复杂。根据前文的类型分析可分为四型。A型罐的颈或领较高，腹上部或肩部有两对称的弧形系，系略大，内侧腹壁内凹，腹部均有纹饰，可称为高颈或高领双系罐。B型罐的领较高，口大，腹上部或肩部有两对称的弧形系，系较小，呈纽状外凸，无内凹，腹下部饰有纹饰，可称为高领广口双系罐。C型罐的形体较小，矮直领，小口，腹上部有两对称的弧形系，形制接近B型罐的双系，较小，腹部无纹饰，可称为矮领小口双系罐。就上述三型陶罐的双系来讲，A型陶罐的双系呈弧形，较大，内侧腹壁内凹，B、C型陶罐的系外凸明显，较小，中有圆形孔，腹壁不内凹，相关简报或报告中称上述器系为耳，有的称A型陶罐器系为桥形耳，有的称B、C型陶罐的系为耳或环形耳等[③]。本文基本使用器系的说法，特作说明。D型陶罐无器系，矮领，弧腹，平底，个别腹部有纹饰，多无。部分器物形体稍大，在一些简报或报告中称之瓮，但考虑到器物形体均不是太大，且形制与罐有诸多相似之处，本书称D型罐为矮领瓮形罐。根据肩部的不同，D型罐又可分为矮领溜肩瓮形罐、矮领鼓肩瓮形罐和矮领折肩瓮形罐三种。

A型，高颈或高领双系罐。基本为敞口，颈、领多为弧形，多与肩部的折痕明显，鼓腹，平底多内凹，腹的上部有两对称的弧形系，有内凹的孔，腹外壁饰有拍印或模印的纹饰。分为四亚型。

---

① 南阳市文物考古研究所：《南阳牛王庙汉墓考古发掘报告》，文物出版社，2011年，第56页。
② 襄樊市文物考古研究所、武安铁路复线九里山考古队编著：《老河口九里山秦汉墓》，文物出版社，2009年，第420-421页。
③ 有报告称之为桥形耳，见河南省文物局编著：《淅川东沟长岭楚汉墓》，科学出版社，2011年，第292页；《淅川刘家沟口墓地》，科学出版社，2011年，第96页等。

Aa型，短沿外卷，颈略弧，近斜直。分为三式。Ⅰ式形制与湖北襄阳老河口九里山西汉早期的M122出土的同类罐（M122：1）[①]相似。丹江口市金陂墓群中的秦代M52出土的同类陶罐（M52：1）[②]也与之相近，但Ⅰ式罐的腹部较鼓，下部略弧，时代可能稍晚。推测Ⅰ式罐的时代大致在西汉早期偏早阶段。标本M35：1，余部分残片，从口、颈、腹等的形制观察，与标本M45：3接近，时代当相差不远。Ⅱ式形制与淅川刘家沟口西汉中期偏早阶段的M14、M72等出土的同类陶罐（M14：1、M72：7）[③]及襄阳老河口九里山西汉中期偏早阶段M154出土的同类器物（M154：1）[④]相近，推测Ⅱ式罐的时代为西汉中期偏早阶段。M2、M30出土的该类器物虽均为残片，但考察其形制，时代亦大致属于这一阶段。Ⅲ式的形制与西汉晚期的南阳一中M12：1[⑤]、淅川东沟长岭M15：1[⑥]、淅川仓房鳖盖山M16：8[⑦]等较为相似，故推断该式的时代为西汉晚期。

Ab型，宽沿。颈略弧，近斜直。分三式。Ⅰ式形制与丹江口市金陂墓群中的秦代M45出土的双系陶罐（M53：1）[⑧]相近，但Ⅰ式的腹部呈"凸"字形更为明显，腹下部圆鼓，体现出相应的发展，推测其时代大致在西汉早期偏早阶段。Ⅱ式腹部较圆鼓，南阳丰泰墓地西汉早期偏早阶段的M61：1[⑨]与之相近，但Ⅱ式腹部略扁，时代可能稍晚，推断其时代可能为西汉早期偏晚阶段。Ⅲ式腹部较高，双系不规整，底内凹稍深。西汉晚期的淅川东沟长岭M55及襄阳老河口九里山M171等均出土有相近的器物[⑩]，判断Ⅲ式的时代大致为西汉晚期。

Ac型，敞口。高领外侈，均弧内凹。数量稍多，分四式。Ⅰ式的口外敞，颈部有多道弦纹，双系位置靠上，这与公元前280年秦楚之战楚割汉北及上庸之地后不久的丹江口市莲花池秦墓出土的部分陶罐有相似之处，如M1：3等[⑪]，但Ⅰ式的腹部较圆鼓，与多数这一时期腹部瘦高的双系陶罐有所不同，体现出相对稍晚的特征，初步推测其时代在秦统一之前，但应在秦占丹阳及相关地区之后一段时间。Ⅱ式中，标本M16：4与丹江口莲花池秦代M54：2接近，但

---

① 襄樊市文物考古研究所、武安铁路复线九里山考古队编著：《老河口九里山秦汉墓》，文物出版社，2009年，第301页。
② 荆州市博物馆、湖北省文物局南水北调办公室：《湖北丹江口市金陂墓群的发掘》，《考古》2008年第4期。
③ 河南省文物局编著：《淅川刘家沟口墓地》，科学出版社，2011年，第83-85、126-127页。
④ 襄樊市文物考古研究所、武安铁路复线九里山考古队编著：《老河口九里山秦汉墓》，文物出版社，2009年，第145页。
⑤ 南阳市文物考古研究所编著：《南阳一中战国秦汉墓》，文物出版社，2012年，第89-90页。
⑥ 河南省文物局编著：《淅川东沟长岭楚汉墓》，科学出版社，2011年，第292-293页。
⑦ 无锡市考古所、河南省文物考古研究所、河南省文物局南水北调文物保护办公室：《丹江口库区鳖盖山墓群发掘简报》，《中原文物》2009年第6期。
⑧ 荆州市博物馆、湖北省文物局南水北调办公室：《湖北丹江口市金陂墓群的发掘》，《考古》2008年第4期。
⑨ 河南省南阳市文物考古研究所、武汉大学历史学院考古系编著：《南阳丰泰墓地》，科学出版社，2011年，第103-105页。
⑩ 河南省文物局编著：《淅川东沟长岭楚汉墓》，科学出版社，2011年，第292-293页；襄樊市文物考古研究所、武安铁路复线九里山考古队编著：《老河口九里山秦汉墓》，文物出版社，2009年，第334-337页。
⑪ 北京市文物研究所、湖北省文物局南水北调办公室：《湖北丹江口市莲花池墓地战国秦汉墓》，《考古》2011年第4期。

腹略扁鼓，时代当相差不远，标本M16∶6与淅川刘家沟口秦代M48∶1①、襄阳九里山老河口秦代M13∶1②、丹江口市金陂秦代M51∶2③等较为相似，唯个别细处略有差别。标本M16∶7与老河口九里山秦统一之后的M49∶6④较为相似。综合来看，M16的时代大致为秦统一之后。标本M7∶3虽与上述器物列为一式，但在具体形制上又有所差别，其时代可能稍晚，可能为西汉早期偏早阶段。Ⅲ式的腹部稍鼓，周边地区相关墓葬出土相近或相似的器物很多，如西汉早期偏早阶段的南阳牛王庙M54∶2⑤、南阳一中133∶3⑥及襄阳老河口九里山M31∶1、M59∶2、M39∶5⑦等，由此推断该式器物的时代大致为西汉早期偏早阶段。Ⅳ式罐与老河口九里山西汉早期偏晚阶段的M32出土陶罐（M32∶3）⑧较为相似，推测其时代为西汉早期偏晚阶段。

Ad型，敞口，短沿外卷，颈部弧曲，个别稍直。数量多，分七式。Ⅰ式口部外侈明显，颈部有多道弦纹，对比周边地区相关墓葬出土双系陶罐，具有这两种特征者时代一般相对略早，大致在秦统一之前，如襄阳王坡战国至秦代墓、老河口秦墓等出土的同类器物。Ⅰ式中，标本M9∶11、M9∶12的腹部亦较鼓，与南阳丰泰墓地战国晚期后段或稍早阶段的M175、M369出土的双系陶罐接近，但与丰泰墓地战国晚期后段的M76∶2及M209∶1等⑨更为相似。由上推测，M9的时代大约在秦统一之前。标本M32∶1颈部较直，口沿微外卷，体现出相对要晚的特征，推测其时代可能晚至西汉早期偏晚阶段。Ⅱ式口部外侈不如Ⅰ式，颈部无弦纹，腹部略扁，具体器物形制又略有差别。标本M23∶2与南阳丰泰战国晚期至秦统一阶段的M76∶2、M209∶1⑩及襄阳老河口九里山秦统一之前的M151∶2⑪等相似，与淅川刘家沟口秦代M70∶2⑫更为接近。初步推测，标本M23∶2的时代大致在秦统一前后。标本M17∶5与刘家沟口秦代M3∶1⑬及老河口九里山秦代M70∶1、M70∶2、M75∶2⑭等较为接近，推测其时代大致为秦代。标本M45∶8、M33∶2、M43∶1等中，M33∶2、M43∶1仅余口部残片，与M45∶8接

---

① 河南省文物局编著：《淅川刘家沟口墓地》，科学出版社，2011年，第107-108页。
② 襄樊市文物考古研究所、武安铁路复线九里山考古队编著：《老河口九里山秦汉墓》，文物出版社，2009年，第22-23页。
③ 荆州市博物馆、湖北省文物局南水北调办公室：《湖北丹江口市金陂墓群的发掘》，《考古》2008年第4期。
④ 襄樊市文物考古研究所、武安铁路复线九里山考古队编著：《老河口九里山秦汉墓》，文物出版社，2009年，第50页。
⑤ 南阳市文物考古研究所：《南阳牛王庙汉墓考古发掘报告》，文物出版社，2011年，第114-115页。
⑥ 南阳市文物考古研究所编著：《南阳一中战国秦汉墓》，文物出版社，2012年，第86-88页。
⑦ 襄樊市文物考古研究所、武安铁路复线九里山考古队编著：《老河口九里山秦汉墓》，文物出版社，2009年，第156-157、202、324-326页。
⑧ 襄樊市文物考古研究所、武安铁路复线九里山考古队编著：《老河口九里山秦汉墓》，文物出版社，2009年，第157-158页。
⑨ 河南省南阳市文物考古研究所、武汉大学历史学院考古系编：《南阳丰泰墓地》，科学出版社，2011年，第103-104页。
⑩ 河南省南阳市文物考古研究所、武汉大学历史学院考古系编：《南阳丰泰墓地》，科学出版社，2011年，第103-104页。
⑪ 襄樊市文物考古研究所、武安铁路复线九里山考古队编著：《老河口九里山秦汉墓》，文物出版社，2009年，第30页。
⑫ 河南省文物局编著：《淅川刘家沟口墓地》，科学出版社，2011年，第125页。
⑬ 河南省文物局编著：《淅川刘家沟口墓地》，科学出版社，2011年，第79页。
⑭ 襄樊市文物考古研究所、武安铁路复线九里山考古队编著：《老河口九里山秦汉墓》，文物出版社，2009年，第56-58页。

近，就标本M45：8来看，与老河口西汉早期偏早阶段的M126：3①、南阳丰泰西汉早期偏早阶段的M36：1②等较为相似，推测时代大致在西汉早期阶段。由上来看，该式罐的时代跨度长上限可至秦统一前后，下限至西汉早期偏早阶段。Ⅲ式、Ⅳ式的口沿外卷，口外侈不如Ⅱ式，腹部鼓，Ⅲ式与南阳丰泰墓地西汉早期偏晚阶段的M37：1及一中墓地武帝前期的M436：2、牛王庙墓地武帝前期的M122：2③等较为接近，Ⅳ式与老河口西汉早期偏晚阶段的M164：1、牛王庙墓地武帝前期的M8：2④等相近。据此推断，Ⅲ式、Ⅳ式的时代为西汉早期偏晚阶段。Ⅴ式口沿末端外卷较甚，标本M18：6沿部弧卷，扁垂腹，宽底，形制与丹江口市莲花池西汉早期的M9：6⑤相近，但M18：6垂腹较甚，底较宽，体现出时代相对晚的特征，初步判断其时代为西汉中期偏早阶段。标本M7：2仅余口部，与标本M18：6的口部有所不同，结合前文关于鼎足、Ac型Ⅱ式罐等的论述，判断M7：2的时代大致为西汉早期偏早阶段。Ⅵ式口沿略外伸，颈短，直或斜直，标本M4：3残存部分口及颈部，标本M44：2，腹较深，系呈椭圆形，相近或相似形制的器物在周边地区西汉晚期的汉墓中多有出土，如南阳一中M35：1（西汉晚期前段）、牛王庙M118：3、丰泰墓地M9：1（西汉晚期前段）及淅川刘家沟口M44：2、老河口九里山M60：1等⑥，因此该式双系陶罐的时代应为西汉晚期。Ⅶ式较之Ⅵ式腹部圆鼓，肩部略鼓，双系亦不规整，类似形制的器物如南阳丰泰西汉晚期偏晚阶段的M118：5及襄阳老河口九里山西汉晚期的M106：1等⑦，推断Ⅶ式的时代亦为西汉晚期且时代较Ⅵ式晚，大致为西汉晚期偏晚阶段。

B型，高领广口双系罐。该类器形相比较于A、C、D型有着其特殊性，较多简报或报告称之陶鍪，该类器物具有较强的秦文化特征，并延续至西汉时期，但趋于衰落，逐渐失去原来的特征。数量稍多，可分为四式。Ⅰ式形制与湖北襄阳王坡M4、M28、M119出土的陶鍪较为

---

① 襄樊市文物考古研究所、武安铁路复线九里山考古队编著：《老河口九里山秦汉墓》，文物出版社，2009年，第307-308页。

② 河南省南阳市文物考古研究所、武汉大学历史学院考古系编著：《南阳丰泰墓地》，科学出版社，2011年，第103-105页。

③ 河南省南阳市文物考古研究所、武汉大学历史学院考古系编著：《南阳丰泰墓地》，科学出版社，2011年，第104-105页；南阳市文物考古研究所编著：《南阳一中战国秦汉墓》，文物出版社，2012年，第86-88页；南阳市文物考古研究所：《南阳牛王庙汉墓考古发掘报告》，文物出版社，2011年，第229页。

④ 南阳市文物考古研究所：《南阳牛王庙汉墓考古发掘报告》，文物出版社，2011年，第26-27页；襄樊市文物考古研究所、武安铁路复线九里山考古队编著：《老河口九里山秦汉墓》，文物出版社，2009年，第152-153页。

⑤ 北京市文物研究所、湖北省文物局南水北调办公室：《湖北丹江口市莲花池墓地战国秦汉墓》，《考古》2011年第4期。

⑥ 南阳市文物考古研究所编著：《南阳一中战国秦汉墓》，文物出版社，2012年，第87-88页；南阳市文物考古研究所：《南阳牛王庙汉墓考古发掘报告》，文物出版社，2011年，第226-227页；河南省南阳市文物考古研究所、武汉大学历史学院考古系编著：《南阳丰泰墓地》，科学出版社，2011年，第104-105页；河南省文物局编著：《淅川刘家沟口墓地》，科学出版社，2011年，第138页；襄樊市文物考古研究所、武安铁路复线九里山考古队编著：《老河口九里山秦汉墓》，文物出版社，2009年，第203页。

⑦ 河南省南阳市文物考古研究所、武汉大学历史学院考古系编著：《南阳丰泰墓地》，科学出版社，2011年，第104-105页；襄樊市文物考古研究所、武安铁路复线九里山考古队编著：《老河口九里山秦汉墓》，文物出版社，2009年，第280-281页。

相似，三者的时代均为秦代①，Ⅰ式高领广口双系罐的时代与之接近。考虑到Ⅰ式高领广口双系罐的腹较扁，束颈明显，口外敞较甚，其时代上限可能至秦统一前后。Ⅱ式束颈不如Ⅰ式明显，口外敞幅度也逊于Ⅰ式，与淅川刘家沟口秦代M77出土陶鍪②及襄阳老河口九里山秦墓M34出土铜鍪③等极为相似，推测Ⅱ式的时代为秦代。丹江口市莲花池墓地秦统一前后至汉初墓葬出土陶鍪中，时代稍早的M49∶1与Ⅰ式高领广口双系罐接近，说明Ⅰ式的时代可能在秦统一前后，而莲花池墓地秦墓M25∶1则与Ⅱ式接近④，也证明Ⅱ式的时代为秦代。Ⅲ式的颈已渐趋直，腹亦圆鼓，衰落的特征逐渐显现，老河口九里山西汉早期前段的M126⑤及襄阳王坡西汉早期的相关墓葬均有相近器物发现，推测Ⅲ式的时代大致为西汉早期偏早阶段。标本M46∶1虽残余口、颈及系部残片，但可以看出其形制与M45出土的该式罐极为接近，所属墓葬的时代大致亦应为西汉早期偏早阶段。Ⅳ式的颈部虽仍内收，但较直，腹深，双系位置偏下，器物形体已基本失去鍪的特征，参考其他器物及相邻并列墓葬出土有半两钱币等特征，其时代大致在西汉早期偏晚阶段。

C型，矮领小口双系罐。数量较少。襄阳老河口九里山西汉墓葬中的M77∶6、M119∶5⑥与之形制接近，但无双系。结合C型伴出有模型明器等，推测C型的时代为西汉晚期。

D型，矮领瓮形罐。

矮领溜肩瓮形罐。数量稍多，分为四式。Ⅰ式中标本M17∶4的形制与襄阳老河口九里山秦墓M65∶1⑦相似，但相比腹稍深，而其与西安南郊茅坡邮电学院秦墓M10C∶5⑧也较接近，只是弦纹稍有不同。推测其时代为秦代，可能早至秦统一前后。标本M47∶2，仅余底部残片，形制与M17∶4极为接近，时代当相差不远。Ⅱ式腹壁下部斜弧内收，南阳牛王庙M125∶2与之极为相似，纹饰内容及位置均相近，牛王庙M125出土钱币为半两钱币，发掘报告根据出土遗存的关联将该墓定在武帝前期⑨。与Ⅱ式矮领溜肩瓮形罐标本M37∶8所属墓葬相邻并列的墓葬亦出土有半两钱币，二者时代相差不远，由此推测M37∶8的时代大致为西汉早期偏晚阶段。而综合对比并结合上文关于相关器物的分析来看，标本M10∶3、M32∶2的时代可能略早，可能至西汉早期偏早阶段。标本M36∶4则相对略晚，可能至西汉中期偏早阶段。Ⅲ式形体稍扁，周边地区相关墓葬出土的同类器物较多。淅川刘家沟口M80∶1的形制与之相似，但底部

---

① 湖北省文物考古研究所、襄樊市考古队、襄阳区文物管理处编著：《襄阳王坡东周秦汉墓》，科学出版社，2005年，第149-151页。

② 河南省文物局编著：《淅川刘家沟口墓地》，科学出版社，2011年，第134页。

③ 襄樊市文物考古研究所、武安铁路复线九里山考古队编著：《老河口九里山秦汉墓》，文物出版社，2009年，第40-41页。

④ 北京市文物研究所、湖北省文物局南水北调办公室：《湖北丹江口市莲花池墓地战国秦汉墓》，《考古》2011年第4期。

⑤ 襄樊市文物考古研究所、武安铁路复线九里山考古队编著：《老河口九里山秦汉墓》，文物出版社，2009年，第418页。

⑥ 襄樊市文物考古研究所、武安铁路复线九里山考古队编著：《老河口九里山秦汉墓》，文物出版社，2009年，第227-229、295-297页。

⑦ 襄樊市文物考古研究所、武安铁路复线九里山考古队编著：《老河口九里山秦汉墓》，文物出版社，2009年，第94页。

⑧ 西安市文物保护考古所编著：《西安南郊秦墓》，陕西人民出版社，2004年，第309-310页。

⑨ 南阳市文物考古研究所：《南阳牛王庙汉墓考古发掘报告》，文物出版社，2011年，第235-236、264页。

稍窄[1]，南阳一中西汉晚期的M27：1，形制、纹饰等也与之相近，但细处稍有差别[2]，二器的时代为西汉晚期，Ⅲ式矮领溜肩瓮形罐的时代可能较之稍早。襄阳老河口九里山西汉中期偏晚阶段墓葬出土的同类器物中，M9：2、M9：3与M94：1、M141：1、M43：1等[3]与Ⅲ式矮领溜肩瓮形罐形制极为接近，时代当相差不远。推测Ⅲ式矮领溜肩瓮形罐的时代当为西汉中期偏晚阶段。Ⅳ式的腹下部弧内收较为明显，南阳一中西汉晚期墓葬中的M20：1、M215：10[4]与之相似，老河口九里山西汉晚期墓葬中的M90：6、M93：4、M104：2、M110：6[5]等也与之较为相似。由上判断，Ⅳ式矮领溜肩瓮形罐的时代为西汉晚期。

矮领折肩瓮形罐。数量较少，分两式。Ⅰ式折肩明显，形制与襄阳老河口九里山西汉早期偏早的M111出土陶瓮（M111：1）[6]相似，唯肩部稍鼓，底无内凹。推测其时代应在西汉早期偏早阶段。Ⅱ式折肩弧，形制与老河口九里山西汉早期偏晚的M22、M127出土的陶瓮（M22：1、M127：7）[7]较为相似，但腹中部较上述二例略直。Ⅱ式矮领折肩瓮形罐与丹江口市莲花池墓地出土的西汉早期M14：14[8]有所接近，但Ⅱ式罐底部弧折。推测该式矮领折肩瓮形罐的时代大致为西汉早期，部分器物可能晚至西汉中期偏早阶段

矮领鼓肩瓮形罐。数量较少，不分式。直领，内壁有一周内凹，腹圆鼓，平底无内凹。标本M45：5，腹近底部弧内收。参考周边地区相关墓葬，襄阳老河口九里山汉代墓葬出土器物中，西汉早期偏早的M139：7形制与之最为接近，只是腹部无纹饰[9]。丹江口市莲花池墓地西汉早期墓葬M14出土的1件陶瓮（M14：17）[10]及金陂墓群中西汉早期的M1甲出土的1件陶瓮（M1甲：6）[11]等与之也较为接近。新四队墓地出土的该型另一件器物（M40：1）与M45：5较为接近，时代当相差不远。初步推测，矮领鼓肩瓮形罐的时代大致为西汉早期偏早阶段。

新四队东周秦汉墓出土的陶罐中，有一些仅为残片，这些残片中，腹部残片多有纹饰，基

---

[1] 河南省文物局编著：《淅川刘家沟口墓地》，科学出版社，2011年，第136页。

[2] 南阳市文物考古研究所编著：《南阳一中战国秦汉墓》，文物出版社，2012年，第87页。

[3] 襄樊市文物考古研究所、武安铁路复线九里山考古队编著：《老河口九里山秦汉墓》，文物出版社，2009年，第166-167、259-260、263-265、328-329页。

[4] 南阳市文物考古研究所编著：《南阳一中战国秦汉墓》，文物出版社，2012年，第94-96页。

[5] 襄樊市文物考古研究所、武安铁路复线九里山考古队编著：《老河口九里山秦汉墓》，文物出版社，2009年，第248-249、256-257、276-278、287-288页。

[6] 襄樊市文物考古研究所、武安铁路复线九里山考古队编著：《老河口九里山秦汉墓》，文物出版社，2009年，第289-290页。

[7] 襄樊市文物考古研究所、武安铁路复线九里山考古队编著：《老河口九里山秦汉墓》，文物出版社，2009年，第132、309-310页。

[8] 北京市文物研究所、湖北省文物局南水北调办公室：《湖北丹江口市莲花池墓地战国秦汉墓》，《考古》2011年第4期。

[9] 襄樊市文物考古研究所、武安铁路复线九里山考古队编著：《老河口九里山秦汉墓》，文物出版社，2009年，第324、326页。

[10] 北京市文物研究所、湖北省文物局南水北调办公室：《湖北丹江口市莲花池墓地战国秦汉墓》，《考古》2011年第4期。

[11] 荆州市博物馆、湖北省文物局南水北调办公室：《湖北丹江口市金陂墓群的发掘》，《考古》2008年第4期。

本为拍印或模印的纹饰（详见图①）。相关残片中，M36：3与Ad型Ⅲ式中M37：4、M38：4腹的中上部纹饰相似，时代或稍早或稍晚，大致接近；M48：1与B型Ⅰ式中M17：1的腹部纹饰相近，时代可能相近或略晚；M10：4与Ab型Ⅱ式中M16：7腹下部纹饰，M39：1、M34：2与M16：7上部相似，时代或早或晚，但相距不会太远。残片中，M10：6与M1：1、M27：1、M31：2、M40：2、M43：1等基本相同，时代或稍早或稍晚，相差不远，对照来看，这些器物又与M39：1、M34：2等的时代大致接近或相差不是甚远。

3. 蒸煮器

主要包括釜甑及单体的釜或甑。部分成套器物残，或仅余釜，或余釜甑残片；部分为铁质釜陶质甑，铁釜锈残严重。

①单体釜

仅1件。呈扁腹罐状，敞口，平沿，短颈，溜肩，扁鼓腹，中部弧折，圜底，腹部饰绳纹及网格纹等。淅川刘家沟口秦代M9出土陶釜与之相似，但腹的中下部内收较甚，而从刘家沟口秦墓出土陶釜来看，腹中下部是由弧鼓向内收较甚发展的②。参考襄阳老河口九里山秦墓，M67：2、M142：2、M75：1等③亦均与之形制及纹饰等较为相近，但腹部无弧折。另外，南阳丰泰墓地西汉早期的M17：2与之相似，但战国晚期后段的M162：4④与之更为接近，而腹部亦无弧折。丹江口市莲花池墓地的秦代墓葬出土器物中，M2：2、M23：1等⑤的形制、纹饰布局等与之更为接近，由上来看，新四队东周秦汉墓出土的单体釜时代大致在秦统一之初至秦代。

②单体甑

仅1件。呈盆状，腹较深，敞口，卷沿，腹上部弧外凸，下部弧内收，平底，有对称五个圆形箅孔。类似的器形在周边地区墓葬中较少发现，但就其形制而言，与西汉晚期陶灶的甑较为相似，而其伴出器物有仓、灶、井等模型明器，钱币为"宣帝五铢"，推测其时代当在西汉晚期。

③成套釜甑

数量相对较多，根据釜甑的组合方式可分为两型。

一是甑的高直圈足套合釜的口、领，釜领矮直，腹的中部均有一周凸棱。Ⅰ式的甑口部内收，沿窄厚，腹斜弧，圈足外侈；釜身略圆鼓，溜肩，圜底，腹的中部偏上有一周稍宽凸棱，与Ⅱ-Ⅳ式相比，相对较为简单，甑的腹壁及釜的腹部均有明显发展演变，其时代当较早。Ⅰ

---

① 图中一些残片所属器物在上文已有分析，但一些纹饰未能在类型分析图中体现出来，故在此处列出。
② 河南省文物局编著：《淅川刘家沟口墓地》，科学出版社，2011年，第148-149页。
③ 襄樊市文物考古研究所、武安铁路复线九里山考古队编著：《老河口九里山秦汉墓》，文物出版社，2009年，第89-90页。
④ 河南省南阳市文物考古研究所、武汉大学历史学院考古系编著：《南阳丰泰墓地》，科学出版社，2011年，第124页。
⑤ 北京市文物研究所、湖北省文物局南水北调办公室：《湖北丹江口市莲花池墓地战国秦汉墓》，《考古》2011年第4期。

式见于C组合，伴出的有A组组合3仿铜陶礼器及日用陶器D组合中的Ⅰ式、Ⅱ式瓶，时代相对稍早。对比来看，淅川及周边地区的战国晚期至秦代墓葬还极少出土此类器物，如襄阳老河口九里山、南阳丰泰、南阳一中、淅川东沟长岭等墓地基本没有发现，淅川刘家沟口秦汉墓葬的一期（秦代）有成套的釜甑，形制与新四队出土的Ⅰ式釜甑较为接近，特别是釜，基本为深腹，中部有稍宽凸棱①。在上述一些墓地的西汉墓葬中成套釜甑的陪葬已渐普及，除刘家沟口墓地外，襄阳老河口九里山汉墓中也多有发现，就具体形制来看，部分釜、甑与新四队Ⅰ式釜甑有相似之处，但釜较扁，甑亦浅，体现出稍晚的特征②。由上推测，新四队出土的该型Ⅰ式釜甑的时代大致为秦代或稍早。Ⅱ式釜甑仅余釜，体扁，但腹部较鼓，体现出从Ⅰ式发展而来的特征。釜底宽平、腹中部凸棱外凸较甚，与湖北荆门子陵岗秦代墓葬M49出土成套釜甑③的釜有着共同点，也与秦始皇陵上焦村秦墓④出土铜釜甑的釜底有着共同点，结合伴出的单体陶釜、陶瓶及相关仿铜陶礼器，Ⅱ式釜甑的时代当在秦代，即秦统一之后。Ⅲ式釜甑中，甑敞口，口沿下腹上部有一周内凹，腹斜弧，圈足高直；釜身扁，近橄榄形，口微敞，溜肩，底较小，腹中部有一周凸棱，釜甑均有两对称的铺首衔环。类似的器物在襄阳老河口九里山汉墓中有所发现，M58∶3的釜甑与新四队出土的Ⅲ式釜甑相似，但釜有铺首衔环，甑无，M143∶7则更为相似，且釜甑均有铺首衔环，襄阳老河口九里山M58、M143被定为西汉中期前段⑤。对比来看，新四队出土的Ⅲ式釜甑的釜、甑均相对较高，釜为小平底，时代较之上述2墓可能稍早，大致可至西汉早期偏晚阶段。Ⅳ式釜甑的釜与甑均呈现出一些新的特征，甑为宽平沿、腹中部内折，釜身更扁，上部不圆弧，中部偏上弧折，有假圈足，凸棱稍短，显现衰落的特征。器物形制在一些方面与淅川刘家沟口墓地西汉中期的M43、M53出土的陶釜甑相似，但较之上述两墓出土陶釜甑又显规整，特别是釜表现的特别明显。丹江口市金陵墓群中西汉早期的M59出土釜甑1套（M59∶1、9）⑥，与Ⅳ式釜甑相似，特别是甑，但该器的釜为圜底，Ⅳ式釜甑则有假圈足，体现出相对稍晚的特征。大致推测，Ⅳ式釜甑的时代可能在西汉中期偏早阶段。

二是甑无圈足，釜的口部套合甑的底部。甑的形制多样，釜呈罐状，圆鼓腹，平底，部分有对称二弧形系。Da型仅1件，陶釜与上文所举淅川刘家沟口秦代M9，老河口九里山秦墓中M67、M142、M75，南阳丰泰战国晚期后段的M162出土陶釜极为相似，而其甑为钵形，箅孔不对称，大小不一，体现出早期特征。钵的形制也与襄阳老河口九里山秦墓出土的部分陶钵相似。由此来看，Da型釜甑的时代可能为战国晚期至秦统一前后。Db数量相对多，Ⅰ式中有

---

① 河南省文物局编著：《淅川刘家沟口墓地》，科学出版社，2011年，第146-147页。
② 襄樊市文物考古研究所、武安铁路复线九里山考古队编著：《老河口九里山秦汉墓》，文物出版社，2009年，第403、405页，该报告称之为甗。
③ 荆门市博物馆编著：《荆门子陵岗》，文物出版社，2008年，第142-143页。
④ 秦俑考古队：《临潼上焦村秦墓清理简报》，《考古与文物》1980年第2期。
⑤ 襄樊市文物考古研究所、武安路复线九里山考古队编著：《老河口九里山秦汉墓》，文物出版社，2009年。第403、405页。
⑥ 荆州市博物馆、湖北省文物局南水北调办公室：《湖北丹江口市金陵墓群的发掘》，《考古》2008年第4期。

器物2件。1件出自M24，甑呈深腹盆状，腹壁上部较直，大平底，箅孔不对称，大小也不尽相同，体现出早期特征；陶釜形制与淅川东沟战国中期的M24出土陶罐①相似，说明其组成部分在一定程度上还受楚器的影响。结合共出的仿铜陶礼器、日用陶器等，M24出土釜甑的时代相对较早。另一件为M34：4，残余器片，其虽与M24：9列为一式，但甑的箅孔有着明显不同，较为复杂。对比来看，该釜甑与湖北荆门子陵岗秦代墓葬M49出土成套釜甑的釜②有着一些共同点。初步推测，M34：4的时代大致在秦统一前后或稍早。Ⅱ式釜甑的釜有对称两环形系，其中部分器物为铁釜，这一变化可能是一种新形式的体现。甑的形制与上文分析的C型Ⅳ式釜甑的甑较为相似，但腹相对较深，腹壁内折也不如C型Ⅳ式釜甑的甑腹壁明显，推测其时代相对稍早。综合判断，D型Ⅱ式釜甑的时代大致在西汉早期，时代早于C型Ⅳ式，可能至西汉早期偏早阶段。Ⅲ釜甑的甑、釜均较浅，甑的腹壁弧度明显，微外凸，釜底较宽大，但釜有提梁，是发展的体现。丹江口市莲花池墓地西汉早期的M17出土陶釜甑（M17：3）③与之相似，但Ⅲ釜甑的釜腹部略鼓，有双系。结合伴出的"四铢半两"钱币等判断，其时代大致可判定为西汉早期偏晚阶段。

第六节　出土铜器及钱币的型式分析

新四队东周秦汉墓出土铜器的品种及数量均不多，没有固定的组合。铜器种类主要涉及釜、镜、带钩等。钱币主要集中出土于几个墓葬，数量亦不多。

一、铜　　器

基本为日用品，其中釜为盛器，镜、带钩为生活用品。

1. 釜

计3件，分为三式。Ⅰ式形制与襄阳老河口九里山西汉早期前段的M139出土铜釜（M139：10）④有所相似，所属墓葬的时代大致应在西汉早期早段。Ⅱ、Ⅲ式有较多相似之处，唯底部差别明显，参考周边地区相关墓葬的出土物，老河口九里山西汉晚期的M73：7、

---

① 河南省文物局编著：《淅川东沟长岭楚汉墓》，科学出版社，2011年，第193页。
② 荆门市博物馆编著：《荆门子陵岗》，文物出版社，2008年，第142-143页。
③ 北京市文物研究所、湖北省文物局南水北调办公室：《湖北丹江口市莲花池墓地战国秦汉墓》，《考古》2011年第4期。
④ 襄樊市文物考古研究所、武安铁路复线九里山考古队编著：《老河口九里山秦汉墓》，文物出版社，2009年，第324、327页。该发掘报告将该类器物统称为铜鍪，本书基本使用"铜釜"这一称呼。

M74：5①及南阳一中西汉晚期的M411：12、M411：15②等与Ⅱ、Ⅲ式均有较多相似之处，推测Ⅱ、Ⅲ式所属墓葬的时代应为西汉晚期。

2. 镜

计2件，分为两型。A型为素面镜，三弦纽，纽外有两周弦纹。宽平缘。形制与南阳丰泰墓地的A型弦纹镜（M197出土）较为相似，时代为战国晚期中段。这说明新四队出土A型镜所属墓葬的时代相对较早，属战国秦墓当无疑问。B型镜身平，缘上翘。镜缘内为一周凸线纹，凸线纹内为镜纹。主纹为蟠螭纹，地纹为细密的云雷纹。该类铜镜在西汉早期墓葬中多有发现，但也有发展演变，根据相关研究，纹饰中不见花叶，时代当在西汉早期偏早阶段③。

3. 带钩

计4件，分为两型。A、B型Ⅰ式的形体细长，时代相对要早。A型Ⅰ式与老河口九里山秦墓中的M38：4，B型Ⅰ式与九里山秦墓中的M67：4较为相似④，说明二者的时代均在秦亡之前，或在秦统一之前，或在统一之后。A、B型Ⅱ式的形体较短宽，时代相对稍晚，就其形制而言，与西汉时期的带钩较为相似。其中，A型Ⅱ式与老河口九里山西汉早期的M139出土带钩（M139：1）接近，所属墓葬的时代大致为西汉早期前段；B型Ⅱ式的伴出物基本为西汉早期前段，其时代亦大致定在这一阶段。

二、钱　　币

计4组，"五铢"钱居多，另有少量"半两"钱币。

1. 半两钱币

分为两型，一为高后时期的"荚钱"，一为文帝时期的私铸"四铢半两"。二者同出于一墓，所属墓葬时代应在私铸"四铢半两"颁行之后（公元前175年之后），五铢钱币颁行之前

---

① 襄樊市文物考古研究所、武安铁路复线九里山考古队编著：《老河口九里山秦汉墓》，文物出版社，2009年，第224-226页。

② 南阳市文物考古研究所编著：《南阳一中战国秦汉墓》，文物出版社，2012年，第156-157页。该报告称Ⅱ式宽平底者为铜盆，本书基本使用"铜釜"这一称呼。

③ 程林泉、韩国河：《长安汉镜》，陕西人民出版社，2002年，第51页。

④ 襄樊市文物考古研究所、武安铁路复线九里山考古队编著：《老河口九里山秦汉墓》，文物出版社，2009年，第43-44、55-56、95页。

（公元前118年之前），即西汉早期偏晚阶段。

2. 五铢钱币

出土于3座墓葬，分别为M4、M21、M44，分为三型。一型为昭帝"五铢"，仅出土于1墓，伴出的无其他钱币，所属墓葬的时代大致在昭帝时期，即西汉中期偏晚阶段。一型为"郡国五铢"，另一型为宣帝"五铢"，M44既有"郡国五铢"，也有宣帝"五铢"，郡国五铢数量较少，主体为宣帝"五铢"；M4仅有宣帝"五铢"，故二墓时代均在宣帝"五铢"颁行之后，即西汉晚期。

第七节　墓葬的分期与年代

在上文关于墓葬形制、出土的主要陶器、铜器、钱币等论述的基础上，可对新四队东周秦汉墓进行整体分期和年代归纳[①]。大致来看，新四队地周秦汉墓葬群可分为五期八段（表七、表八、表九、表一〇、表一一、表一二）。

表七　新四队东周秦汉墓墓葬形制分期表一

期/段		土（石）坑竖穴木棺墓			土（石）坑竖穴木椁木棺墓					土（石）坑竖穴砖椁木棺墓			
					A		B						
		A	B	C	a	b	I	II	III	I	II	III	IV
一期	I							√					
	II		√										
二期			√		√			√					
三期	I		√		√				√				
	II	√	√		√								
四期	I		√		√	√							
	II									√			
五期				√							√	√	√

第一期　战国末期，分为二段。

Ⅰ段：战国末期前段，根据前文论述，应在秦国占领今淅川相关地区（公元前298年）之后的一段时间。主要墓葬形制为B型Ⅰ式土（石）坑竖穴木椁木棺墓。主要器物包括A型Ⅰ式、B型Ⅰ式陶鼎，A型Ⅰ式陶盒，A型Ⅰ式、B型Ⅰ式陶壶，A型、B型Ⅰ式陶豆，Db型Ⅰ式

---

① 关于一些墓葬的时代，上文已有相关论述，无特殊情况，下文不再作论述，而其他墓葬的时代，则参考相关内容进行推导分析。

表八 新四队东周秦汉墓葬形制分期表二

期/段	型式	土（石）坑竖穴木棺墓			土（石）坑竖穴木椁木棺墓			土（石）坑竖穴砖木椁木棺墓
		A	B	C	A a	A b	B	
一期	Ⅰ		(M9)					
	Ⅱ	(M7)	(M47)					
二期	Ⅰ		(M8)				Ⅰ式(M24)	
	Ⅱ		(M14)		(M23)		Ⅱ式(M16)	
三期	Ⅰ		(M18)		(M45)		Ⅲ式(M32)	
	Ⅱ				(M37)	(M36)		
四期	Ⅰ				(M2)			Ⅰ式(M21)
	Ⅱ			(M11)				
五期								Ⅱ式(M5) Ⅲ式(M4) Ⅳ式(M44)

说明：1. 仅有型亚型区分而无式的划分的墓例仅标明墓号，有式的划分、型亚型区分而无式的划分的墓例列出一些典型墓例，还有一些未在表中体现
2. 表中仅列出一些典型墓例，还有一些未在表中体现

表九 新四队东周秦汉墓出土仿铜陶礼器分期表

期/段	型式	陶鼎 A	陶鼎 B	陶盒 A	陶盒 B a	陶盒 B b	陶壶 A	陶壶 B	陶钫 A	陶钫 B	陶豆 A	陶豆 B
一期	I	1	8	14, 15			24	28			36	37, 38
一期	II	已残	已残	已残			已残	已残				
二期		2, 3	9, 10		18, 19, 20	21, 22, 23	25	29, 30, 31, 32				
三期	I	4	11	16, 17			26					
三期	II	5	12				27		33	34, 35		

续表

期段	陶鼎		陶盒			陶壶		陶纺		陶豆	
型式	A	B	A	B a	B b	A	B	A	B	A	B
四期 I	6	13									
四期 II											
五期	7										

说明：1-7. A型陶鼎：1. I式（M24：4），2. II式（M23：10），3. III式（M16：9），4. IV式（M8：1），5. V式（M14：4），6. VI式（M18：5），7. VII式（M11：2）；8-13. B型陶鼎：8. I式（M24：2），9. II式（M23：7），10. III式（M16：17），11. IV式（M8：2），12. V式（M14：3），13. VI式（M18：4）；14-15. I式（M24：1，M24：3），16-17. II式（M8：3，M8：4）；18-20. Ba型陶盒：18. I式（M13：4），19. II式（M23：9），20. III式（M16：8）；21-23. Bb型陶盒：21. I式（M13：1），22. II式（M23：8），23. III式（M16：13）；24-27. A型陶壶：24. I式（M24：10），25. II式（M34：1），26，27. III式（M14：1，M14：2）；28-32. B型陶壶：28. I式（M24：12），29，30. II式（M23：5），31，32. III式（M16：1，M16：2），33. A型陶纺（M8：6），34，35. B型陶纺：34. I式（M10：1），35. II式（M8：7）；36. A型陶豆（M24：6）；37，38. B型陶豆：37. I式（M24：5），38. II式（M13：5）

表一〇 新四队东周秦汉墓出土陶模型明器分期表

型式 期/段	陶仓 A	陶仓 B	陶灶 A	陶灶 B	陶井 A	陶井 B a	陶井 B b	陶磨
一期 Ⅰ								
一期 Ⅱ								
二期 Ⅰ								
二期 Ⅱ								
三期 Ⅰ								
三期 Ⅱ								
四期 Ⅰ								
四期 Ⅱ								
五期	1 2 3 4	5 6 7 8 9 10 11	12 13	14	15 16 17	18	19	20

说明：1-4. A型陶仓（M11：20、M11：22、M11：26、M11：28），5. B型Ⅰ式陶仓（M44：7），6-11. B型Ⅱ式陶仓（M11：21、M11：23、M11：24、M11：27），12. A型Ⅰ式陶灶（M44：10），13. A型Ⅱ式陶灶（M11：29），14. B型陶灶（M11：7），15. A型Ⅰ式陶井（M44：9），16、17. A型Ⅱ式陶井（M11：9、M11：15），19. Bb型（M11：10），20. 陶磨（M11：12）

表一一 新四队东周秦汉墓出土陶罐分期表

型式 期/段	A				B		C	D		
	a	b	c	d				a	b	c
一期 Ⅰ	1									
一期 Ⅱ		4	7							
二期			8 9 10	13 14						
三期 Ⅰ	2		11	15 16	22 23	24 25		28		
三期 Ⅱ		5	12	17 18		26				
四期 Ⅰ				19				29	32	
四期 Ⅱ								30	33	34
五期	3	6		20 21			27	31		

说明：1—3. Aa型：1. Ⅰ式（M45：3），2. Ⅱ式（M18：2），3. Ⅲ式（M44：5）；4—6. Ab型：4. Ⅰ式（M45：4），5. Ⅱ式（M18：5），6. Ⅲ式（M44：3）；7—12. Ac型：7. Ⅰ式（M13：3），8—10. Ⅱ式（M16：4，M16：6，M16：7），11. Ⅲ式（M8：5），12. Ⅳ式（M37：2）；13，14. Ad型：13，14. Ⅰ式（M9：12，M9：11），15，16. Ⅱ式（M23：2，M45：8），17. Ⅲ式（M37：4），18. Ⅳ式（M38：3），19. Ⅴ式（M18：6），20. Ⅵ式（M44：2），21. Ⅶ式（M11：3），22. Ⅰ式（M17：1），23. Ⅱ式（M16：10），24—25. Ⅲ式（M45：7，M45：9），26. Ⅳ式（M37：3），27. C型（M11：13），28—31. Da型：28. Ⅰ式（M17：4），29. Ⅱ式（M37：8），30. Ⅲ式（M21：4），31. Ⅳ式（M15：1）；32—33. Db型：32. Ⅰ式（M18：3），33. Ⅱ式（M3：1），34. Dc型（M45：5）

第二章 战国秦汉墓葬

表一二 新四队东周秦汉墓出土生活类陶器分期表

期/段	型式	陶釜甑					陶钵	陶杯		陶匜	陶盘	陶盆			陶瓶
		A	B	C	Da	Db		A	B			A	B	C	
一期	Ⅰ														
	Ⅱ	1	2	3		7									
二期					6		10, 11	14	15	16		20		24	26, 27
三期	Ⅰ			4		8	12				17				
	Ⅱ										18				
四期	Ⅰ			5		9	13								
	Ⅱ										19				
五期												21	22, 23	25	28

说明：1-9. 陶釜甑：1. A型（M16：14），2. B型（M44：12），3. C型Ⅰ式（M23：1），4. C型Ⅲ式（M14：6），5. C型Ⅳ式（M18：7），6. Da型Ⅰ式（M17：2），7. Db型Ⅰ式（M24：9），8. Db型Ⅱ式（M45：6），9. Db型Ⅲ式（M38：5）；10-13. 陶钵：10. Ⅰ式（M16：11），11. Ⅱ式（M3：4），12. Ⅲ式（M37：5），13. Ⅳ式（M38：2）；14-15. 陶杯：14. A型（M24：20），15. B型（M24：13）；16. 匜（M24：21）；17-19. 陶盘：17. Ⅰ式（M44：11），18-19. Ⅱ式（M11：11，M11：25）；20-25. 陶盆：20. A Ⅰ式（M24：8），21. A型Ⅱ式（M24：7），22. B型Ⅰ式（M4：4），23. B型Ⅱ式（M11：4），24. C型Ⅰ式（M44：14）；26-28. 陶瓶：26. Ⅰ式（M23：3），27. Ⅱ式（M16：16），28. Ⅲ式（M44：13）

陶釜甑，C型Ⅰ式陶盆，陶杯与陶匜，A型铜镜。代表性墓葬为M24。

Ⅱ段：秦国占领今淅川相关地区一段时间之后至秦统一（公元前221年）之前。主要墓葬形制为B型土（石）坑竖穴木棺墓。主要器物包括陶鼎、壶①，Ba型Ⅰ式、Bb型Ⅰ式陶盒，B型Ⅱ式陶豆，Ac型Ⅰ式、Ad型Ⅰ式陶罐。主要包括M9、M13。

第二期　秦统一前后至秦灭亡。

主要墓葬形制为B型土（石）坑竖穴木棺墓、Aa型土（石）坑竖穴木椁木棺墓、B型Ⅱ式土（石）坑竖穴木椁木棺墓。主要器物包括A型Ⅱ式、Ⅲ式及B型Ⅱ、Ⅲ式陶鼎，Ba型Ⅱ、Ⅲ式及Bb型Ⅱ、Ⅲ式陶盒，A型Ⅱ式及B型Ⅱ、Ⅲ式陶壶，Ac型Ⅱ式、Ad型Ⅱ式、B型Ⅰ式与Ⅱ式、Da型Ⅰ式、Db型Ⅰ式与Ⅱ式陶罐，A型、C型Ⅰ式与Ⅱ式、Da型陶釜甑，Ⅰ、Ⅱ式陶钵，Ⅰ、Ⅱ式陶瓶。主要包括M3、M16、M17、M23、M33、M43等，M31、M47、M48遭盗扰严重，从墓葬形制及伴出的器物等分析，亦应属于此期段。

第三期　西汉早期，即西汉建国至五铢钱币颁行（公元前118年）之前。分为二段。

Ⅰ段：西汉建国至文帝初期（四铢半两颁行，公元前175年之前）。主要墓葬形制为B型土（石）坑竖穴木棺墓、Aa型土（石）坑竖穴木椁木棺墓、B型Ⅲ式土（石）坑竖穴木椁木棺墓。主要器物包括A型Ⅳ式、B型Ⅳ式陶鼎，A型Ⅱ式陶盒，A型Ⅱ式陶壶，A型与B型Ⅰ、Ⅱ式陶钫，Aa型Ⅰ式、Ab型Ⅰ式、Ac型Ⅲ式、Ad型Ⅰ与Ⅱ式、B型Ⅲ式、Da型Ⅱ式、Dc型陶罐，Db型Ⅰ式、Ⅱ式陶釜甑，B型铜镜。主要包括M8、M10、M32、M34、M35、M45等，M1、M27、M39、M40、M46遭盗扰严重，从墓葬形制及伴出的器物等分析，亦应属于此期段。

Ⅱ段：文景时期至武帝初期，即四铢半两颁行之后至五铢钱币颁行之前。主要墓葬形制为A型土（石）坑竖穴木棺墓、B型土（石）坑竖穴木棺墓、Aa型土（石）坑竖穴木椁木棺墓。主要器物包括A型Ⅴ式、B型Ⅴ式陶鼎，A型Ⅲ式陶壶，Ab型Ⅱ式、Ac型Ⅱ式与Ⅳ式、Ad型Ⅲ式与Ⅳ式及Ⅴ式、B型Ⅳ式、DaⅡ式陶罐，C型Ⅲ式、Db型Ⅲ式陶釜甑，Ⅲ、Ⅳ式陶钵，Ⅰ式铜釜，相关墓葬出土有半两钱币，主要有A型（高后时期的"荚钱"）、B型（文帝时期的私铸"四铢半两"）。主要包括M7、M14、M37、M38等。

第四期　西汉中期，五铢钱币颁行之后至汉昭帝时期。分为二段。

Ⅰ段：武帝时期，即公元前118年至公元前87年。主要墓葬形制为B型土（石）坑竖穴木棺墓、Aa型土（石）坑竖穴木椁木棺墓、Ab型土（石）坑竖穴木椁木棺墓。主要器物包括A型Ⅵ式、B型Ⅵ式陶鼎，Aa型Ⅱ式、Ad型Ⅴ式、Da型Ⅱ式、Db型Ⅱ式陶罐，C型Ⅳ式陶釜甑。主要包括M2、M18、M30、M36等。

Ⅱ段：汉昭帝时期，即公元前86年至公元前74年。主要墓葬形制为Ⅰ式土（石）坑竖穴砖椁木棺墓。主要器物包括Da型Ⅲ式陶罐及Bb型五铢钱币，为昭帝"五铢"。代表性墓葬为M21。

---

① 该期墓葬出土的陶鼎、壶均残，从器物残片看，基本与A型Ⅱ式、B型Ⅱ式鼎及A型Ⅱ式、B型Ⅱ式壶接近，因极残，未在类型学中列出，特说明。

第五期　西汉晚期，汉宣帝时期至王莽新朝时期，即公元前86年至公元24年。

主要墓葬形制为C型土（石）坑竖穴木棺墓及Ⅱ、Ⅲ、Ⅳ式土（石）坑竖穴砖椁木棺墓。主要器物包括A型Ⅶ式陶鼎，Aa型Ⅲ式、Ab型Ⅲ式、Ad型Ⅵ式与Ⅶ式、C型、Da型Ⅳ式陶罐，B型陶釜甑，A型Ⅰ式与Ⅱ式、B型Ⅰ式与Ⅱ式、C型Ⅱ式陶盆，Ⅰ式与Ⅱ式陶盘，Ⅲ式陶瓶，A、B型陶仓，A、B型陶灶，A、B型陶井，陶磨，Ⅱ、Ⅲ式铜釜。出土钱币主要为五铢，包括Ba、Bc两型，Ba型为"郡国五铢"，Bc型为宣帝"五铢"。主要包括M4、M5、M6、M11、M15、M44等。M5、M6遭盗扰较为严重，但从墓葬形制看，时代相对较早，上限可能至西汉中期偏晚阶段，下限至西汉晚期偏早阶段，故归入西汉晚期。M4、M15、M44三座墓葬的时代较之M5、M6晚，但早于M11，参考周边地区相关墓葬，M4、M15、M44时代在西汉统治的晚期阶段，而M11则有可能至王莽新朝时期。

第八节　战国秦汉墓葬的相关问题探讨

关于新四队东周秦汉墓葬，还有一些问题需作相关探讨，如墓葬形制与出土遗物的相关问题、合葬形式、墓葬分布及家族墓地、墓葬等级等，在此基础上，结合已有分析，试对新四队东周秦汉墓葬的发展演变及特色、特征等进行分析、总结和概括。

一、墓葬形制

分为土（石）坑竖穴木棺墓、土（石）坑竖穴木椁木棺墓、土（石）坑竖穴砖椁木棺墓三种类型，每种类型之中又有型式等的划分，体现出相互差别及其时代特征和发展演变，也反映出一些自身特点。

（一）墓葬修建及相关问题

墓葬形制基本为竖穴土坑或竖穴土（石）坑，较为统一。土坑竖穴的修建相对简单，基本就是挖土成坑。就目前资料，土（石）坑竖穴基本是上为土坑，下为石坑，还未见均为石坑的墓葬。石坑坚硬，需要开凿。从发掘情况看，新四队墓群所在地区的石质相对松软，便于开凿。以上内容一方面反映出当时修建墓葬时对墓坑具体地点的选择，也可能是节省开支的体现，而这与该地区的具体地理环境密切相关。将墓葬修建在山丘地带，形成土（石）坑竖穴或石坑竖穴墓的做法在战国楚墓中较为常见，一些大型墓葬亦是如此，如曾侯乙墓[1]等。战国末

---

① 湖北省博物馆：《曾侯乙墓》，文物出版社，1989年。

至西汉时期，原楚国统治区域的湖北、湖南、安徽、江苏、河南南部等地的许多墓葬选择在山丘顶部或坡地，墓坑为土（石）坑竖穴或石坑竖穴，当在一定程度上受到战国楚地葬制或葬俗的影响。

新四队发现的战国秦墓、秦代墓葬及西汉墓葬的形制为土坑竖穴或土（石）坑竖穴，无战国秦墓及秦代墓葬中常见的洞室墓。就目前资料，秦墓中的洞室墓等级一般相对略高，而新四队发现的秦墓等级普遍略低，这可能是不见洞室墓的原因之一；整体观察新四队战国晚期至西汉时期墓葬的形制，楚俗的延续性较为明显，这或许是不见洞室墓的另一原因；另外，地理条件的限制亦可能是相关原因。

该地区战国晚期至西汉时期的墓葬不见洞室墓，葬具及陪葬品均置于竖穴下部，棺为漆木棺，有椁者以漆木椁为主，少量为砖椁，陪葬品大多位于棺的一侧。土（石）坑竖穴木棺墓与土（石）坑竖穴木椁木棺墓有较多相似之处，但在一些具体内容上也存在着不同。土（石）坑竖穴木棺墓相对简单，从清理并结合具体情况看，部分土（石）坑竖穴木棺墓应是先在竖穴底部根据需要，筑砌宽度不等的熟土二层台，一般头部与脚部略宽，两侧稍窄，部分因受挤压或填土夯实等原因有所变形。二层台一般不太高，高度大致与陪葬品的高度相当或略高。漆木棺一般置放于墓底一侧，另一侧放置陪葬品。置放棺及陪葬品后，在竖穴内用土填封及堆筑封土。部分土（石）坑竖穴木棺墓则无二层台，置放棺及陪葬品后，直接用土填封及堆筑封土。

土（石）坑竖穴木椁木棺墓则是在墓底垫一层薄土以取平，之后构筑木质椁室，构筑时，在木椁壁外侧与墓壁之间的空隙处填土以充实，并经夯实，形成类似二层台的"回填土台"。"回填土台"亦不是太高，从清理情况看，在30~50厘米，部分略高，不甚统一。之后在椁内一侧置放漆木棺，漆木棺与一侧椁壁形成边厢，部分还有脚厢，内置陪葬品。其后封盖椁顶，在竖穴内填土及堆筑封土等。部分可能存在先置漆木棺，再构筑椁室、放置陪葬品等物。土（石）坑竖穴木棺墓与土（石）坑竖穴木椁木棺墓的葬具置放及构筑方式等与战国楚墓亦有较多相似之处，也从一个侧面反映出楚俗在墓葬形制方面的影响较大。

（二）土（石）坑竖穴木椁木棺墓的凹槽

新四队发现的战国晚期至西汉早期的土（石）坑竖穴木椁木棺墓中，部分墓葬的底部有凹槽，包括长方形凹槽及不规则圆形或椭圆形凹槽。

在墓室底部凿挖长方形凹槽的现象在周边地区的东周秦汉墓葬中较为常见，如淅川东沟长岭的较多楚墓[①]、天门彭家山部分楚墓[②]、襄阳余岗的较多楚墓[③]、襄阳王坡的部分楚墓（含春

---

① 河南省文物局编著：《淅川东沟长岭楚汉墓》，科学出版社，2011年。
② 湖北省文物考古研究所、天门市博物馆编著：《天门彭家山楚墓》，科学出版社，2012年。
③ 襄樊市文物考古研究所编著、王志刚主编：《余岗楚墓》，科学出版社，2011年。

秋、战国墓葬）①等。襄阳老河口九里山秦汉墓②中，秦墓中有8座，汉墓中有20座左右，时代可下延至西汉晚期，如M71等。以上说明，在墓室底部凿挖长方形凹槽的做法在该地区及周边地区的东周至西汉墓葬中是一种相对常见的现象。考察相关考古资料，这一现象在较多东周时期的墓葬中均有出现，因此可视为一种葬俗的延续和发展。西汉时期，一些石坑竖穴洞室墓的墓室内也使用相关凹槽，亦说明了这一点。如江苏徐州地区的韩山M1③，为石坑竖穴洞室墓，墓室位于洞室之内，底部有两平行的凹槽。

新四队土（石）坑竖穴木椁木棺墓中的凹槽有着一个共同特点，即在棺椁置放后被叠压在棺椁、陪葬品及其"回填土台"之下，这说明其用途是为了方便下葬、构筑相关设施或固定棺椁时使用。

长方形凹槽位于一端或两端，与长方形墓壁的窄边平行，并有一定距离，基本为横向凹槽，贯通两较长墓壁。关于长方形凹槽，相关发掘简报中多称之为"垫木槽"，部分还有相关遗存，因此其是用来置放垫木的，而垫木之上放置棺或棺椁。这样，棺或棺椁就相对固定，并与墓底有一定的间隔和距离，起到相应的防潮作用，进而达到保护棺椁的目的。相关简报称此类凹槽为排水设施④，从目前资料看似有不妥。

从清理情况看，新四队相关墓葬中。部分"回填土台"下长方形凹槽内朽木痕迹并未延伸至两侧墓壁，说明一些垫木的长度并不完全等同于凹槽的长度。从周边地区的考古资料看，长方形凹槽一般较为规整，而新四队相关墓葬的长方形凹槽部分规整，部分不甚规整，而且断面形制也存在差异。M3、M32凹槽的断面呈倒梯形（图一七〇，1、2），M16凹槽断面呈长方形（图一七〇，4），M24凹槽断面呈弧形（图一七〇，5），M34的一凹槽断面呈倒梯形，一凹槽断面呈长方形（图一七〇，3）。不同的断面形制反映出垫木下部的不同形状，即凹槽形状是根据垫木的形状修建的。倒梯形断面凹槽使用垫木的下部应为倒梯形，长方形断面凹槽使用垫木的下部应为长方形，弧形断面凹槽使用垫木的下部应为圆形。至于垫木上部的形状，则可能为长方形、梯形或圆形，从稳定的角度来看，长方形的可能性最大。就平面形状来看，M3、M24、M32、M34的凹槽平面长方形，M16的凹槽平面呈"凸"字形。平面长方形凹槽使用的垫木宽度大体一致，这与周边地区的相关墓葬较为相似，而凹槽的不规整则有可能是在置放垫木时造成的，而垫木本身也是不甚规整的。M16的棺及临近"回填土台"下的凹槽较宽，边厢及临近"回填土台"下的凹槽较窄，故呈"凸"字形，不同的宽度或许体现出棺与边厢在墓葬中重要性的不同，而所使用的垫木则极有可能由2块不同规格的长方形木头组成。

不规则圆形或椭圆形凹槽发现于M3及M16之中（图一七〇，1、6），形状不同，大小也不尽一致，但均有一定的深度，类似的遗迹现象在周边地区相关墓葬中基本不见，体现出一些

---

① 湖北省文物考古研究所、襄樊市考古队、襄阳区文物管理处编著：《襄阳王坡东周秦汉墓》，科学出版社，2005年。
② 襄樊市文物考古研究所、武安铁路复线九里山考古队编著：《老河口九里山秦汉墓》，文物出版社，2009年。
③ 徐州博物馆：《徐州韩山西汉墓》，《文物》1997年第2期。
④ 徐州博物馆：《徐州韩山西汉墓》，《文物》1997年第2期。

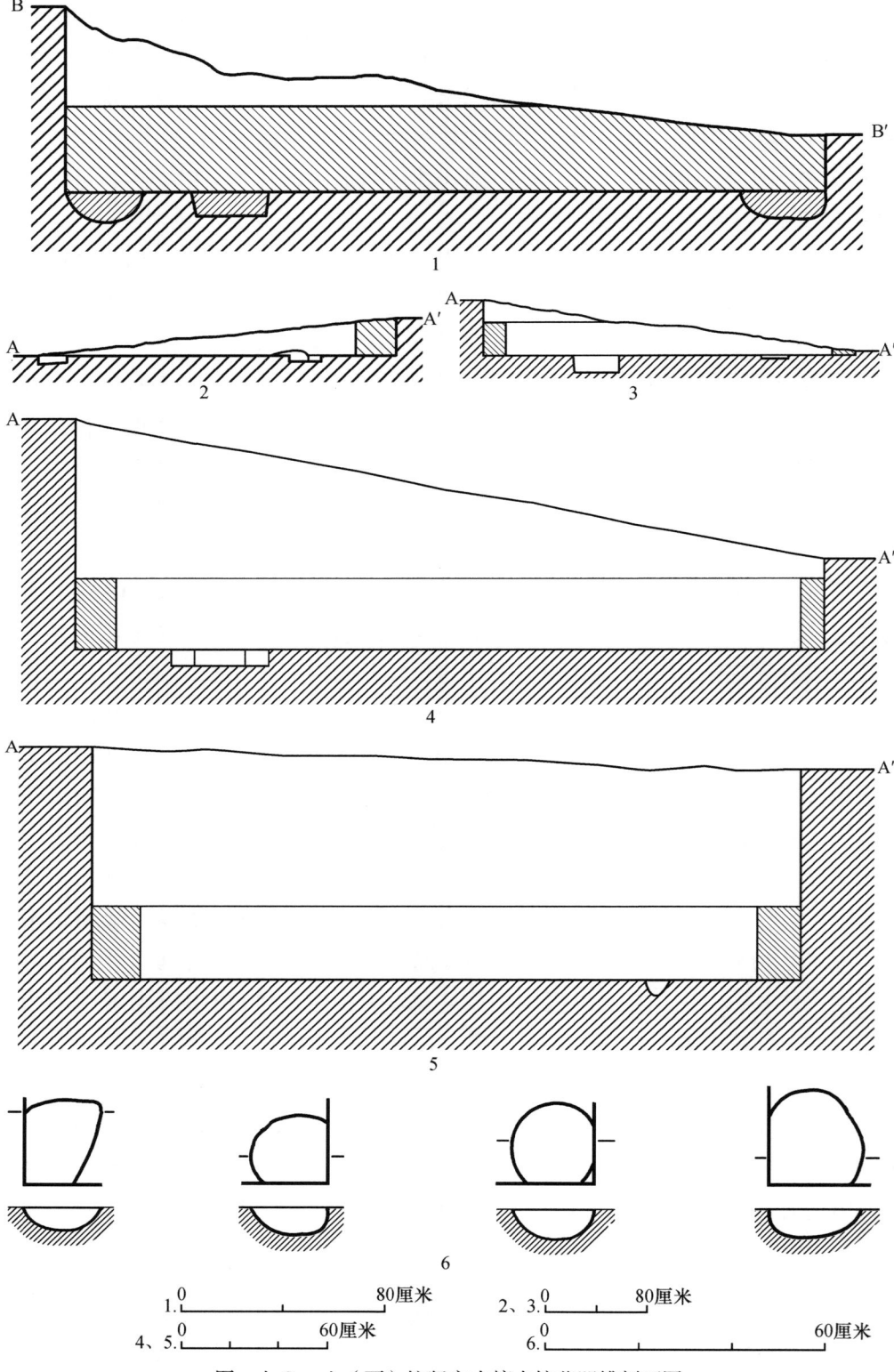

图一七〇 土（石）坑竖穴木椁木棺墓凹槽剖面图

1. M3剖面图 2. M32剖面图 3. M34剖面图 4. M16剖面图 5. M24剖面图 6. M16四角凹槽剖面图

自身特点。从清理情况看，凹槽部分深入木椁边界下部，部分则与木椁的边界有一定距离，因此其作用不可能是放置小垫木以垫置木椁四角。初步推测，不规则圆形或椭圆形凹槽的作用是安置木柱以搭支架，这样可能方便于构筑椁室，也可能便于置放漆木棺或陪葬品等，用后即拆除，所以会留下现在所看到的凹槽。

根据上文研究可知，这些设施经历了相应的发展和变化，体现出相应的时代特征和不同特点。战国秦墓中，M24仅在墓主头下部有一长方形凹槽，秦墓中的M3、M16亦在墓主头下部有一长方形凹槽，但在四角增加了不规则圆形或椭圆形凹槽，西汉时期的M32、M34，墓地四角不见不规则圆形或椭圆形凹槽，但在墓底有两平行的长方形凹槽。就M24、M3、M16三座墓葬而言，仅在墓主头下部有一长方形凹槽，其内的垫木在一定程度上可略微抬高头部，这在一定程度上可能体现出当时的丧葬思想，同时也达到了相应的保护目的。

另外，在M36木椁下部四角各有一略呈圆形的生土块，直径约18、现存高度4厘米，推测用途可能为置放椁的支垫，目的也是起到相应的防潮作用。

（三）积炭及相关问题

新四队东周秦汉墓中，有4座积炭墓，分别为M2、M7、M32、M34，时代为秦至西汉早期，相对较为集中。积炭现象是东周秦汉墓葬中常见的内容之一，除此之外还有积沙、积石及填封白膏泥、青膏泥等，墓葬等级一般略高一些。4座墓葬中，3座墓葬为土（石）坑竖穴木椁木棺墓，且在竖穴底部均有长方形凹槽，1座墓葬为土（石）坑竖穴木棺墓，综合体现出该类墓葬在同时期墓葬中的等级可能稍高一些。

从墓葬形制结合葬具、凹槽等相关内容来看，M2、M32、M34三座墓葬在下葬时，首先要在墓坑底部置放垫木，之后筑砌椁室，并在棺室内均匀铺上一些木炭后下棺，下棺后再填以木炭，推测高度大致与椁的内侧高度相等，其后盖上椁盖，再以土封填。M7则是在置放棺与陪葬品后，在竖穴内积炭，达到一定高度后，再以土封填，积炭高度应与棺的高度平齐或略高。

积炭的最主要目的应是为了防潮，这与木炭较干燥、易吸水有关。考虑到木炭为黑色、易染色，推测相关墓葬漆木棺的外侧髹漆不可能为红色，亦应为黑色，而这也与发掘清理情况较为相符。

（四）砖椁墓及相关问题

新四队发掘的西汉墓葬中，有6座墓葬的竖穴下部以砖筑砌成相关室，这与木棺及木椁木棺墓有着较大不同。

从发掘情况看，6座墓葬均为土（石）坑竖穴，四壁皆无坡形墓道，因此作为竖穴墓当无疑问。其修建方法是先凿挖一个竖穴坑圹，时代较早的在墓底铺垫一层土（如M21），之后沿竖穴四壁由下往上砌墙，时代晚的相关墓葬则不垫土，直接沿竖穴四壁由下往上砌墙。砌墙砖多为带榫卯的长方形砖，朝向墓内的一侧模印有相关纹饰，基本为一排砖，部分有两排砖，砌砖方式多为错缝平铺，部分砖墙与竖穴壁有较小间隔，其内填土，如M44。个别墓葬如M4，三面墙体用形体较大的长方形砖平铺，一面墙体用形体较小的长方形砖错缝平铺。砖墙的四壁基本上是同时层层向上垒砌，因此所体现的横向缝隙较为平齐和一致，相关墓葬多有体现。砖墙的高度根据需要而定，根据M44残留砖墙的高度来看，大致在1米左右。新四队6座相关墓葬中，M21的墓底铺垫一层土，稍晚的M5、M6以长方形砖平铺，无错缝；再晚一些的墓葬则以形体较大的长方形砖平铺，无错缝，朝上一面有纹饰。底砖或与墙砖同时铺砌，或在墙砖铺好之后铺砌，但前者的可能性较大，这样可尽量减少误差，修砌的也较规整。四壁垒砌及底砖铺砌完成后，一些墓葬还根据需要在底部垒砌棺室或其他设施，如M15、M44等，M44使用了长方形榫卯砖、形体较大的长方形砖、空心砖等，M15除上述种类的砖外，还使用了形体较小的长方形砖。下葬时，将相关葬具、陪葬品等从竖穴顶部置入墓中，一切完成后，再进行封顶。相关墓葬无券顶痕迹，也无相应的建材如楔形砖等，推测以木板平铺封顶，而如M15、M44等得棺室，则可能先封棺室顶部，再在四墙壁上部封顶。其后是在竖穴内以土封填。

类似的墓葬在淅川及其周边地区多有发现，时代基本为西汉晚期，如襄阳老河口九里山西汉墓[1]等。《南阳一中战国秦汉墓》[2]《南阳丰泰墓地》[3]等书在相关章节对该类墓葬的修建做了相关描述，内容大体一致，但基本将该类形制定为"砖室"，墓葬为"砖室墓"，似有不妥。从上文及《南阳一中战国秦汉墓》《南阳丰泰墓地》等书所述修建方法来看，其位于竖穴墓坑内，墓室四壁封顶后形成一个相对封闭的空间，这与横穴式的砖室墓有着明显不同；从情理来看，相关墓葬有漆棺痕迹而无木椁遗迹，故推测四壁砖墙、木质盖顶及铺地砖等综合组成了与木椁性质基本一致的设施。西汉晚期至东汉时期，相同形制的墓葬在我国其他地区也有使用，如江苏新沂乱墩西汉末年的M13、M14[4]及徐州拖龙山东汉墓[5]等，山东地区也有相关发现，相关研究即将其称为"砖椁墓"[6]。综合以上本书认为，称其为"砖椁"较为恰当，而其应是在木椁墓基础上的新发展。

新四队发现的几座土（石）坑竖穴砖椁墓有相对完整的发展的序列，整体发展趋势是趋于复杂和完善。M21的墓底未见铺砖，用砖较为单一，但其时代稍早，是发展的早期形态，还具有一些不完善性。其他如M5、M6用砖品种少，墓底平铺长方形砖；M4对于砌墙砖的使用等，均是发展过程的体现，而至M15与M44已较为完善，砖椁内还以砖砌有棺室等，并使用了空心砖等。

---

[1] 襄樊市文物考古研究所、武安铁路复线九里山考古队编著：《老河口九里山秦汉墓》，文物出版社，2009年。
[2] 南阳市文物考古研究所编著：《南阳一中战国秦汉墓》，文物出版社，2012年，第231-232页。
[3] 河南省南阳市文物考古研究所、武汉大学历史学院考古系编著：《南阳丰泰墓地》，科学出版社，2011年，第242页。
[4] 新沂市博物馆：《江苏新沂市乱墩汉墓群Ⅰ号墩发掘简报》，《东南文化》2003年第3期。
[5] 徐州博物馆：《徐州发现东汉建初二年五十涑钢剑》，《文物》1979年第7期。
[6] 郑同修、杨爱国：《山东汉代墓葬形制初论》，《华夏考古》1996年第4期。

就M21而言，时代为西汉中期的汉昭帝时期，时代在同类墓葬中相对较早，虽然还有诸多不完善之处，但在周边地区相关墓葬中时代较早，它的发现具有重要意义：一方面为汉代墓葬增加了新的种类，另一方面也为其后相关墓葬的形成和发展起到重要的促进作用。西汉晚期至东汉早期，随着古代墓葬的发展，横穴墓葬逐渐普及，这一墓葬型式也得到较多应用和较大发展，一端出现墓门，并有相应的坡形墓道，可以说，其为真正的砖室墓的形成及出现及其发展打下基础。

二、出土遗物

新四队东周秦汉墓葬群出土一定数量的遗物，但由于一些墓葬遭盗扰严重，或空无一物，或仅余残片，这在一定程度上影响了对该墓群出土遗物或陪葬品的整体研究。

总的来看，该墓群的出土遗物以陶器为主，另有少量铜、铁质器物及其他质地器物。陶器所占比例大，铜、铁及其他质地器物较少，在一定程度上反映出该墓群的墓葬等级普遍较低，属于中下阶层的墓地。

（一）陶　　器

以泥质灰陶为主，泥质红陶所占比例较小，烧造火候普遍较高。泥质灰陶质地相对坚硬，扣之有清脆之声，泥质红陶部分坚硬，部分疏松。陶土大多细腻，部分夹杂砂砾；少量夹杂极小的砂礓颗粒，烧制后呈黑色。圆形器物多，制作上多采用泥条盘筑。一些器物的内壁还有旋制的痕迹，个别器物的底部或腹下部还有刀削的痕迹，如M11、M44出土的部分陶仓、陶灶等。一些方形器物如陶钫、陶灶，基本是四侧及底部或上部用泥条堆筑成型后再组合成器。一些圆形器物也有局部成型再组合的现象，如部分陶鼎的蹄足，陶壶的圈足，M11出土的陶磨等。

器物部分为素面，如陶钵等。多数有纹饰，装饰手法多样。一些弦纹为制作时形成，而部分凹弦纹为刻划或用细线勒出，凸弦纹则用细泥条黏贴后再加工。较多的陶罐及部分釜的腹及底部有拍印或模印的绳纹、席纹、波浪纹、竖线纹、斜线纹、折线纹等，而且是多种纹饰组合使用，体现出时代特征和装饰特点。少量陶罐有刻划的成组细线纹，如M21出土陶罐的腹部即有一周刻画的细线纹。仿铜陶礼器、模型明器及杯、匜、瓶、盘、盆彩绘居多，多剥落。仿铜陶礼器中，鼎、盒、豆多有弦纹及云纹等，壶、钫除弦纹、云纹外，还有蕉叶纹、波浪纹等；模型明器及杯、匜、瓶、盘、盆的彩绘纹饰大多剥落不存，有直线纹、弦纹、云纹等；部分釜甑也有彩绘纹饰，标本M16∶15，腹上部饰有红色弦纹，弦纹内夹饰红色卷云纹和波浪纹。彩绘纹饰一般是在器物烧成后，在器表根据需要涂绘相关颜料，绘制之前，有的在器表涂抹一层白色，如部分陶壶等。该处出土器物的彩绘基本为红色，估计为朱砂类的红色颜料。

新四队东周秦汉墓出土个别陶器还有印戳和刻字等。M8出土陶钫底有方形印戳，为阳文"二"字，上横细，下横略粗。印戳应是在器物成型后，胎土还较黏软的时候印上的。标本M16：6，领下部一侧有阴刻"共县"二字，笔画随意，局部不清晰。"共县"二字可能是器物或盛物的产地，也可能有其他用途，这在战国晚期至西汉早期较为常见。刻画的文字为阴线刻，当是在器物烧制成之后以尖锐之物刻上的。

器系的制作丰富多样。从器物残片看，双系罐的器系与器壁结合紧密，无黏结痕迹，推测主体器形制作时，在器系的部位多留一些胎土，中部掏孔。A型陶罐器系所在部位的器壁下按呈内凹，器系凸起后再加工，再加工又包括捏制、削制、刻划等多道工序。B型陶罐中部分器物的器系直接加工成弧形，内穿圆形小孔。铺首纹饰基本为模印，较为规整则，铺首衔环应是先制作成型，组合后与主体器形进行黏结的，M24出土陶壶的铺首基本与器体分离，黏结痕迹较为明显。还有一些器物如B型罐中的部分器物及C型罐的纽，也是制作后与器体黏结的。陶钫及一些陶壶、陶鼎的盖上还有纽饰，基本是分体制作，下部留榫，而盖上有孔槽，二者插合而成。

新四队东周秦汉墓葬出土的陶器中，部分原为现实生活使用的器物，墓主死后陪葬于墓中，部分则是专门制作用于陪葬的物品，从数量来看，后者多于前者。专门制作用于陪葬物品的最显著特征是没有实用性，上文所述器表有彩绘的器物均属此类，这与彩绘装饰极易脱落，不方便使用等有关。除彩绘器物外，数量较多的应是陶钵、罐等。陶钵在东周秦汉时仍作为实用之物，江苏徐州市汉代采石场遗址即出土有工匠使用的陶钵[①]，该地区一些西汉墓葬的填土中也有相关人员使用毁损后弃置的陶钵发现，如东甸子西汉墓[②]、翠屏山汉墓[③]等。新四队东周秦汉墓中，陶钵作为陪葬品存在当无疑问，其无纹饰，当是现实生活使用器物作为陪葬品埋入墓中的，而其基本与陶罐同出，可能会作为罐盖存在。相关墓葬时代基本为秦至西汉早期，说明有一定的流行期段。陶罐多数作为实用器物当无疑问，但个别形体较小的，如M11：13，还有烧造变形的，如M37：2，可能没有实用价值而直接作为陪葬品。釜甑较为特殊，部分原应是实用器，如M16：14，为陶釜，器底有灰垢遗留，局部颜色较黑，当是使用遗留。M17：2为釜甑1套，釜的腹上部饰密集竖向绳纹，中部偏下为横向绳纹，最下为绳纹，亦可能为实用器物。M38：5、M45：6等为铁釜陶甑，应是实用器物。部分釜甑是专门制作用来陪葬的器物，如上文所述带彩绘的M16：15，而与其相近形制且带彩绘的釜甑也应是如此。

---

① 徐州博物馆：《江苏徐州汉代采石遗址发掘简报》，《考古》2010年第11期。
② 徐州博物馆：《徐州东甸子西汉墓》，《文物》1999年第12期。
③ 徐州博物馆：《江苏徐州市翠屏山西汉刘治墓发掘简报》，《考古》2008年第9期。

（二）铜　　器

数量不多，主要有铜镜、带钩及釜等。

铜镜中，M24出土的为素面镜，这与周边地区同时期墓葬出土的铜镜接近；M32出土的铜镜，镜身平，缘上翘，缘内为一周凸弦纹，主纹为蟠螭纹，地纹为细密的云雷纹，时代为汉代，与全国其他地区同时期的铜镜基本一致，在一定程度上体现出汉文化的逐渐统一性。

带钩与周边地区同时期墓葬出土的同类器物差别不大，反映出其作为日常用品在同时期、不同地区的一致性和普遍性。

釜出土于部分墓葬中，时代为西汉时期。器体较薄，素面，个别有弦纹，这与全国其他地区出土的同类器物基本相同。从现有资料看，我国很多地区的汉代墓葬有这类薄壁铜釜出土，部分有铺首衔环，一方面说明该类铜釜在汉代较为普遍，另一方面也反映出汉代一般实用铜器以素面为主的装饰风格。

（三）猪　　骨

新四队东周秦汉墓葬中，M11、M14、M17、M37、M38等相关墓葬出土有猪骨，均为猪前腿肩胛骨，墓葬时代为秦至西汉晚期。查阅相关资料，周边地区战国晚期至西汉时期的中小型墓葬中，极少有相关介绍，因此这也许是新四队东周秦汉墓葬的特点之一。

从清理情况看，猪骨基本与其他陪葬品同出，可以证明它是作为陪葬品存在的。战国晚期至西汉时期的很多墓葬中有陪葬动物骨骼的现象，徐州市区凤凰山西汉M1[①]及翠屏山汉墓均发现一定数量的牛骨，两墓还发现有鸡蛋壳，翠屏山汉墓还有其他食物发现。由上来看，新四队秦至西汉墓出土的猪骨应是作为食物陪葬墓主的。类似的现象在M8中也有发现，该墓出土有果核，也是食物。食物陪葬是陪葬品生活化的体现，也在一定程度上折射出墓主朞望在另一世界能有所食的丧葬思想。

三、合葬形式

夫妻合葬是古代葬制葬俗发展到一定阶段的产物，春秋时期数量增多并得到普及，战国时期夫妻合葬已较为普遍。新四队东周秦汉墓的上限为战国晚期，下限为西汉晚期，夫妻合葬现象已较为常见。

---

① 徐州博物馆：《江苏徐州凤凰山西汉墓的发掘》，《考古》2007年第4期。

根据夫妻是否葬在同一墓穴内，可将新四队东周秦汉墓中的夫妻合葬形式分为两型。

A型：同茔异穴合葬。夫妻二人为2座相对独立的墓葬，距离较近，墓向大多一致，基本平行，但男女墓葬的左右位置并不固定。数量较多。M24在该墓群中时代较早，为秦占领该地区之后不久，墓主男性，M9时代较之晚，为秦统一之前，二者平行，存在为夫妻合葬的可能，但距离相对较大。M16与M17，距离稍大，东北西南向平行并列，男右女左，相邻位置为M16的陪葬品与M17的棺室；M47、M48南北并列，距离稍远，墓向略有差异，时代均为秦代。M7与M45西北东南向并列，距离较近，男左女右，相邻位置为棺室，M45时代为西汉早期偏早阶段，M7时代为西汉早期偏晚阶段（女早男晚）。M37与M38距离较近，东西并列，男右女左，相邻位置为棺室，时代为西汉早期偏晚阶段。M5、M6南北平行并列，略有错位，距离较近，时代为西汉晚期。另外M22与M23、M12与M10、M32与M34、M33与M31等也应为夫妻合葬墓，距离远近不同，时代也有差别。除上述墓葬外，M44与M4之间也可能存在为夫妻异穴合葬的可能，二者时代均为西汉晚期，且皆为竖穴砖椁，M44规模大，可能为男性墓葬，M4规模小，可能为女性墓葬，但相距稍远。

B型：同穴合葬。数量较少。根据二棺之间是否有间隔可分为二亚型。

Ba型：二棺之间有一定间隔，在二棺之间置放陪葬品。2座，分别为M11与M21，均位于近山头顶部，M11为土坑竖穴木棺墓，M21为土（石）坑竖穴砖椁墓。M11北侧棺葬男性，南侧棺葬女性，根据头向判断，为男左女右，中间置放共有陪葬品，两棺西侧头档外分别为1陶鼎（北）与1铜釜（南）。墓葬时代为西汉晚期。M21东侧棺葬男性，西侧棺葬女性，根据头向来看，为男右女左，中部间隔处置有陶罐等。墓葬时代为西汉中期。类似的合葬形式在周边地区也有发现，襄阳老河口九里山M114，时代为秦代，竖穴底部并列二棺，二棺中间为陪葬品；汉代墓葬中类似的形式更多，一些细部略有不同，有的二棺并列，有间隔，但陪葬品位于墓主头部，如M43等[①]。

Bb型：二棺之间无间隔，陪葬品位于边、脚厢之中。1座，为M36。葬具为一椁二棺，椁内东西并列置二棺，无间隔，并在南部及西部形成脚厢和边厢，内置陪葬品。墓葬时代为武帝时期，即西汉中期偏早阶段。

另外还有一些单独墓葬，如M13、M39、M40、M46等，可能存在一些特殊原因：一方面该墓原本就没有合葬墓，另一方面与该处墓葬遭破坏及盗扰严重等有一定关系，如该处处于丹江口库区之内，一些墓葬埋藏较浅，因水土流失极为严重而不存，还有一些由于湖水冲刷，所在地区坍塌而不存等。

夫妻异穴合葬墓在时代上大多有所差异，相差不多，少量相差时间略大，这与夫妻去世时间早晚有着一定的关系。该处墓地中，多是男性较女性早去世，故下葬早一些，陪葬品等也体现出一些早的特征，如M24早于M9，M37早于M38等，其中M24与M9的时间差距可能略大。

[①] 襄樊市文物考古研究所、武安铁路复线九里山考古队编著：《老河口九里山秦汉墓》，文物出版社，2009年，第70-71、164-166页。

也有少量夫妻间为女性较男性早去世，如M45与M7，M45时代早于M7，墓主为女性，M16与M17亦是如此，M17略早于M16。

该处夫妻异穴合葬墓的墓葬形制差别不大，或在细处稍有差别，如M37与M38等。少数夫妻合葬墓在形制上差别略大，如M44与M4，虽均为竖穴砖椁墓，但在具体形制上还是存在较大差别。陪葬品的差别则相对明显，M37有陪葬品11件，M38算上钱币仅有6件（组），M16有陪葬品17件，内含仿铜陶礼器等，M17有陪葬品5件，其中4件日常生活用品、1件猪骨，即使算上有痕迹的漆器也仅有6件。相应的差别体现出战国晚期至西汉时期夫妻在家庭中地位的差异，是当时"男尊女卑"社会现实的一种体现。

总体来看，新四队东周秦汉墓中，夫妻合葬的发展趋势是异穴趋近，同穴合葬逐渐得到使用，二者在发展中均有多种表现形式。对比不同合葬形式的墓葬数量，A型居多，即同茔异穴合葬者居多，且时代早晚皆有，但合葬于同一墓室之中者（B型）数量相对较少，时代为西汉中晚期。这折射出该地区在这一时期同茔异穴合葬墓占据着主导地位，同穴合葬出现相对较晚，还没有得到较大推广，这与古代夫妻合葬形式的发展基本一致，而新四队东周秦汉墓所属时代恰恰处于同茔异穴合葬向同穴合葬过渡的发展阶段。

四、墓葬分布及家族墓地

大致来看，新四队东周秦汉墓全部分布于山丘地带，这与该地区的地理环境密切相关。若细致划分，又可分为小型山丘的山顶和山坡、山脊的向阳地带、较高山丘的向阳台地等几种类型。小型山丘顶部和山坡的墓葬基本围绕山顶呈环形分布，数量较多，除山丘顶部几座墓葬的墓向较为一致外，其他墓葬的墓向不甚统一。山脊向阳地带的墓葬呈"一"字形分布，即墓葬基本位于一条直线上，墓葬数量不多，墓向基本一致。较高山丘向阳台地的墓葬基本呈线形分布，墓葬数量相对稍多，但有多组，略显分散，较宽台地处大体呈"一"字形，个别墓葬稍有偏差；较窄台地处基本是沿台地走向，就墓向而言，同一位置的墓葬墓向有较强的一致性，但也有墓葬存在差别。

就整体而言，新四队东周秦汉墓的分布较为集中，但有不同的区域，不同区域又有着自身的分布特点，区域内的墓葬数量不等，时代也存在前后差别，而且每一区域内均有一定数量的夫妻合葬墓，因此推测该墓群可能是由多个家族墓地组成的综合性墓地。上文所述墓葬分布的情况与家族墓地的需求和安排可能有着密切关系，同时这种分布也许会对家族墓地有着一定的影响和作用。

根据墓葬分布概况及墓葬时代等因素，大致可将该墓群的相关墓葬分为五组家族墓地。相关区域有一些墓葬因破坏而不存，就家族墓地中相关墓葬的时代延续来讲，部分区域可能存在缺环。

壹组：位于墓地东南，小山丘东南部窄长山脊的西南部。计有墓葬5座，分别为

M30-M34。M31、M33时代相对较早，为秦统一前后至秦灭亡，二者可能为夫妻异穴合葬墓，当为该组的核心墓葬，其他墓葬位于二墓的两侧。从分布来看，该处家族墓地是以核心墓葬为中心，两侧分布其他墓葬，墓葬基本位于一条直线上，墓向大体一致。该处家族墓地中，M30的时代最晚，为西汉中期，为目前所知该家族墓地的时代下限。

贰组：位于墓地南部山丘。墓葬数量最多，分别为M1-M4、M7-M12、M21-M24、M26-M28、M35、M43-M45等21座。其中M24的时代最早，M9时代稍晚，二者可能为夫妻合葬墓，时代均在秦统一之前，当为该组的核心墓葬，M24位于山丘顶部，M9位置偏东，地势略低。其他墓葬基本围绕M24呈环形分布。从分布来看，该处家族墓地是以核心墓葬中的男性墓葬为中心，环形分布，墓葬数量较多，墓向也有差别。该处家族墓地中，M3、M23、M43的时代稍晚，为秦统一前后至秦灭亡，三者的墓主均为男性，墓主可能为M24墓主的儿子。三者中，M23位于近山顶处，M3与M43则分列两侧，体现出在家庭中的差异，而三者之后的相关墓葬按照一定的需求和安排葬在该墓地，而M3的西侧与南侧现为断崖，原来的地理地貌已被破坏，有无墓葬也不可知。墓地中时代最晚的为M11，可能至王莽新朝时期，M4与M44的时代也较晚，为西汉晚期，因此目前所知该家族墓地的时代下限应为西汉末年。

该家族墓地中，西汉中期的M21位于山丘高处，较顶部略低，西汉晚期的M11、M44距离山丘顶部亦较近，这在一定程度上与其时代似有不符，但这恰恰体现了战国晚期至汉代家族墓地中墓位安排的特点，即家族中尊者、长者及有一定身份地位的人员可能会葬在家族墓地的较显著位置，而从发掘来看，M11、M21、M44的等级相对较高，与之基本符合。

另外，壹组与该组距离较近，其中的M31、M33，时代为秦统一前后至秦灭亡，时代与M3、M23接近，因此存在壹组是在贰组发展到一定阶段，从中分离出来而形成的一个相对独立的家族墓地。

叁组：位于墓地北部西侧，为较高山丘海拔相对稍低的向阳台地。墓葬数量相对稍多，分别为M5与M6、M36-M40、M46-M48等10座。其中M47、M48是夫妻异穴合葬墓，时代为秦统一前后至秦灭亡，是该组的核心墓葬。二墓位于该组的中部，其他墓葬分列两旁，南侧仅发现M46一座，一些墓葬可能因破坏不存；北侧二级台地上均有墓葬，数量稍多。从分布来看，该处家族墓地是以核心墓葬为中心，两侧不同海拔的台地上分布其他墓葬，北侧较有规律，墓向部分一致，部分因台地走向及时代等的不同有所差异。该处家族墓地中，M5与M6的时代为西汉晚期，是目前所知该家族墓地的时代下限，部分墓葬因破坏不存，时代延续上略有缺环。

肆组：位于墓地北部东侧，为紧邻较高山丘的向阳台地。墓葬数量略少，分别为M14-M19等6座。其中M16与M17为夫妻异穴合葬墓，时代为秦统一前后至秦灭亡，是该组的核心墓葬。二墓位于该组的中部，其他墓葬分列两旁，各2座，一些墓葬可能因破坏不存。从分布来看，该处家族墓地是以核心墓葬为中心，两侧分布其他墓葬，墓向因时代及其他原因有所差异。该处家族墓地中，M15的时代为西汉晚期，是目前所知该家族墓地的时代下限，部分墓葬因破坏不存，时代延续上略有缺环。

伍组：位于墓地东侧中部，为较高山丘海拔相对稍低的向阳台地。仅有M13一座，时代为秦统一之前。M13的墓坑局部已被破坏，周边台地也破坏较甚，相关墓葬可能因破坏不存，具体分布情况不可知。不过，该组与肆组距离较近，且从时代上看，M13要早于M16与M17，因此该组亦存在与肆组为一组的可能，而M13则很可能为核心墓葬，其他墓葬分列两侧，南侧墓葬因破坏而不存。

综合以上内容，关于该墓地的家族墓地有以下几点初步认识。

①墓葬基本位于低矮山丘及其山坡台地之上，并因地形地貌及不同家族需求等的不同，分布方式存在差异。

②不同的家族墓地虽距离较近，但相对独立，均有自身的核心墓葬。

③不同的家族墓地形成的时间存在差异。南部山丘的家族墓地形成时间时代最早，为战国末秦国占领该地之后不久，其他则是在其之后逐渐形成的，但时代基本不晚于秦代。

④每一家族墓地都有一定的时代延续，时间的长短不一。从目前的发掘资料看，西汉末年这些家族墓地可能趋于衰落，但考虑到该处墓地因破坏、盗扰及其水淹等原因，其下限还很难有准确的判断。

⑤该处墓地在秦代形成并有所发展，而附近地区的家族墓地中，部分时代稍早，部分则晚至西汉，在一定程度上说明该地区可能是在秦国占领之后逐步得到发展的。

⑥从目前资料看，南部山丘所属家族墓地的墓葬数量多，分布密集，时代延续性强，可能说明该家族的人丁较为兴旺。

五、墓葬等级

从墓葬分布来看，基本选择在山丘及其山坡台地上，墓葬较为集中，不见较为突出和特别等级的墓葬，这说明该葬群中的墓葬等级普遍不高。

墓葬形制方面，基本为长方形土（石）坑竖穴，规模不大；葬具高者为一棺一椁，低者则仅有木棺，较为简单；有其他设施的墓葬较少，有者也较为简略，多是服务于下葬，少量用于封护，很少见同时期等级较高墓葬的配套设施。

陪葬品反映出该墓群中的墓葬等级相对较低。玉器、金银器不见，铜铁器极少，而且多为生活用品，不见铜礼器。陶器中，陶罐占有较大比例，另有一些其他生活类器物；仿铜陶礼器制作相对粗糙，组数最多为2组，部分组合不全，而且较多墓葬不见；模型明器昌在这一地区出现较晚，但仅发现于个别墓葬中，而且形体普遍较小，制作粗糙。

综合分析，新四队东周秦汉墓葬的墓主中，等级较高者可能为低级官吏或中小地主，如M3、M11、M24、M16、M44等的墓主，较多等级低者为一般平民，如M37、M38及其他较多墓葬等。就不同家族墓地而言，核心墓葬的等级相对接近，一般稍高，其后的相关墓葬则是各有差别，如贰组家族墓地，西汉晚期的M11、M44等，等级则相对较高。因此就整个墓地而言，应该是由多个等级相对不高的家族墓地组成的综合性墓地。

六、发展演变及其自身特征

新四队东周秦汉墓的墓葬形制、陪葬物品及其夫妻合葬形式的发展、家族墓地的形成等均反映出相应的发展和演变，并在其发展演变过程中体现出其自身的一些特征与特色。

1. 墓葬形制

均为土（石）坑竖穴墓，不见横穴墓葬，这与战国晚期至西汉时期流行的墓葬形式较为相符。细分又可分为土（石）坑竖穴木棺墓、土（石）坑竖穴木椁木棺墓、土（石）坑竖穴砖椁木棺墓三种类型，每种类型之中又有型式等的划分，不同类型之间也有密切关联，体现出相应的发展和演变过程，而墓葬形制的发展演变均是竖穴土（石）坑墓自身的发展演变。

土（石）坑竖穴木棺墓前后延续时间较长，整体变化不大，多是一侧置棺，一侧摆放陪葬品，西汉晚期，出现了夫妻同穴合葬，虽然继承了棺的一侧放置陪葬品的特征，但在二棺的中间。

土（石）坑竖穴木椁木棺墓的前后延续时间为战国末至西汉中期偏早阶段，其后基本不见。A型的变化亦不大，椁内一侧置棺，一侧摆放陪葬品，但西汉中期偏早阶段的M36出现了夫妻同穴合葬，边厢继续使用，一窄端还形成了脚厢，脚厢在较早阶段的墓葬中已有使用，该墓的脚厢则可能是适应夫妻同穴合葬而形成的。B型的发展变化主要表现在相关设施上，即由头部一条长方形凹槽发展为一条长方形凹槽与四角不规则圆形或椭圆形凹槽相配合，再发展为头、脚部各有一条凹槽。其他情况则与A型无夫妻同穴合葬的形式大体一致，其上限较早，但下限仅至西汉早期偏早阶段。

土（石）坑竖穴砖椁木棺墓的出现时代较晚，为西汉中期偏晚阶段，西汉晚期的墓葬数量增多，修砌方式、建筑材料及其墓葬结构均有逐步发展的过程，较早阶段的M21仅在四壁砌砖，用砖单一，结构简单，较晚阶段的M44不仅墓底铺砖，还在底部以砖砌有相关室，用砖多样，使用了空心砖，整体结构较为复杂。从整体结构看，M44与M36在一定程度上存在相似之处，也体现出土（石）坑竖穴砖椁木棺墓对土（石）坑竖穴木椁木棺墓的继承和发展。

综合来看，土（石）坑竖穴木棺墓的使用时间较长，是墓葬形制延续发展的体现，土（石）坑竖穴木椁木棺墓则在西汉中期偏早阶段逐渐衰落，代之而起的是土（石）坑竖穴砖椁木棺墓，而土（石）坑竖穴砖椁木棺墓在形成之后得到迅速发展，至西汉晚期，墓葬形制已较为复杂，且用砖较为多样。砖椁墓的出现和发展在一定程度上是墓葬形制第宅化的体现，而它也为东汉时期大量流行的横穴砖室墓打下了坚实的基础。因此可以说，新四队东周秦汉墓的墓葬等级虽然不高，形制相对单一，但也体现出墓葬形制日趋第宅化的发展趋势。

2. 陪葬品

新四队东周秦汉墓的陪葬品以陶器为主，发展演变的特征较为明显。需要说明的是，虽然经历不同的统治时期，陪葬品除具有时代特征外，地域特征也表现得较为突出，体现出发展演变过程中的自身特点。

就总的发展演变来看，秦占领该地区之后，器物形制及相关内容还有一些楚墓器物的特征。随着秦在这一地区统治的不断加强，秦器的特征也不断突出，秦统一之后则更是如此。西汉时期，器物在继承前代及融合楚俗的基础上得到新的发展，但器物的时代特征日益明显，这表现在一些旧有器物逐渐衰落或不见，一些新的器物开始出现。西汉晚期，模型明器成为陪葬品的一个主要类型，而且种类和数量均较多，汉文化的特征已较突出。

仿铜陶礼器的逐渐衰落与生活类用具的增多及模型明器的兴起也是该地区东周秦汉墓陪葬品发展演变的一个主要特征。战国末期至西汉早期，较多墓葬中陪葬有仿铜陶礼器，西汉中晚期墓葬中，陪葬仿铜陶礼器者较少，这是发展演变的特征之一。战国末至秦统一之前，陪葬仿铜陶礼器的种类较多，为鼎、盒、壶、豆，2组。秦统一之后，豆基本不见，为鼎、盒、壶的组合，2组。西汉早期，组合为鼎、盒、钫或鼎、盒、壶的组合，2组。西汉早期偏晚阶段，仿铜陶礼器衰落的步伐加快，基本为鼎、壶，2组，至西汉中期则仅有2件陶鼎，而西汉晚期的M11虽为夫妻同穴合葬，但仅男性墓主陪葬有1件套陶鼎，衰落之势十分明显。器物形制方面，较早阶段的鼎还有楚墓器物特征，足较高，至秦代，足部变短，西汉早期，足部又渐高，西汉早期偏晚至中期偏早阶段，器体变大，腹部变深，但至西汉晚期，形体变小，腹部较浅，而且形制退化，鼎足已成为较矮的锥形，三足与双耳的位置也不是早期鼎较为对称的配置方式。生活类器物的陪葬贯穿该处东周秦汉墓的始终，但体现出逐渐增多的态势，特别是罐，时代较早的墓葬中不见，西汉墓中的数量则较多。就器物制作来讲，战国末期至西汉早期是渐趋精良，西汉中期之后则逐渐退化，一些西汉晚期墓葬中出土陶罐的形体已不甚对称即可说明。模型明器在该地区东周秦汉墓中使用较晚，基本为西汉晚期，但其在出现之后即得到较多使用，体现出较强的发展势头，如M11，有陶仓10件、陶井4件、陶灶2件、陶磨1件，这说明模型明器在陪葬品中已占有较为重要的地位。以上内容体现出战国晚期至西汉时期，陪葬品的发展态势是渐趋生活化的。

3. 夫妻合葬形式的发展与家族墓地的形成

新四队东周秦汉墓中，夫妻合葬形式的发展主要表现在两个方面。一是异穴合葬距离不断趋近，时代较早的M24与M9的距离较远，秦代的M17与M16之间的距离较上述二者要短，西汉时期的M5与M6、M7与M45、M37与M38等则距离更近。二是同穴合葬出现并逐渐增多，M11、M21、M36等均是同穴合葬墓，这是古代夫妻合葬墓的发展趋势之一。

该墓地有多个家族墓地，不同家族墓地的形成时间并不相同，这体现出该处的家族墓地是向着综合性家族墓地发展的，而这也与其他地区家族墓地的发展趋势较为一致。具体到每一个家族墓地，墓位的安排、排列的方式等等也都是该处墓葬发展的体现。

4. 墓地特征

该地原为楚国统治地带，墓葬受楚的影响当在情理之中。墓葬形制方面，楚俗的延续性较强，这与墓葬等级相对较低，墓葬规模不大，旧有的葬俗在中下层人员中延续性较强有一定关系。而随着秦占领该地，秦的一些葬制或葬俗逐渐影响并渐深入，陪葬品中的陶器属变化较快的种类，陶盒取代陶敦，罐的种类和数量大增，具有典型秦文化特点的B型陶罐得到使用并延续至西汉早期。但就陪葬品而言，一些楚的因素仍有保留和发展，如双系陶罐的普及、一些仿铜陶礼器仍留有楚器的特点等。以上说明，该地区的战国秦墓及秦代墓葬在墓葬形制上受楚俗延续性影响较为明显，而这一影响一直延续至西汉时期，结合陪葬品体现出来的相关内容，西汉墓葬受楚俗与秦制的双重影响，并在此基础上逐渐发展，日渐形成自身的特点和特征。就西汉墓葬来讲，既与全国其他地区有着诸多相同或相近之处，也有一些属于这一地区的自身特点，如砖椁墓的出现和发展、模型明器在西汉晚期开始出现并普及等。

该处墓地由多个相对独立的家族墓地组成，每个家族墓地又由不同时代的若干个家庭及其成员的墓葬组成，体现出这一历史时期中下层人员的相应葬制和葬俗。该墓地体现的葬制葬俗还表现为以下几个方面，既体现出较多统一性，也反映出自身的诸多特征。

①选择在低矮山丘及山坡台地修建墓葬。相对独立山顶山丘上，墓葬分布于各个位置；台地上的墓葬则多为向阳地带。

②家族墓地中包含不同时期的墓葬，不同时期的墓葬中存在着等级差别，时代较早、家族中的长辈、有一定身份地位者多葬在尊位或高处，体现出家族制度及相关内容。家族墓地中，夫妻合葬墓较多，反映出家庭作为家族重要组成部分的特征，也体现了家族墓地是以家系为中心的特点。夫妻合葬墓中，男性墓葬的等级大多较女性要高，位置、形制及陪葬品等均可体现，折射出古代家庭中男尊女卑的社会现实。

③受家族墓地墓位安排及不同时代特征等的影响，墓向并不一致，但同一家族墓地中，相近时代的墓葬，墓向多数统一。

④墓葬均为土（石）坑竖穴，墓坑普遍不大，但较为窄小者亦较少，如M30，而一些较大者多为夫妻同穴合葬墓，如M11、M36等，个别为等级相对高的墓葬，如M44等。竖穴下部置放葬具与陪葬品，部分还有相关设施。葬具与陪葬品并列摆放，位置或左或右。均有一漆木棺，一些墓葬有一木椁或砖椁，等级较仅有一木棺者高。一些夫妻异穴合葬墓的葬具并不一致，但有椁者基本为男性，女性多无椁。夫妻同穴合葬或两棺紧邻，边厢及脚厢放置陪葬品；或两棺有间隔，中部放置陪葬品。均为仰身直肢葬，不见屈肢葬。墓葬埋藏深浅不一，最多者达1米以上或更多，这与墓葬等级及修建的要求等可能有着一定关系。

⑤陪葬品多位于木棺一侧，棺内的陪葬物极少。以陶器为主，其他质地器物较少。陶器有仿铜陶礼器、模型明器、生活类器物等，部分是专门制作用以陪葬的，部分则是现实生活中使用的物品。仿铜陶礼器基本以组合的形式出现，同一时代的组合有统一性，不同时代则有较大变化，多为男性的陪葬品，西汉中期趋于衰落，个别时代较早的女性墓葬也有使用，在一定程度上体现出墓主的身份等级。生活类用品以陶罐居多，釜甑也使用较长时间，其他如盆、盘、匜、杯等使用并不普遍。模型明器使用时代较晚，基本为仓、灶、井、磨的组合，但一经使用便得到迅速普及。其他质地的器物中，铜器多为小件生活类器物，盛器有釜，其他有镜、带钩等。钱币在汉代墓葬中有所陪葬，特别是中晚期墓葬中，汉代之前的墓葬不见。铁器多为生活类器物，如釜等，个别为工具或其他类器物，如扒钉等。漆器基本为小件器物，如盘、耳杯等。料器出现在时代较早的M24之中，与同时期的周边地区墓葬较为相似。陪葬猪的肩胛骨是该墓地的特色之一，男女均有陪葬，在周边地区墓葬中较为少见。

⑥新四队东周秦汉墓葬的整体等级并不高，但墓葬之间也体现出相应的等级差别。这种差别一是不同家族之间的差别，二是同一家族之间的差别，三是夫妻之间的差别，另外还可能存在时代的差别等。

余　　论

新四队东周秦汉墓群从战国末期秦占这一地区之后不久至西汉末年，虽然发掘的墓葬不是很多，但相关墓葬还是折射出相应的社会内容。

该墓地中时代较早的墓葬如M24，对研究战国末年秦国的扩张及其文化影响等有着重要价值，同时也是探讨该地区逐渐繁荣的切入点之一。战国末年至秦代的墓葬，如M13、M16、M17等，对分析秦文化的东渐及其秦楚文化的融合有一定参考价值，由于秦的统治时间较短，这一融合又对西汉墓葬的葬制、葬俗及其相关文化有着一定的影响和作用，如墓葬形制及陪葬品的延续等。墓葬的时代跨度相对较长，墓葬形制及其陪葬品受到多方面的影响，对于研究文化的交流、融合及其汉文化的逐渐形成也有一定的参考作用。

墓地中不同时代墓葬及其数量的多寡、等级的高低，在一定程度上折射出居住、繁衍、人口多少及其社会地位的变化、家族的兴衰等。不同家族墓地的综合对比，反映出不同家族之间的差异。同一家族墓地中的家庭的时代变化，同一时期不同家庭的差异，对于研究家族的发展和变化可提供参考。同一家庭中，夫妻墓葬之间的差别，对研究夫妻在家庭中的地位差别，尤其是男尊女卑的社会现实有一定意义，而子孙墓位的安排也是研究汉代家庭的一项重要因素。

墓地的选择、墓位的安排对研究这一时期的丧葬思想可起到相应参考。墓葬形制中，墓坑、葬具及相关设施、封填情况对研究墓葬的修建技术、下葬技术及封填技术等有一定的价值。陪葬品可反映出器物的制作、社会生活内容、相关丧葬制度和习俗等较多内容。

墓葬对于研究古代社会的政治、经济、科学技术、思想文化、物质生活面貌等均有一定的参考，新四队东周秦汉墓的墓葬数量不多，等级也相对稍低，加之部分遭破坏或盗扰等极为严重，反映的社会内容并不全面，但就该墓地而言，对于研究相关社会内容还是有一定参考价值的。

第三章 元明清墓葬

第一节 分布与位置

新四队墓葬群发掘的48座墓葬中,有5座时代较晚的墓葬,分布较为散乱。Ⅰ区有3座,一座位于南部山丘的西南侧,周边为东周秦汉时期的墓葬;一座位于南部山丘与北部较高山丘之间,周边无其他墓葬;一座位于北部较高山丘的南部,南部亦无其他墓葬。Ⅱ区2座,位于西北部山丘西南平缓坡地上,2墓并列,周围无其他墓葬发现。

第二节 墓葬资料

计5座,基本为土坑竖穴形制,具体形制又有所差异,基本开口于耕土层下,部分墓口或葬具暴露在外。部分为木棺,多朽,部分砌砖室。墓内葬1人,部分为夫妻异穴合葬。墓葬均遭不同程度的破坏,部分无陪葬品,部分有青瓷碗或钱币等,多残。

一、M20

位于南部山丘的西南侧,地表有卵石,局部有杂草生长。西南侧为M3,东南侧为M28,东部稍远为M23,稍近略偏北为M22。

1. 墓葬形制与结构

M20为土坑竖穴墓,上部土坑因水土流失等原因不存。南北长2.18、东西宽1.2、残深0.27~0.3米,方向352°(图一七一)。竖穴内填黄褐色花土,土质松软。墓坑底部有板灰痕迹,呈淡灰色,并有铁质棺钉发现,推测原应有木棺。墓内葬一人,头北向,方向352°。骨架极朽,中部偏南发现一段腿骨。

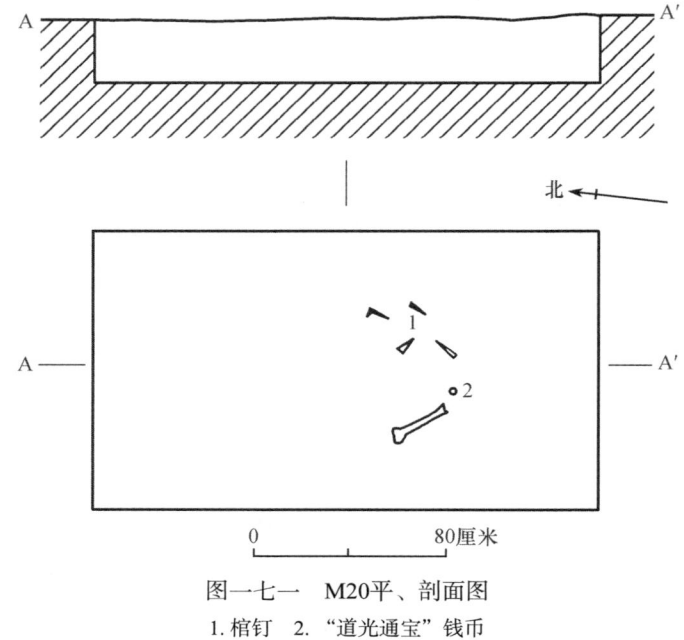

图一七一 M20平、剖面图
1. 棺钉 2. "道光通宝"钱币

2. 出土遗物

墓葬曾被扰乱，出土遗物较少，有铁钉、铜钱币等，均锈残。

钉 1组（M20：1），4枚，锈残，铁质。M20：1-1，顶端弧形，有钉帽，末端较尖。断面近方形。残长11.1厘米（图一七二，1）。M20：1-2，形体直，有钉帽，末端较尖。断面近方形。残长9.9厘米（图一七二，2）。均为棺钉。

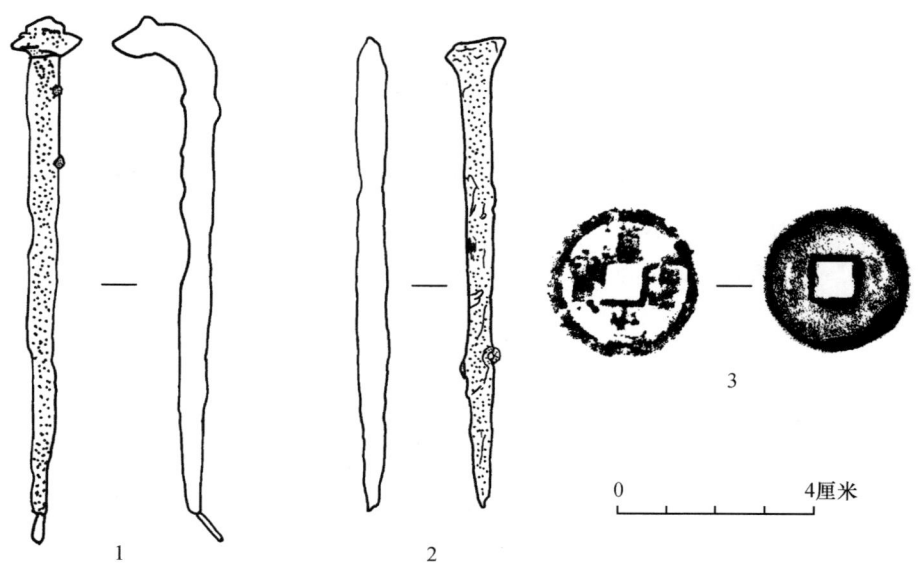

图一七二 M20出土器物
1、2. 铁钉（M20：1） 3. "道光通宝"铜钱币（M20：2）

钱币 1枚（M20:2），锈残，铜质。圆形，方孔，内外有郭。一侧有"道光通宝"四字，不甚清晰。直径2、郭厚0.1厘米（图一七二，3）。

二、M25

位于北部较高山丘的南侧，积土较厚，地表杂草茂盛。周边较近距离无其他墓葬，西侧略偏南较远为M13。

M25为土坑竖穴墓，上部土坑因水土流失等原因不存，南侧尤为明显。土坑基本依山势北高南低，南北长2.2、东西宽1.25、残深0.05～0.352米，方向270°（图一七三）。竖穴内填黄褐色花土，土质松软。墓坑底部置一木棺，呈北宽南窄的梯形，中北部因破坏不存，局部有痕迹。南部有少量保留，暴露在外，底部铺木板，其上两侧为立板，末端挡板位于两立板之间，棺板厚约20厘米，基本为榫卯结构，局部有铁钉加固痕迹，已朽不存。墓内葬一人，头北向，方向270°。骨架极朽，不存。

由于遭扰乱，墓葬破坏严重，墓内无相关遗物发现。

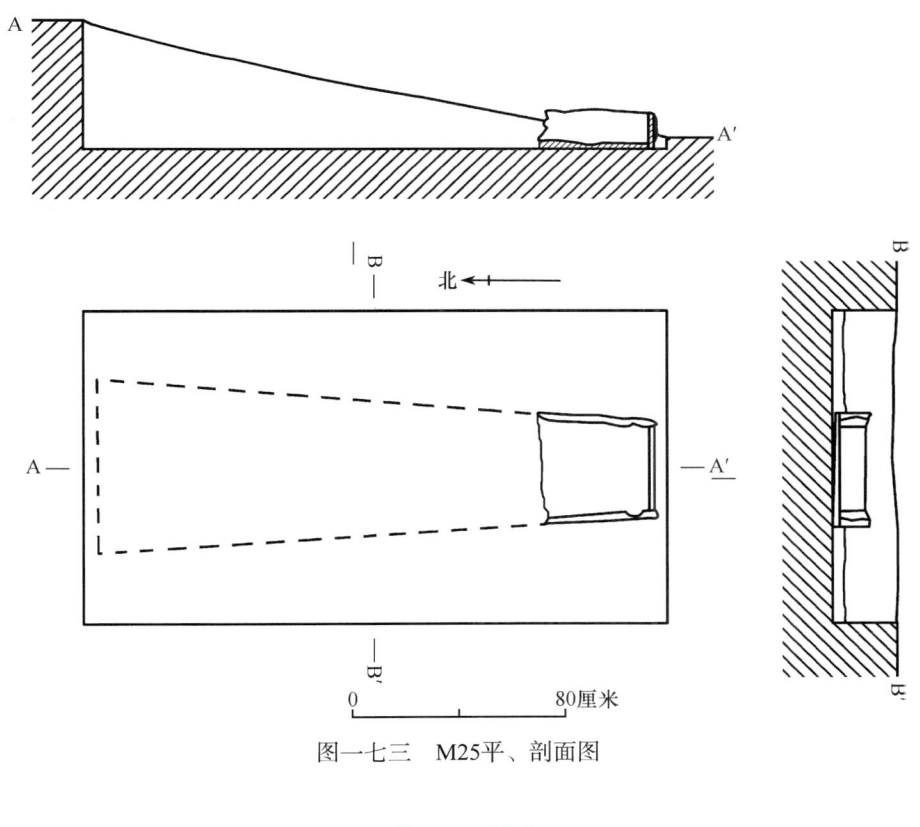

图一七三　M25平、剖面图

三、M29

位于南部山丘与北部较高山丘之间，积土较厚，地表杂草茂盛。周边较近距离无其他墓葬，东侧略偏南较远为M13，西侧略偏南较远为M26，西南侧较远为M35。

M29为土坑竖穴墓，上部土坑因水土流失等原因不存。南北长2、东西宽1.65、残深0.40~0.52米，方向321.5°（图一七四）。竖穴内填黄褐色花土，土质松软。墓坑底部有淡灰色的板灰痕迹，呈梯形，并有白灰等发现，推测原应有木棺。墓内葬一人，头北向，方向321.5°。骨架极朽，基本不存。

由于墓葬所在位置海拔较低，受水浸泡严重，加之遭相关扰动，木棺极朽，无相关遗物发现。

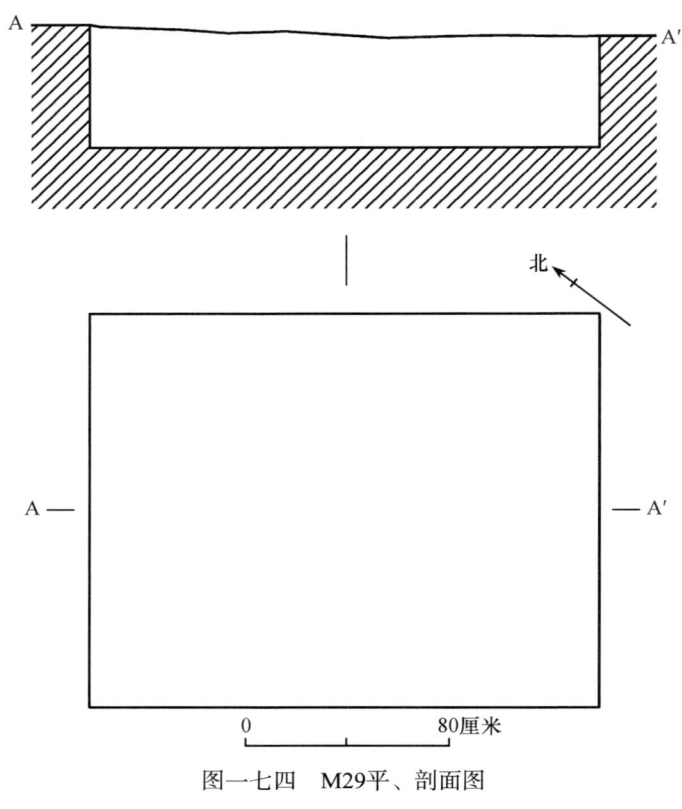

图一七四　M29平、剖面图

四、M41

位于西北部山丘西南平缓坡地上，积土较厚，地表杂草茂盛。西部为M42，二墓并列，相距2.9米。周围无其他墓葬发现。

M41墓坑为长方形土坑竖穴，上部土坑因水土流失等原因不存。南北长1.16、东西宽0.66、残深0.06~0.16米，方向42°（图一七五；图版三二，1）。土坑竖穴底部以砖砌墓室，不甚规整。砌砖均为汉代墓葬用砖，多残缺不整，一窄面有模印的菱形纹、几何纹等。这些墓砖应是其他墓葬用砖被拆除或采集后的重新利用。砖砌墓室四边为墙，宽15~19.5厘米，局部排列紧密，局部空隙较大。因水土流失等原因，四壁砖墙均遭受不同程度的破坏，南北两壁仅余1层，东西两壁局部1层，局部2层。墙内墓室南北长80、东西宽30~35厘米、残深0~9厘米。

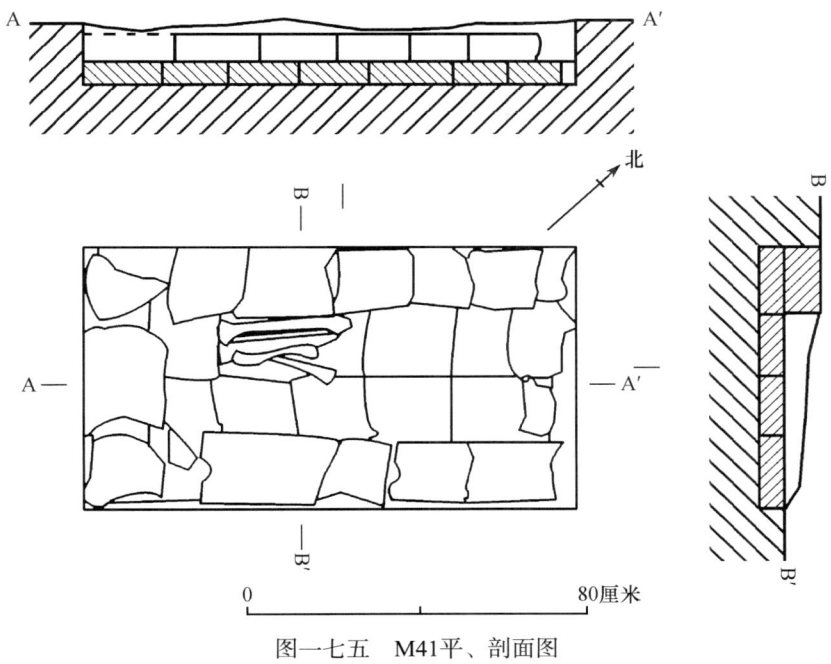

图一七五　M41平、剖面图

底部铺砖2排，每排均南北向铺砌5块残砖。墓室内无木棺痕迹，推测所砌砖室即为棺室，其内西侧偏南发现有腿骨，为成年人骨骼，部分相互叠压。墓主女性，头北向，方向42°。

墓内无相关遗物出土。

五、M42

位于西北部山丘西南平缓坡地上，积土较厚，地表杂草较为茂盛。东侧为M41，二墓并列，相距2.9米。周围无其他墓葬发现。

1. 墓葬形制与结构

M42为长方形土坑竖穴墓圹，局部暴露在外。南北长1.4、东西宽0.82、深0.56米，方向40°（图一七六；图版三二，2）。墓圹内四壁以砖砌墙，墙上以砖砌顶封盖。砌顶砖及墙砖均为汉代墓葬用砖，多残缺不整，推测是其他墓葬用砖被拆除或采集后的再利用。砖砌顶呈不规则椭圆形，可分为2层。最上层皆为残砖，基本按东西向铺砌，南北成列，局部紧密，局部缝隙较大（图一七七）。可分为有榫卯和无榫卯两种，在一侧有模印的菱形纹与几何纹，如M42：砖-4、M42：砖-5等，其中M42：砖-5模印有双线边框，内为菱形纹与三角纹（图一七九，5）；M42：砖-4的模印菱形纹中部间隔有竖线纹与横线纹（图一七九，4）；M42：砖-3的一侧亦模印菱形纹，一宽面有制作留下的细密绳纹，绳纹的一侧还有刻画较深的多条弧线纹

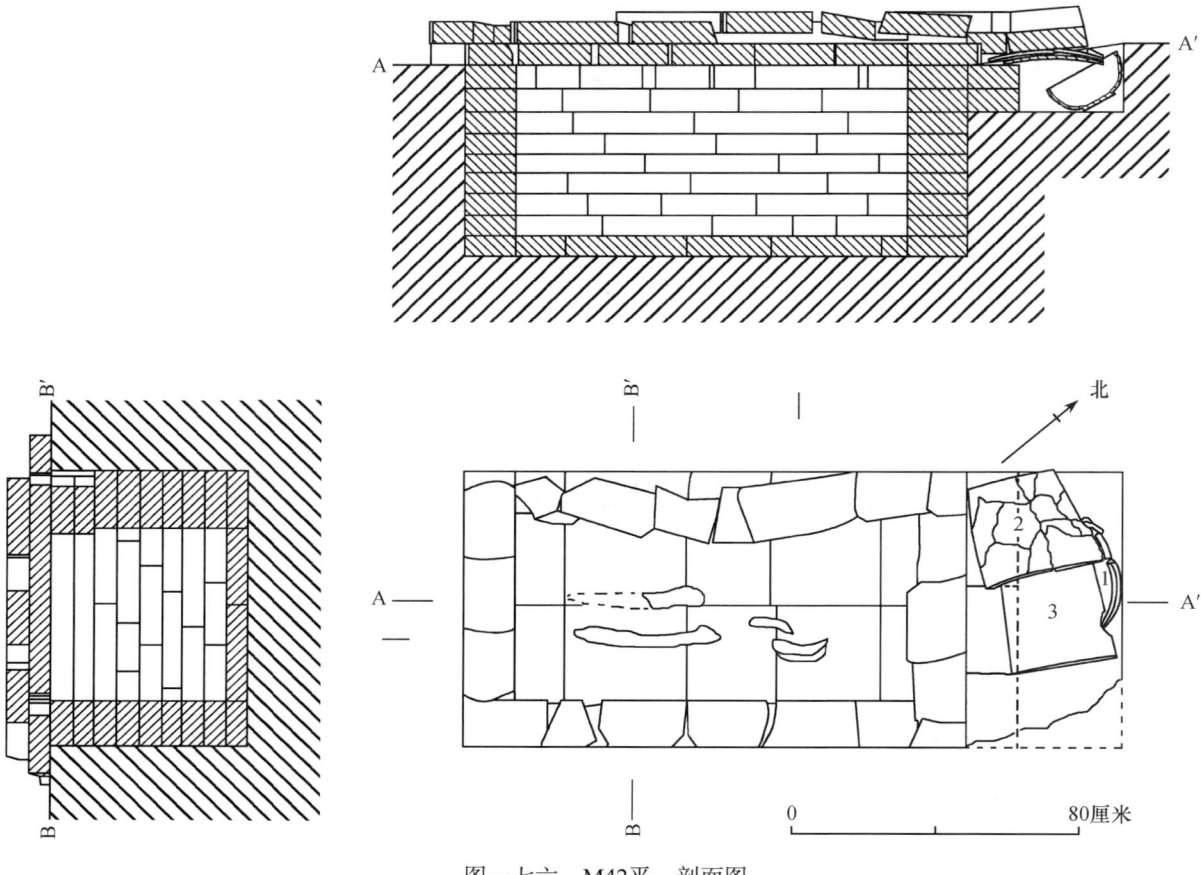

图一七六 M42平、剖面图
1.青釉瓷碗 2、3.陶板瓦

（图一七九，3）。第二层亦多为残砖，局部紧密，局部缝隙较大（图一七八）。较小的砖块铺砌在四周，可分为有榫卯和无榫卯两种。中部以形体较大或完整的带榫卯砖东西向平铺，南北成列，较完整的带榫卯砌顶砖，榫长3、砖身长62、宽23、厚6厘米。二层砌顶砖下为长方形砖砌墓室，整体较为规整。四壁砖砌墙均为一排砖筑砌而成，每排上下9块砖，基本为错缝平铺。南、东两侧墙宽度一致，为14厘米，修砌十分规整；西墙因挤压或其他原因，内凹弧曲，局部宽16.5厘米；北墙因用砖的不同，宽度稍有差异，中部宽16.5厘米，但外侧近墓坑壁处较为整齐。砌墙砖大多有所残损，大小不一，较完整者呈长方形。南墙上部两层为带榫卯的砖，均残，长50厘米。其余基本为不带榫卯的长方形砖，规格、尺寸略有差别。一类砖规格略小，使用较多，四壁均有较多使用，如M42：砖-6，长36、宽14、厚6厘米，个别此类砖厚5厘米。另有两类砖规格略大。M42：砖-2，长36、宽15.5、厚6厘米，个别此类砖厚5厘米。M42：砖-1，长42、宽16.5、厚6厘米，个别此类砖厚5.5厘米。砌墙砖的一侧有模印的纹饰，大多朝向墓室。带榫卯的长方形砖模印有菱形纹与几何纹。无榫卯的长方形砖一侧亦模印有菱形纹与几何纹，如M42：砖-2，侧面模印菱形纹与三角纹，菱形纹中部间隔有竖线纹与横线纹，一宽面有制作留下的细密绳纹（图一七九，1；图版三二，4）；M42：砖-1，一侧面模印双线

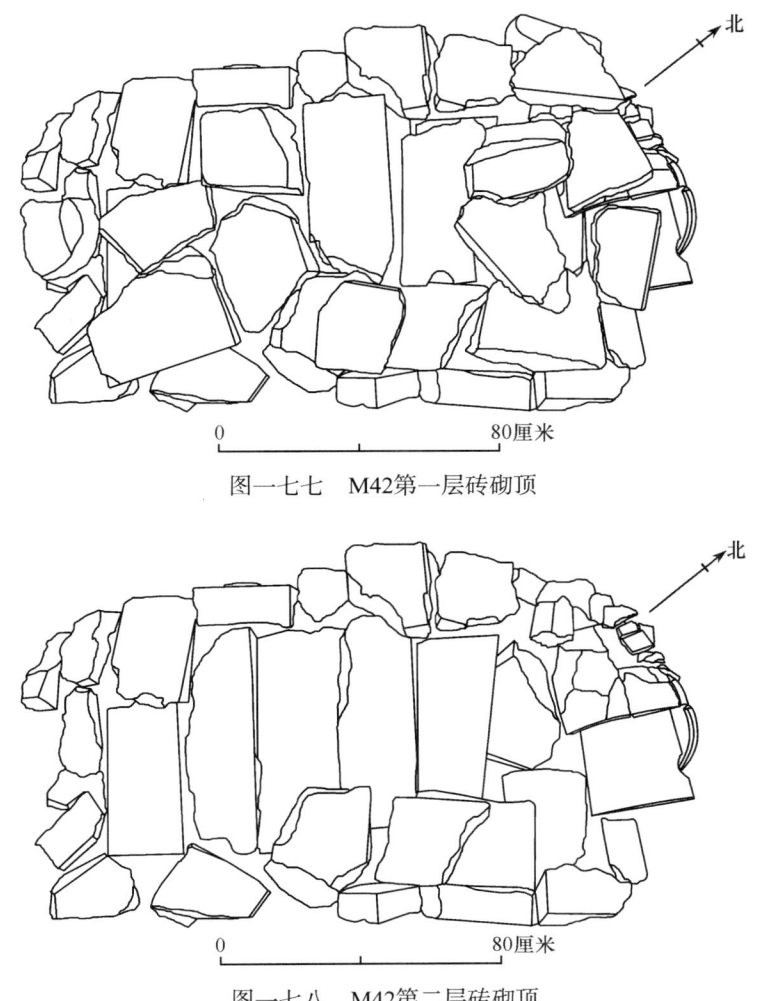

图一七七　M42第一层砖砌顶

图一七八　M42第二层砖砌顶

边框，边框内为菱形纹与三角纹，菱形纹中部有一道竖线纹，一宽面有制作留下的细密绳纹，另一侧面留有制作时用绳线切割砖坯的清晰痕迹（图一七九，2；图版三二，3）。墙内墓室南北长1.09～1.12、东西宽0.47～0.52厘米、深0.5米。底部铺砖位于墙内，共2排，每排均南北向铺砌5块残砖。砖大小不同，厚度一致，均为6厘米。每排的第2、4块形体较大，近方形，南北长29～33.5、东西宽25.5～28厘米；中部的第3块略小，亦近方形，东西长25.5～28、南北宽23～25厘米；两侧砖较窄长，东西长25.5～28、南北宽7～14厘米。墓室内无木棺痕迹，推测所砌砖室即为棺室，其内发现有腿骨等，为成年人骨骼，部分相互叠压。墓主男性，头北向，方向40°。墓室内无相关遗物出土。

长方形竖穴墓坑北侧还有一相连的长方形竖穴式坑槽，较浅，东侧及北侧局部地区被破坏。坑槽呈东西向长方形，东西长0.82、南北宽0.43米。南侧坑口与墓坑口平齐，深13.5厘米，北侧坑口较南侧高6.5厘米，深20厘米。南侧与墓室砖墙相邻砌1排砖墙，宽14、高13.5厘

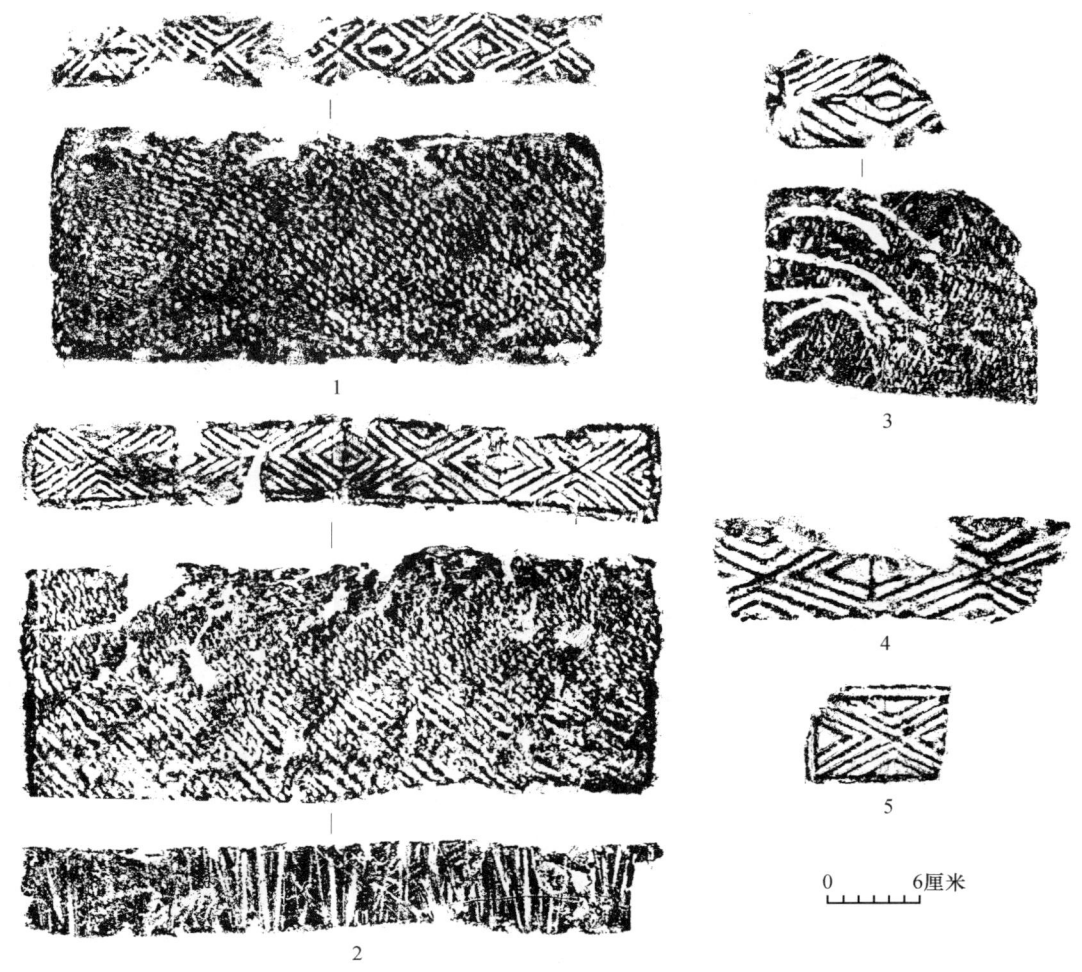

图一七九　M42墓砖纹饰拓片
1. M42：砖-2　2. M42：砖-1　3. M42：砖-3　4. M42：砖-4　5. M42：砖-5

米。计2层，每层由3块残砖东西向平铺，上下对缝，东侧上、下两块砖残无。砖的北侧有模印的菱形纹、几何纹等。坑槽北部偏西置1青釉瓷碗，碗体倾斜，北高南低，北靠北侧坑槽壁。碗口与南侧砌墙上又覆2弧形板瓦，东西向置放，略倾斜，西侧瓦的东端压住东侧瓦的西端。瓦上铺2层残砖，与墓室顶砌砖连为一体，北部不存。由于板瓦有一定的弧度与高度，其上2层砖略高。

2. 出土遗物

墓室内仅有墓主骨骸，无其他相关遗物。北部坑槽内有青釉瓷碗1件，碗上覆盖2件陶板瓦，均残。

瓦 2件，泥质灰陶。平面梯形，断面弧形，弧度不大。正面素面无纹，背面有制作时留下的麻布纹。标本M42：3，上宽20、下宽32、高23、厚1.6厘米（图一八〇，1；图版三二，5）。标本M42：2，大小与M42：3同。

碗 1件（M42：1），瓷土质。直口，平沿，弧腹，圈足，平底，内底内凹。外壁有制作留下的数道弦纹。内施满釉，外施半釉，部分剥落。口径22、底径7.6、高10.2厘米（图一八〇，2；图版三二，6）。

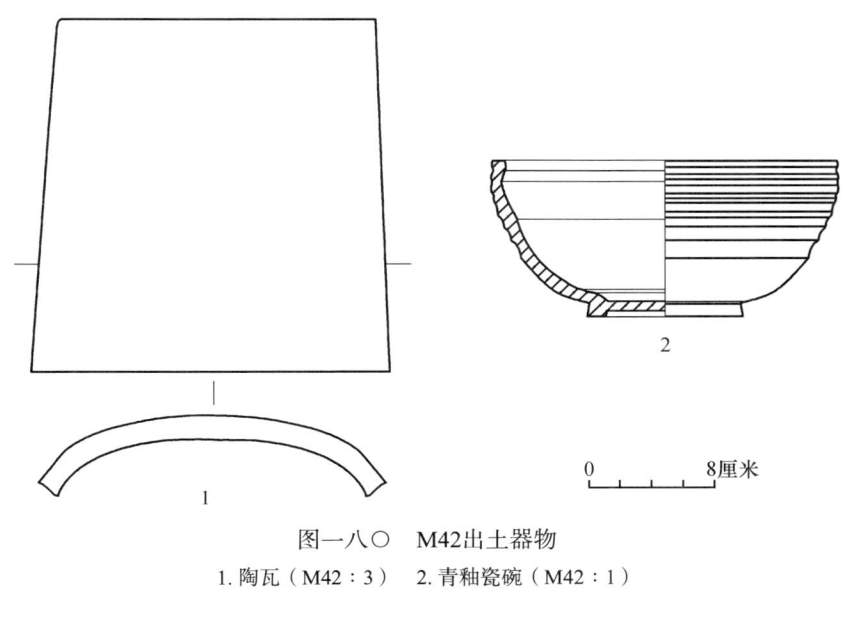

图一八〇　M42出土器物
1. 陶瓦（M42：3）　2. 青釉瓷碗（M42：1）

第三节　墓葬年代

新四队墓葬群发现的上述5座墓葬，分布较为散乱，无规律可循。

墓葬形制基本为竖穴土坑，其内置木棺或修砌砖室，无椁室。具体而言，M20较为窄小，木棺有带钉帽、末端较尖的铁钉加固；M25的竖穴较窄长，棺呈梯形，并有铁钉加固；M29相对较宽，墓底棺板痕迹亦呈梯形，并有白灰等发现；M41、M42的竖穴土坑较窄小，修砌墓室的砖均为汉代墓葬用砖，多残缺不整，基本是其他墓葬用砖被拆除或采集后的再利用，而修砌方法如墓室顶以砖封盖等不同于汉代墓葬，特别是M42，北部还有一坑槽，内砌砖盖瓦等，与汉代墓葬存在着明显差异。由上来看，上述5座墓葬的时代均应晚于汉代。M20、M25、M29三座墓葬的形制、葬具的形状、棺钉的形制与大小等均与新四队一带明清墓葬较为相似，初步推测三座墓葬的时代应为明清时期。M41、M42的大小、形制与筑砌方法等均较相近，且二者并列存在，距离较近，时代当相差不远。

从陪葬品等方面来看，M20内出土有"道光通宝"铜钱币，墓葬时代当为清代晚期。M25、M29均无陪葬品，但二者均使用梯形棺，M25还用了铁棺钉。综合推测，二墓的时代与M20相差不远，当为清代后期。M41、M42中，M41无陪葬品，M42北部的坑槽内有青釉瓷碗及素面陶板瓦。陶板瓦形体较小，弧度不大，正面素面无纹，背面有制作时留下的麻布纹，其大小、形制及装饰特点等是元明清时期板瓦的典型特征；青釉瓷碗直口，平沿，弧腹，圈足，平底，内底内凹，外壁有制作留下的数道弦纹，内施满釉，外施半釉等特征亦与元明时期民窑生产的同类器物基本一致。由上推测，M42的时代上限为元代，下限可至明代。M41与之时代接近，亦应为元明时期。

第四节　相关问题探讨

上述5座墓葬的规模小，陪葬品较少或无，M41、M42虽用砖修砌墓室，但多为残砖，而且不甚规整，推测5座墓葬的墓主身份均较低，可能为一般的平民或百姓。

关于M41，墓内所葬为成年女性，从腿骨等来看，墓主身高至少在1.5米以上。而该墓墓室较窄，长度不足1米，较短，再结合墓葬砌砖均为汉代墓葬用砖，多为残砖块，墓主骨骼有叠压现象，墓内无陪葬品等特征分析，该墓可能为迁葬墓。与之相似，M42墓内所葬为成年男性，从腿骨等来看，墓主身高亦至少在1.5米以上。该墓的墓室也较窄，长度仅1.12米，较短，再结合墓葬砌砖均为汉代墓葬用砖，多为残砖块，墓主骨骼有叠压现象，墓室内无陪葬品等特征分析，其亦应为迁葬墓。而墓室北侧的浅坑及其内置放的青釉瓷碗、盖碗的覆瓦等也均可能与迁葬有关，亦或是相关的葬俗。两墓作为迁葬墓，距离较近，墓葬形制基本相同，墓向大体一致，墓主分别为男女，推测为夫妻关系，即二墓为同茔异穴合葬墓。虽然均为迁葬墓，但M41埋葬浅，修建不规整，无其他设施，亦无相关遗物，M42则埋葬深、修建相对规整，有附属的坑槽及相关器物，体现出男女墓主地位的差别，尊卑关系十分明显。

结　　语

　　新四队墓地包含东周秦汉墓群及少量元明清时期的墓葬，以东周秦汉墓葬为主体。

　　东周秦汉墓葬相对密集，数量较多，分布于相邻的低矮山丘、山脊及台地的向阳地带。山丘上的墓葬围绕山顶呈环形分布，最为密集，山脊向阳地带的墓葬大致呈"一"字形分布，向阳台地的墓葬则基本呈线形分布。根据分布情况，可将该墓地的东周秦汉墓葬分成几个相对独立的区域，可能是不同的家族墓地，彼此间虽紧密相邻，但又区分明显，体现出东周秦汉时期家族墓地的特征。

　　家族墓地中可以确认是夫妻合葬墓的很多，形式主要有同茔异穴合葬与同穴合葬两种形式。该墓地的同穴合葬数量不多，出现时间也相对较晚，为西汉中期，但这是东周秦汉时期夫妻合葬发展的趋势。就该墓地而言，无论哪一种合葬形式，都能体现出男女在家庭中的地位差别，也就是说，男尊女卑的现象较为突出，这在墓葬位置、形制及陪葬品等方面均有反映。再结合同一家族墓地中的其他相关墓葬，较明显地折射出家族墓地是以家系为中心的特点。

　　由于水土流失等原因，很多墓葬的墓坑残存较浅，封土及原地表情况亦不可知。墓葬形制相对简单，基本为长方形土（石）坑竖穴墓，墓主下葬后竖穴内填土，较为坚实。详细的划分又可分为土（石）坑竖穴木棺墓、土（石）坑竖穴木椁木棺墓、土（石）坑竖穴砖椁木棺墓三种类型，每种类型之中有型式等的划分，不同类型之间也有密切关联。土（石）坑竖穴木棺墓较为简略，竖穴底部一侧置棺，一侧放陪葬品，少量同穴合葬墓的陪葬品放在二棺之间；土（石）坑竖穴木椁木棺墓是在竖穴底部构筑木质椁室，一侧置棺，一侧为边厢，内放陪葬品，少量同穴合葬墓还可能有脚厢，该类墓葬中的一些墓葬还在竖穴底或四角挖有凹槽，并有相应的发展演变过程；土（石）坑竖穴砖椁木棺墓是在竖穴木椁木棺墓基础上发展形成的，椁的建筑材料为砖，砖椁内置放木棺及陪葬品，西汉中期偏晚阶段出现，西汉晚期形制已趋于复杂，用不同种类的砖修砌有棺室等。墓内多葬一人，同穴合葬者葬二人，均为仰身直肢。部分土（石）坑竖穴木椁木棺墓及个别土（石）坑竖穴木棺墓还有积炭现象，为研究一般墓葬的封护提供了参考。

　　出土遗物以陶器为主，另有少量铜、铁质器物及其他器物。陶器所占比例大，铜、铁及其他质地器物较少，且多为生活类器物，反映出该墓群等级普遍较低，是当时中下阶层的墓地。一些等级相对稍高的墓葬使用了仿铜陶礼器，但组合种类不同，具有明显的发展演变过程，整体发展趋向衰落。生活类陶器数量较多，尤以陶罐最为明显，且类型多样，发展演变明显，体现出相应的地域性特点。模型明器的使用时代为西汉晚期，相对较晚，但一经使用就得到较快的普及，组合为仓、灶、井、磨，器形丰富，而且有一定数量。陶器的质地以泥质灰陶为主，泥质红陶所占比例较小，烧造火候普遍较高。器物少量为素面，多数有纹饰，装饰手法多样，有拍印、模印、彩绘等，个别还有印戳和刻字等。上述陶器中，部分原为现实生活使用的器物，墓主死后陪葬于墓中，另外部分则是专门制作用于陪葬的物品，从数量来看，后者多于前者。

根据墓葬形制、陪葬品等，可将该墓地的东周秦汉墓分为五期，即战国末期、秦代、西汉早期、西汉中期、西汉晚期，战国末期及西汉早中期还可再分为早晚段。不同期段的墓葬有着不同的内涵和特征，体现出相应的时代特征，而不同期段又是紧密衔接的，关系较为密切。战国末期前段的墓葬既有一些秦的内容，又保留较多楚墓的元素，反映出秦占领该地之后不久的历史背景。战国末期后段至秦代，秦的元素加强，但楚的特点仍有一些保留。西汉早期，墓葬融合了秦、楚及自身的一些特点，并在继承与延续中得到快速发展。西汉中期至晚期，砖椁墓出现并得到较快发展，模型明器开始使用并渐普及，秦、楚文化日渐退化和淡出，汉文化的特点逐渐形成并成为主导。需要说明的是，该墓地的西汉晚期墓葬数量较少，东汉墓葬基本不见，这当有一定的原因。初步推测，一方面可能是相关家族趋于衰落；另一方面是该墓地的相关家族成员开始选择他地安葬，而这又存在两种可能：一是该墓地已经衰落，相关家族成员开始另辟新的墓地，二是该墓地的埋葬已近饱和，相关家族成员的墓葬开始朝海拔更低的地方发展，这些区域均已淹没水中。

新四队东周秦汉墓地位于山丘地带，海拔相对略高，墓葬分布于山丘及台地，相对较为密集，结合墓葬规模小，随葬物的品种及其数量少，质地相对单一等因素来看，墓葬的等级普遍较低，等级相对较高者可能为低级官吏或中小地主，等级低者则为一般平民。就家族墓地而言，整个墓地是由多个等级相对不高的家族墓地组成的综合性墓地。

元明清墓葬的数量不多，且破坏严重，出土遗物极少，对进行相关研究造成一定的影响。但这些墓葬也体现出相应的葬制葬俗和其他内容。如M41与M42，两墓并列，距离较近，规模较窄小且均用汉墓墓砖修建，反映出等级较低，而M42墓室北侧的浅坑及其内置放的青釉瓷碗、盖碗的覆瓦等，可能与特定葬俗有关，亦或与迁葬有关。

综上所述，新四队墓地的发掘，为研究该地区战国晚期到西汉乃至元明清时期的葬制、葬俗、物质文化及其相关社会内容等提供了新的参考资料。

后　　记

　　本报告是南水北调中线工程文物保护工作的考古发掘和研究成果之一，由南开大学考古学与博物馆学系主持完成。

　　淅川仓房镇党子口新四队汉墓群的田野考古发掘工作主要在2010年7—9月间展开，室内整理工作则集中于2011年秋冬季进行，在河南省文物局暨南水北调文物保护办公室、河南省文物考古研究院、南阳市文化局、南阳市文物考古研究所、淅川县文化广播电视新闻出版局、仓房镇政府和党子口村委会等相关单位的大力支持和积极配合下，上述工作得以顺利完成。

　　新四队田野考古发掘工作开展时正值盛夏，由南开大学考古学与博物馆学系师生组成的考古队，克服种种困难，不畏天气湿热和工作生活条件简陋，出色地完成了任务。领队刘尊志前后两个工期始终坚守第一线，带队教师贾洪波、袁胜文带领研究生吴伟华、李宝军、赵冉、蒋侍辰、张巍等人，常常是白天在烈日溽暑中无数次汗透衣衫，夜晚在昏暗的灯光下整理当天发掘的资料，还要随时抵抗蚊虫肆虐。他们从头至尾兢兢业业、任劳任怨，忙里偷闲的欢声笑语，为人烟稀少的小山村增添了生机。拼对整理工作安排在淅川县城的出租屋进行，由于教学任务繁重，带队教师只是间断性地到淅川指导，日常工作主要由李宝军、赵冉、张巍、蒋侍辰、李琳、熊小丽、齐香钧、孙雅頔等研究生完成。学生们自我管理，一开始还惬意于"城里人"的生活，但随着冬季的到来，没有暖气的湿冷天气对这些大部分来自北方的孩子们构成了巨大的挑战，但他们毫无怨言，积极创造条件应对生活环境，加班加点，圆满地完成了任务。特别是其中的女同学，不仅不怕脏累，而且特别认真细致，充分保证了工作质量。

　　项目进行过程中，孙新民、张志清、康国义、赵新平、杨文胜、董睿、孔祥珍、梁发伟、任伟、乔保同、刘国奇等河南省文物考古界的同仁提供了诸多支持和帮助，有些还亲临发掘工地，现场指导工作。淅川县电业局曹庆生先生及其同事、淅川县人民医院肖文全先生及夫人、党子口村委会周书记、新四队房东老王全家以及参与发掘工作的村民等为本次发掘及资料整理工作提供了很多便利和支援。南开大学各级领导对此次考古工作十分重视，校党委书记薛进文教授曾在2010年教师节发短信慰问工地师生并叮嘱切实保障安全，时任校办主任张亚研究员多方协调工作；社科处、财务处、设备处等有关部门提供了诸多具体的帮助。在此谨向上述各位领导、师友表示诚挚的谢意！

　　淅川新四队汉墓群是我系第一次独立承担的田野考古发掘工作，对于学科发展具有重要的意义。此前10余年间本系师生曾经多次参与兄弟单位的考古发掘项目，田野考古工作对我们来说并不陌生；但此次独立当家，时间紧、任务重，而且还有教师人手少、行政和基层工作经验不足等问题，感觉到明显的压力。在工作中，我们既强调分工到人、各司其职、各负其责，更注重互相帮扶、协作配合。参与工作的研究生们不仅业务能力得到训练和提高，而且生活自理能力和自我管理水平、团队合作意识也得到了空前的提高。教师队伍也再次得到历练，进一步强化了团结向上、协同奋进的集体发展意识。这些东西虽然是隐性的，但却是学科成长过程中的更大收获。

本报告是淅川新四队田野考古工作的资料汇编和一些阶段性的认识总结，由本系教师刘毅、刘尊志等主持编写，除前面提到的各位师生参与工作外，本系青年教师张国文及研究生刘昕、刘舒睿、于宏淼、宋美娟、路畅、宋永平、董雪迎、刘司靓等人参与了后期资料的整理和文稿校对工作。报告的出版，得到了河南省文物局出版专项经费的支持，科学出版社考古分社张亚娜女士等人为本报告的编辑付出了辛勤的劳动。在此向他们表示衷心的感谢！

由于时间仓促、编者学术水平和工作经验有限，报告中可能会存在一些错漏之处，诚请各位同仁和广大读者批评指正。此前所发表的有关新四队墓葬考古发掘工作简报及其他相关资料，内容数据凡与本报告不一致者，皆以本报告为准。

2010年7月29日，淅川工地开工仪式恍如昨日；炎日当头、湖畔夕照，月夜空谷、秃笔孤灯……甚至泥泞的山中小路上举步维艰的情境都还历历在目，时间已经过去了四年多。再次感谢参加新四队各项工作的师生们，再次感谢给我们以鼓励和帮助的各位师友！谨以本报告致贺南开大学95周年华诞！

编　者

2014年10月17日

彩版一

1. 新四队墓地地貌

2. 新四队墓地发掘现场（局部）

新四队墓地全景与发掘现场

彩版二

1. M16形制结构（西→东）

2. M17形制结构（北→南）

新四队东周秦汉墓葬形制与结构

彩版三

1. M18形制结构（西→东）

2. M24形制结构（南→北）

新四队东周秦汉墓葬形制与结构

彩版四

1. M37形制结构（北→南）

2. M44形制结构（西→东）

新四队东周秦汉墓葬形制与结构

彩版五

1. A型Ⅲ式（M16∶9）

2. A型Ⅳ式（M8∶1）

3. A型Ⅴ式（M14∶4）

4. A型Ⅵ式（M18∶5）

5. B型Ⅰ式（M24∶2）

6. B型Ⅲ式（M16∶17）

新四队东周秦汉墓葬出土陶鼎

彩版六

1. A型Ⅰ式（M24∶1）

2. A型Ⅱ式（M8∶3）

3. A型Ⅱ式（M8∶4）

4. Ba型Ⅱ式（M23∶9）

5. Ba型Ⅲ式（M16∶8）

6. Bb型Ⅲ式（M16∶13）

新四队东周秦汉墓葬出土陶盒

彩版七

1. A型Ⅲ式壶（M14∶1）

2. B型Ⅲ式壶（M16∶1）

3. A型钫内底（M8∶6）

4. B型Ⅱ式钫（M8∶7）

新四队东周秦汉墓葬出土陶壶、钫

彩版八

1. Aa型Ⅲ式（M44∶5）

2. Ac型Ⅱ式颈部刻字（M16∶6）

3. Ad型Ⅰ式（M9∶11）

4. Ad型Ⅱ式（M23∶2）

5. B型Ⅰ式（M17∶1）

6. B型Ⅲ式（M45∶9）

新四队东周秦汉墓葬出土陶罐

彩版九

1. Dc型罐（M45:5）

2. A型釜甑（M16:14）

3. C型Ⅲ式釜甑（M14:6）

4. C型Ⅳ式釜甑（M18:7）

5. Da型釜甑（M17:2）

6. Db型Ⅰ式釜甑（M24:9）

新四队东周秦汉墓葬出土陶罐、釜甑

彩版一〇

1. M11出土的部分陶仓

2. A型Ⅱ式灶（M11:29）

3. B型灶（M11:7）

4. A型Ⅱ式井（M11:17）

5. 磨（M11:12）

新四队东周秦汉墓葬出土陶仓、灶、井、磨

彩版一一

1. B型铜镜（M32∶3）

2. A型Ⅰ式带钩（M24∶15）

3. A型Ⅱ式带钩（M35∶2）

4. B型Ⅱ式带钩（M45∶1）

5. M21出土五铢钱币（M21∶2）

6. 五铢钱币（M44∶1）

新四队东周秦汉墓葬出土铜器与钱币

彩版一二

1. 铁扒钉（M18：1）

2. 漆器纹饰（M23：6）

3. 料珠（M24：14）

4. 长方形铺地砖（M44：砖-1）

5. M44出土空心砖

6. M3积炭块

新四队东周秦汉墓葬出土其他质地器物及墓砖、积炭

图版一

1. M5砌砖局部（东→西）

2. M8出土器物情况（南→北）

新四队东周秦汉墓葬形制结构与出土器物情况

图版二

1. M9形制结构（北→南）

2. M11形制结构（北→南）

新四队东周秦汉墓葬形制结构

图版三

1. M15形制结构（北→南）

2. M16形制结构（西→东）

新四队东周秦汉墓葬形制结构

图版四

1. M17形制结构（东→西）

2. M18形制结构（西→东）

新四队东周秦汉墓葬形制结构

图版五

1. M23形制结构（南→北）

2. M24出土器物情况（西→东）

新四队东周秦汉墓葬形制结构与出土器物情况

图版六

1. M35形制结构（南→北）

2. M36形制结构（西→东）

新四队东周秦汉墓葬形制结构

图版七

1. M37形制结构（南→北）

2. M38形制结构（南→北）

新四队东周秦汉墓葬形制结构

图版八

1. M44形制结构（西→东）

2. M45形制结构（南→北）

新四队东周秦汉墓葬形制结构

图版九

1. A型Ⅰ式鼎（M24∶4）

2. A型Ⅲ式鼎（M16∶9）

3. A型Ⅳ式鼎（M8∶1）

4. A型Ⅴ式鼎（M14∶4）

5. A型Ⅵ式鼎（M18∶5）

6. A型Ⅶ式鼎（M11∶2）

新四队东周秦汉墓出土陶器

图版一〇

1. B型Ⅰ式鼎（M24:2）

2. B型Ⅱ式鼎（M23:7）

3. B型Ⅲ式鼎（M16:17）

4. B型Ⅳ式鼎（M8:2）

5. B型Ⅴ式鼎（M14:3）

6. B型Ⅵ式鼎（M18:4）

图版一一

1. A型Ⅰ式盒（M24:1）

2. A型Ⅱ式盒（M8:3）

3. A型Ⅱ式盒（M8:4）

4. Ba型Ⅱ式盒（M23:9）

5. Ba型Ⅲ式盒（M16:8）

6. Bb型Ⅲ式盒（M16:13）

新四队东周秦汉墓出土陶器

图版一二

1. A型Ⅲ式壶（M14:1）

2. B型Ⅱ式壶（M23:4）

3. B型Ⅲ式壶（M16:1）

4. B型Ⅲ式壶（M16:2）

新四队东周秦汉墓出土陶器

图版一三

1. A型Ⅲ式壶铺首衔环（M14∶1）

2. A型钫（M8∶6）

3. B型Ⅱ式钫（M8∶7）

4. A型豆（M24∶6）

新四队东周秦汉墓出土陶器

图版一四

1. Aa型Ⅰ式罐（M45∶3）

2. Aa型Ⅱ式罐（M18∶2）

3. Aa型Ⅲ式罐（M44∶5）

4. Ab型Ⅰ式罐（M45∶4）

5. Ab型Ⅱ式罐（M37∶6）

6. Ab型Ⅲ式罐（M44∶3）

新四队东周秦汉墓出土陶器

图版一五

1. Ac型Ⅱ式罐（M16:6）

2. Ac型Ⅱ式罐刻字（M16:6）

3. Ac型Ⅲ式罐（M8:5）

4. Ac型Ⅳ式罐（M37:2）

5. Ad型Ⅰ式罐（M9:11）

6. Ad型Ⅱ式罐（M23:2）

新四队东周秦汉墓出土陶器

图版一六

1. Ad型Ⅱ式罐（M45:8）

2. Ad型Ⅳ式罐（M38:3）

3. Ad型Ⅴ式罐（M18:6）

4. Ad型Ⅵ式罐（M44:2）

5. C型罐（M11:13）

6. C型罐（M11:13）

新四队东周秦汉墓出土陶器

图版一七

1. B型Ⅰ式罐（M17∶1）

2. B型Ⅲ式罐（M45∶7）

3. B型Ⅲ式罐（M45∶9）

4. B型Ⅳ式罐（M37∶3）

5. Db型Ⅱ式罐（M18∶3）

6. Dc型罐（M45∶5）

新四队东周秦汉墓出土陶器

图版一八

1. Da型Ⅰ式罐（M17:4）

2. Da型Ⅱ式罐（M37:8）

3. Da型Ⅲ式罐（M21:4）

4. A型釜甑（M16:14）

5. C型Ⅰ式釜甑的甑（M23:1）

6. C型Ⅱ式釜甑的釜（M16:15）

新四队东周秦汉墓出土陶器

图版一九

1. C型Ⅲ式釜甑（M14:6）

4. C型Ⅳ式釜甑（M18:7）

2. C型Ⅲ式釜甑中釜的铺首衔环

3. C型Ⅲ式釜甑中甑的铺首衔环

5. Da型釜甑（M17:2）

6. Db型Ⅰ式釜甑（M24:9）

新四队东周秦汉墓出土陶器

图版二〇

1. A型Ⅱ式盆（M11:4）

2. B型Ⅰ式盆（M4:4）

3. Ⅱ式盘（M11:25）

4. A型杯（M24:20）

5. B型杯（M24:13）

6. 匜（M24:21）

新四队东周秦汉墓出土陶器

图版二一

1. Ⅱ式钵（M3∶4）

2. Ⅲ式钵（M37∶5）

3. Ⅳ式（M38∶2）

4. Ⅱ式瓶1（M16∶12）

5. Ⅱ式瓶2（M16∶160）

6. 仓体削痕（M11∶20）

新四队东周秦汉墓出土陶器

图版二二

1. A型仓（M11∶20）

2. A型仓（M11∶22）

3. A型仓（M11∶28）

4. B型Ⅰ式仓（M44∶7）

新四队东周秦汉墓出土陶器

图版二三

1. B型Ⅱ式仓（M11:16）

2. B型Ⅱ式仓（M11:14）

3. B型Ⅱ式仓（M11:23）

4. B型Ⅱ式仓（M11:24）

新四队东周秦汉墓出土陶器

图版二四

1. M11出土的部分陶仓

2. A型Ⅱ式灶侧面（M11∶29）

3. B型灶（M11∶7）

4. A型Ⅱ式灶前侧（M11∶29）

5. A型Ⅱ式灶后侧（M11∶29）

新四队东周秦汉墓出土陶器

图版二五

1. A型Ⅱ式井（M11∶17）

2. Ba型井（M11∶15）

3. Bb型井（M11∶10）

4. 磨（M11∶12）

5. 磨俯视（M11∶12）

6. 环（M24∶11、M24∶17）

新四队东周秦汉墓出土陶器

图版二六

1. A型铜镜（M24：16）

2. B型铜镜（M32：3）

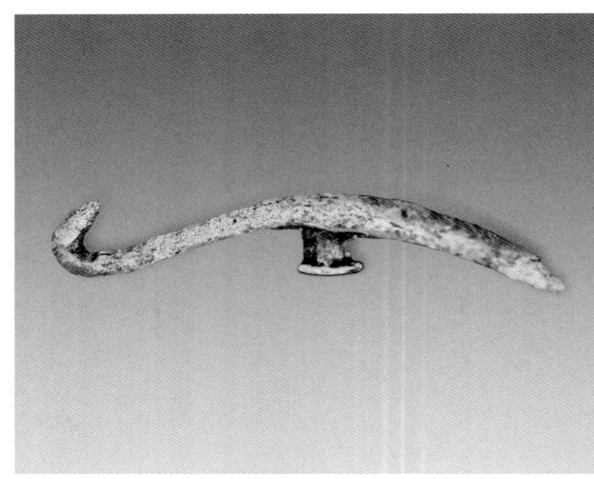

3. A型Ⅰ式带钩（M24：15）

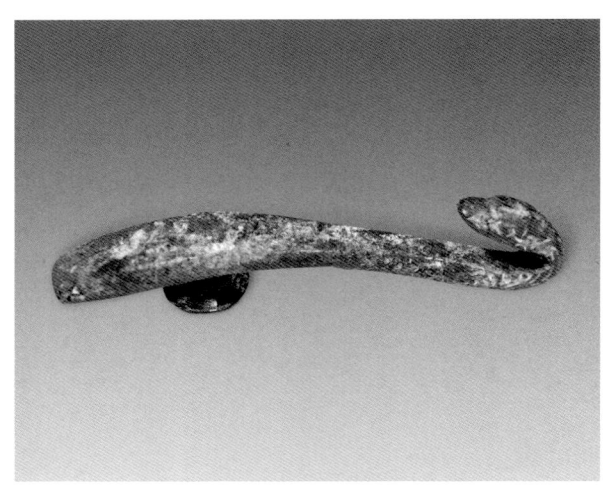

4. A型Ⅱ式带钩（M35：2）

5. B型Ⅰ式带钩（M16：3）

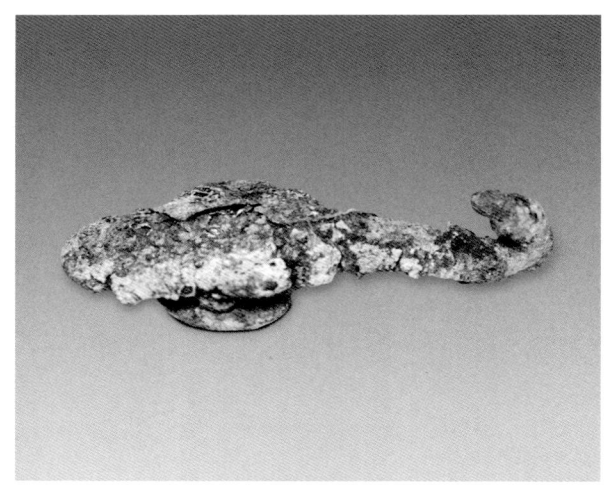

6. B型Ⅱ式带钩（M45：1）

新四队东周秦汉墓出土铜器

图版二七

1. 铜环首（M21∶1）

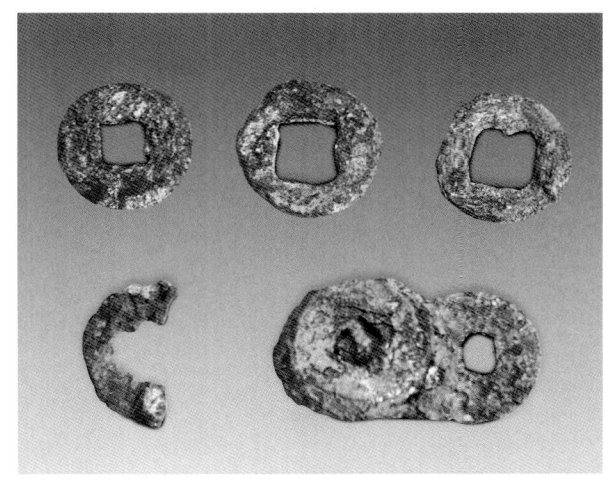

2. 半两钱币（M38∶1）

3. 五铢钱币（M4∶2）

4. 五铢钱币（M21∶2）

5. 五铢钱币（M44∶1）

6. 五铢钱币（M44∶1）

新四队东周秦汉墓出土铜器与钱币

图版二八

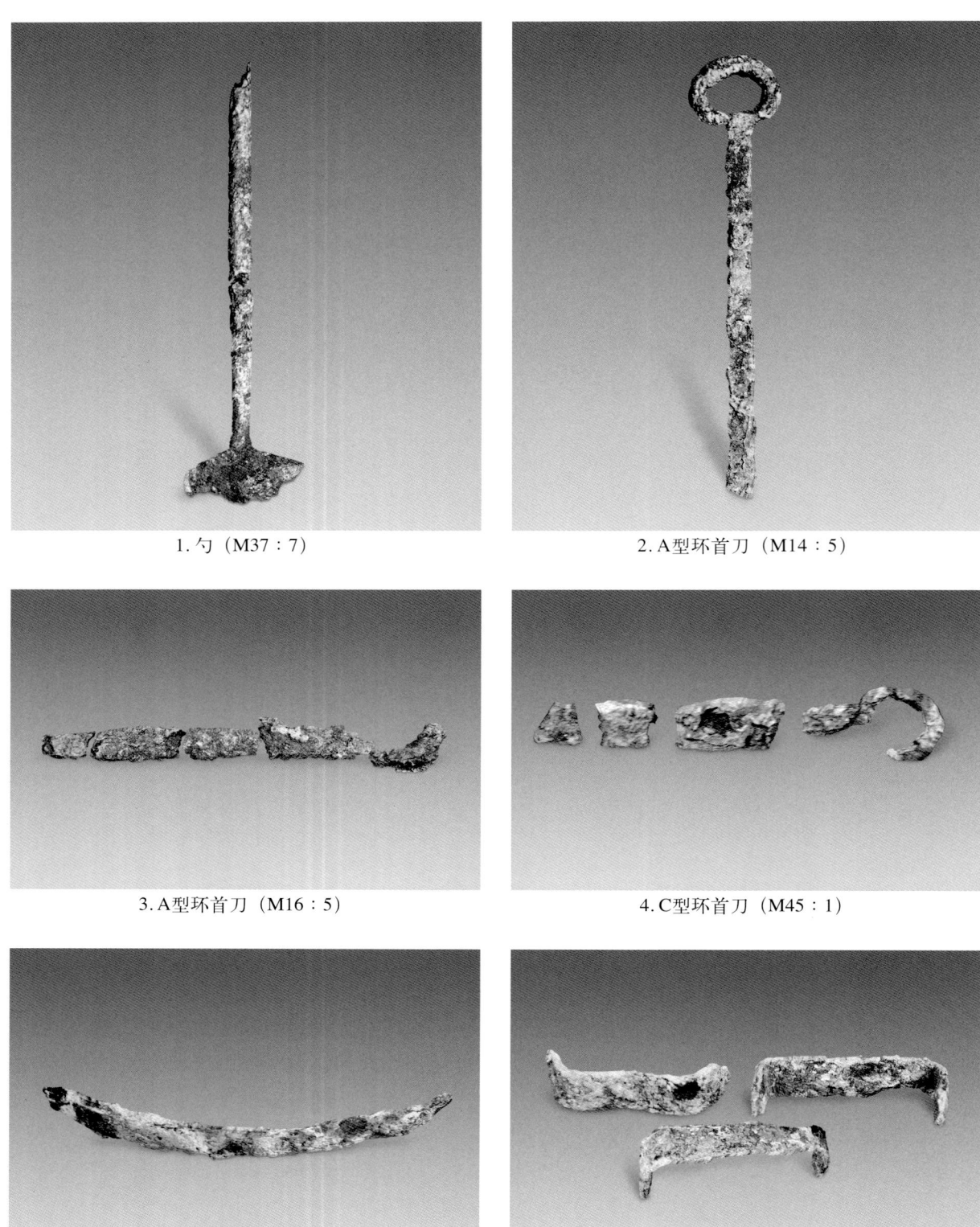

1. 勺（M37∶7）
2. A型环首刀（M14∶5）
3. A型环首刀（M16∶5）
4. C型环首刀（M45∶1）
5. 削（M11∶19）
6. 扒钉（M18∶1）

新四队东周秦汉墓出土铁器

图版二九

1. 漆器纹饰 (M23:6)

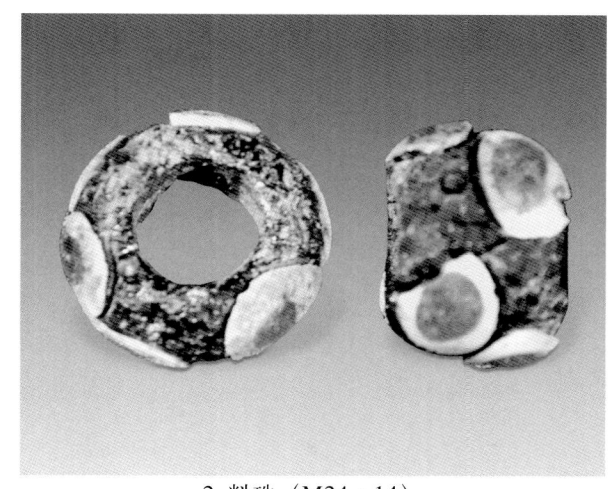

2. 料珠 (M24:14)

3. 果核 (M8:8)

4. 猪骨 (M38:6)

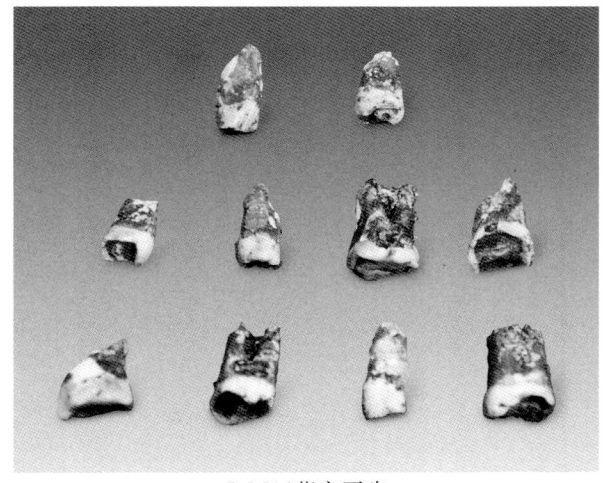

5. M14墓主牙齿

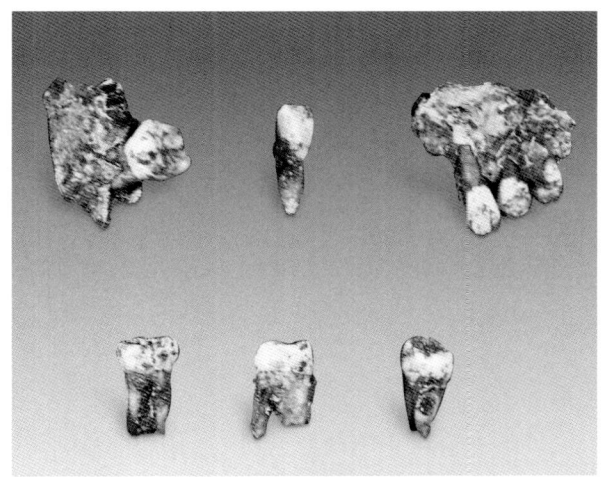

6. M17墓主牙齿

新四队东周秦汉墓出土其他质地器物及墓主牙齿

图版三〇

1. M15出土长方形砖宽面

2. M15出土空心砖残块

3. M15出土空心砖残块

4. M15出土空心砖残块

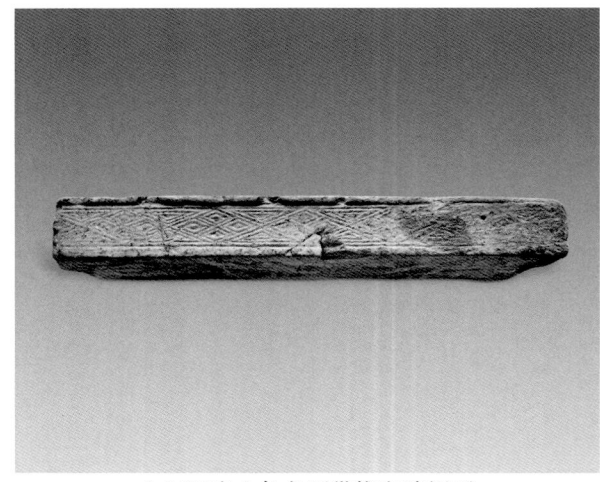

5. M21出土长条形带榫卯砖侧面

6. M21出土长条形带榫卯砖宽面

新四队东周秦汉墓出土墓砖

图版三一

1. 长方形带榫卯砌墙砖（M44：砖-4）

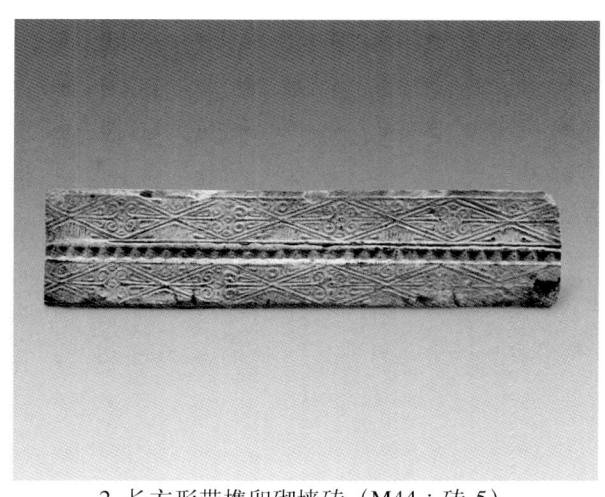

2. 长方形带榫卯砌墙砖（M44：砖-5）

3. 出土长方形铺地砖（M44：砖-1）

4. 出土长方形铺地砖（M44：砖-2）

5. M44出土空心砖

6. M44出土空心砖上面

新四队东周秦汉墓出土墓砖

图版三二

1. M41形制结构（南→北）

2. M42第一层砖砌顶（南→北）

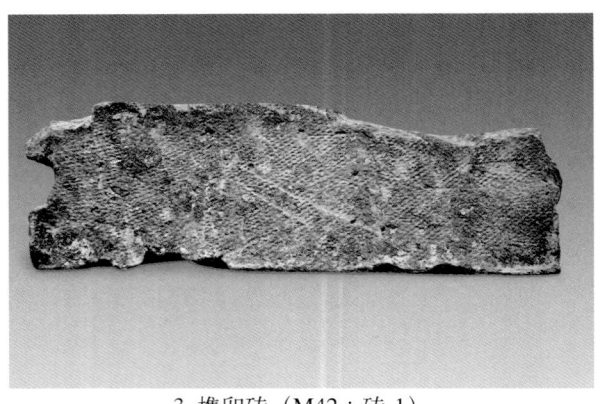

3. 榫卯砖（M42∶砖-1）

4. 长方形砖（M42∶砖-2）

5. 陶瓦（M42∶3）

6. 青釉瓷碗（M42∶1）

新四队元明墓葬形制结构、墓葬用砖及出土器物